钢混组合桥梁建造

CONSTRUCTION OF STEEL-CONCRETE COMPOSITE BRIDGE

崔 冰　武焕陵●著

人民交通出版社股份有限公司
北 京

内 容 提 要

本书依托南京长江第五大桥工程，讲述新时期大跨钢混组合结构桥梁建造技术，展现大桥在新材料、新结构、新工艺等方面取得的多项原创性技术成果。本书主要对钢壳-混凝土组合索塔、钢-粗集料活性粉末混凝土组合梁、节段预制拼装波形钢腹板组合箱梁等钢混组合桥梁设计建造技术进行总结，以进一步带动行业在组合桥梁技术领域的进步与发展。

本书可供桥梁设计、施工、科研、监理及工程管理人员参考应用，也可供相关工程技术人员和高等院校有关专业师生参阅。

图书在版编目(CIP)数据

钢混组合桥梁建造 / 崔冰，武焕陵著. — 北京：人民交通出版社股份有限公司，2022.6
ISBN 978-7-114-17730-9

Ⅰ.①钢… Ⅱ.①崔…②武… Ⅲ.①钢筋混凝土桥—桥梁施工 Ⅳ.① U448.34

中国版本图书馆 CIP 数据核字 (2022) 第 031748 号

书　　名：钢混组合桥梁建造
著 作 者：崔　冰　武焕陵
责任编辑：崔　建
责任校对：赵媛媛　陈昊袭
责任印制：刘高彤
出版发行：人民交通出版社股份有限公司
地　　址：(100011)北京市朝阳区安定门外外馆斜街 3 号
网　　址：http://www.ccpcl.com.cn
销售电话：(010) 59757973
总 经 销：人民交通出版社股份有限公司发行部
经　　销：各地新华书店
印　　刷：北京印匠彩色印刷有限公司
开　　本：889×1194　1/16
印　　张：26
字　　数：696 千
版　　次：2022 年 6 月　第 1 版
印　　次：2022 年 6 月　第 1 次印刷
书　　号：ISBN 978-7-114-17730-9
定　　价：320.00 元

(有印刷、装订质量问题的图书由本公司负责调换)

《钢混组合桥梁建造》

总 策 划：邢正军

顾　　　问：缪昌文　张喜刚　刘加平

编 委 会

主 任 委 员：崔　冰　武焕陵

副主任委员：卜红旗　章登精　姚荣坤　陈玉良　郭志明

委　　　员：沈　斌　戚兆臣　彭安琪　沈　伟　王　超　杨树荣
　　　　　　魏乐永　种爱秀　杜洪池　刘红涛　夏　辉　唐　亮

审 核 组

武焕陵　章登精　郭志明　戴济群　王　红　关铁生

编 写 组

主　　编：崔　冰　武焕陵

副 主 编：卜红旗　章登精　姚荣坤　陈玉良　郭志明

编 写 人 员：沈　斌　戚兆臣　彭安琪　周　畅　赖用满　马　增
　　　　　　赵灿晖　蒋伟平　康学云　荆刚毅　李义成　严登山
　　　　　　鲁政来　王　耐　齐晓峰　徐同舟　王　辉　许　盟
　　　　　　刘子毫　顾伟杰　魏玉莲　陈　平　耿　欣　葛宝翔
　　　　　　陈　研　印　东　骆龙炳　蒋能世　王海海　马　壮
　　　　　　周巍巍　程柏荣

编 辑 人 员：韩亚楠　汤　雷　孙高霞

序 言

钢混组合结构能充分发挥混凝土和钢材的特点,协同受力性能好,施工方便,是一种可持续发展的桥梁结构形式,在中小跨径和大跨径桥梁中均可应用。这种结构形式虽然出现较早,但在我国桥梁上的真正应用和发展,主要是在近 20 年,不仅有传统的组合板梁、组合箱梁,还有波形钢腹板组合箱梁等形式,桥型也由梁桥发展到斜拉桥、拱桥、刚构桥等,呈现越来越多样化。

随着我国可持续发展和交通强国战略的深入推进,实现更加安全、绿色、高效的发展任务日益迫切。钢混组合结构因其受力性能好、经济合理、方便施工、绿色环保,对促进桥梁工程的转型升级将发挥重要的作用。

本书以南京长江第五大桥(简称"南京五桥")为依托工程,讲述了新时期大跨钢混组合结构桥梁建造技术,展现了大桥在新材料、新结构、新工艺等方面取得的多项原创性技术成果。

南京五桥的成功建成凝聚了建设、设计、科研、监理、施工等单位的心血与匠心。而依托南京五桥形成的《钢混组合桥梁建造》是建设者智慧的结晶。它详细记录了钢混组合结构桥梁建设关键技术攻关,是我国大跨径钢混组合结构桥梁领域中一部非常具有实用价值的技术专著,值得广大桥梁建设者用心研读。

南京五桥索塔节段钢壳和组合梁都是在工厂自动化加工,运输至桥位起吊安装。索塔附筋钢壳节段化设计、钢混组合索塔设计理论和方法、附筋钢壳制造技术、附筋钢壳安装技术在国内外均是首次使用,为今后钢-混凝土组合索塔施工奠定了基础。主梁采用钢-粗集料活性粉末混凝土组合梁,减轻了梁段重量,同时使桥梁拥有更好的跨越能力和优异的性能,实现了主梁结构轻型化。从前期科研到材料及方案设计、从施工到建成通车，做到了标准化管理、精细化施工，为今后国内特大型桥梁设计、施工引导了新的方向。引桥首次采用节段预制拼装波形钢腹板预应力混凝土箱梁，为我国桥梁装配化和工业化建造提供了一种新的建造形式。其创新成果契合了我国目前在基础设施建造中大力倡导的工业化和绿色化理念，具有广阔的应用前景。

南京五桥建设团队秉承精细化管理、不断创新的合作精神，在"发展理念人本化、项目管理专业化、工程施工标准化、管理手段信息化、日常管理精细化"思想指导下，安全优质高效地完成了南京五桥的建设任务，为提升我国大跨度桥梁技术水平做出了新的贡献。

2022 年 2 月

前　言

本书依托南京五桥工程，对钢壳-混凝土组合索塔、钢-粗集料活性粉末混凝土组合梁、节段预制拼装波形钢腹板组合箱梁等钢-混凝土组合桥梁设计建造技术进行总结，以期为同类型项目提供经验，进一步带动行业在组合桥梁技术领域的进步与发展。

南京五桥主桥为主跨 2×600m 的中央双索面三塔斜拉桥，是世界首座全钢混组合结构斜拉桥，首创了钢壳-混凝土组合结构索塔，研发粗集料活性粉末混凝土并应用于该桥主梁，形成了轻型化高性能钢混组合梁。引桥首次采用节段预制拼装波形钢腹板预应力混凝土箱梁。南京五桥在新材料、新结构、新工艺等方面取得了多项原创性技术成果。

南京五桥工程规模宏大，控制因素及外界影响因素多，设计难度大，施工技术复杂，环保要求高。为了解决南京五桥设计与施工难点，完成了多项关键技术攻关。遵循科研成果及科研资源共享，围绕产、学、研一体化的科研工作要求，重点突出关键技术和创新，认真开展新型钢混组合结构桥梁关键技术的研究及应用工作，主要包括钢壳-混凝土组合索塔关键技术、轻型化高性能主梁与智能建造技术、波形钢腹板节段预制和安装技术等，均取得了令人瞩目的技术成果。

南京五桥工程于 2017 年 5 月开工，2020 年 12 月建成通车，历时 3 年多。整个建设过程中凝聚了众多知名桥梁专家，以及工程管理、科研、设计、施工、监理等所有参建人员的智慧和心血，在钢混组合桥梁建造方面积累了许多具有指导意义的技术和管理经验。为了系统总结和介绍这些宝贵经验，丰富桥梁技术宝库，为广大从事桥梁建设人士提供借鉴，特编辑出版《钢混组合桥梁建造》一书。

全书共分五篇：概述篇、钢壳-混凝土组合索塔篇、钢-粗集料活性粉末混凝土组合梁篇、波形钢腹板节段梁预制和安装篇、桥梁成桥荷载试验篇。编写工作由南京市公共工程建设中心主持，并由中交公路规划设计院有限公司、中交第二航务工程局有限公司、中交第二公路工程局有限公司、中铁宝桥集团有限公司、威胜利工程有限公司、成都合众桥梁科技有限公司、中路高科交通检测检验认证有限公司及西南交通大学等单位参与编写。

限于编者水平，错漏和不足之处在所难免，恳请读者不吝指正。

编 者

2022 年 2 月

目 录

第一篇 概 述

第一章 钢混组合桥梁概况 ········· 2
第二章 南京五桥简介 ········· 4
第一节 概况 ········· 4
第二节 总体布置与规模 ········· 4
第三节 主要技术标准 ········· 4
第四节 跨江大桥总体设计 ········· 5

第二篇 钢壳-混凝土组合索塔

第一章 钢壳-混凝土组合索塔特点及应用概况 ········· 14
第一节 钢壳-混凝土组合索塔特点 ········· 14
第二节 钢壳-混凝土组合索塔应用概况 ········· 16
第二章 钢壳-混凝土组合索塔结构及设计 ········· 24
第一节 钢壳-混凝土组合索塔结构 ········· 24
第二节 钢壳-混凝土组合索塔设计 ········· 25
第三节 钢壳-混凝土组合索塔结构协同受力机理 ········· 43
第三章 施工工艺足尺模型试验 ········· 55
第一节 试验目的及内容 ········· 55
第二节 试验段选择 ········· 56
第三节 工厂试验 ········· 57
第四节 桥位施工试验 ········· 60
第四章 附筋钢壳制作 ········· 70
第一节 概述 ········· 70

第二节　制作工艺 ... 70

第五章　附筋钢壳安装 ... 82
第一节　概述 ... 82
第二节　总体施工工艺 ... 82
第三节　主要施工机具 ... 84
第四节　索塔节段现场安装 ... 103
第五节　现场安装施工工效 ... 121

第六章　混凝土施工 ... 122
第一节　绝湿环境混凝土配合比设计 ... 122
第二节　混凝土现场施工 ... 126

第七章　施工监控与测量 ... 129
第一节　概述 ... 129
第二节　监控原则 ... 129
第三节　监控内容 ... 129
第四节　监控结果 ... 134

第三篇　钢-粗集料活性粉末混凝土组合梁

第一章　钢-粗集料活性粉末混凝土组合梁特点及应用概况 ... 138
第一节　钢-粗集料活性粉末混凝土组合梁特点 ... 138
第二节　钢-粗集料活性粉末混凝土组合梁研究进展及应用概况 ... 140

第二章　钢-粗集料活性粉末混凝土组合梁结构与设计 ... 150
第一节　钢-粗集料活性粉末混凝土组合梁结构 ... 150
第二节　钢-粗集料活性粉末混凝土组合梁设计 ... 151
第三节　钢-粗集料活性粉末混凝土组合梁受力性能 ... 165

第三章　钢-粗集料活性粉末混凝土组合梁制造 ... 178
第一节　概述 ... 178
第二节　总体制造方案 ... 179
第三节　钢混组合梁制造 ... 180

第四章　钢-粗集料活性粉末混凝土组合梁安装 ... 218
第一节　概述 ... 218
第二节　总体施工工艺及流程 ... 219
第三节　施工设备 ... 222
第四节　索塔区梁段安装 ... 238
第五节　标准梁段安装 ... 249
第六节　北岸支架区梁段安装 ... 257
第七节　南岸支架区梁段安装 ... 262
第八节　中塔北侧刚性墩梁段安装 ... 265

第九节　主梁顶推合龙施工 …………………………………………………………… 268
　　第十节　组合梁桥位连接 ………………………………………………………………… 273
　　第十一节　组合梁安装控制标准 ………………………………………………………… 283
　　第十二节　组合梁安装工效分析 ………………………………………………………… 284
第五章　斜拉索施工 …………………………………………………………………………… 286
　　第一节　概述 ……………………………………………………………………………… 286
　　第二节　斜拉索安装 ……………………………………………………………………… 287
第六章　施工监控与测量 ……………………………………………………………………… 295
　　第一节　概述 ……………………………………………………………………………… 295
　　第二节　监控原则 ………………………………………………………………………… 295
　　第三节　监控内容 ………………………………………………………………………… 297
　　第四节　监控结果 ………………………………………………………………………… 315

第四篇　波形钢腹板节段梁预制和安装

第一章　节段预制拼装波形钢腹板组合箱梁特点及应用概况 ……………………………… 320
　　第一节　节段预制拼装波形钢腹板组合箱梁特点 ……………………………………… 320
　　第二节　国外应用现状 …………………………………………………………………… 320
　　第三节　国内应用现状 …………………………………………………………………… 321
第二章　节段预制拼装波形钢腹板梁桥结构及设计 ………………………………………… 324
　　第一节　节段预制拼装波形钢腹板箱梁结构 …………………………………………… 324
　　第二节　节段预制拼装波形钢腹板箱梁桥设计 ………………………………………… 326
　　第三节　节段预制拼装波形钢腹板箱梁桥受力性能 …………………………………… 330
第三章　波形钢腹板节段梁预制 ……………………………………………………………… 334
　　第一节　概述 ……………………………………………………………………………… 334
　　第二节　施工流程 ………………………………………………………………………… 334
　　第三节　主要施工工艺 …………………………………………………………………… 335
　　第四节　预制工效分析 …………………………………………………………………… 350
第四章　波形钢腹板节段梁安装 ……………………………………………………………… 352
　　第一节　概述 ……………………………………………………………………………… 352
　　第二节　安装设备 ………………………………………………………………………… 352
　　第三节　安装施工流程 …………………………………………………………………… 353
　　第四节　主要施工工艺 …………………………………………………………………… 354
　　第五节　安装施工工效 …………………………………………………………………… 368
第五章　施工监控与测量 ……………………………………………………………………… 369
　　第一节　概述 ……………………………………………………………………………… 369
　　第二节　监控原则 ………………………………………………………………………… 369
　　第三节　监控内容 ………………………………………………………………………… 369

第四节　监控结果 …… 375

第五篇　桥梁成桥荷载试验

第一章　桥梁荷载试验目的及内容 …… 380
第一节　桥梁荷载试验目的 …… 380
第二节　桥梁荷载试验内容 …… 380

第二章　方案设计及理论计算 …… 382
第一节　计算参数选取 …… 382
第二节　结构有限元分析 …… 382
第三节　静载试验测试方法 …… 385
第四节　动载试验测试方法 …… 388

第三章　桥梁荷载试验结果 …… 391
第一节　主桥静载试验主要测试结果 …… 391
第二节　跨堤桥静载试验主要测试结果 …… 393
第三节　主桥动载试验主要测试结果 …… 394
第四节　跨堤桥动载试验主要测试结果 …… 396
第五节　桥梁荷载试验结论 …… 398

参考文献 …… 399

第一篇 PART 1

概 述

第一章 钢混组合桥梁概况

钢混组合结构能充分发挥混凝土和钢材的性能，是一种可持续发展的桥梁结构形式。常见的钢混组合桥梁有组合梁桥、组合桁梁桥、组合刚构桥、组合拱桥、组合斜拉桥等。钢混组合结构桥梁利用剪力连接件将高抗拉强度的钢材和高抗压强度的混凝土连成整体，发挥两种材料的相对优势，形成在横截面内共同受力的构件，进而组成桥梁结构。组合结构以其整体受力的稳定性、钢和混凝土材料特性的互补性、施工便捷性等优点而得到推广，从中小跨径桥梁到近千米跨径的斜拉桥都有应用。

20世纪40年代始，欧美国家开展对组合梁的全面研究。美国、英国、德国等国家制定了有关组合结构桥梁设计的规范或规程，并相继建成组合结构桥梁，设计理论逐渐完善。20世纪60—70年代是组合结构发展的重要阶段，一些国家组合结构的应用几乎达到了钢结构的数量。

钢-混凝土组合结构在我国桥梁上的应用和发展主要体现在近20年。其在桥梁上的应用不仅局限于传统的组合板梁、组合箱梁等形式，还出现了波形钢腹板组合箱梁、钢梁和钢筋混凝土梁在桥梁纵向组合的混合结构形式等，应用桥型也由开始的梁桥扩展到斜拉桥、拱桥及刚构桥，形式越来越丰富。随着绿色建造以及可持续发展理念的普及，加上桥梁工程产业结构加速转型升级，标准化和工业化建造钢混组合结构桥梁在新建桥梁中所占比例将逐步提高。

1991年，上海市建成的南浦大桥是我国第一座钢混组合梁斜拉桥。其后，上海杨浦大桥、福州青州闽江大桥、重庆观音岩长江大桥等均采用了同样的结构形式。

1993年，北京市国贸桥首次采用了钢-混凝土叠合板组合梁，既保证了桥面的整体性，又大大加快了施工进度，同时保证桥下交通。之后在深圳、长沙等多个城市均有这样的工程实例。

2005年，我国建成首座波形钢腹板组合连续箱梁公路桥——河南光山泼河桥，之后逐渐推广，成为近年桥梁建造中一种重要的组合结构桥型。

2016年，安徽望东长江大桥建成通车。该桥为主跨638m组合梁斜拉桥，主梁采用PK箱组合梁，为我国最大跨径钢-混凝土组合梁斜拉桥。

2019年，中共中央、国务院印发了《交通强国建设纲要》，明确了交通强国建设的目标，从2021年到本世纪中叶，分两个阶段推进交通强国建设：到2035年，基本建成交通强国；到本世纪中叶，全面建成人民满意、保障有力、世界前列的交通强国。

随着我国可持续发展战略和交通强国战略的深入推进，建立绿色、低碳与可持续交通运输体系的任务日益迫切。钢混组合结构能充分发挥混凝土和钢材各自材料的性能优势，具有受力合理、经济、便于施工、绿色环保等突出优点，对促进桥梁建设装配化、绿色化及智能化的转型升级将发挥重要作用。

南京五桥是世界首座轻型钢混组合结构斜拉桥，首创了钢壳-混凝土组合结构索塔，研发了粗集料活性粉末混凝土并应用于钢混组合梁桥面板，形成钢-粗集料活性粉末混凝土组合梁体，具有优良的结构性能，为中国乃至世界贡献了一座造型美观、结构独特的桥梁，见图1-1-1。

南京五桥北引桥首次将节段预制拼装技术应用于波形钢腹板组合箱梁桥的建造中，提升了传统波形钢腹板组合结构桥梁工业化建造水平，有利于实现绿色环保的桥梁建设。

图1-1-1 南京五桥

　　本书依托南京五桥工程,对钢壳-混凝土组合索塔、钢-粗集料活性粉末混凝土组合梁、节段预制拼装波形钢腹板组合箱梁等钢混组合桥梁设计建造技术进行总结。

第二章　南京五桥简介

第一节　概　　况

南京五桥是205国道和312国道的过江通道，同时也是南京"高快速路系统"中绕城公路的重要组成部分。南京五桥是国务院批复的《南京市城市总体规划（1991—2010）》中确定的南京地区过江通道之一，已经列入国家《长江经济带综合立体交通走廊规划（2014—2020）》。

南京五桥工程路线起于浦口五里桥，向东南方向跨越长江，经梅子洲下穿夹江后顺接南岸已经建成的青奥轴线地下工程，距下游南京长江第三大桥约5km，距上游南京长江大桥约13km，距长江入海口约330km。

随着苏南现代化建设示范区规划的确立，江北新区获批成为我国第13个国家级新区，南京五桥在南京新一轮城市规划中成为连接主城与江北新区的纽带之一。

南京五桥作为国道网组成部分，定位为国道干线上的公路过江通道，同时其作为南京市绕城公路（南京市一环线）的过江通道，沟通南京市江南江北两岸，兼具城市快速路功能。

第二节　总体布置与规模

南京五桥路线全长10.335km。其中，跨长江大桥长4.134km，夹江隧道长1.755km，其余路段长约4.4km。全线在五里桥、临江路、丰子河路、葡园路等4处设置互通式立交。同步建设起点至南农路段高架桥下地面辅道约3.0km，以及必要的交通工程和沿线设施。南京五桥主要建设规模见表1-2-1。

南京五桥主要建设规模　　表1-2-1

项　　目		推荐方案
路线全长		10.335km
北岸接线工程主要构筑物	特大桥	1座（含互通主线桥，连续设置），长4.325km
跨江工程主要构筑物	特大桥	1座，长4.134km
	隧道	1座，长1.755km
互通立交		4处
路基长度		设涵洞1道长0.121km
辅道长度		约3km

第三节　主要技术标准

南京五桥项目按一级公路标准建设，通过前期专题研究，确定项目的相关技术标准，见表1-2-2。

主要技术标准　　表1-2-2

项　　目	指　　标
公路等级	一级公路
设计速度	桥梁段100km/h，隧道80km/h，辅道50km/h

续上表

项　目	指　标
设计年限	100年
设计荷载等级	公路—Ⅰ级
标准宽度	双向六车道，桥梁标准宽度30.5m，隧道12.25m×2
通航尺度要求①	单孔单向通航：268m×32m，单孔双向通航：525m×32m
设计洪水频率	特大桥 1/300，其他结构物 1/100
抗震设防②	主桥：E1，按100年10%设计；E2按100年5%设计。 引桥：E1，按50年10%设计；E2按50年3%设计。 隧道：按100年10%设计，按100年2%验算
设计基本风速	31.7m/s
设计船撞力	南塔：37.2MN。中塔：56.5MN。北塔：35.3MN。 北辅助墩：19.6MN。过渡墩：16.5MN

注：①项目通航尺度要求中，268m代表通航宽度，32m代表通航高度。
　　②抗震设防要求中，10%代表超越频率。

第四节　跨江大桥总体设计

跨江大桥全长4134m，总体布置如图1-2-1所示。其中跨堤桥桥跨布置为41m+78m+45m=164m（左幅）、45m+78m+41m=164m（右幅）；北引桥桥跨布置为5×42m+49m+19×52m=1247m；主桥桥跨布置为80m+218m+2×600m+218m+80m=1796m；南引桥桥跨布置为12×52m+49m+3×42m+4×32m=927m。

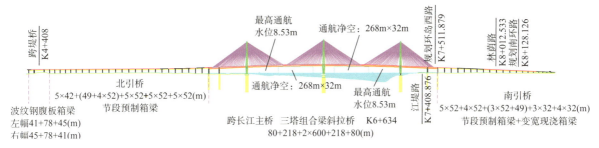

图1-2-1　跨江大桥总体布置

1. 主桥结构方案设计

（1）结构体系

中塔处设置支座约束纵向位移及竖向位移，并设置横向抗风支座；边塔索塔处设置竖向支座及横向抗风支座，并设置纵向限位及抗震阻尼装置；辅助墩处设置竖向支座；过渡墩处设置竖向支座及横向抗风支座。主桥支承体系布置如图1-2-2所示。

（2）索塔基础

中塔基础由30根直径2.8m钻孔灌注桩组成，钢护筒直径3.2 m，梅花形布置，桩长113m。承台为圆形，直径43m、厚8m，封底厚2.5m。索塔群桩基础一般构造如图1-2-3所示。边塔基础由24根直径2.8m钻孔灌注桩组成，梅花形布置，桩端持力层为中风化泥岩。所有钻孔灌注桩均按摩擦桩设计。承台为六边形构造，平面尺寸29.6m（顺桥向）×40.2m（横桥向），厚8m，承台上设圆台式塔座，塔座顶面直径18m，底面直径22m，厚2m。

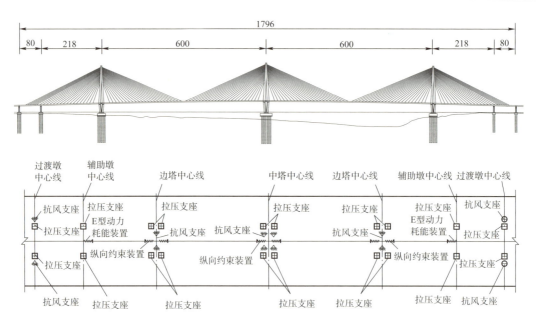

图1-2-2 主桥支承体系布置（尺寸单位：m）

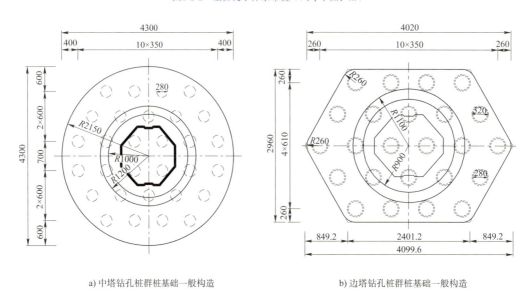

a) 中塔钻孔桩群桩基础一般构造　　b) 边塔钻孔桩群桩基础一般构造

图1-2-3 索塔群桩基础一般构造（尺寸单位：cm）

（3）索塔

索塔采用钢混组合结构，见图1-2-4，中塔高175.4m，边塔高167.7m。下塔柱为纵向双肢，每肢为单箱三室外侧带凹槽的六边形断面，横向13.8m，纵向7m（边塔6m），壁厚1.2~1.4m，底部合并，纵向14m（边塔12m），向上逐步分离，至下塔柱顶部纵向21m（边塔17.6m）；中塔柱为纵向双肢，每肢为单箱单室外侧带凹槽的四边形断面，横向5.8m，纵向5.7~7.0m（边塔5.0~6.0m），壁厚1.2~1.4m；上塔柱合并为单箱单室，横向5.8m，纵向5.0~11.3m（边塔5.3~10.0m）。下横梁为钢结构，高2.0m，宽4.6m，设置顺桥向预应力；中上塔柱结合部设置预应力；上塔柱设置钢牛腿和钢锚梁。

（4）主梁

主梁采用钢-粗集料活性粉末混凝土组合梁，钢与混凝土通过剪力钉连接形成组合截面，主梁为两侧带挑臂的单向三室断面，主梁标准宽度35.6m，梁高3.6m（组合梁中心线处），其标准横断面如图1-2-5所示。钢梁断面、钢-粗集料活性粉末混凝土结合梁结构分别如图1-2-6、图1-2-7所示。

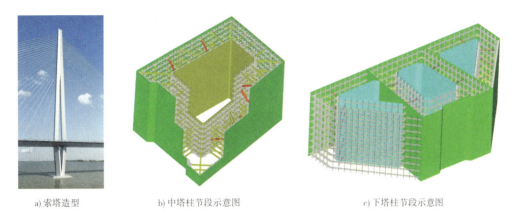

a) 索塔造型　　　　b) 中塔柱节段示意图　　　　c) 下塔柱节段示意图

图1-2-4　索塔构造效果图

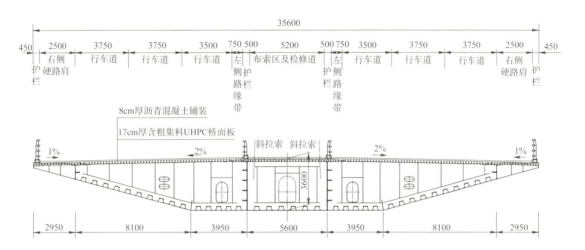

图1-2-5　主梁标准横断面（尺寸单位：mm）

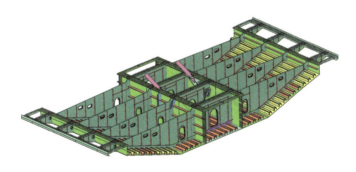

图1-2-6　钢梁断面示意图

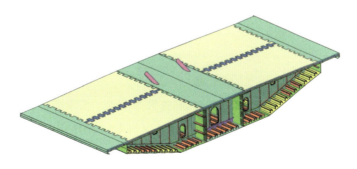

图1-2-7　钢-粗集料活性粉末混凝土组合梁结构示意图

（5）斜拉索及其锚固构造

斜拉索采用抗拉强度标准值为1860MPa的钢绞线，见图1-2-8。根据索力的不同，选取不同的钢绞线束数，采用15.7-31、15.7-37、15.7-43、15.7-55、15.7-61、15.7-73六种规格的锚具。全桥共240根斜拉索。

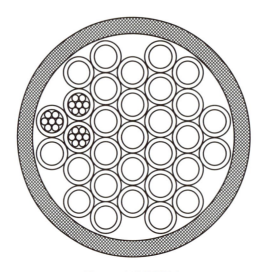

图1-2-8　钢绞线斜拉索

斜拉索梁端采用锚箱式锚固方式（图1-2-9），锚箱安装在主梁中腹板内侧，并与其焊成一体。斜拉索拉力主要通过锚箱传递给主梁腹板。斜拉索塔端采用钢锚梁的锚固方式，钢锚梁坐落于钢牛腿上，钢牛腿焊接于索塔内壁板，钢锚梁与钢牛腿之间设置不锈钢摩擦副。斜拉索的水平分力主要由钢锚梁承担，竖向分力则通过钢牛腿传递至塔壁上。

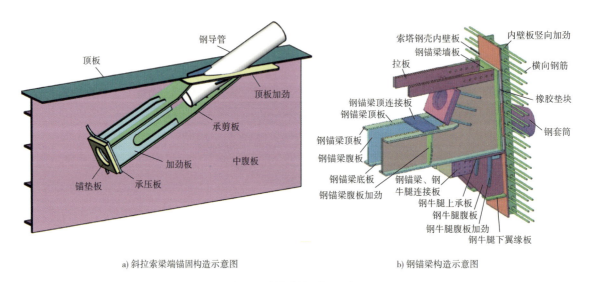

a) 斜拉索梁端锚固构造示意图　　b) 钢锚梁构造示意图

图1-2-9　斜拉索锚固构造示意图

（6）辅助墩、过渡墩及基础

辅助墩采用实心墙式墩，以12根直径2.2m钻孔灌注桩为基础，按摩擦桩设计，桩端持力层为中风化泥岩。承台为矩形加设圆倒角，平面尺寸15.2m（顺桥向）×21.4m（横桥向），厚4.5m。墩身断面为矩形，截面尺寸为4.5m（顺桥向）×10m（横桥向），横桥向中心处开宽2.8m、深0.3m的凹槽，见图1-2-10a）。

过渡墩采用分离式实心墩，以12根直径2.2m钻孔灌注桩为基础，按摩擦桩设计，桩端持力层为中风化泥岩。承台为矩形加设圆倒角，平面尺寸15.2m（顺桥向）×21.4m（横桥向），厚4.5m。墩身断面为矩形，截面尺寸为4.5m（顺桥向）×4.2m（横桥向），两肢墩身净距离4.2m，在墩顶设置拱顶。盖梁采用矩形截面，平面尺寸4.5m（顺桥向）×23.4m（横桥向），高2.8m，两侧悬臂段梁高从1.2m变化至2.8m，见图1-2-10 b）。

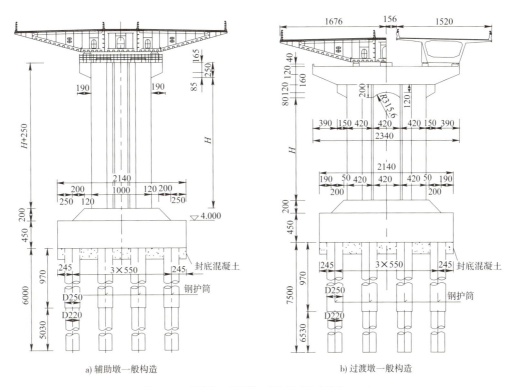

图1-2-10　辅助墩、过渡墩一般构造（尺寸单位：cm）

2. 南、北引桥

（1）南引桥

南引桥为预应力混凝土连续梁桥。桥跨布置为（5×52）m+（4×52）m+（3×52+49）m+（3×42）m+（4×32）m，共5联，总长927m，见图1-2-11。主梁均采用上下行分幅布置。南引桥均位于直线段中。

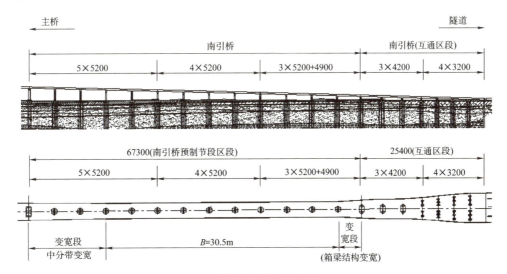

图1-2-11　南引桥桥型布置（尺寸单位：cm）

南引桥自主桥过渡墩至桩号K7+688m区段，采用中分带变宽、箱梁结构宽度不变的方式将路线变宽至与主桥顺接。由桩号K7+688m~K8+157m区段，路线宽度均为标准宽度30.5m。在南引桥第3联最后一跨，即桩号K8+157m~K8+205m区段，采用箱梁结构变宽形式，路线宽度由30.5m渐变至35.4m。

（2）北引桥

北引桥为预应力混凝土连续梁桥。北引桥跨径布置为（5×42）m+（49+4×52）m+3×（5×52）m，共5联，总长1247m，见图1-2-12。主梁均采用上下行分幅布置。北引桥除桩号K4+489~K5+724.28位于半径4000m的曲线段上，其余位于直线段中。

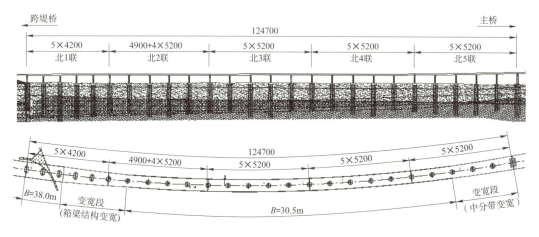

图1-2-12　北引桥桥型布置（尺寸单位：cm）

北引桥路线宽度自起点至K4+584.2m为38.0m。由K4+584.2m~K4+747.0m，即在162.8m区段内，采用箱梁顶板直线段变宽方式由38m渐变至30.5m。由桩号K4+747m~K5+580m，路线为标准宽度30.5m。由桩号K5+580直至主桥过渡墩，采用中分带变宽、箱梁结构宽度不变的方式与主桥顺接。

3. 跨堤桥

跨堤桥左右幅错墩布置，左幅桥跨布置为41m+78m+45m，右幅桥跨布置为45m+78m+41m，总长164m。波形钢腹板预应力混凝土箱梁，首次采用节段预制拼装法施工。接线桥梁中立新路跨线桥、丰子河路跨线桥亦采用节段预制拼装法施工的波形钢腹板预应力混凝土箱梁，如图1-2-13、图1-2-14所示。

图1-2-13　跨堤桥

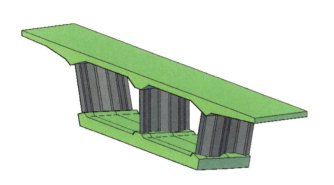 

图1-2-14　标准节段示意图

4. 新材料、新技术的采用

设计阶段大力推广新技术、新工艺、新理念。主桥主梁采用含粗集料活性粉末混凝土，优化了桥面板的厚度，使钢混组合梁自重明显降低，进而降低索塔尺寸、斜拉索规格，改善整体结构性能；索塔采用钢壳-混凝土组合塔，具有承载能力高、塑性和韧性强、外观质量好、耐久性长等优点，提高结构的整体性能和景观效果；南北引桥、跨堤桥以及北接线主线桥均采用预制拼装施工工艺，实现桥梁构件工厂化、标准化、装配化生产，有效降低现场作业强度及难度，提高工程质量，降低施工风险和对环境的污染。

第二篇 钢壳-混凝土组合索塔

第一章　钢壳-混凝土组合索塔特点及应用概况

索塔（或称为桥塔）是桥梁缆索承重的关键受力结构，承担着将强大的缆、索内力传递至桥梁基础的重要功能。索塔的承载力直接决定全桥的安全，其对缆索承重桥梁的重要性不言而喻。

索塔的常用形式有钢结构索塔和混凝土索塔两种。钢结构索塔具有工厂化制造、模块化架设的优点；工厂制造、现场架设并行作业，施工工期短、质量可靠、环保管控集中，在欧美国家及日本多有采用。我国钢结构索塔的设计建造起于南京长江第三大桥（简称"南京三桥"），其后在泰州长江大桥、马鞍山长江大桥、浦仪长江大桥、港珠澳青州航道桥等缆索承重桥梁中得到应用。

钢结构具有较高的承载力和结构延性，但在相同截面外形尺寸条件下，其抗压、抗弯刚度均小于混凝土结构。因此，钢结构索塔在我国的应用大大少于混凝土索塔。我国95%以上的缆索承重桥梁索塔采用混凝土索塔，其典型代表如南京长江二桥、苏通长江大桥、西堠门跨海大桥等。

混凝土索塔结构刚度大，稳定性好，建设成本比钢结构塔低，但其施工方式以现场浇筑为主，需经历劲性骨架安装、钢筋绑扎、模板安装与调整、混凝土浇筑等复杂工序，施工标准化及工厂化程度低、施工工期长、现场作业强度大、安全风险高、设备占用周期长、人工投入高、施工组织复杂、施工质量易受人为因素干扰、环保管控难度大等，是典型的现场施工型结构。

提升桥梁建造的工业化水平，确保桥梁设施快速、优质、高效和安全建造，使桥梁建设逐渐由建造型向制造型转变的产业升级，是世界桥梁工程的发展趋势，也是国家倡导的产业政策。在上述大背景下，开发力学性能优异、工厂化程度高、施工快速、质量可靠的索塔结构，成为缆索承重桥梁由建造型向制造型、由环境非友好型向环境友好型转变的关键。

结合钢结构索塔工厂化制造、模块化安装，混凝土索塔结构刚度大、造价低的特点，形成新型的钢壳-混凝土组合索塔。钢壳作为索塔受力结构的一部分，同时也是施工模板，将混凝土注入钢壳形成索塔结构，钢壳与混凝土协同受力，承担桥梁荷载作用。钢壳制造与现场安装、混凝土浇筑并行作业，大幅提高了工厂化水平，提升现场施工速度。

第一节　钢壳-混凝土组合索塔特点

钢壳-混凝土组合索塔由内外钢壳、附着于钢壳的钢筋及钢壳间混凝土构成，如图2-1-1所示。在钢壳内外壁板上设置纵横向加劲肋，提高钢壳壁板刚度，满足其作为混凝土浇筑施工时模板功能的要求，在纵横加劲肋上开孔，与附筋形成薄钢板纵横双向钢筋混凝土榫剪力连接件群，使钢壳与混凝土形成具有优异协同工作性能的钢混组合截面，见图2-1-2，附筋既是钢筋混凝土榫的芯棒钢筋，也是塔柱受力主筋。

与混凝土索塔相比，钢壳-混凝土组合索塔是一种性能优异，施工快速、安全、环保的新型索塔结构，其继承了钢结构索塔工厂化制造、模块化安装的优点和混凝土索塔刚度大、稳定性好的优势，解决了传统混凝土索塔工厂化程度低、施工工期长、现场作业量大、人工投入高、设备占用周期长、施工组织复杂、施工质量影响因素多等诸多难题。

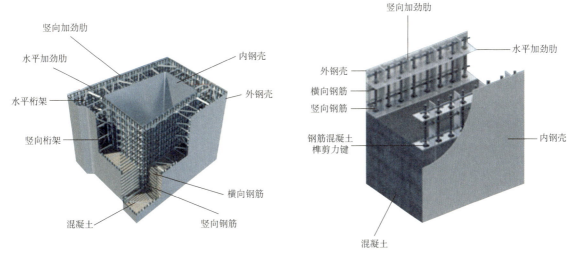

图2-1-1　钢壳-混凝土组合索塔节段构造示意　　　　图2-1-2　纵横双向钢筋混凝土榫连接件

具有如下特点：

（1）承载能力高，塑性和韧性好。钢壳与混凝土协同作用，其承载能力高于相同含钢量的钢筋混凝土索塔；钢材的约束作用可以降低核心混凝土的变形，使组合索塔具有良好的塑性和韧性，从而显著提高结构的抗震性能。

钢壳-混凝土组合索塔刚度比同截面钢筋混凝土索塔提高33%，开裂荷载提高1.5倍，承载能力提高49%，延性提高50%。与外轮廓尺寸相同的钢塔相比，抗压刚度提高6倍，抗弯刚度提高3.83倍，用钢量仅为钢塔的1/3。

（2）工厂化程度高，施工快速，质量可靠。钢壳在工厂制造，其既是受力结构又是混凝土浇筑模板，省去了混凝土索塔模板安装工序；索塔受力主筋即为钢壳附筋，与钢壳在工厂同步制造、组装，现场仅需对附筋进行机械连接，即形成沿索塔高度方向的受力主筋，省去了混凝土索塔钢筋绑扎工序。

（3）人工投入有效减少，设备占用时间短。现场仅进行钢壳节段吊装、钢筋机械连接、混凝土浇筑，所需人工量大幅降低，同时由于施工周期缩短，设备占用时间也相应缩短。

（4）外围钢壳有效约束了其内部混凝土的受力开裂，降低了因混凝土开裂导致的截面刚度衰减，显著提高了柱式结构的抗弯压稳定性。

（5）施工安全，环保易管控。现场作业时间短，人工投入少，减少了高空作业的风险；钢壳制造在工厂进行，环保管控措施成熟；现场可能带来污染的施工仅为混凝土浇筑，污染源集中，易于管控。

（6）钢壳既是施工模板又是永久结构，大幅提高了索塔建造的工厂化率，加快了施工进度，保证了工程质量。索塔外表面为钢结构，光洁度、平整度与混凝土索塔相比更易保证，表面涂装颜色可根据景观设计要求确定，更易获得较好的美学效果。

（7）耐久性好。钢壳的约束作用可减缓钢筋混凝土的裂缝发展，内部钢筋因有钢壳的保护不会产生锈蚀，运营期间只要做好钢壳的外表面涂装维护，即可保证结构的耐久性。

钢壳-混凝土组合索塔不仅具备优异的结构性能，而且与工业化桥梁制造和基础设施绿色建造的发展理念、国家产业政策相契合，具有广泛的应用前景。

第二节　钢壳-混凝土组合索塔应用概况

传统斜拉桥多采用混凝土结构索塔，新的索塔结构形式自20世纪末开始涌现。1992年建成的西班牙阿拉米罗（Alamillo）桥是世界上首座无背索外包钢板-混凝土组合结构索塔斜拉桥，为跨度200m的倾斜索塔景观桥。1994年日本建成的鹤见航道桥，在考虑耐久性及现场条件的基础上，主塔下部采用劲性骨架钢筋混凝土结构。1995年法国建成的诺曼底大桥在索塔上部62.52m范围内有钢锚箱的钢混锚固段。1996年我国广东佛山建成的紫洞大桥首次采用钢管混凝土索塔斜拉桥结构。2001年重庆万州的万安大桥也属于钢管混凝土斜拉桥，索塔采用了钢管混凝土双柱塔。2005年建成的南京三桥是国内第一座曲线形钢塔斜拉桥，在下部混凝土塔柱钢混结合部位采用了开孔板连接件群传递荷载。2009年香港昂船洲大桥建成，索塔底部到塔高175m处采用混凝土结构，175~293m采用圆钢管混凝土结构，顶部5m采用钢结构。2012年辽宁沈阳建成的浑河大桥为自锚式悬索桥，采用外包钢壳的索塔，钢壳仅作为塔柱混凝土浇筑模板，未考虑其参与主体结构受力。2013年甘肃兰州建成的刘家峡大桥为钢管混凝土索塔桁架梁式悬索桥。综上可知，世界范围内已建成缆索桥梁的索塔结构形式除采用传统混凝土索塔和钢结构索塔以外，组合结构索塔主要为内嵌钢锚箱的局部钢混组合结构形式和圆钢管混凝土结构形式。

国内钢混组合索塔桥梁概况见表2-1-1。

国内钢混组合索塔桥梁概况　　　　　表2-1-1

序号	桥　名	地　区	建成时间（年）	主跨跨度（m）	桥　型	索塔结构形式
1	佛山紫洞大桥	广东佛山	1996	140	斜拉桥	钢管混凝土索塔，钢管内灌注混凝土
2	香港汀九桥	香港	1998	448+475	斜拉桥	钢构件-混凝土组合型索塔
3	万州万安大桥	重庆	2001	140	斜拉桥	钢管混凝土索塔，钢管内灌注混凝土
4	沈阳浑河大桥	辽宁沈阳	2012	360	自锚式悬索桥	外包钢壳混凝土索塔，塔高96.368m
5	刘家峡大桥	甘肃兰州	2013	536	悬索桥	钢管混凝土索塔，ϕ3000mm×50mm钢管，钢管内灌注C40混凝土
6	南京五桥	江苏南京	2020	2×600	斜拉桥	钢壳-混凝土组合索塔，边塔高167.7m，中塔高175.4m，纵向钻石形索塔
7	东莞滨海湾大桥	广东东莞	在建	2×200	斜拉桥	钢壳-混凝土组合索塔，独柱塔
8	顺德大桥	广东顺德	在建	626	斜拉桥	钢混组合索塔，上塔柱为纯钢结构，中、下塔柱为钢混组合结构
9	郑州安罗高速公路黄河大桥	河南郑州	在建	520	斜拉桥	钢壳-混凝土组合索塔，H形索塔

南京五桥首创了以纵横双向钢筋混凝土榫群为剪力连接件、钢壳与混凝土协同受力的钢壳-混凝土组合索塔，其融合了二者优点，弥补二者的不足，不仅拥有优良的承载能力和结构延性，而且具有现场施工便捷、外观质量好、耐久性长等优点。钢壳-混凝土组合结构索塔的成功应用，为后续工程提供了良好的借鉴。2020年后，国内多座大桥工程陆续采用钢壳-混凝土组合索塔结构。目前在建的东莞滨海湾大桥、郑州安罗高速公路黄河大桥、顺德大桥等均采用钢壳-混凝土组合索塔。

1. 国外钢混组合索塔桥梁实例

国外采用钢混组合索塔结构桥梁实例不多,其中有部分桥梁索塔局部采用钢-混凝土结合结构,例如西班牙阿拉米罗桥。阿拉米罗桥位于西班牙塞维利亚市跨越瓜达尔基维尔河,是一座单跨跨径200m的斜拉桥,其索塔后倾,且无背索,见图2-1-3。

图2-1-3 西班牙阿拉米罗桥

西班牙阿拉米罗桥索塔原设计为钢筋混凝土结构,并用移动式模板进行浇筑施工,但由于塔底截面处的ϕ32mm主筋有794根,且众多的ϕ20mm钢筋造成布筋困难,所以采用钢板外包兼作模板,构成钢板-混凝土结合型钢索塔。塔柱截面较复杂,且非等截面。索塔内有圆形的空心部分,空心圆的直径从塔底到76.15m高度处为4m,76.15~133.2m高度处为2m。从高出地面7m的人行道到塔顶的索塔总高度为134.25m。塔身对铅直线的倾斜角为32°,在无背索的状态下仍可取得平衡。

2. 国内局部钢混组合结构索塔桥梁实例

国内采用局部钢混组合结构索塔的桥梁现有:香港汀九桥,采用钢构件-混凝土组合型索塔;南京三桥,下塔柱为混凝土塔柱,上塔柱为钢塔柱,钢塔柱与混凝土塔柱之间设钢混结合段。现将其特点简介如下:

(1)香港汀九桥

香港汀九桥设计构思的最大特色是索塔的结构构造,其三座索塔均采用长圆形等截面混凝土独柱,横向则用钢构件支架(此钢构件支架由塔柱钢横梁、横向拉索和塔柱斜撑组成)予以加宽,以形成承托主梁所必需的宽度,并构成钢构件-混凝土组合型索塔。

汀九桥为三塔四跨连续公路预应力混凝土斜拉桥,其跨度为127m+448m+475m+127m,总长1177m,见图2-1-4。

图2-1-4 香港汀九桥

桥塔柱从塔墩顶面算起，中央主索塔高157.35m，两边塔各高129.35m（汀九岸）和120.35m（青衣岸）。塔柱均为等截面的长圆形截面钢筋混凝土柱，中央主塔柱为10m（纵向）×5m（横向），两边塔柱均为8m（纵向）×5m（横向）。塔柱横向在主梁底面以下，用钢结构予以加宽至总宽度为50m。两组主梁在索塔处分别支承在横向加宽的钢结构支架钢横梁上。加宽塔柱的钢结构支架由塔柱钢横梁、横向拉索和塔柱斜撑组成。

索塔采用钢构件-混凝土组合型，即塔身在横向采用钢横梁、钢斜撑和横向拉索加宽，以支承主梁。钢横梁的固定端锚固于塔身；悬臂端则用上、下贯通的横向拉索予以固定。每一悬臂端的拉索为4组8根，顶端（张拉端）固定在塔身上的钢锚箱中，底端固定在塔墩上。斜撑承担钢横梁固定端反力及拉索底端在塔墩处的上拔力，所以香港汀九桥索塔是钢结构与混凝土结构的相互组合。混凝土独柱须就地浇筑，因此要在现场搭立模板。独塔线形越简单，模板运用就越方便，施工机械化程度就越高，工程造价就越低。因此，设计者采用了独柱、长圆形等截面塔身，而在承托主梁处用钢结构予以横向加宽。钢结构在工厂制造，现场安装，两者完美组合，各自发挥了其材质的优点。

（2）南京三桥

南京三桥是国内首次采用上塔柱为全钢、下塔柱为混凝土的钢-混凝土混合形式的钢索塔钢箱梁双索面五跨连续斜拉桥，其跨径为63m+257m+648m+257m+63m，见图2-1-5。

图2-1-5 南京三桥

南京三桥索塔为人字形，塔柱圆曲线部分半径720m，高215m，设四道横梁，其中下塔柱及下横梁为钢筋混凝土结构，其他部分为钢结构。下塔柱高36.304m，塔柱截面横桥向宽度为6.12~8.4m，顺桥向宽度为8.0~12.0m。钢塔柱高178.696m处，截面尺寸横桥向为5.0m，顺桥向为6.8m。

钢塔柱与混凝土塔柱之间设钢混结合段，通过钢混结合段的PBL剪力键（开孔钢板连接件）将上塔柱传递下来的荷载分配到混凝土中。钢混结合段中的钢结构分为底座、锚固箱两部分。锚固箱的壁板上开孔并焊有剪力钉，锚固箱底板与底座通过M22高强度螺栓连接。底座和一部分锚固箱预埋在混凝土中，另一部分锚固箱伸出混凝土外，与钢塔柱节段连接。在混凝土顶面锚固箱壁上焊有承压板，用于将壁板上的部分力分配给壁板附近的混凝土。

钢塔柱壁板厚30~48mm，壁板加劲肋厚24~32mm；腹板厚32mm，腹板加劲肋厚24mm；横隔板厚14mm，横隔板加劲肋厚10mm。

除钢混结合段外，钢塔柱共分21个节段，节段长8.0~11.95m，节段重量为1250~1579kN。节段间优先考虑金属的接触传力，同时采用高强度螺栓连接。

3. 国内钢管混凝土结构索塔桥梁实例

钢管混凝土结构作为一种新型结构，能够更有效发挥钢材和混凝土两种材料各自的优势，其显著特点是强度高、重量轻及抗震性能好，多应用于工业厂房、公共建筑、高层建筑及拱桥施工中，后续在斜拉桥、悬索桥索塔中也得到广泛使用，如佛山紫洞大桥、万州万安大桥、刘家峡大桥等。

（1）佛山紫洞大桥

佛山紫洞大桥设计为双塔单索面斜拉桥，跨径69m+140m+69m，桥长1034m，单柱塔采用钢管混凝土结构，1996年建成通车，见图2-1-6。

图2-1-6　佛山紫洞大桥

（2）万州万安大桥

万州万安大桥为主跨140m的双塔单索面钢管混凝土桁架斜拉桥，桥长920m，单柱塔采用钢管混凝土结构，2001年建成通车，见图2-1-7。

图2-1-7　万州万安大桥

（3）兰州刘家峡大桥

兰州刘家峡大桥采用536m单跨桁式加劲梁悬索桥，首次采用钢管混凝土结构作为悬索桥索塔，塔柱采用ϕ3000mm×50mm的钢管，钢管内灌注C40混凝土，为当时世界上最大直径的钢管混凝土结构，见图2-1-8。

图2-1-8 兰州刘家峡大桥

4. 国内钢壳-混凝土组合索塔桥梁发展状况

继南京五桥以后,国内陆续开展了钢混组合桥梁建设,主要包括以下几座代表性桥梁:

(1)东莞滨海湾大桥

东莞滨海湾大桥于2020年开工建设,跨径组合为60m+200m+200m+60m=520m,桥梁采用分幅式钢箱梁,独塔空间扭索面斜拉桥结构。

图2-1-9所示为东莞滨海湾大桥效果图。

图2-1-9 东莞滨海湾大桥效果图

主塔采用独柱塔,造型为东莞市花——玉兰花,总高149.8m,桥面以上高度为131.597m。结构为内外钢壳-混凝土组合索塔,钢结构采用Q345qD板材、Q370qD板材、ZG340-550H铸钢件及Q235B型材,混凝土采用C60自密实微膨胀混凝土。

钢塔沿高度方向设计划分42个节段,下塔柱节段T1~T3、塔梁固结段T4、中塔柱T5~T21、上塔柱T2~T42。设计节段划分见图2-1-10。

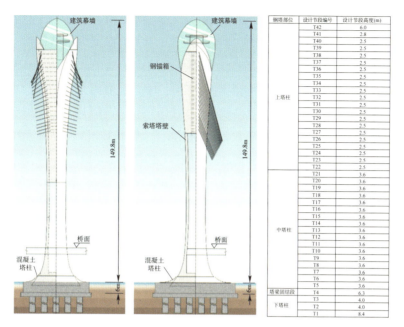

图2-1-10 设计节段划分

（2）广东顺德大桥

广东顺德大桥工程于2020年开工建设。主桥主跨626m，跨径为2×66m+626m+59.5m+2×60m+55m=992.5m；采用双塔双索面半漂浮体系混合梁斜拉桥（钢箱梁+混凝土梁）；矮塔高151m，高塔高204m；索塔采用组合结构，即钢-混凝土组合塔及钢索塔。顺德大桥主桥见图2-1-11、图2-1-12。

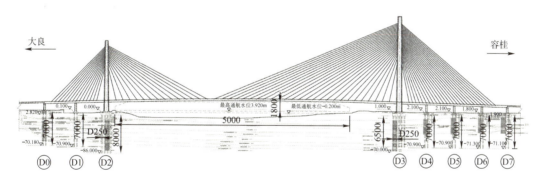

图2-1-11 顺德大桥主桥桥跨布置（尺寸单位：mm；高程单位：m）

图2-1-12 顺德大桥主桥效果图

矮塔：塔高151m，分21个节段，中下塔柱为钢混组合结构（10个节段），上塔柱10个节段为钢结构，T11节段为钢混结合过渡段。下横梁为钢混组合结构，中、上横梁为钢结构。

高塔：塔高204m，分30个节段，中下塔柱为钢混组合结构（14个节段），上塔柱15个节段为钢结构，T15节段为钢混结合过渡段。下横梁为钢混组合结构，中、上横梁为钢结构。

（3）郑州安罗高速公路黄河大桥

郑州安罗高速公路黄河大桥主桥为双塔双索面钢混组合结构斜拉桥，工程于2021年开工建设，桥跨布置为110m+135m+520m+135m+110m=1010m，见图2-1-13、图2-1-14。

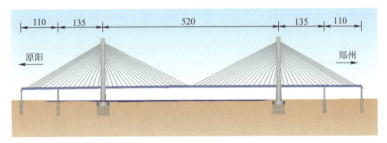

图2-1-13　郑州安罗高速公路黄河大桥主桥桥跨布置（尺寸单位：m）

图2-1-14　郑州安罗高速公路黄河大桥主桥效果图

索塔采用H形造型，包括上塔柱、中塔柱、下塔柱、上横梁、中横梁和下横梁，总高182m，其中上塔柱（含塔冠）高57.8m，中塔柱高95.3m，下塔柱高28.9m。索塔在桥面以上高度约为142m，高跨比为0.273。

索塔采用钢壳-混凝土组合形式，由C55混凝土和Q355D钢材形成组合截面。塔柱为空心圆端形单箱单室断面，塔柱横、纵桥向外轮廓尺寸10m。上塔柱壁厚均为0.8m，中间设钢锚梁；中塔柱壁厚0.8~1.1m；下塔柱壁厚1.1~1.4m。

单侧塔柱共有36个节段，其中下塔柱T1节段为起步段，高2.5m；其他节段根据起吊重量、壁厚变化以及和横梁的关系，高度划分为4m、4.4m、4.5m、4.721m、5m、5.2m、5.4m、5.6m和6m等。

索塔上、中、下横梁均采用矩形断面，为钢箱结构。中、上横梁断面尺寸：高6.0m，宽6.0m。下横梁断面尺寸：高7.0m，宽6.0m。

郑州安罗高速公路黄河大桥主桥索塔结构见图2-1-15。

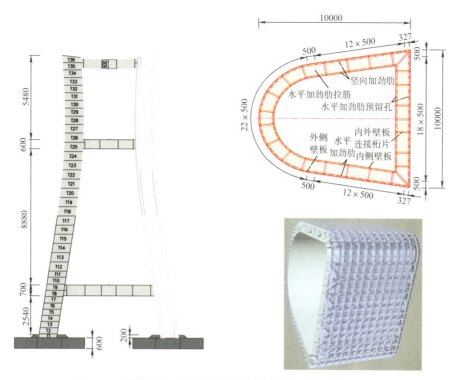

图2-1-15 郑州安罗高速公路黄河大桥主桥索塔结构（尺寸单位：mm）

第二章 钢壳-混凝土组合索塔结构及设计

第一节 钢壳-混凝土组合索塔结构

1. 钢壳-混凝土组合索塔构成及功能

基于施工期和运营期的需求，钢壳-混凝土组合索塔结构主要包含以下几个构件：

（1）钢壳结构，包括外钢壳壁板与内钢壳壁板。

（2）钢加劲板，包括水平加劲肋与竖向加劲肋，均匀布设在外钢壳壁板与内钢壳壁板上，用于提高钢壳壁板面外刚度，满足施工承受混凝土侧压力的要求，同时在加劲肋上开孔，并穿入芯棒钢筋，形成纵横双向钢筋混凝土榫剪力连接件。

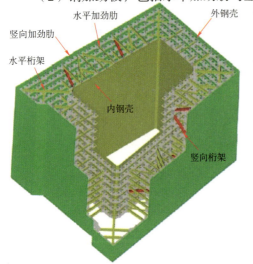

图2-2-1 钢壳-混凝土组合索塔节段构造示意图

（3）水平桁架与竖向桁架系统，设置在钢壳结构内部，用于连接外钢壳与内钢壳，以增大钢壳节段整体刚度。

（4）混凝土，浇筑在钢壳包围的腔体内。

（5）钢壳附筋，包括竖向钢筋和横向钢筋，分别穿过水平加劲肋和竖向加劲肋，形成薄钢板钢筋混凝土榫双向剪力连接件，连接钢壳与混凝土，同时也是索塔受力的主筋。

钢壳-混凝土组合索塔节段构造如图2-2-1所示，各部分组成如图2-2-2所示。

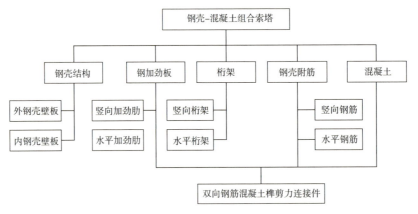

图2-2-2 钢壳-混凝土组合索塔节段构造及各部分组成

钢壳与混凝土通过薄钢板钢筋混凝土榫双向连接构造连接形成钢壳-混凝土组合截面，共同参与受力。同时钢壳结构也是索塔混凝土浇筑时的模板，外层钢壳与内层钢壳通过平面桁架、竖向桁架系统连接，可满足钢壳吊装、混凝土浇筑时的受力及变形要求，完全替代复杂的索塔模板系统。

钢壳-混凝土组合索塔是永久结构和临时结构结合的新型结构，在设计时应充分考虑运营期截面强度、刚度、稳定性等要求，同时需满足施工期受力及变形要求，因此设计方法也按运营阶段和施工阶段分别考虑。

2. 钢壳-混凝土组合索塔构造要求

（1）索塔节段划分

节段化是钢壳-混凝土组合索塔设计与建造的基础，也是施工期提升工厂化、装配化、快速化管理的客观要求。将钢壳-混凝土组合索塔进行合理的节段划分，钢壳节段制造与现场架设并行作业，将混凝土索塔中最为复杂的钢筋绑扎以及模板制造与安装在工厂同步进行，现场仅需连接钢壳和节段间钢筋以及浇筑混凝土，大大提高了施工工效。

控制节段划分的因素主要考虑制造、架设和施工等工况，包括合理制造高度、合理吊重、合理钢筋长度、合理浇筑能力、合理的接头数量、节段刚度和稳定性等，节段高度一般在4~9m之间。

（2）薄钢板钢筋混凝土榫构造要求

①钢壳水平加劲肋与竖向加劲肋厚度不宜小于10mm。

②加劲肋开孔孔径不宜小于贯通钢筋直径与集料最大直径之和。

③贯通钢筋应采用螺纹钢筋，直径不宜小于12mm。

剪力连接体系如图2-2-3所示。

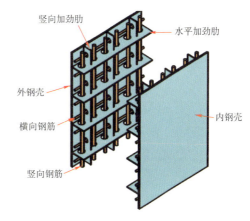

图2-2-3　剪力连接体系

（3）节段连接构造

节段连接构造是钢壳和附筋模块化安装的关键，在设计中对此进行了深入研究，要求节段连接应满足以下要求：

①索塔节段间的连接包括钢壳连接和竖向附筋连接。

②钢壳连接应充分考虑外观、密封性、耐久性及施工便利性，钢壁板宜采用全熔透焊接，加劲板宜采用高强度螺栓连接。

③钢筋的接头采用直螺纹套筒连接或冷挤压套筒连接，每个接头应满足I级接头的要求。为保证钢筋顺利有效连接，应设置可靠工装进行钢筋定位。

第二节　钢壳-混凝土组合索塔设计

一、材料

钢壳-混凝土组合索塔采用的主要材料包括钢材、钢筋和混凝土，相关技术要求如下：

1. 钢材

（1）钢壳-混凝土组合索塔中钢壳所用钢材，应根据结构的重要性、荷载特征、应力状态、连接方式、环境条件等因素确定强度和质量等级。钢材常用强度等级为Q345、Q390，钢材质量等级应根据使用环境温度选用C级或C级以上。

（2）钢材质量符合现行《低合金高强度结构钢》（GB/T 1591）的规定。

（3）钢材的物理力学性能指标应满足表2-2-1的规定。

（4）桁架系统所用型钢采用符合现行《碳素结构钢》（GB/T 700）规定的Q235B。

钢材的物理力学性能指标　　表2-2-1

弹性模量 E_s（MPa）	剪切模量 G_s（MPa）	线膨胀系数 α（1/℃）	密度 ρ（kg/m³）
2.06×10^5	0.79×10^5	1.2×10^{-5}	7850

2. 钢筋

钢壳-混凝土组合索塔的钢筋宜采用HRB400钢筋，其相关设计指标应按现行《公路钢筋混凝土及预应力混凝土桥涵设计规范》（JTG 3362）和《钢筋混凝土用钢　第2部分：热轧带肋钢筋》（GB 1499.2）的规定取用。

3. 混凝土

钢壳-混凝土组合索塔中混凝土宜采用补偿收缩混凝土，其强度等级宜为C40~C60，应符合现行《公路钢筋混凝土及预应力混凝土桥涵设计规范》（JTG 3362）、《补偿收缩混凝土应用技术规程》（JGJ/T 178）和《混凝土外加剂应用技术规范》（GB 50119）的规定。

补偿收缩混凝土绝湿限制膨胀率应为0.015%~0.030%，所用混凝土膨胀剂应符合现行《混凝土膨胀剂》（GB 23439）的规定，类型为硫铝酸钙-氧化钙类膨胀剂，水中7d限制膨胀率不小于0.12%，具体配比应通过工艺试验确定。

二、设计一般要求

由于钢壳-混凝土组合索塔的特殊性，其设计需综合考虑施工期和运营期的要求。经分析、归纳、总结，提出钢壳-混凝土组合索塔设计的一般要求。

（1）钢壳-混凝土组合索塔需分别进行运营期和施工期验算，其中运营期设计内容主要包括运营期强度验算、刚度验算、稳定性验算及剪力连接件设计等，施工期验算主要包括索塔混凝土浇筑过程中钢壳的受力及变形验算、钢壳吊装验算等。

（2）钢壳-混凝土组合索塔构件正截面承载力按下列基本假定计算：

①构件弯曲后，其截面仍然保持平面。

②不考虑截面受拉混凝土的抗拉强度。

③钢和混凝土之间剪力连接件有效可靠，可实现钢-混凝土组合截面完全协同工作。

（3）计算组合截面特性时，采用换算截面法，其中计算结构内力时钢壳和混凝土均按全截面计算截面刚度，验算结构刚度时，混凝土按开裂后刚度计算截面刚度，折减系数取0.85。

（4）外钢壳壁板厚度考虑强度、刚度等要求一般不宜小于10mm，同时钢板不宜过厚，避免构件出现超筋破坏，影响结构延性。

（5）内钢壳壁板厚度根据施工期钢壳应力、变形等控制条件确定，一般不宜小于6mm。

（6）钢壳-混凝土索塔构件按承载能力极限状态验算强度，作用效应组合按《公路桥涵设计通用规范》（JTG D60—2015）规定计算。

三、运营期设计内容

钢壳-混凝土组合索塔运营期设计内容主要包括剪力连接件设计强度验算、刚度验算及稳定性验算等。

1. 剪力连接件设计

钢壳-混凝土组合索塔截面验算基于平截面假定，其前提是钢和混凝土之间通过剪力连接件连接，实现钢-混凝土组合截面完全协同工作。钢壳-混凝土组合索塔剪力连接件采用纵横双向钢筋混凝土榫，其设计包括以下几个方面：

（1）钢壳加劲肋布置间距要求

为了保证钢壳不出现局部屈曲，钢壳纵、横向加劲肋布置间距与钢壳外壁板厚度的比值需符合下式规定：

$$\frac{s_n}{t_n} \leq 40\,\varepsilon_k \tag{2-2-1}$$

式中：s_n——纵横肋布置间距（mm）；

t_n——外壁钢板厚度（mm）；

ε_k——钢号修正系数，取 $\sqrt{345/f_y}$；

f_y——钢材屈服强度（MPa）。

（2）竖向抗剪承载力验算

钢壳与混凝土全截面参与受力，钢筋混凝土剪力榫剪力设计值需满足下式要求：

$$V_n \leq V_{pud}$$

式中：V_n——单个钢筋混凝土剪力榫剪力设计值；

V_{pud}——单个剪力件抗剪承载力。

$$V_n = \frac{V_s}{n_f} \tag{2-2-2}$$

$$V_s = \min(Af,\ b_e h_{c1} f_c) \tag{2-2-3}$$

式中：V_s——钢与混凝土交界面的纵向剪力；

A——相邻连接件宽度上钢壳的截面面积；

f——钢壳材料的屈服强度；

b_e——混凝土的有效宽度；

h_{c1}——混凝土等效受压区高度；

f_c——混凝土抗压强度；

n_f——该方向同一剪跨区段内配置的连接件数目。

（3）水平抗剪承载力验算

为了防止钢壳弹性屈曲，确保钢壳与混凝土全截面参与受力，钢筋混凝土剪力榫抗拉拔设计值需满足下式要求：

$$P_n \leq P_d \tag{2-2-4}$$

$$P_n = \alpha_n t_p s_p f_{py} \tag{2-2-5}$$

式中：P_n——单孔钢筋混凝土榫剪力键的拉拔力设计值；

P_d——单孔钢筋混凝土榫剪力键抗剪承载力；

α_n——连接件拉力系数，可取0.03；

t_p——组合索塔等组合构件中连接件附着的单片钢板厚度；

s_p——钢筋混凝土榫剪力键水平方向的间距；

f_{py}——钢板钢材的屈服强度。

单个薄钢板钢筋混凝土榫剪力键的抗拔承载力P_{su}可参照下式进行计算：

$$P_{su}=1.8l_m tf_y \qquad (2\text{-}2\text{-}6)$$

式中：P_{su}——每孔平均抗拔极限承载力设计值；

l_m——孔底距和孔边距中较小值，若孔底距大于孔径，需乘0.7折减；

t——开孔钢板板厚；

f_y——开孔板钢材的抗拉强度。

上述公式作为薄钢板钢筋混凝土榫剪力键抗拔承载力计算公式的适用条件为：

$$t \cdot l_m < \frac{0.58A_{tr}f_{yb}+1.8\pi(d/2)^2\sqrt{f_{ck}}+0.12th_{sc}f_{ck}}{f_u} \qquad (2\text{-}2\text{-}7)$$

式中：A_{tr}——芯棒钢筋的截面面积；

f_{yb}——芯棒钢筋的屈服强度；

d——开孔板的圆孔直径；

f_{ck}——混凝土的抗压强度标准值；

h_{sc}——开孔间距；

f_u——开孔钢板的抗拉强度。

2. 承载能力极限状态强度验算

（1）压弯构件承载力验算

索塔结构为偏压受力构件，根据钢筋混凝土结构、组合结构设计原理，承载力需符合下式要求：

$$\gamma_0 N_d \leq f_{cd}bx + f'_{sd}A'_s + \eta_{rs}f'_{rd}A'_r \qquad (2\text{-}2\text{-}8)$$

$$\gamma_0 N_d e \leq f_{cd}bx\left(h_0-\frac{x}{2}\right)+f'_{sd}A'_s(h_0-a'_s)+\eta_{rs}f'_{rd}A'_r(h_0-a'_r) \qquad (2\text{-}2\text{-}9)$$

$$e = \eta e_0 + \frac{h}{2} - a \qquad (2\text{-}2\text{-}10)$$

式中：γ_0——桥梁结构重要性系数；

N_d——轴向力设计值；

f_{cd}——混凝土轴心抗压强度设计值；

b——截面宽度，可随截面高度变化；

x——混凝土受压区高度；

f'_{sd}——纵向普通钢筋抗压强度设计值；

A'_s——受压区纵向普通钢筋截面面积；

η_{rs}——钢加劲板承载能力系数，根据索塔组合截面剪力连接度γ确定，$\gamma \geq 1$，$\eta_{rs}=1$；

f'_{rd}——纵向钢加劲板抗压强度设计值；

A'_r——受压区钢壳及其竖向加劲肋净截面面积之和；

e——轴向力作用点至截面受拉边或受压边较小边纵向钢筋和钢壳外壁板合力点的距离；

h_0——截面有效高度，$h_0=h-a$，此处h为截面全高；

a——受拉区普通钢筋合力点至受拉区钢壁板外缘距离；

a_s'——受压区竖向普通钢筋合力点至受压区边缘的距离；

a_r'——受压区钢壳及其竖向加劲肋合力点至受压区边缘的距离；

η——偏心受压构件轴向力偏心距增大系数；

e_0——轴向力对截面重心轴的偏心距，$e_0=M_\text{d}/N_\text{d}$，$M_\text{d}$为相应于轴向力的弯矩设计值。

（2）抗剪验算

钢壳-混凝土组合索塔的抗剪承载力需满足下列公式要求：

$$\gamma_0 V \leqslant V_\text{u} \tag{2-2-11}$$

$$V_\text{u} = V_\text{cs} + V_\text{ss} \tag{2-2-12}$$

$$V_\text{cs} = 0.45 \times 10^{-3} b h_0 \sqrt{(2+0.6P)} \sqrt{f_{\text{cu,k}}} \rho_\text{sv} f_\text{sv} \tag{2-2-13}$$

$$V_\text{ss} = 0.6 f_\text{y} + A_\text{sw} \tag{2-2-14}$$

式中：V——钢壳-混凝土组合索塔剪力设计值（N）；

V_u——钢壳-混凝土组合索塔受剪承载力设计值（N）；

V_cs——钢筋混凝土受剪承载力（N）；

V_ss——钢壳受剪承载力设计值（N）；

A_sw——平行于索塔受力平面的钢壳面积（mm²）；

P——斜截面内纵向受拉钢筋的配筋百分率，$P=100\rho$，当P大于2.5时，取P=2.5；

$f_{\text{cu,k}}$——边长150mm的混凝土立方体抗压强度标准值（MPa）；

ρ_sv——箍筋配筋率；

f_sv——箍筋抗拉强度设计值（MPa）；

f_y——钢材屈服强度（MPa）。

（3）受弯构件验算

钢壳-混凝土组合索塔承受弯矩时，其抗弯承载力可按下式计算：

$$\gamma_0 M_\text{d} \leqslant f_\text{cd} b x \left(h_0 - \frac{x}{2}\right) + f_\text{sd}' A_\text{s}' (h_0 - a_\text{s}') + \eta_\text{rs} f_\text{rd}' A_\text{r}' (h_0 - a_\text{r}') \tag{2-2-15}$$

混凝土受压区高度x应按下式计算：

$$f_\text{sd} A_\text{s} + \eta_\text{rs} f_\text{rd} A_\text{r} \leqslant f_\text{cd} b x + f_\text{sd}' A_\text{s}' + \eta_\text{rs}' f_\text{rd}' A_\text{r}' \tag{2-2-16}$$

式中：f_sd——纵向普通钢筋抗拉强度设计值；

f_rd——纵向加劲肋抗拉强度设计值。

钢壳-混凝土组合索塔正截面承载力计算参数见图2-2-4。

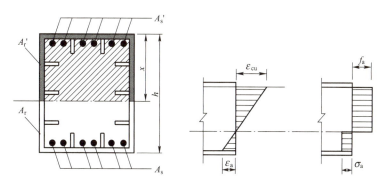

图2-2-4 钢壳-混凝土组合索塔正截面承载力计算参数示意图

3. 正常使用极限状态结构刚度验算

剪力连接件设计满足要求，钢壳-混凝土组合索塔截面刚度按组合刚度计算，其中计算结构刚度时需考虑混凝土开裂影响，截面刚度按表2-2-2计算。

钢壳-混凝土组合索塔截面刚度计算式　　　　表2-2-2

弯曲刚度	$E_s I_s + 0.85 E_c I_c$
轴压刚度	$E_s A_s + 0.85 E_c A_c$

注：E_s-钢材弹性模量；E_c-混凝土弹性模量；I_s-钢壳截面惯性矩；I_c-混凝土截面惯性矩；A_s-钢壳截面面积；A_c-混凝土截面面积。

4. 稳定性验算

验算索塔施工期和运营期结构整体稳定性时，弹性屈曲稳定安全系数不宜小于4。当不能满足弹性屈曲稳定要求时，应进行非线性稳定验算，其稳定系数不应小于2。

四、施工期设计内容

1. 钢壳-混凝土组合索塔施工建造工况概述

钢壳-混凝土组合索塔施工建造主要包括附筋钢壳加工、附筋定位与组装、附筋钢壳拼装连接、附筋连接、混凝土施工五部分。其中工作量较大也较为复杂的是附筋钢壳加工及附筋定位与安装。该两项工作可在工厂内精确加工制作，以确保施工质量。主要建造过程如下：

（1）密肋附筋板单元加工，其中横向穿孔钢筋在板单元加工时穿孔定位并弯折成型。

（2）密肋附筋板单元组装成钢壳节段，安装内部桁架系统。

（3）竖向穿孔钢筋待钢壳组装完成后穿入，通过定位孔钢筋将其集中绑扎于板肋开孔一侧。

（4）相邻索塔节段间进行1+1的工厂立式匹配。为了保证节段间竖向钢筋连接精度，在匹配过程中将竖向钢筋进行预连接，待初步连接完成后，在每个节段竖向钢筋顶口设置定位工装，将竖向钢筋进行定位。

（5）匹配完成后，成套安装节段间匹配件。

（6）将附筋钢壳节段运输至桥位现场，整体吊装就位，根据匹配件精确确定相邻节段间位置关系。

（7）焊接钢壳，连接钢筋，撤除钢筋定位工装。

（8）浇筑混凝土并养护。

附筋钢壳及其加劲通过水平桁架、竖向桁架先连接成整体，至桥位安装完成后再作为索塔混凝土的模板使用。附筋钢壳系统是钢壳-混凝土组合索塔的基础，必须保证施工期受力安全并达到刚度要求。钢壳-混凝土组合索塔施工期设计内容主要包括钢壳节段整体吊装和混凝土浇筑两种工况的结构安全验算及变形控制。

2. 钢壳吊装验算

由于钢壳壁板厚度小于钢结构索塔，刚度比钢结构索塔小，因此吊装变形控制是设计的重要内容，需采取以下主要应对措施：

（1）为了控制钢壳吊装变形，在钢壳内外壁之间设置型钢桁架，以加强内外壁之间的整体刚度，见图2-2-5。结构重量包括钢壳壁板、加劲肋、竖向和横向钢筋、附属件、锚梁等。

（2）吊装过程中钢壳体总体应力、变形量等需满足以下要求：

①钢壳壳体应力$\sigma \leq f_y$，f_y为钢壁板屈服强度（MPa）；

②内外壳变形差 $\delta \leqslant \dfrac{1}{2000}h$，$h$ 为节段高度（mm）。

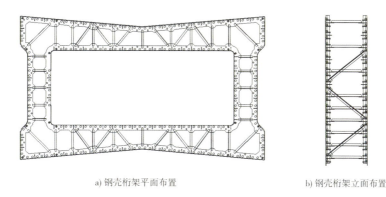

a) 钢壳桁架平面布置　　　　b) 钢壳桁架立面布置

图2-2-5　钢壳型钢桁架示意图

3. 节段混凝土浇筑过程验算

（1）受力体系

钢壳壁板加劲肋及其支撑系统的刚度控制是施工过程结构稳定性和外观的重要保证。节段混凝土浇筑过程需考虑以下几种作用力：

①附筋钢壳自重；

②新浇筑混凝土自重；

③新浇筑混凝土对钢壳壁板的侧压力；

④振捣混凝土时产生的振动荷载；

⑤混凝土入壳时产生的水平方向冲击荷载；

⑥其他可能产生的荷载，如风荷载、雪荷载、冬季保温设施荷载等。

（2）节段混凝土浇筑过程中钢壳应力及变形控制

节段混凝土浇筑过程中钢壳内、外壁板应力及变形需满足以下要求：

①钢壳壁板区格变形控制

在混凝土浇筑过程中，由纵、横向加劲形成的钢壳壁板区格中，钢壳内、外壁板区格变形需符合下列规定：

$$\dfrac{\delta'_{\text{out}}}{b} \leqslant \dfrac{1}{800} \quad (2\text{-}2\text{-}17)$$

$$\dfrac{\delta'_{\text{in}}}{b} \leqslant \dfrac{1}{400} \quad (2\text{-}2\text{-}18)$$

式中：δ'_{out}——钢壳外壁板钢加劲板区格内最大相对变形（mm）；

　　　δ'_{in}——钢壳内壁板钢加劲板区格内最大相对变形（mm）；

　　　b——钢加劲板区格的较小边长（mm）。

②钢壳壁板变形控制

在混凝土浇筑过程中，钢壳内、外壁板最大横向变形需符合下列规定：

$$\dfrac{\delta_{\text{out}}}{h} \leqslant \dfrac{1}{2000} \quad (2\text{-}2\text{-}19)$$

$$\frac{\delta_{in}}{h} \leq \frac{1}{1000} \qquad (2\text{-}2\text{-}20)$$

式中：δ_{out}——钢壳外壁板最大横向变形（mm）；

　　　δ_{in}——钢壳内壁板最大横向变形（mm）；

　　　h——节段高度（mm）。

③钢壳应力控制

钢壳外壁板平均应力$\sigma_{out} \leq 0.3f_y$，f_y为钢壁板屈服强度（MPa）；

钢壳内壁板最大应力$\sigma_{in} \leq f_v$，f_v为钢壁板设计强度（MPa）；

型钢桁架应力$\sigma_{truss} \leq f_s$，f_s为型钢桁架设计强度（MPa）。

五、应用实例

1. 南京五桥索塔选型

（1）索塔造型选择

三塔斜拉桥与常规斜拉桥结构在受力上有所不同，主要表现为中间塔两侧均无辅助墩和过渡墩，不能对主梁和索塔刚度提供有效帮助，且结构各响应的活载影响线幅度和范围增大，各构件的活载效应变大。提高中塔稳定性及主梁竖向刚度，控制斜拉索疲劳应力幅度从而满足索塔受力要求是三塔斜拉桥结构设计的关键。

通过研究与比选，将索塔纵向设计成钻石形，以提高索塔自身刚度是较为有效且经济的解决方案。当塔柱纵向设计成钻石形时，如横向仍采用双柱塔，单个索塔在桥面上将存在四个塔肢，其结合处受力较为复杂，斜拉索与四肢索塔塔柱共存一个空间，线条多且杂，视觉效果不佳。若将四塔肢适当合并形成中间独柱式，再结合斜拉索的搭配布置，则整体呈现简洁流畅的视觉效果，达到力学与美学的统一。最终选用纵向钻石形、横向独柱形索塔，纵向钻石形塔柱演变如图2-2-6所示。

图2-2-6 纵向钻石形塔柱演变

（2）索塔结构优化

对于占据主梁中央空间的独柱式索塔，在满足各项结构技术要求的前提下，使索塔横向结构尺寸最优，是减少工程规模、降低工程投入的切入点。

为进一步优化索塔结构横向尺寸，只能从材料选用和结构组成形式两方面着手。钢结构索塔在国内已有应用，具有较为成熟的设计建造经验，在南京三桥、泰州长江大桥和马鞍山长江大桥等项目中均成功应用。钢结构索塔具有较好的承载能力和抗震性能，结构耐久性好，加之其外观平整、光洁，更易获得较好的美学效果。但建造钢结构索塔需要大型机加工设备和大型起重设备，同时，对于纵桥向钻石形索塔这样的独柱式结构而言，相同结构尺寸的钢结构索塔和混凝土索塔，其抗弯刚度和抗压刚度并不具有优势（$EA_{混}/EA_{钢}=3.26$，$EI_{混}/EI_{钢}=2.12$）。从结构组成形式方面考虑，在土木工程建设中广泛使用的钢混组合结构也是一种较好的选择方向。结合钢沉井、钢围堰、钢套箱和组合梁体的结构理念，可将钢与混凝土的组合结构应用于斜拉桥的索塔结构中。钢混组合索塔具有以下特点：

①承载能力高。由于钢外壳的协同承载作用，其承载能力高于钢筋混凝土索塔。

②塑性和韧性好。钢材的约束作用可以改善核心混凝土的变形性能，使组合索塔具有良好的塑性和韧性，从而显著改善结构的抗震性能。

③抗弯压稳定性好。由于外围钢壳有效约束其内部混凝土的受力开裂，从而降低了开裂导致的截面刚度衰减，显著提高了柱式结构的抗弯压稳定性。

④施工方便。索塔施工过程中钢外壳可兼作混凝土模板，省去了大型爬模设备。

⑤降低混凝土收缩率。由于钢壳将混凝土与外界空气分隔，较好地阻止混凝土的回缩，使其收缩率大大降低。

⑥外观质量好。索塔外表面均为钢结构，光洁度、平整度与混凝土索塔相比更易保证。表面涂装颜色可根据景观设计要求确定，更易获得较好的美学效果。

⑦耐久性好。钢壳的约束作用可减缓钢筋混凝土的裂缝发展，内部钢筋因有钢壳的保护不会引起锈蚀，运营期间只要做好钢壳的外表面涂装维护，即可保证结构的耐久性。

⑧经济效益好。由于组合索塔充分发挥了两种材料的特性和潜力，因此可以取得良好的经济效益。

通过计算分析，索塔采用钢壳-混凝土组合结构形式，5.8m的索塔横向尺寸即可满足南京五桥的结构性能要求，有效缩小了索塔规模和主梁宽度，在满足结构受力性能的同时降低了工程造价，见图2-2-7。

图2-2-7 钢壳-混凝土组合索塔塔梁结合段

2. 南京五桥索塔概况

南京五桥索塔采用纵向钻石形索塔，横向为独柱塔，结构为钢壳-混凝土组合索塔，钢结构采用Q345C板材和Q235B型材，混凝土采用C50补偿收缩混凝土。

南京五桥边塔高167.7m，其中下塔柱高31.5m，中塔柱高81.9m，上塔柱高54.3m。下塔柱为纵向双肢，每肢断面为单箱三室外侧带凹槽的六边形断面，横向13.8m，纵向6m，壁厚1.2~1.4m，底部合并纵向12m，向上逐步分离，至下塔柱顶部纵向17.6m；中塔柱为纵向双肢，每肢断面为单箱单室外侧带凹槽的四边形断面，横向5.8m，纵向由6m逐步变为5.024m，壁厚1.2~1.4m；上塔柱合并为单箱单室，横向5.8m，纵向由10.066m逐步变为5.26m。下横梁为钢结构，高2.0m，宽4.6m，设置顺桥向预应力；中上塔柱结合部设置预应力。

南京五桥中塔高175.407m，下塔柱高38.85m，中塔柱高81.55m，上塔柱高55.007m。下塔柱为纵向双肢，每肢断面为单箱三室外侧带凹槽的六边形断面，横向13.8m，纵向7m，壁厚1.2~1.4m，底部合并纵向14m，向上逐步分离，至下塔柱顶部纵向21m；中塔柱为纵向双肢，每肢断面为单箱单室外侧带凹槽的四边形断面，横向5.8m，纵向由7m逐步变为5.686m，壁厚1.2~1.4m；上塔柱合并为单箱单室，横向5.8m，纵向由11.328m逐步变为5.0m。下横梁为钢结构，高2.0m，宽4.6m，设置顺桥向预应力；中上塔柱结合部设置预应力。

3. 节段划分

综合考虑南京五桥建设条件、受力状态和施工条件，并结合以往普通钢筋混凝土索塔经验，南京五桥组合索塔的节段高度以4.8m为标准节段高度，对于有较大起重能力的下塔柱节段增加至5.2m高度，对于复杂节段和吊装能力受限的节段减小至4.4m或更小。

（1）边塔

边塔共有36个节段，各节段高度及质量见表2-2-3。

边塔节段参数　　　　　　　　　　　　　　　　表2-2-3

序号	节段编号		节段高度（m）	节段质量（t）
1	下塔柱	BT1	4.67	168
2		BT2~BT5	5.2	95.3~99.4
3		BT6	3.6	69.2
4		BT7	4.0	64.3
5	下横梁节段 BT8		4.6	44.0
6	中塔柱	BT9~BT24	4.8	37.0~47.6
7	中上塔柱结合段 BT25		4.4	75.5
8	上塔柱	BT26~BT27	4.4	56.2~57.6
9		BT28~BT31	4.8	53.9~60.0
10		BT32、BT34	4.4	48.1、44.4
11		BT33、BT35	4.8	50.2、45.9
12		BT36	4.43	29.9

边塔构造见图2-2-8。

（2）中塔

中塔共有37个节段，各节段高度及质量见表2-2-4。

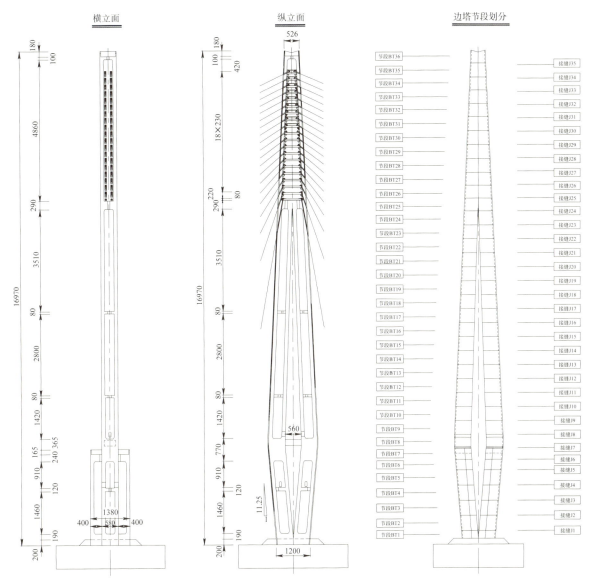

图2-2-8 钢壳-混凝土组合索塔边塔构造（尺寸单位：cm）

中塔节段参数　　　　　　　　　　　　　　　　　　表2-2-4

序号	节段编号		节段高度（m）	节段质量（t）
1	下塔柱	ZT1	4.67	180.2
2		ZT2~ZT8	5.2	95.5~103.3
3	下横梁节段 ZT9		4.0	42.6
4	中塔柱	ZT10~ZT25	4.8	39.3~52.1
5	中上塔柱结合段 ZT26		4.4	79.8
6	上塔柱	ZT27~ZT30	4.4	56.4~61.7
7		ZT31~ZT34	4.8	51.5~59.6
8		ZT35	4.4	45.1
9		ZT36	4.8	45.9
10		ZT37	5.137	33.1

中塔构造见图 2-2-9。

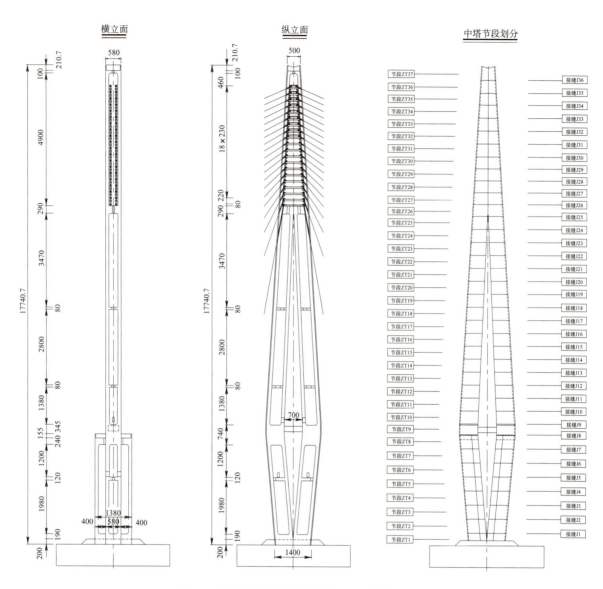

图2-2-9 钢壳-混凝土组合索塔中塔构造（尺寸单位：cm）

4. 索塔附筋钢壳设计

（1）钢壳板材选用Q345C，型材选用Q235B。钢壳外侧钢板标准厚度为14mm，其中中塔柱底部、横梁上下方厚度采用20mm，内侧钢板厚为6mm，钢牛腿附近板厚为20mm。

（2）钢壳外壁板加劲布置：竖向加劲扁钢尺寸为128mm×10mm，加劲间距为400mm；横向采用加劲板，截面尺寸为200mm×10mm，间距为400mm。

（3）钢壳内壁板加劲布置：竖向加劲扁钢尺寸为128mm×10mm，加劲间距为400mm；横向采用加劲板，截面尺寸为200mm×10mm，间距为400mm。

（4）水平向加劲桁架布置：桁架杆尺寸为L75mm×8mm，根据混凝土浇筑时对结构变形的控制要求，其竖向间距采用400mm和800mm两种尺寸布设。型钢桁架结构布置时，留出上下、左右浇筑通道，确保浇筑过程中人员能达到任意浇筑位置，使得混凝土得到有效振捣。

上、中、下塔柱节段分别如图2-2-10~图2-2-12所示。

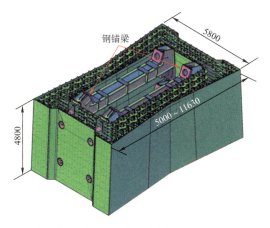
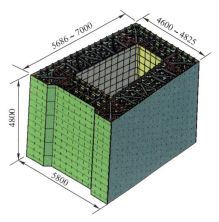

图 2-2-10　上塔柱节段（尺寸单位：mm）　　　　图 2-2-11　中塔柱节段（尺寸单位：mm）

5. 钢壳附筋与钢筋混凝土榫

钢壳附筋也是索塔受力主筋，采用HRB400级钢筋，竖向钢筋直径分别为28mm、32mm及36mm，水平钢筋直径20mm，拉筋直径18mm。竖向加劲肋上设置ϕ60mm的钢筋孔，水平加劲肋上设置ϕ80mm、ϕ86mm的钢筋孔和ϕ70mm的混凝土浇筑、振捣孔，见图2-2-13，确保水平加劲肋下缘浇筑质量。

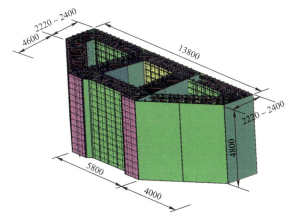
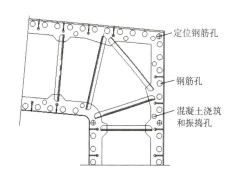

图 2-2-12　下塔柱节段（尺寸单位：mm）　　　　图2-2-13　塔柱钢壳钢筋孔布置

竖向附筋依次穿过水平加劲肋的钢筋孔，水平附筋依次穿过竖向加劲肋的开孔，以形成钢筋混凝土榫。

首节钢壁板设置钢筋孔，水平钢筋的一个方向钢筋穿过钢筋孔，另一个方向钢筋焊接在钢壁板上，以共同形成钢筋混凝土榫，实现索塔内力向承台的顺利传递。

黄色钢筋为外侧钢壳水平钢筋，穿入钢筋孔后进行弯折，绿色钢筋为直钢筋。黄色钢筋和绿色钢筋的Ⅰ级对接接头位于竖向加劲肋以外，无须穿过竖向加劲肋。紫色钢筋为内侧钢壳水平钢筋。各水平钢筋均在钢结构加工厂内完成加工制作。其余红色钢筋为拉筋。索塔钢筋布置如图2-2-14所示。

6. 运营期设计计算

（1）剪力连接件设计

剪力连接件与钢壳壁板纵横加劲肋统一设计，一方面剪力连接件应满足钢-混凝土组合协同受力所需要的抗剪承载力，另外应

图 2-2-14　索塔钢筋布置

结合施工阶段钢壳各项受力指标进行布置。塔壁纵横肋板间距为400mm。竖向加劲肋上设置ϕ60mm的钢筋孔,水平加劲肋上设置ϕ80mm和ϕ86mm的钢筋孔。混凝土中加入HRB400级钢筋,竖向钢筋直径32mm,水平钢筋直径22mm。竖向钢筋依次穿过水平加劲肋的钢筋孔,水平钢筋依次穿过竖向加劲肋的钢筋孔,以形成钢筋混凝土榫,实现钢与混凝土的协同作用。

①剪力连接件竖向抗剪承载力验算

采用塑性设计,剪力设计值按下式计算:

$$V_s = \min\{Af, b_e h_{c1} f_c\}$$
$$V = V_s / n_f = 7.08 \text{kN}$$

式中:V——单个剪力连接件承受的竖向剪力设计值。

抗剪承载力设计值V_{pud}按下式计算:

$$V_{pud} = \min\{1.8 h_{sc} \cdot t \cdot f_y [1.4(d_2 - d_2^b) f_{cd} + 1.2 d_2^b f_{cd}]\} = 289.4 \text{kN}$$

因为$V_{pud} > V$,故连接件抗剪承载力满足要求。

②连接件水平抗剪设计

连接件水平抗剪设计值P_n和承载力P_{su}计算如下:

$P_n = \alpha_n t_p s_p f_{py} = 82.8 \text{kN}$

$P_{su} = 1.8 l_m t f_y = 341.55 \text{kN}$

因为$P_{su} > P_n$,故连接件抗拔承载力满足要求。

(2)承载能力极限状态强度验算

①压弯构件强度验算

在进行截面验算前,需要明确验算截面的计算长度,即确定截面的偏心增大系数。

P-Δ效应计算模型如图2-2-15所示。计算中斜拉索对索塔横向的约束采用弹簧模拟,弹簧刚度K=130kN/m。计算中横向荷载=百年横风荷载+斜拉索风荷载横向水平分力,竖向荷载=自重+斜拉索风荷载竖向水平分力。采用ANSYS计算模型进行计算(图2-2-16),通过中塔底弯矩和塔顶位移这两个指标确定偏心增大系数。不考虑P-Δ效应时,相当于中塔底弯矩和塔顶位移均只由水平荷载引起;考虑P-Δ效应时,直接采用ANSYS中的大变形功能进行计算。

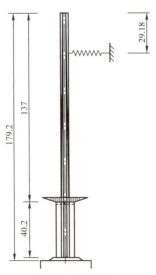

图2-2-15 P-Δ效应计算模型示意图(尺寸单位:m)

图2-2-16 ANSYS计算模型

索塔截面验算的荷载组合见表2-2-5。

索塔截面验算的荷载组合   表2-2-5

受力阶段	组合工况	荷载组合
成桥阶段	工况1	永久作用＋公路—Ⅰ级
	工况2	永久作用＋公路—Ⅰ级＋制动力＋横活载风＋温度力
	工况3	永久作用＋公路—Ⅰ级＋制动力＋顺活载风＋温度力
	工况4	永久作用＋百年横风
	工况5	永久作用＋百年顺风

注：塔柱截面地震荷载作用下的强度验算需另行计算。

经计算，中塔和边塔的中塔柱底部截面为控制截面，控制荷载为组合三和组合四（表2-2-6），经验算均满足承载力要求。

混凝土索塔控制截面承载力验算   表2-2-6

截面位置		荷载组合	截面内力			计算结果	安全系数
			轴力（kN）	顺桥向弯矩（kN·m）	横桥向弯矩（kN·m）	极限轴力（kN）	
中塔	中塔柱底部	组合四	236113	−68540	262984	250899	1.06
	塔底	组合三	175685	−982657	−1847	218920	1.25
边塔	中塔柱底部（边跨侧）	组合四	226032	−70817	233487	232737	1.03
	中塔柱底部（中跨侧）	组合四	231484	−46947	221987	251956	1.09
	塔底（边跨侧）	组合三	386981	661354	−1171	617412	1.60
	塔底（中跨侧）	组合三	195544	−617658	−1494	372780	1.91

对钢壳-混凝土组合索塔，混凝土均在钢壳内部，故可以不考虑混凝土裂缝验算。

②抗剪强度验算

$$\gamma_0 V \leq V_u$$

$$V_u = V_{cs} + V_{ss}$$

$$V_{ss} = 0.6 f_y A_{sw}$$

最不利截面为中塔柱底部截面。经计算，最不利抗剪设计值$\gamma_0 V$=8900kN，抗剪承载力V_u=48720kN，抗剪承载力满足要求。

（3）刚度验算

钢壳-混凝土组合索塔截面刚度应按组合刚度计算，代入有限元模型，得到桥梁在汽车荷载作用下的最大向上、最大向下竖向挠度为1377mm，结构刚度满足规范要求。

（4）应力验算

采用实体Solid45单元建立索塔有限元模型。不考虑下部结构桩基础的影响，计算时塔底固结。分析三种工况：恒载、顺桥向（纵向）最不利荷载（图2-2-17）、横桥向最不利荷载状态下塔柱混凝土和钢的应力分布。

（5）稳定性验算

采用ANSYS软件计算求得南京五桥施工图设计的施工全过程及主要运营阶段共计103个计算工况的结构非线性稳定安全系数结果，见图2-2-18。经非线性稳定验算，其稳定系数K大于2。

相关计算图如图2-2-19~图2-2-22所示。

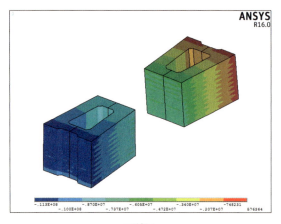

a) 混凝土　　　　　　　　　　　　　　b) 钢壳

图2-2-17　纵向最不利荷载作用下中塔柱ZT-11节段应力（单位：Pa）

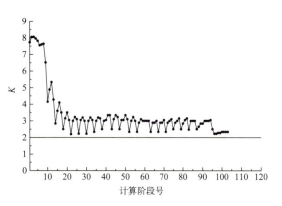

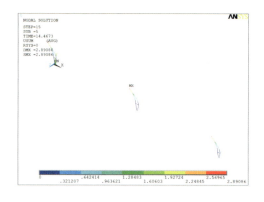

图2-2-18　结构非线性稳定安全系数K　　　　图2-2-19　中塔与边塔施工完成阶段结构失稳模态

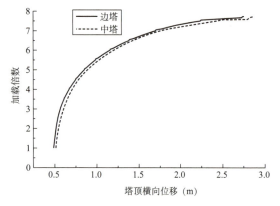

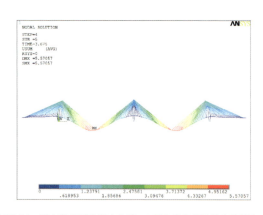

图2-2-20　计算阶段2荷载-位移曲线　　　　图2-2-21　两主跨半桥宽满布公路—I级车道荷载结构失稳模态

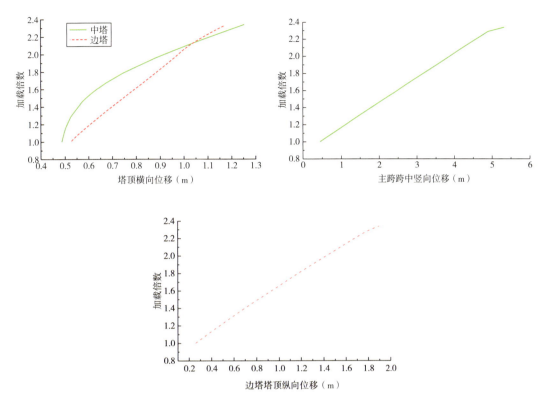

图2-2-22 两主跨半桥宽满布公路—I级车道荷载对应荷载-位移曲线

7. 施工期设计内容

（1）钢壳吊装验算

标准节段在钢壳外壁板设置4个吊点，内钢壳外壁板之间用竖向角钢连接，塔柱节段在钢壳外壁板设置8个吊点，内钢壳外壁板之间用竖向角钢连接。

由计算可知，吊装时钢壳内壁板的位移在1mm左右，满足吊装要求，如图2-2-23、图2-2-24所示。吊装工况下各构件应力也均满足要求。

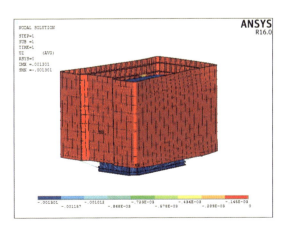

图 2-2-23 典型节段钢壳内壁板变形（单位：m）

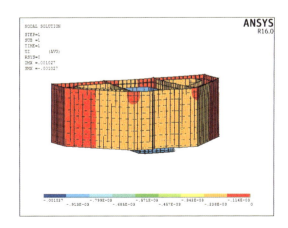

图 2-2-24 下塔柱节段钢壳内壁板变形（单位：m）

（2）节段混凝土浇筑过程验算

钢加劲板及其支撑系统的刚度控制是施工过程结构稳定性和外观的重要保证。选取典型的钢结构节段进行混凝土浇筑过程验算。节段尺寸如图2-2-25所示。

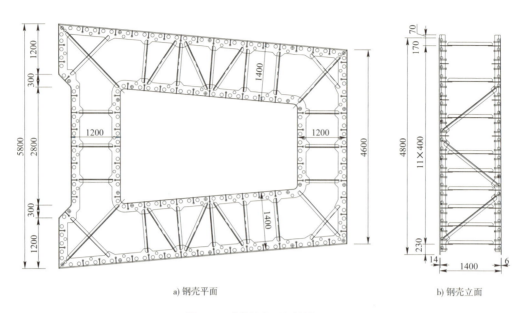

a) 钢壳平面　　　　　　　　　b) 钢壳立面

图2-2-25　节段尺寸（尺寸单位：mm）

典型钢结构节段位移见表2-2-7，典型钢结构节段应力统计见表2-2-8。

典型钢结构节段位移统计（单位：mm）　　　　　　　　表2-2-7

位　置	最大位移处与顶端位移差	规　定　值	格室最大变形差	规　定　值
钢壳外壁板外侧	0.274	2.4	0.171	0.5
钢壳外壁板内侧	0.269	2.4	0.149	0.5
钢壳外壁板边侧	0.343	2.4	0.168	0.5

典型钢结构节段应力统计（单位：MPa）　　　　　　　　表2-2-8

部　位	应　力	规　定　值
钢壳外壁板	31	103.5
钢壳外壁板水平加劲肋	64	305
钢壳外壁板竖向加劲肋	38	305
钢壳内壁板	90	305
钢壳内壁板水平加劲肋	57	305
钢壳内壁板竖向加劲肋	37	305
桁架角钢	31	215

由计算结果可知，所选用钢结构节段的位移、变形及应力均小于规定值，结构变形和应力得到有效控制。

钢结构节段钢壳外壁板内、外侧变形，节段钢壳内、外壁板应力见图2-2-26~图2-2-29。

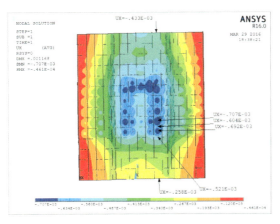
图2-2-26　钢结构节段钢壳外壁板外侧变形（单位：m）

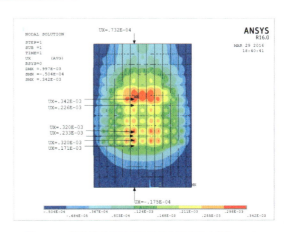
图2-2-27　钢结构节段钢壳外壁板内侧变形（单位：m）

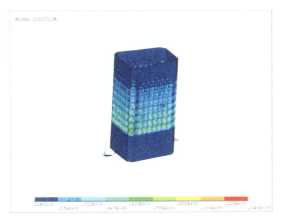
图2-2-28　节段钢壳内壁板应力（单位：Pa）

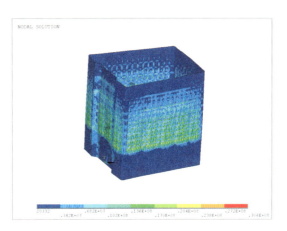
图2-2-29　节段钢壳外壁板应力（单位：Pa）

第三节　钢壳-混凝土组合索塔结构协同受力机理

迄今为止，钢壳-混凝土组合索塔在国内外的应用报道尚属空白，针对组合索塔中钢与混凝土协同工作机理和性能、薄钢板钢筋混凝土榫建立连接件的力学性能和破坏机理等研究相对较少。以南京五桥设计为依托，通过试验研究与理论分析探究组合索塔中钢壳与混凝土协同工作机理、薄钢板钢筋混凝土榫剪力连接件的力学性能及破坏机理，研究内容具体包括：

（1）附筋钢壳与混凝土间剪力连接件受力性能研究。通过模型试验，研究不同构造参数下薄钢板钢筋混凝土榫剪力连接件的受力性能，同时为建立数值模型提供基础数据。

（2）钢壳-混凝土组合索塔塔壁局部结构协同受力性能试验研究。对索塔塔壁局部结构进行纯弯梁破坏试验，考察结构形式及钢壳厚度等对钢、混凝土协同工作性能及整体受力性能的影响。

一、薄钢板钢筋混凝土榫剪力连接件传力机理研究

钢筋混凝土榫剪力连接件在组合结构中有广泛应用，可以发挥钢、混凝土两种材料的协同工作优势。索塔受轴力为主，钢壳-混凝土界面剪力相对较小，钢壳存在局部失稳后与混凝土结构变形不协调等问题，所以剪力连接件设计需要重点考虑水平向承载性能；在钢壳-混凝土组合索塔中，钢筋混凝土榫剪力连接件另一个特殊之处在于，连接件的芯棒钢筋也是索塔的受力主筋，因此芯棒钢筋直径明显

比常规钢筋混凝土榫连接件要大；同时钢壳的加劲肋也是钢筋混凝土榫的开孔钢板，厚度比常规钢筋混凝土榫连接件开孔钢板要薄。

因此，在钢壳-混凝土组合索塔中，薄钢板钢筋混凝土榫剪力连接件的特殊之处可归结为：竖向、水平向双向承载（水平向为主），大直径芯棒钢筋，薄开孔钢板。此外，考虑到施工问题，研究中还考虑了芯棒钢筋在薄钢板孔中的不同位置对剪力连接件受力性能的影响。

薄钢板钢筋混凝土榫剪力连接件的破坏模式与中厚度钢板钢筋混凝土榫剪力连接件不同。图2-2-30所示为中厚度钢板钢筋混凝土榫剪力连接件剪坏时的破坏形态。

已有研究表明，钢板厚度、芯棒钢筋直径是影响钢筋混凝土榫剪力连接件破坏形态和受力机理的重要因素。所以，本研究进行了大量的薄钢板钢筋混凝土榫剪力连接件拔出试验，目的是研究薄钢板钢筋混凝土榫剪力连接件的水平向抗剪性能，并重点考察芯棒钢筋在钢板孔内不同相对位置（上、中、下）的影响。

图2-2-30 中厚度钢板钢筋混凝土榫剪力连接件剪坏时的破坏形态

1. 薄钢板钢筋混凝土榫剪力连接件性能试验

根据钢壳-混凝土组合结构中薄钢板钢筋混凝土榫的布置形式，分别进行水平和竖向加劲肋钢筋混凝土榫试验。试验主要参数包括芯棒钢筋在孔洞中的位置、横肋和纵肋尺寸、开孔个数等。相同参数的试件均制作4~5个并进行测试，以降低试验结果离散性的影响。第一批设计48个试件，后补充10个单孔试件，共计58个。

薄钢板钢筋混凝土榫水平向拔出试验加载装置如图2-2-31所示。横向加劲肋和纵向加劲肋钢筋混凝土榫的尺寸分别如图2-2-32、图2-2-33所示。试验中通过穿心压力传感器实时测量千斤顶施加的荷载，运用应变片量测钢板和钢筋关键部位的应变，位移计量测剪力连接件的变形。

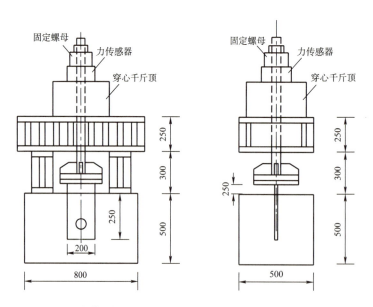

图2-2-31 钢筋混凝土榫拔出试验加载装置示意图（尺寸单位：mm）

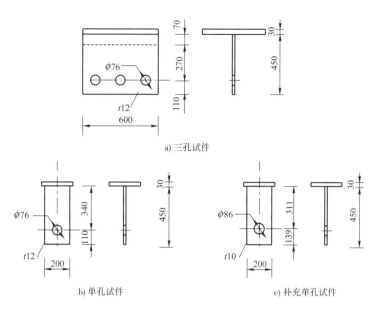

图2-2-32 横向加劲肋钢筋混凝土榫的尺寸（尺寸单位：mm）

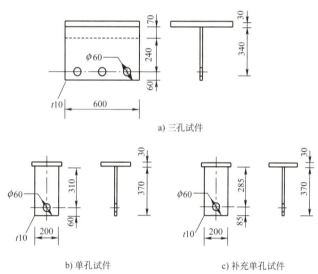

图2-2-33 纵向加劲肋钢筋混凝土榫尺寸（尺寸单位：mm）

2. 剪力连接件试验结果

（1）试验曲线分析

图2-2-34给出了荷载-位移曲线。

由图2-2-34可以看出，将芯棒钢筋置于钢板开孔中心时，钢筋混凝土榫曲线屈服点明显，强化后屈服平台很长。当芯棒钢筋置于钢板孔洞顺钢板受力方向靠上位置时，整体荷载-位移曲线更加平滑，屈服点不明显，与芯棒钢筋位于钢板开孔中心时相比，承载力变化影响不大。当芯棒钢筋置于钢板孔洞下方时，承载力和刚度有所提高。总体来看，薄钢板钢筋混凝土榫具有良好的延性与较高的承载力。

（2）破坏形态和破坏机理分析

通过对比研究可以看出，薄钢板钢筋混凝土榫的破坏模式及破坏机理与中厚度钢板钢筋混凝土榫不同。中厚度钢板钢筋混凝土榫的破坏主要表现为钢筋混凝土榫的剪坏。在这种破坏模式下，芯棒钢筋在钢板孔中的不同位置对钢筋混凝土榫的破坏影响有限。薄钢板钢筋混凝土榫的破坏主要表现为开孔钢板的破坏。根据开孔边距等构造的不同，剪力连接件发生钢板孔底撕裂和孔侧拉断等两种破坏模式，试件典型破坏形态见图2-2-35。此时，根据芯棒钢筋在孔中的不同位置，薄钢板钢筋混凝土榫存在不同的破坏形式。

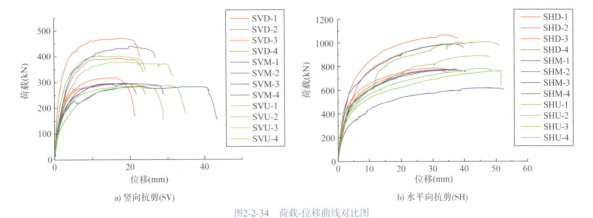

a) 竖向抗剪(SV)　　　　　　　　　　b) 水平向抗剪(SH)

图2-2-34　荷载-位移曲线对比图

注：图例为一组试验增加4个构件

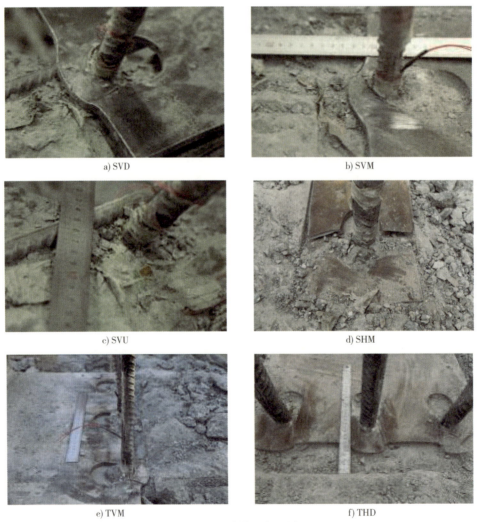

图2-2-35　试件典型破坏形态

注：S（Shear）为剪切；V（Vertical）表示加载方向为竖向；H（Horizontal）表示加载方向为水平；D、M、U表示芯棒钢筋位置分别在开孔下缘、中间和上缘；T（Three）表示为三孔。例如，SVD表示竖向抗剪、芯棒钢筋放置在开孔下缘，SHM表示水平向抗剪、芯棒钢筋放置在开孔中间

当钢筋在孔上时，一般发生孔内混凝土压碎的破坏形态，顶部钢筋与钢板有所分离。这是由于加载采用拔出的方式，在受力方向上与开孔接触的是混凝土榫，由于混凝土的刚度和表面硬度比钢材小，且混凝土榫与开孔薄钢板的接触面积大，因此开孔钢板与混凝土的接触应力及局部应力均较小，混凝土榫在薄钢板局部压力的作用下被劈裂、压碎，而钢板一般并不破坏。可见对于钢筋在孔上时，其破坏是由混凝土榫的压碎导致的，此时混凝土榫底部距钢筋的距离较大，混凝土压碎后的变形空间较大，表现出较好的延性。

3. 小结

本试验首次对薄钢板钢筋混凝土榫进行了拔出试验研究。根据钢壳-混凝土组合结构索塔实际构造参数，试验包括34个单孔钢筋混凝土榫和24个三孔钢筋混凝土榫。通过对其拔出过程、破坏形态以及主要力学性能参数的对比研究，给出了薄钢板钢筋混凝土榫承载力设计公式。研究得到的主要结论如下：

（1）对于单孔钢筋混凝土榫，破坏形态以钢板底部撕裂为主。钢筋在孔下部时，承载力有所提高；钢筋在孔上部时，承载力有一定降低。对于单孔横肋钢筋混凝土榫，破坏形态以钢板孔侧拉断为主。钢筋的位置对承载力的影响有限。

（2）对于三孔纵肋钢筋混凝土榫，钢筋在孔下部时，承载力有所提高，延性影响不大；钢筋在孔上部时，承载力变化不大，延性提高。对于三孔横肋钢筋混凝土榫，钢筋在孔下部时，承载力有所提高，延性影响不大；钢筋在孔上部时，承载力变化不大，延性提高。

综上所述，薄钢板钢筋混凝土榫主要表现为开孔薄钢板断裂破坏模态，穿孔钢筋在受力过程中几乎没有破坏。研究钢筋位置对薄钢板钢筋混凝土榫受力性能的影响，结果表明，对于破坏形态以钢板底部撕裂为主的剪力连接件而言，钢筋在孔下部时，承载力有所提高，刚度有所提高；钢筋在孔上部时，承载力有一定降低，刚度有一定降低。对于破坏形态以钢板孔侧拉断为主的剪力连接件，钢筋在孔中位置对剪力连接件受力性能影响不大。多孔钢筋混凝土榫与单孔钢筋混凝土榫相比，孔侧钢板的抗拉能力有所提高，孔底钢板的抗剪承载能力变化不大。

二、索塔整体协同工作机理研究

钢壳-混凝土组合结构索塔与传统组合结构相比，尺度很大且钢壳的宽厚比大，加上剪力连接件的性能与局部应力密切相关，其模拟相似准则并不清楚，所以需要在足尺构件中研究钢壳与混凝土在受压和受拉状态下的协同工作机理，并对比组合结构索塔和钢筋混凝土结构索塔的受力特征。本研究设计了四点弯曲梁式试验。

1. 模型等效

为了消除比尺效应，采用足尺试件进行试验。由于加载装置限制，直接采用压弯加载方法无法达到需要的荷载等级，因此采用四点弯曲梁式试验对组合索塔的整体协同受力性能进行研究，受拉区和受压区分别对应图2-2-36b）中所示的受拉试验区和受压试验区。对于梁式试验和原结构受力性能的一致性说明如下。

对于钢壳-混凝土组合索塔，保证协同工作性能的重要条件是界面的有效传力措施。钢壳和混凝土之间存在的作用力主要包括钢壳与混凝土滑移引起的竖向剪力和屈曲引起的水平向剪力。如图2-2-36所示，上述界面荷载均通过剪力连接件实现传递，所以本试验中设计的试件剪力连接件构造与原索塔结构完全一致，尺寸也均为足尺设计。因此该梁式试验可以有效反映实际组合索塔的钢、混凝土界面传力性能。

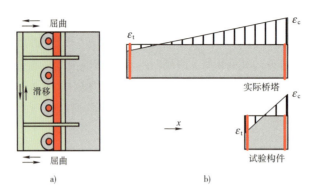

图2-2-36 实际索塔和试件受力特征比较
ε_t-钢板应变；ε_c-混凝土应变

本试验中的试件与实际组合索塔的区别在于，本试验中试件处于接近纯弯的受力状态，而实际组合索塔以压弯受力状态为主。受力状态的差异在截面层面主要反映为应变梯度的差异。应变梯度定义如下：

$$S_g = \frac{d\varepsilon}{dx} \qquad (2\text{-}2\text{-}21)$$

式中：ε——应变。

对于压弯构件，在达到屈服时其应力梯度相对较小；对于纯弯构件，在达到屈服时其应力梯度相对较大。钢、混凝土的协同受力性能主要通过加载过程中的附筋钢壳应变比来反映，应变比定义如下：

$$\frac{\varepsilon_b}{\varepsilon_s} = 1 - \frac{a \cdot d\varepsilon}{\varepsilon_s \cdot dx} \qquad (2\text{-}2\text{-}22)$$

式中：ε_b——钢筋应变；

ε_s——钢壳应变；

a——保护层厚度。

经计算，在极限状态下，实际索塔中的附筋、钢壳应变比约为98%，组合试件中的附筋、钢壳应变比约为74%，二者的比值约为1.3。考虑到Q345钢材和HRB400钢筋的屈服强度以及弹性模量的差异，二者的屈服应变比值约为0.86。从理论上，钢壳略先于钢筋屈服，钢壳的作用可以得到充分发挥。此外，考虑到两种材料的屈服平台及屈服后的内力重分布等影响，在试件中也同样可以和原型结构一样达到钢板、钢筋同时屈服的极限状态。在达到极限状态之前的正常使用状态下，更关注的是附筋和钢壳的应变能否协同发展，二者是否可以成比例变化。

综上所述，本研究中的梁式试验可以用于等效研究实际结构的钢、混凝土协同工作性能。

2. 足尺试验研究

本试验旨在根据索塔的实际尺寸设计足尺试验来消除尺度效应带来的影响。但是钢壳-混凝土组合索塔结构实际尺寸相对于试验室加载装置过大，足尺试验无法通过偏压加载达到设计荷载水平。故本试验采用四点弯曲梁式试验形式进行加载，通过梁的受压、受拉部分来分别验证索塔受压、受拉区域的钢、混凝土协同工作性能。

根据南京五桥组合索塔设计参数，分别选择塔壁厚度14mm及20mm的节段进行试验研究。试件钢结构与实际塔壁钢结构构造相同；混凝土结构受加载能力限制，厚度比实际结构小；纵、横肋以及钢筋混凝土榫的布置与设计方案一致。

共设计3个试件，其中2个（TL1、TL2）为顶、底钢板（厚度分别为14mm和20mm）的组合试件，另外设计一个与TL1（钢板厚14mm）含钢率（单位体积用钢量）相同的钢筋混凝土构件TL3，作为对照试件。纵、横肋间距均为400mm，加劲肋开孔间距均为200mm。试件的具体参数如图2-2-37及表2-2-9所示。

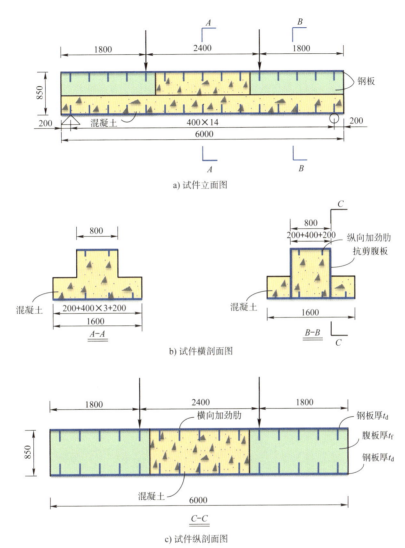

图2-2-37　足尺塔壁四点弯曲试件（尺寸单位：mm）

足尺塔壁四点弯曲试验参数设计　　表2-2-9

试件编号	结构类型	顶底钢板厚 t_d（mm）	上/下宽度（mm）	上/下高度（mm）	抗剪腹板厚 t_f（mm）	含钢率（%）	用钢量（kg/m³）
TL1	组合结构	14	800/1600	450/400	35	4.58	362
TL2	组合结构	20	800/1600	450/400	40	6.02	476
TL3	混凝土结构	—	800/1600	450/400	35	4.58	362

注：表中用钢量指标为试验梁跨中段单位体积使用钢板及钢筋的总质量。

在试验模型的受弯过程中，混凝土可以参与受压并发挥重要作用，但是受拉作用主要由附筋、钢板来承受，所以相同尺寸的受拉侧钢板应力变化速度远快于受压侧钢板。构件设计为上窄下宽的倒T

形构件，就是为了保证上部受压钢板屈服时下部受拉钢板应变不超过强化时应变的一半，横截面设计如图2-2-37b）所示。

试验模型受长度尺寸限制，剪跨比较小。为了防止受弯破坏前发生剪切破坏，在剪跨段设置双层抗剪腹板，如图2-2-37中绿色区域所示，这样既不改变纯弯段构造，又对剪跨段进行加强。验算结果表明，TL1、TL2、TL3构件的抗剪承载力均高于1.5倍的抗弯承载力。

为了真实模拟塔壁加劲肋区格内的局部稳定情况，需要保证足够的试件宽度。本试验受压侧宽度选择为加劲肋间距的两倍（800mm）。保证受压区至少有一个完整加劲肋区格，且该区格的边界条件与实际索塔中类似。同时为了保证受压侧钢板在构件破坏前屈服的要求，受拉侧钢板宽度设置为受压侧钢板宽度的两倍（1600m）。设计方案中塔壁混凝土实际厚度为1.2m，在试验室加载能力允许的情况下将试件最大总高度确定为850mm，其中上部受压侧高度450mm，下部受拉侧高度400mm。

3. 极限破坏形态

基于试验结果对组合结构索塔中的钢、混凝土协同工作性能进行分析研究，为设计工作提供理论支撑。试验件TL1、TL2、TL3的试验过程和协同工作性能分析如下所述。

（1）组合结构试件TL1

TL1试件最终表现为典型的弯曲破坏形态。TL1试件跨中纯弯段整体破坏形态如图2-2-38所示。观察逐步破坏过程可以发现，在达到极限状态时，最先发生受压区混凝土压溃破坏。当混凝土完全压溃退出工作之后，受压钢板由于无法承受增加的荷载才逐步发生屈曲。屈曲细部形态如图2-2-39所示。可以看出，受压区钢板的纵向、横向屈曲形态都受到加劲肋的影响，在屈曲前，纯弯区顶部钢板应变已超过屈服应变，这表明屈曲是在钢板屈服后发生的，为弹塑性屈曲。此外从图2-2-39中还可以看出，钢板外鼓处，混凝土也因压溃而外凸。由此推论，钢板的屈曲可能是在进入塑性后混凝土压溃时外凸所致。

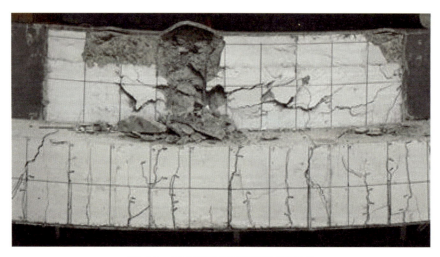

图2-2-38　TL1试件跨中纯弯段整体破坏形态

试验表明，纵、横向加劲肋的布置对钢板受压屈曲提供了足够的约束，提高了受压钢板的屈曲承载力，满足了受压钢板屈曲不先于混凝土压溃破坏的设计要求。

（2）组合结构试件TL2

TL2试件最终表现为典型的弯曲破坏形态。跨中纯弯段整体破坏形态如图2-2-40所示，屈曲细部形态如图2-2-41所示，受压钢板纵、横向屈曲都受到了加劲肋的约束。

a) 纵向屈曲形态　　　　　　　　　　　　b) 横向屈曲形态

图2-2-39　TL1试件受压钢板屈曲破坏模态

图2-2-40　TL2试件跨中纯弯段整体破坏形态

a) 纵向屈曲形态　　　　　　　　　　　　b) 横向屈曲形态

图2-2-41　TL2试件受压钢板屈曲破坏模态

（3）钢混结构试件TL3

TL3试件表现为弯曲破坏形态，跨中纯弯段整体破坏形态如图2-2-42所示。压区混凝土压溃之后结构迅速丧失承载力，发生破坏。

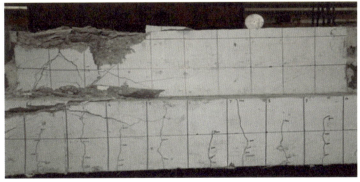

图2-2-42　TL3试件跨中纯弯段整体破坏形态

4. 钢混组合结构试件受力机理分析

塔壁足尺四点弯曲试验TL1、TL2、TL3试件的荷载-位移曲线如图2-2-43所示，试验的相关量化结果如表2-2-10所示。组合试件TL1、TL2在受拉区及受压区的协同工作性能良好。

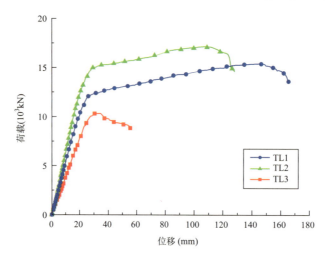

图2-2-43 四点弯曲试验荷载-位移曲线

TL1、TL2、TL3试件试验结果 表2-2-10

试验件编号	屈服荷载（kN）	极限荷载（kN）	屈服挠度（mm）	极限挠度（mm）	初始刚度（kN/mm）	开裂荷载（kN）	延性系数
TL1	11973	15392	26	166	531	2500	6.4
TL2	14695	17150	28	128	580	3500	4.6
TL3	10206	10304	30	56	351	1000	1.9

注：极限挠度取承载力下降到极限的85%对应的数据点的挠度；屈服点的确定采用通用屈服荷载法确定。

结合图2-2-43、表2-2-10可以直观得出，钢混组合试件在弹性阶段协同受力性能良好。相同含钢率的TL1组合结构试件比TL3钢筋混凝土结构试件刚度提高51%，超过一半。这是因为钢、混凝土在弹性加载阶段由于剪力连接件的作用实现了共同工作，钢板和混凝土有共同的中和轴，截面刚度提高。索塔在实际使用过程中处于弹性阶段，混凝土是否开裂对于索塔整体的刚度及受力性能有很大影响。TL1试件的开裂荷载比TL3试件高出150%，可见使用组合结构索塔可以延缓混凝土体开裂。一方面外包钢板可以比内嵌钢筋对混凝土表面提供更好的约束，另一方面加劲肋与混凝土的界面释放了部分对混凝土本身的拉应力。这说明TL1试件在弹性阶段的钢、混凝土协同受力性能良好。

进入屈服阶段时，TL1试件的屈服承载力高出相同含钢率的TL3构件17%。这一方面是因为钢筋混凝土结构试件TL3中钢材部分力臂比TL1小，另一方面是因为钢筋混凝土结构试件中钢材（钢筋）为分布式布置，在加载过程中会相继屈服而不是整体同时屈服。除此之外，还需要考虑组合结构试件TL1中加劲肋的贡献和约束作用。TL1试件屈服挠度减小了13%，初始刚度大于TL3试件的1.5倍，弹性段的长度也比TL3试件提高了将近1/5。

四点弯曲试验初始（极限荷载60%）荷载-位移曲线如图2-2-44所示。

达到极限状态时，TL1试件的极限承载力比TL3构件提高了49%，将近一半。其中一部分原因是作为组合结构，TL1试件受压、受拉钢材等效力的作用点之间的力臂长度约为790mm，比TL3试件（约650mm）增加了22%；另一部分原因是纵向加劲肋一定程度上参与了受力，这部分面积折算为钢板面积，约占原结构钢材面积的26%。再考虑到组合结构试件TL1中钢板、加劲肋以及混凝土之间的约束作用对于承载力的提高，极限承载力提高将近一半这一试验结果与理论分析基本吻合。TL1试件平台段长度达到了TL3试件的两倍，延性提升。TL3试件平台段较短的原因是受压钢筋屈服后，没有受到足够的约束，将表层压溃的混凝土和横向钢筋挤出后整个构件发生破坏。在TL1试件中，受压钢板和受压混凝土之间通过钢筋混凝土榫实现相互作用、相互约束，最终直到混凝土完全压溃钢板才发生局部屈曲，所以平台段较长，极限挠度较大。可见TL1试件在整体屈服后仍然保持良好的共同工作性能。

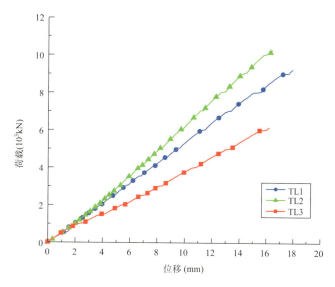

图2-2-44　四点弯曲试验初始（极限荷载60%）荷载-位移曲线

综合上述分析可以得知，试件TL1从弹性阶段到屈服后弹塑性阶段均保持了良好的钢、混凝土协同工作性能，在受力性能指标上优于相同含钢率的钢筋混凝土结构试件TL3。

对比同样是组合结构形式的TL1试件和TL2试件。TL2试件的顶、底钢板厚度为20mm，大于TL1构件的14mm。包括纵向钢筋在内TL2试件的含钢率比TL1试件提高了31%。从试验数据可以看出TL2试件的初始刚度比TL1试件提高了9%，屈服承载力提高了23%，极限承载力提高了11%。可见结构刚度和承载力的提升没有含钢率提升幅度大，也就是说组合结构塔壁钢板厚度从14mm增加到20mm对于结构受力性能的提升作用相对有限。同时，TL2试件的极限挠度和延性系数与TL1试件相比下降了23%和28%，结构延性随着用钢量的增加而下降。综合上述分析可以看出，将组合结构索塔钢壳厚度从14mm增加到20mm，对结构刚度和承载力的提高有限，同时还会降低结构延性。

这一规律类似于混凝土梁中适筋梁的配筋规律。对于设计的钢壳-混凝土组合索塔，外钢壳厚度存在最优选择，钢壳厚度超过一定值时就会出现延性降低的问题，所以需要合理选择钢板厚度。在现有14mm厚的外钢壳基础上增加厚度，虽然可以增加结构刚度，提高一定的屈服强度和极限承载力，但是试验件的延性会随之降低。所以在设计中不能单纯追求增加钢板厚度来提高承载力，需要与截面总体设计相协调。可以看到，对比TL1和TL2试件，钢板厚度从14mm加大到20mm时，结构的开裂荷载、极限荷载等均有所提升；在结构承受荷载较大的关键部位，可以适当提高钢板厚度以提高承载能力。

5. 小结

为了消除比尺效应对结果的影响，根据钢壳-混凝土组合索塔实际构造，设计完成了一组足尺塔壁四点弯曲试验。试件包括钢壳-混凝土结构试件TL1、TL2以及混凝土结构试件TL3，通过对其加载过程、破坏形态以及实测力学性能参数的对比研究，可以得到如下结论：

（1）通过试验现象观察以及钢筋、钢板应变对比分析等，得知组合结构试件中钢与混凝土具有良好的协同工作性能，受压侧钢板在屈服前不会因屈曲、滑移而降低其承载能力，受拉侧钢、混凝土相对滑移很小，可以充分发挥组合结构的力学性能优势。

（2）通过对比分析可知，组合结构试件在加载过程中的开裂荷载、结构刚度、极限承载力、延性等力学性能指标比相同含钢率的钢筋混凝土结构试件明显提高。

（3）增加钢板厚度能在一定程度上提高组合结构索塔的刚度和承载力，但同时可能降低试件的延性，所以组合结构索塔在设计过程中需要重点考虑钢板厚度的合理选择。南京五桥钢壳-混凝土塔壁的现有钢壳厚度是合理的。

（4）剪力连接件的合理设置是钢、混凝土协同工作的关键。本节提出的剪力连接件水平向抗剪和竖向抗剪的设计方法，以及据此设计的钢壳-混凝土组合索塔，可保证钢、混凝土保持良好的协同受力性能，在设计工况下可以基于平截面假定进行截面设计计算。

设计过程中，通过大量试验探明了纵横双向薄钢板钢筋混凝土榫（PBL）在钢壳-混凝土组合索塔中协同受力的作用机理，建立了钢壳-混凝土组合索塔整体协同受力、永久结构与临时结构相结合的设计理论和方法，为结构设计提供了技术支撑，也为结构进一步推广使用奠定了基础。

第三章　施工工艺足尺模型试验

第一节　试验目的及内容

为保证设计的钢壳-混凝土组合索塔顺利施工，在索塔正式施工前开展足尺模型工厂制作、现场安装及混凝土浇筑等试验，以充分了解施工中的工艺参数。

一、工厂试验目的及内容

钢壳-混凝土组合索塔采用薄壁密肋结构，水平钢筋和竖向钢筋（附着于钢壳壁板，在厂内完成制造，以下简称"附筋"）与板单元安装后，一起参与节段总拼。薄壁密肋结构的焊接变形控制、附筋制作与安装、节段总拼和预拼线形控制是施工的主要难点。

1. 试验目的

通过索塔钢壳节段足尺模型工厂试制，验证施工工艺的可行性，及时发现施工过程中遇到的问题。

（1）通过足尺模型钢壳板单元焊接制作，拟定薄板拼焊工艺，达到控制薄板焊接变形的目的。

（2）验证总结钢筋加工及与板单元安装定位的连接工艺。

（3）优化钢壳节段的总拼和预拼装工艺，实现节段外形尺寸、预拼线形和节段间竖向主筋的精确连接。

（4）发现施工过程中遇到的问题，及时协调，优化解决。

2. 试验内容

（1）板单元拼焊变形控制工艺。

（2）附筋与板单元组织工艺。

（3）节段总拼工艺。

（4）节段预拼装工艺。

二、桥位试验目的及内容

1. 试验目的

通过索塔钢壳节段足尺模型桥位试验，总结经验和不足，形成成熟的施工工艺，便于后续工程施工的顺利实施。

（1）通过足尺模型实施钢壳节段吊装、粗定位、精确调位，竖向钢筋接长连接，混凝土布料、振捣、养护等施工工序，验证并分析各工序工效。

（2）对钢壳节段间环缝焊接、钢筋接长等工序进行现场验证，获取主要构件制作误差，分析评估误差来源及大小，提出误差修正措施，减少制作误差对安装的不利影响。

（3）在足尺模型钢壳内预埋电子元器件，测试验证混凝土施工布料、振捣、养护、膨胀率、温升等各项指标及效果。

（4）依据温度应力模拟计算结果，确定索塔节段足尺模型应力最为集中的位置，提出足尺模型混凝土应变测点布置方案。

2. 试验内容

（1）钢壳节段吊装、粗定位、精确调位工艺。
（2）竖向钢筋接长连接工艺。
（3）混凝土布料、振捣、养护工艺。
（4）混凝土配合比、施工工艺及养护措施的可行性及可靠性验证。
（5）混凝土变形、温度控制效果检测。

第二节　试验段选择

南京五桥钢壳-混凝土组合索塔分为下塔柱、中塔柱、上塔柱三个部分，除下塔柱节段采用单箱三室结构，其余塔柱节段为单箱单室结构。其节段构造形式类似，标准节段长度为4.8m。

选取相邻钢壳标准节段BT24和BT23节段上部800mm部分，进行足尺模型试验，如图2-3-1、图2-3-2所示。BT23、BT24钢壳节段参数见表2-3-1。

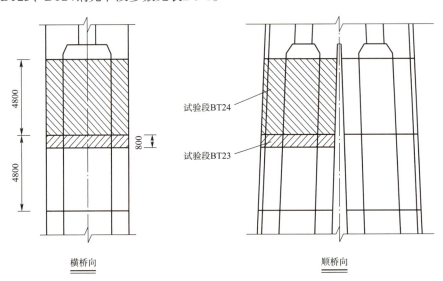

图2-3-1　足尺模型试验节段选择（尺寸单位：mm）

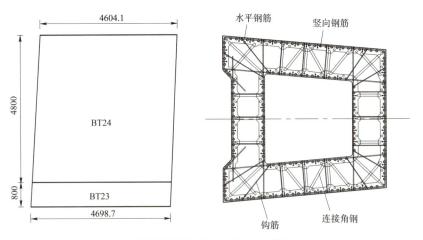

图2-3-2　足尺模型节段结构示意图（尺寸单位：mm）

BT23、BT24钢壳节段参数　　　　　　　　　　　　　　　　　　　　　表2-3-1

序号	项目	规格	BT23	BT24	总计	试验工程量
1	节段高度（m）		4.8	4.8	9.6	5.6
2	钢结构节段质量（kg）		26312.7	26187.3	52500	30572.75
3	HRB400 钢筋（kg）	φ36mm	5912.1	5802.9	11715	6788.25
4		φ22mm	3266.9	3251.2	6518.1	3795.683
5		φ18mm	1625.8	1625.8	3251.6	1896.767
6		小计	10804.8	10680	21484.8	12480.8
7	钢筋接头（个）	φ36mm	154	154	308	180
8		φ22mm	96	96	192	112
9	混凝土（m³）	C50	93.4	92.8	186.2	108.367
10	钢壳钢筋总质量（kg）		37117.5	36867.3		

第三节　工厂试验

一、足尺模型制作

1. 薄壁板单元焊接变形控制

针对内外壁板选择竖向加劲肋、水平加劲肋分步组装焊接和同时组装再焊接两种试制工艺。经过焊后变形的检测对比，外壁板分步组装焊接制作工艺对焊接变形控制有利。而厚度仅6mm的内壁板，采用竖向加劲肋、水平加劲肋同时组装，使壁板单元本身具备一定约束后，再同向、对称施焊，对焊接变形控制更有利。钢壳节段壁板单元结构如图2-3-3所示。

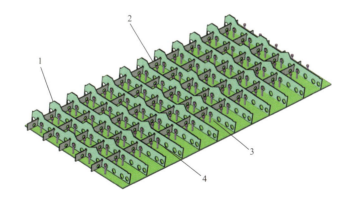

图2-3-3　钢壳节段壁板单元结构示意图
1- 水平加劲肋；2- 竖向加劲肋；3- 壁板；4- 剪力钉

2. 板单元附筋安装工艺试验

针对有两侧折弯钢筋的内、外壁板单元，进行钢筋安装工艺试验。经施工验证，外壁板单元的135°钢筋与壁板存在干涉，无法实现钢筋穿入，为此将钢筋一侧弯钩优化取消，见图2-3-4。两侧弯钩内壁板单元，采用先折弯一侧钢筋弯钩，待穿入竖向加劲孔后，再折弯另一侧钢筋弯钩的施工方法，经验证该方法可满足安装精度要求，如图2-3-5所示。

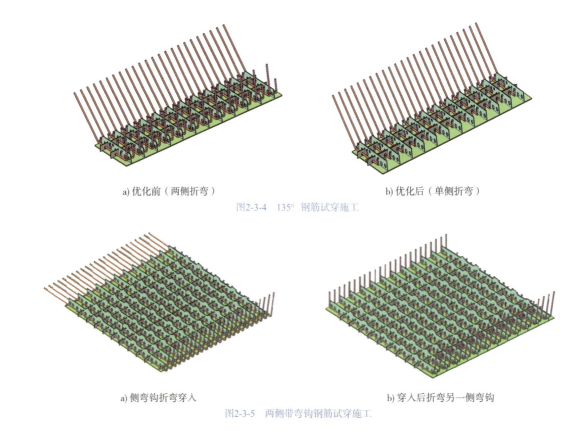

a) 优化前（两侧折弯）　　　　　　　　b) 优化后（单侧折弯）

图2-3-4　135°钢筋试穿施工

a) 侧弯钩折弯穿入　　　　　　　　b) 穿入后折弯另一侧弯钩

图2-3-5　两侧带弯钩钢筋试穿施工

3. 节段拼装及预拼装

节段采用立式总拼工艺，按照先组焊附筋内壁板单元，再组焊附筋外壁板单元，最后组焊安装内外壁板之间的连接角钢和钩筋的总拼工艺。该过程旨在验证组装工艺的可行性，总拼胎架的可靠性，交错水平钢筋之间是否干涉，内外壁板之间钩筋安装是否与加劲板干涉。节段预拼装时，验证节段外伸竖向加劲肋是否影响上部节段的吊装，竖向主筋螺纹机械连接接头是否精准可靠连接等。足尺模型试验节段总拼见图2-3-6。

a) 钢壳内部施工　　　　　　　　b) 钢壳外部施工

图2-3-6　足尺模型试验节段总拼

二、工厂试验小结

通过足尺模型工厂制作试验，优化了总拼及预拼装工艺，竖向加劲肋连接方式调整为栓接，外伸竖向加劲肋调整为与节段接口断面齐平，简化了匹配件构造等，足尺模型试验立式预拼装及钢筋连接见图2-3-7。

a) 足尺模型预拼

b) 钢筋预连接

图2-3-7　足尺模型试验立式预拼装及钢筋连接

（1）135°凹槽角一侧壁板单元，由原三块独立板单元参与总拼，调整为拼焊成三拼板单元后整体参与组装，如图2-3-8所示，可有效提高施工工效。

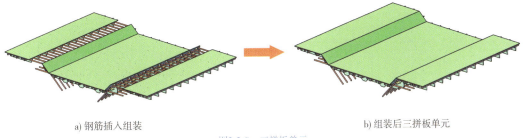

a) 钢筋插入组装　　　　　　　　　　　　b) 组装后三拼板单元

图2-3-8　三拼板单元

（2）将钢壳节段间竖向加劲肋接头由对接优化为拼接板栓接，便于钢壳节段的现场连接，竖向加劲拼接板栓接构造见图2-3-9a）。

（3）研发了专用定位工装，用于定位竖向钢筋，实现钢壳节段间竖向钢筋的精确连接，见图2-3-9b）。

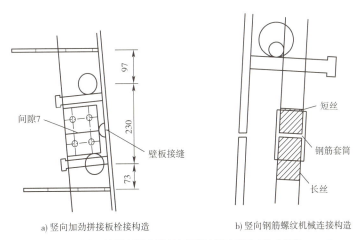

a) 竖向加劲拼接板栓接构造　　　　　b) 竖向钢筋螺纹机械连接构造

图2-3-9　竖向加劲拼接板栓接及竖向钢筋连接示意图（尺寸单位：mm）

（4）原匹配件为包角构造，支撑面在相邻壁板侧不共面，匹配件安装后出现支撑面间不密贴现象，为此将结构形式进行简化，优化前后匹配件结构形式如图2-3-10所示。

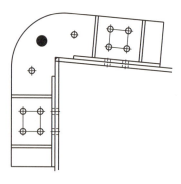
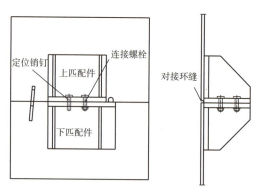

a) 原匹配件结构形式　　　　　　　　b) 优化后匹配件结构形式

图2-3-10　匹配件结构形式优化

（5）足尺模型制作几何尺寸情况。

钢壳足尺模型制作几何精度及焊缝控制情况见表2-3-2。

钢壳足尺模型制作几何精度及焊缝控制　　　　表2-3-2

工 序	项 目	允许偏差（mm）	整形前测量数据（mm）	整形后测量数据（mm）	验收情况
零件	轮廓尺寸及孔间距	±1.0	0~1	0~1	合格
	下料平面度及外观	±1.0	0~4	0~1	合格
板单元	几何尺寸及外观	±2.0	−1~2	−1~2	合格
	对角线差	≤3.0	0~2	0~2	合格
	加劲肋间距	±2.0	−2~2	−2~2	合格
	外壁板平面度	≤4mm/4m	4~7	0~4	合格
	内壁板平面度	≤4mm/4m	6~16	0~4	合格
	水平钢筋间距	±10.0	−5~5	−5~5	合格
索塔钢壳	长度、宽度、高度	±2.0	−2~2	−2~2	合格
	外壁板箱口对角线差	≤3.0	0~3	0~3	合格
	内、外壁板间距	±2.0	−3~6	−2~2	合格
	壁板倾角（°）	1	0~1	0~1	合格
	竖向钢筋间距	±10.0	−10~10	−6~4	合格
钢壳预拼装	水平基线间距	±2.0	−1~2	−1~1	合格
	横向轴线偏差	1	0~1	0~1	合格
	纵向轴线偏差	2	0~2	0~1	合格
	直线处壁板错台、间隙	≤1.0/4~12	0~3/4~12	0~1/4~12	合格
	折弯处壁板错台、间隙	≤2.0/4~12	0~5/4~12	0~2/4~12	合格
	纵向钢筋连接	全部连接达标	40根不能连接上，部分套筒不能施拧到位	全部连接上，套筒施拧全部到位	合格

第四节　桥位施工试验

选取桥位处试验场地，实施足尺模型桥位现场试验，主要进行试验节段吊装、安装定位调整、竖向钢筋连接、环缝焊接、混凝土浇筑、试验段监测等工作。

一、试验准备

1. 试验场地及辅助设施规划

钢壳底座采用厚1m、长×宽为9m×9m的钢筋混凝土扩大基础。监控元器件固定框架结构为5根 ϕ 630mm×8mm钢管立柱,通过预埋件设置在扩大基础顶面,外侧4根钢管立柱之间用HM588×300型钢焊接形成三层圈梁。足尺模型现场试验平台见图2-3-11。

2. 钢壳底节段运输、安装及混凝土浇筑

采用汽车起重机吊装足尺模型钢壳底节。底节段钢壳吊放至试验平台上预先摆放好的HN588×300型钢上面,调平后将底节段钢壳与HN588×300型钢临时固定,底节段安装就位,见图2-3-12。

图2-3-11 足尺模型现场试验平台

图2-3-12 底节段安装就位

索塔采用C50补偿收缩混凝土,为真实模拟现场钢壳安装,BT23节段钢壳现场吊装固定就位后,预先浇筑底部30cm高混凝土,剩余50cm高混凝土与BT24节段一起浇筑。

二、附筋钢壳的吊装、匹配及焊接

1. 钢壳顶节倒运、吊装

BT24节段钢壳挂钩吊入试验平台框架,吊装对位如图2-3-13所示。

图2-3-13 BT24节段吊装对位

为使待安装节段顺利与已安装节段对接,通过预先在工厂内预拼时安装的定位匹配件进行定位,如图2-3-14所示。

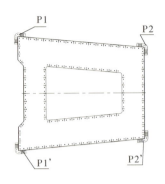

图2-3-14 塔柱钢壳临时匹配件平面布置及P1件大样

将BT24节段钢壳吊入，与BT23节段进行匹配定位时，钢壳四个拐角的匹配件一个对角可以匹配就位，另外一个对角的匹配件最大有1.1cm间隙。经核查是因BT24节段钢壳内部分竖向附筋与BT23节段内竖向钢筋抵住引起。对钢筋进行处理后，顺利匹配。表明竖向附筋的安装准确度不仅影响对接，也会影响匹配。其后研发的附筋纵向位置可调、水平位置固定的工装，顺利解决了这一问题，见图2-3-15~图2-3-17。

图2-3-15 BT24节段钢壳第二次下放匹配

图2-3-16 冲钉及螺栓安装完成　　　　图2-3-17 钢筋防抵死工装

2. 竖向钢筋连接

BT23节段、BT24节段钢壳内钢筋分三种类型，竖向主筋公称直径36mm，水平钢筋公称直径为22mm，拉筋公称直径18mm。竖向钢筋共计154根，现场采用直螺纹套筒进行连接。

3. 钢壳焊接及监测监控元器件安装

钢壳节段间壁板采用焊接工艺连接，因焊接温度对索塔线形影响较大，所以采用纵桥向、横桥向对称焊接，避免非对称焊接钢壳温度梯度过大造成形变。

图2-3-18所示为钢壳节段间环缝焊接。为监测混凝土浇筑中钢壳变形和混凝土温度，在钢壳内部及表面布设钢壳变形监控传感器和混凝土温度传感器，如图2-3-19所示。

图2-3-18 钢壳节段间环缝焊接

a) 钢壳变形监控元器件　　　　　　b) 混凝土温度及应变监测元件

图2-3-19 钢壳监控元器件布设

三、混凝土浇筑及监测

钢壳-混凝土组合索塔混凝土浇筑配合比、混凝土性能直接影响混凝土的流动性及施工质量，浇筑后的水化热是影响其早期抗裂性的重要因素。混凝土浇筑对钢壳产生侧压力，浇筑布料则是影响浇筑质量和浇筑工效的主要因素。在混凝土浇筑试验中关注的主要内容见表2-3-3。

足尺模型试验混凝土验证内容一览表　　　表2-3-3

项　目	验证内容		项　目	验证内容	
混凝土配合比	混凝土工作性能		混凝土监测	混凝土温度控制	水化热温升
混凝土监测	混凝土温度控制	浇筑区温度、湿度			系统冷量损耗
		原材料温度		混凝土养护	覆盖养护控制
		出机和浇筑温度			养护区温度、湿度
		最高温度和出现时间		混凝土变形监测	内部应变

1. 配合比、混凝土性能及力学性能

足尺模型试验用原材料及配合比见表2-3-4。

足尺模型浇筑混凝土配合比 表2-3-4

胶凝材料用量（kg/m³）	水胶比	水 kg/m³	水泥 %	水泥 kg/m³	粉煤灰 %	粉煤灰 kg/m³	矿粉 %	矿粉 kg/m³	抗裂剂 kg/m³	砂 kg/m³	大石 kg/m³	小石 kg/m³	减水剂 %	减水剂 kg/m³
450	0.32	145	50	225	24	110	19	85	30	756	738	306	1.0	4.84

首盘混凝土出机后的混凝土坍落度220mm，扩展度570mm×550mm，符合混凝土初始状态坍落度200mm±20mm，扩展度≥550mm的配比设计要求，混凝土浇筑、振捣等施工工序顺畅，混凝土物理性能满足施工要求。

混凝土的力学性能测试主要包括试块强度、弹性模量。试件各成型5组，包括1组强度试件及4组弹性模量试件，试验测试结果见表2-3-5。混凝土28d抗压强度达到62.2MPa，而同条件养护的试件混凝土抗压强度为55.2MPa，差异的原因主要是养护环境温度不同，标准养护试件温度为20℃，而同条件养护试件的环境温度为−2~10℃。

混凝土力学性能测试结果 表2-3-5

测试项目	3d 标准养护	3d 同条件养护	7d 标准养护	7d 同条件养护	28d 标准养护	28d 同条件养护	60d 标准养护	60d 同条件养护
抗压强度（MPa）	—	—	50.4	—	62.2	55.2	68.5	62.5
轴心抗压（MPa）	—	23.2	—	32.9	—	44.2	—	50.3

2. 混凝土生产及运输

在混凝土拌和过程中，混凝土干搅拌混料时间由20s延长至30s，加入水和外加剂后搅拌时间由90s延长至120s，以提高每盘混凝土均匀性。生产完成后，由混凝土罐车运输至足尺模型施工现场，经泵车泵送浇筑，泵车布料口分布在模型的四个边角，分层依次布料，配合现场振捣浇筑。

3. 钢壳顶节混凝土浇筑

BT23节段钢顶部剩余50cm高混凝土与BT24节段一起浇筑，混凝土浇筑高度480cm，共92.84m³，采用汽车泵进行布料，见图2-3-20。

图2-3-20　钢壳足尺模型混凝土浇筑

混凝土浇筑布料时，在钢壳四个拐角处各布置1个布料点，钢壳四边中间舱室各布置1个布料点，共8个布料点。每个布料点各设置一个串桶进行布料（图2-3-21），当混凝土浇筑高度小于2m时，将串桶拔出放于钢壳顶端。

混凝土采取分层浇筑、逐个舱室布料、分层振捣施工方法。每层布料厚度为40cm，严禁采用振动棒驱赶混凝土。钢壳内除布置串桶的8个舱外，剩余8个舱各放置一台振捣棒，一共布置8个振捣棒，水平加劲肋上对应的振捣孔处须逐点进行振捣。

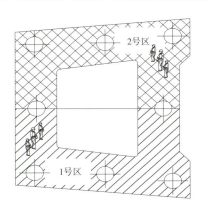 

图2-3-21　混凝土布料点及串筒布置

4. 混凝土温度监测

（1）混凝土温度监测目的

①监测浇筑区的环境温度、湿度。

②混凝土搅拌前，测试各原材料的温度，验证控制指标，估算混凝土的出机温度和浇筑温度。

③检验实际出机温度与计算出机温度的偏差；检验出机温度与浇筑温度之间的温度差，评估运输过程热量损失。

④监测足尺模型混凝土内部最高温度和出现时间，验证与理论计算值的偏差，用以修正计算参数，提高理论计算与实际符合程度。

⑤监测最高温度和平均浇筑温度，计算索塔混凝土实际水化热温升，修正理论计算散热条件参数。

（2）温度监测点布置及监测方法

依据温度模拟计算的结果，分析索塔节段足尺模型内部温度最高、温度变化最快、温差最大的位置，确定节段大体积混凝土温度测点的布置方案。钢壳-混凝土内部温度测点布置见图2-3-22。

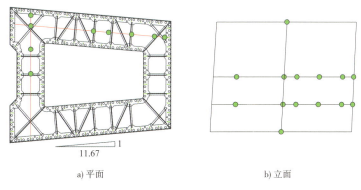

a) 平面　　　　　　　　　　　b) 立面

图2-3-22　足尺模型钢壳-混凝土内部温度测点布置简图

温度检测采用智能化数字多回路温度巡检仪，温度传感器为热敏电阻传感器，测量周期为混凝土浇筑开始后每1h测量一次温度，大气温度与混凝土温度同步观测。

（3）浇筑温度监测结果

足尺模型试验混凝土浇筑时间为2018年2月6日上午，浇筑时段环境温度在0~5℃之间，混凝土采用加热水拌和,拌和水温在16.8~17.5℃之间,混凝土出机温度(搅拌站)在8.5℃左右,混凝土浇筑入模温度(泵车)约10℃。

(4)混凝土芯部温度监测结果

混凝土芯部温度监测结果见图2-3-23,从监测结果得知:①混凝土开始浇筑后,内部温度开始上升,最高温度为47.22℃,实际最大温升值约为37℃,温峰出现时间为混凝土开始浇筑后43h;②混凝土内表最大温差出现在浇筑后49h,温差值为27.10℃;③混凝土内部温度在193h后与环境温度大致持平,基本完成内部温度消散。

5. 混凝土水化热仿真计算分析

以边塔BT24节段(足尺模型节段)的二分之一对称部分建立实体混凝土构件有限元剖分仿真模型,见图2-3-24。

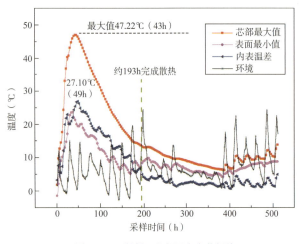
图2-3-23 混凝土芯部温度变化规律

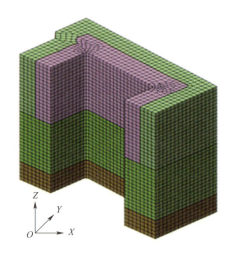
图2-3-24 BT24节段混凝土有限元剖分仿真模型(1/2模型)

根据现场相关数据监测及前期混凝土试验结果,通过不断调整优化计算参数及边界条件,最终模型计算参数见表2-3-6、表2-3-7。

仿真分析模型计算参数　　　　表2-3-6

变　量	参　数　值	变　量	参　数　值
浇筑温度	冬季10℃,夏季28℃	绝热温升	49.4℃
比热容	0.95[kJ/(kg·℃)]	导热系数	9.5[kJ/(m·h·℃)]
28d弹性模量	37GPa	泊松比	0.167
强度增长系数	4.4(经验值)	收缩	取经验值
线膨胀系数	$8×10^{-6}$/℃(经验值)	密度	2400kg/m³

注:1. 比热容、导热系数、散热系数参照朱伯芳著《大体积混凝土温度应力与温度控制》进行估算。
2. 塔柱施工时间段预计在3~11月,高温季节浇筑温度28℃,模型试验时段取实测值10℃。

不同工况的边界条件取值　　　　表2-3-7

工　况	浇筑温度(℃)	散热系数[kJ/(m²·h·℃)]		环境温度(℃)	
		外表面	内表面	外表面	内表面
工况一:足尺模型浇筑	10	60	30	-1~5	1~7
工况二:夏季高温	28	45	25	28~40	32~40

足尺模型试验最高温度包络图及所选测量分析点见图2-3-25。

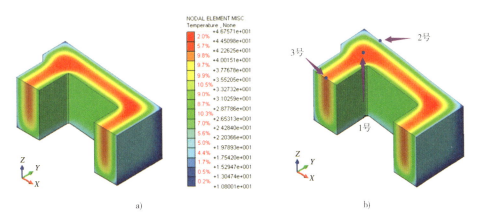

图2-3-25　足尺模型试验最高温度包络图及所选测量分析点（单位：℃）

根据仿真试验计算结果，选取如图2-3-25所示的1号中心点及2号表面点进行水化热时程分析，并与现场实测值进行比较，对比情况如图2-3-26所示。从图2-3-26中可以看出，仿真模拟点计算温峰值及温峰出现时间与实测值基本吻合，温升及温降规律与实测值基本一致。

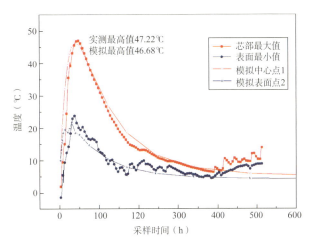

图2-3-26　仿真值与实测值对比

依据足尺模型试验的监测结果推算，高温季节混凝土浇筑内部最高温度包络图见图2-3-27a）。取图2-3-25b）中模拟点进行水化热时程分析，在设定工况条件下，其内部最高温升值为67.8℃，温峰时间出现在开始浇筑后44h，温升值约为39.8℃，各点温度变化规律如图2-3-27b）所示。

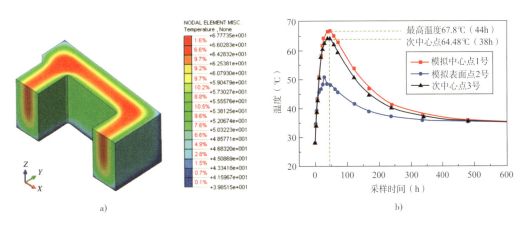

图2-3-27　高温季节混凝土浇筑内部最高温度包络图及混凝土温度时程变化

6. 混凝土变形监测

变形监测内容包括三个方面：

（1）测试不同部位水平方向应变情况，验证混凝土内部应变在水平方向上的均匀性。

（2）测试同高度同方向相似部位混凝土实际应变值，判断混凝土在生产过程中膨胀剂是否分散均匀，从而验证补偿收缩混凝土生产工艺的合理性。

（3）通过长时间监测数据，验证模型混凝土是否满足补偿收缩设计要求。

钢壳-混凝土内部应变测点布置见图2-3-28。应变计布设在1/2高度截面、顶面及下底面。通过对混凝土内部实际应变的监测，了解不同部位混凝土应变情况，论证混凝土变形控制效果。

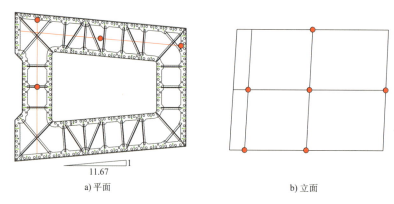

图2-3-28 足尺模型混凝土内部应变测点布置简图

应变检测采用VWS型振弦式应变计。在混凝土浇筑前，选择6个测点，安放好应变计，设置相关参数后开始自动监测数据，每1h进行一次读数，混凝土内部变形监测结果如图2-3-29所示。选择中心测点2，给出混凝土温度与应变的关系，如图2-3-30所示。

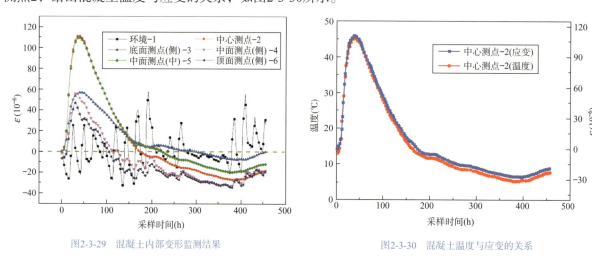

图2-3-29 混凝土内部变形监测结果　　　　　图2-3-30 混凝土温度与应变的关系

从图2-3-29、图2-3-30中可得：

（1）混凝土内部观测到的最大应变值约111×10^{-6}，最小应变值约-35×10^{-6}，其形变过程基本与温度变化历程相一致，应变极值出现的时间与温度极值出现时间基本相同，混凝土内部温升对混凝土变形影响较大。

（2）在混凝土温度消散（193h）之后，各测点变形值基本进入稳定状态，在-35×10^{-6}~5.8×10^{-6}之间，差异较小，说明混凝土内部变形基本均匀，膨胀剂在混凝土内部分散较好。

（3）温度消散完成后，混凝土变形随着环境温度的波动而缓慢变化。

7. 混凝土养护

在钢壳-混凝土组合索塔施工中，由于混凝土四周被钢壳所包裹，内部水分不易散失，但其上表面裸露，易发生水分蒸发，从而导致收缩裂缝。在混凝土初凝后，利用钢壳围成的仓室，在混凝土顶面采用蓄水的方式进行养护。该养护方式保证了混凝土裸露表面有足够的湿度，对于防止收缩裂缝十分有效。足尺模型试验混凝土蓄水养护见图2-3-31。

四、足尺模型试验桥位现场试验小结

足尺模型试验桥位现场试验模拟了钢壳节段吊装、定位、竖向钢筋连接、环缝焊接、混凝土浇筑等施工工序，验证了设计理念，总结形成相对成熟的施工工艺，同时提出优化建议。具体如下：

（1）钢壳节段吊装。

图2-3-31 混凝土蓄水养护

在足尺模型试验钢壳节段吊装、匹配过程中，钢壳的起吊就位及上下节段的匹配件连接均较为顺利，初步验证了吊装工艺的可行性，证明工厂化制造的钢壳精度满足现场吊装、匹配要求。在试验中竖向钢筋连接套筒外露钢筋头影响吊装的问题，可以在工厂内采取措施解决。

（2）索塔竖向钢筋连接。

钢壳-混凝土组合索塔首次将受力主筋以钢壳附筋形式在工厂内同步组装。从试验情况来看，钢壳节段竖向附筋现场连接是否顺利，主要取决于厂内的组装精度。在施工现场由于被连接端已预埋入混凝土中，其位置难以调整，主要通过对安装钢壳节段竖向钢筋进行微调，实现钢壳节段竖向钢筋的顺利连接。

本次工艺试验中，竖向附筋的连接基本顺利，说明钢壳附筋的厂内定位工艺和工装是有效的。

（3）索塔混凝土浇筑。

索塔混凝土性能满足泵送施工工艺要求，自混凝土浇筑开始至混凝土浇筑完成，平均每小时浇筑18.5m³。采用蓄水养护，能够满足养护要求。

（4）冬季施工时，足尺模型试验混凝土内部最高温度为47.2℃，温升约为37.2℃，与冬季施工条件下的仿真计算结果较吻合；通过仿真计算，预计高温季节浇筑混凝土内部最高温度值为67.8℃，预计混凝土温升约39.8℃，因此在高温季节需要采取适当降低浇筑温度、控制现场浇筑区域温湿度环境、选择合适浇筑时段等措施，以保证混凝土内部温度和内外温差满足设计要求。

通过开展施工工艺足尺模型试验，验证了钢壳节段工程加工制造、现场安装施工工艺的可行性，并对设计及施工工艺进行了优化调整。

第四章　附筋钢壳制作

第一节　概　述

南京五桥钢壳-混凝土组合索塔采用纵横向钢筋混凝土榫将钢板与混凝土组合在一起，协同受力，共同承受桥梁荷载。其附筋穿过钢壳壁板竖向和水平加劲肋连接，采用一级机械式螺纹套筒连接，精度要求高。附筋作为钢结构制造的重要组成部分，贯穿于板单元制作、节段总拼和节段匹配整个加工制作过程，附筋钢壳制作难点如下。

（1）板单元焊接变形控制

钢壳为薄壁密肋结构，外壁板板厚12~20mm，内壁板板厚仅6mm，400mm×400mm间距密布水平、竖向加劲，加工组装、焊接变形控制为施工难点之一。

（2）附筋安装精度控制

钢壳内外壁板竖向和水平向加劲密布钢筋孔，附筋穿过钢筋孔，且钢筋端部采用螺纹机械连接，保证钢筋顺利安装及组装精度为施工难点之一。

（3）双壁薄壳节段制作

钢壳为双壁薄壳结构，刚度小，附筋板单元钢筋相互交错，如何保证节段的总拼精度，是施工难点之一。

（4）锚固区节段制作

上塔柱为斜拉索锚固区，其内侧设置钢锚梁及钢牛腿，钢牛腿与钢壳内壁板焊接，钢锚梁与钢牛腿支撑面的密贴度、空间位置的精度控制是制造难点之一。

（5）节段预拼装

组合索塔为变截面薄壳结构，节段间竖向主筋采用一级机械连接接头，工厂节段制造和匹配线形允许偏差$L/6000$（L为节段高度），其线形控制和节段间竖向主筋的连接精度为施工难点之一。

第二节　制作工艺

索塔钢壳主要由内壁板单元、外壁板单元、水平加劲、竖向加劲、水平连接角钢、竖向连接角钢、水平钢筋、竖向钢筋及钩筋等构成，其中上塔柱箱室内仓内设有钢牛腿和钢锚梁。钢壳节段构造见图2-4-1。

1. 节段工艺流程

索塔钢壳在制造车间完成零件（包括钢筋）及附筋板单元生产，在节段组装车间完成节段总拼，在试装场地进行"1+1"节段立式预拼装，最后打砂、涂装，发运桥位进行安装，索塔钢壳总体制作工艺流程见图2-4-2。

结合钢壳外形特点、钢筋接头位置及钢板供货能力，对钢壳节段进行板单元划分，标准节段板单元划分见图2-4-3。总宽度尺寸小于3600mm的内、外壁板单元，制作完成后直接安装钢筋参与节段总拼；大于3600mm的超宽内、外壁板单元，采用接宽后再安装钢筋参与节段总拼。

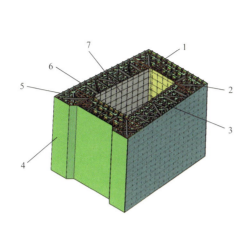

图2-4-1 钢-混凝土组合索塔钢壳节段构造

1-竖向钢筋；2-连接角钢；3-水平钢筋；4-外壁板；
5-竖向加劲；6-水平加劲；7-内壁板

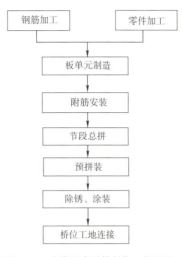

图2-4-2 索塔钢壳总体制作工艺流程

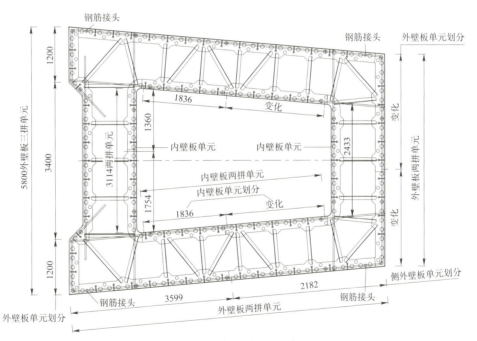

图2-4-3 标准节段板单元划分（尺寸单位：mm）

钢壳节段总拼工艺流程见图2-4-4和图2-4-5。

2. 节段基准线布置

钢壳节段工厂制作时，采用统一的系统基线作为节段、板单元及零件制作的控制基准，并按照节段—板单元—壁板零件逐级传递。节段中轴线向四个内、外壁板面的投影线作为节段竖向基线，塔高方向中部水平面与四个壁板面的交线为水平基线，四个面的竖向基线及水平基线共同作为节段组装的控制基准，节段基线布置如图2-4-6所示。壁板单元组焊完成后，需修正竖向基线及水平基线，节段组装完成后预拼前需对四个面的竖向基线及水平基线进行修正，该基线作为节段预拼装和桥位监控的测量基准线。

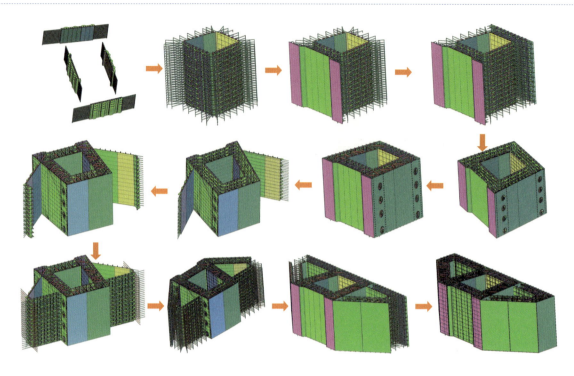

图2-4-4　中塔柱及下塔柱钢壳节段总拼工艺流程

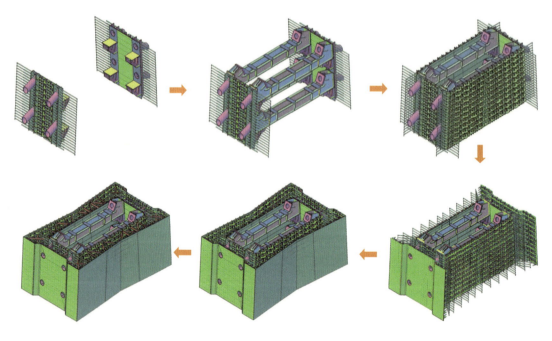

图2-4-5　上塔柱钢壳节段总拼工艺流程

3. 附筋板单元制作

（1）钢筋加工质量控制

钢壳所有钢筋均按照钢结构制造精度要求进行加工，采用Ⅰ级接头的钢筋，严格控制下料精度及套丝质量，加工后端面磨平，并用通规、止规双检，丝头用专用防护套防护。横向、竖向钢筋均采用直螺纹套筒机械接头连接。为实现螺纹套筒的安装和施拧，连接接头的两侧钢筋，一侧采用2倍标准长度丝头，另一侧采用1倍标准长度丝头。螺纹套筒提前安装于长丝头一侧钢筋。

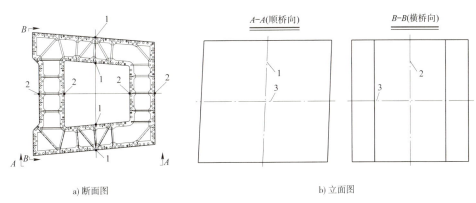

a) 断面图　　　　　　　　　　　　　　b) 立面图

图2-4-6　节段基线布置示意图

1-竖向基线1；2-竖向基线2；3-水平基线

（2）钢壳壁板单元制作精度控制

钢壳壁板单元的制作精度是保证附筋安装精度和节段组装精度的前提。为提升薄板密肋结构壁板单元的制作精度，采用以下工艺措施：

①激光划线机数控划线，将水平、竖向基线及加劲肋组装位置线一并划出，提高生产效率，保证划线精度。

②竖向加劲钻孔时，采用整体覆盖式钻孔样板，组装时采用联排定位样板，提升竖向加劲肋制孔和组装精度。竖肋整体式钻孔样板见图2-4-7，联排样板定位组装见图2-4-8。

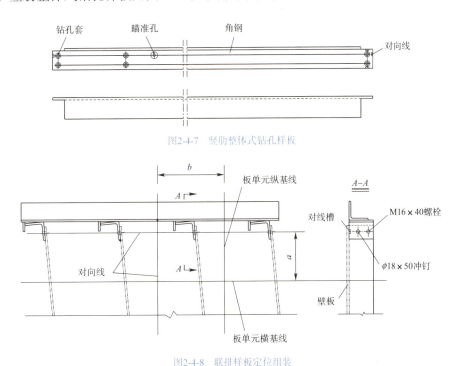

图2-4-7　竖肋整体式钻孔样板

图2-4-8　联排样板定位组装

③针对钢壳内、外壁板厚度不同，内壁板厚度仅有6mm的结构特点，制定差异化工艺：外壁板采用竖向加劲和水平加劲分步组装、分步施焊工艺，竖向加劲肋在反变形胎架上实施自动化焊接。水平加劲肋组装时，采用同向对称施焊，减少焊缝变形。内壁板采用竖向加劲肋、水平加劲肋一并组装，自约束加胎架外约束双约束施焊，达到控制壁板焊接变形的目的。壁板单元焊接如图2-4-9及图2-4-10所示。

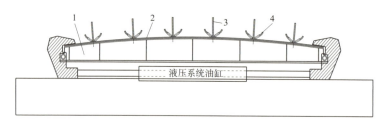

图2-4-9 外壁板反变形机械焊接
1-反变形胎架；2-壁板单元；3-竖向加劲肋；4-焊枪

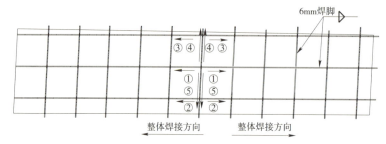

图2-4-10 内壁板双约束对称焊接

注：①~⑤为焊接顺序

（3）附筋安装精度控制

钢筋加工完成后穿入壁板单元，壁板单元的水平肋钢筋孔中有3个为竖筋定位孔，先将定位竖筋穿入定位孔内（定位孔仅比钢筋直径大4mm），再将水平钢筋穿入竖向加劲的钢筋孔内，最后穿入其余竖向钢筋。有两侧弯钩的水平筋，采用一侧先折弯，待穿入板单元加劲钢筋孔内后，再利用手动式折弯机折另一侧弯钩。典型附筋安装施工见图2-4-11。

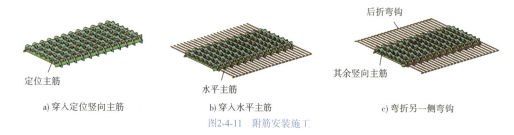

a) 穿入定位竖向主筋　　b) 穿入水平主筋　　c) 弯折另一侧弯钩

图2-4-11 附筋安装施工

为保证竖向主筋精确连接，采用竖筋定位样板和定位卡座定位竖筋，即根据竖筋间距不同，制作不同孔距附筋定位样板，定位样板卡固在竖筋端头螺纹丝扣处，实施对竖向钢筋的精确定位，再使用槽形定位工装搭配定制螺母，固定附筋水平位置，竖向位置可调节。竖筋定位工装见图2-4-12。

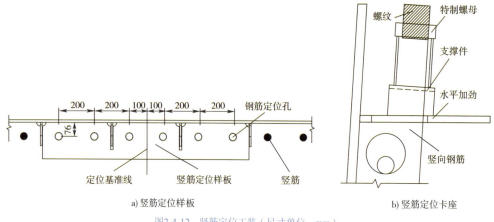

a) 竖筋定位样板　　　　　　　　　　b) 竖筋定位卡座

图2-4-12 竖筋定位工装（尺寸单位：mm）

（4）板单元精度控制结果

通过以上工艺技术措施，控制零件加工、板单元制作和附筋安装的误差，为节段组装提供精度保证。零件加工及板单元制作精度控制允许偏差见表2-4-1，实际测量偏差统计见表2-4-2。

钢壳壁板单元制作精度允许偏差　　　　　　　　　　　　　　表2-4-1

名　称	检测项点	允许偏差（mm）
零件	壁板、加劲肋等下料	±2.0
零件	钢筋下料	±5.0
零件	壁板划线	0~1.0
零件	加劲肋孔距	±0.8
零件	钢筋螺纹加工	螺纹加工精度
板单元	加劲肋组装精度	±2.0
板单元	加劲肋垂直度	无肋处≤2.0
板单元	加劲肋垂直度	有肋处≤1.0
板单元	加劲肋间距及角度	±2.0
板单元	外壁板平面度	≤4mm/4m
板单元	钢筋间距	±10.0

钢壳板单元制作精度主要项点实际测量统计　　　　　　　　　　表2-4-2

名　称	检测项点	实际测量数据（mm）	备　注
零件	加劲肋下料	−1.5、−1、−0.5、+0.5、+1.0、+1.5	偏差均在±1.5mm以内，且90%的偏差在±1.0mm以内
零件	壁板划线	0.5、1.0	壁板采用激光机划线，偏差均≤1.0mm，且95%的偏差在0.5mm以内
零件	加劲肋孔距	−0.5、0.2、+0.5	采用样板钻孔、实际测量值都在±0.5mm以内
壁板单元	加劲肋组装精度	±1.0	竖向加劲联排样板组装，均可以保证±1.0mm以内
壁板单元	加劲肋垂直度	≤1.0	全部按照有肋处，采用角度样板组装
壁板单元	外壁板平面度	≤2mm/4m，焊缝对接处≤1mm/m	实际内外壁板全部达到验收要求，重点控制对接焊缝处的平面度

4. 钢壳节段总拼

组合索塔钢壳为附筋双壁薄壳结构，参与总拼的附筋板单元外壁板水平钢筋采用机械式螺纹套筒连接，内壁板水平筋相互交错。为控制节段总拼精度，实现水平主筋快速、精确连接及竖向主筋的平面位置精度，采用立式总拼工艺，即模拟桥位塔段实际安装姿态，在专用胎架上以地样线和基准线为准进行节段总拼。

（1）立式总拼胎架

设计采用双向围挡、有可调节撑杆的立式总拼胎架。胎架底梁采用纵横梁体系的箱形和工字形，保证胎架具有足够的承载力和刚度。底梁上布设支撑架，支撑架设三层可调节的水平刚性撑杆，用于支靠、定位内外壁板单元。外壁板支撑架周圈相连，顶部设走台，结构形式见图2-4-13。

（2）节段总拼

采用水准仪对立式组装胎架平面度进行整体检测，保证各点偏差≤2mm。在胎架底梁顶面划出纵、横基线，并根据不同节段下端口断面尺寸精确划出内、外壁板单元组装位置的地样线，见图2-4-14。

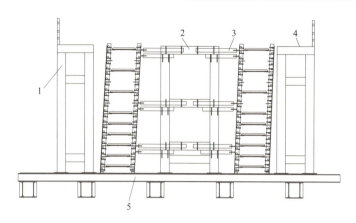

图2-4-13 组合索塔立式组装胎架及钢壳节段立位组拼示意图
1-外部支撑架；2-内部支撑架；3-调节撑杆；4-走台；5-底梁

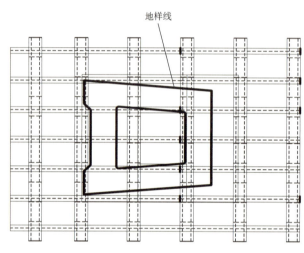

图2-4-14 地样定位壁板单元

利用胎架可调节支撑，调节控制内、外壁板的组装角度及节段上口断面的箱口尺寸。先定位附筋内壁板单元，组装时上下层水平筋交错插入组装，再以内壁板单元为基准控制附筋外壁板的箱口尺寸和角度。节段总体尺寸满足要求后，组焊内、外壁板之间的连接角钢，连接各层水平钢筋机械连接接头，对称焊接钢壳各板单元之间的对接和棱角焊缝，最后连接内、外壁板之间的钩筋，完成节段的总拼制作，见图2-4-15。

a) 内壁板单元组装

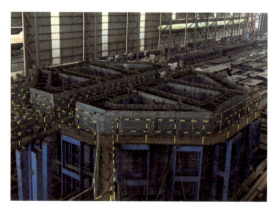
b) 外壁板单元组装

图2-4-15 钢壳节段总拼

5. 锚固区节段制作

上塔柱标准节段内壁板内侧设置双层钢锚梁及钢牛腿。钢牛腿与节段内壁板焊接，钢锚梁与钢牛腿支撑接触面密贴。为控制节段整体尺寸，保证锚梁与牛腿双层8点接触面同时密贴和锚梁锚点空间三维定位精度，采用如下制作工艺：

（1）钢锚梁制作

钢锚梁断面尺寸较小但长度较长，长细比较大，熔透焊缝密集，焊接变形较大。为消除焊接变形对钢锚梁垫板平面度的影响，钢锚梁采用整体机加工工艺，见图2-4-16，确保加工后垫板平面度≤0.5mm。

（2）牛腿壁板单元制作

索塔钢壳每个节段中设有4个钢锚梁，共计8个钢牛腿，节段组装时需确保8个钢牛腿与钢锚梁垫板密贴，精度要求非常高。为此，利用大型落地镗铣床对牛腿壁板单元进行整体机加工，见图2-4-17，确保牛腿单元上承面≤0.5mm的平面度要求，保证节段组装时与钢锚梁的匹配精度。

图2-4-16　钢锚梁整体机加工

图2-4-17　牛腿壁板单元整体机加工

（3）钢锚梁牛腿壁板配作

上塔柱节段钢锚梁的定位精度及钢锚梁与牛腿垫板接触面密贴度，是制造过程精度控制的关键。制作时采用钢锚梁与牛腿壁板单元配作工艺，将4个钢锚梁利用胎架优先定位，检测合格后，再依次定位牛腿壁板单元合件及其他壁板单元，见图2-4-18。钢锚梁牛腿配作，可以使钢锚梁起到支撑内壁板并增加节段总拼刚度的作用，同时有效保证钢锚梁与牛腿接触面密贴，满足钢锚梁锚箱空间尺寸精度要求。

a) 锚梁牛腿组装立面

b) 锚梁牛腿组装俯瞰

图2-4-18　钢锚梁牛腿壁板配作

（4）钢壳节段制作精度控制结果

钢壳立式总拼工艺，解决了钢壳刚度小、节段总拼尺寸控制难等问题，主要项点质量精度控制结果均在允许偏差范围内，见表2-4-3、表2-4-4。

钢壳节段制造精度允许偏差　　　　　　　　　表2-4-3

项　　目		允许偏差（mm）	检测工具
节段高度 H		±2.0	钢卷尺
箱口尺寸	长度 L	±2.0	钢盘尺、弹簧秤
	宽度 B	±2.0	
箱口内外壁间距		±2.0	钢卷尺
横断面对角线差		≤3.0	钢盘尺、弹簧秤
旁弯		≤3.0	紧线器、经纬仪、钢板尺
锚点位置		±2.0	平尺、钢板尺
锚箱角度		≤0.1°	经纬仪、钢板尺
垂直度		$L/6000$	紧线器、经纬仪、钢板尺
平面度		4mm/4m	平尺、钢板尺、塞尺
水平钢筋		±10	钢卷尺
扒筋等构造钢筋间距		±20	钢卷尺
两侧牛腿相对高差		2.0	水准仪
钢牛腿上层板顶面平面倾斜度		≤1.0	水准仪
牛腿不锈钢顶板平面度		0.5/全平面	塞尺

钢壳节段制造主要项点质量精度实际测量统计结果　　　　　　　　　表2-4-4

检测项点	实际测量偏差数据（mm）	备　　注
节段高度	−1.0~2.0	板单元采用二次配切后组装，实际测量四周不同壁板面高度，偏差均在2.0mm以内
箱口尺寸	−2.0、−1.0、1.0、2.0	经过修正，均满足 ±2.0mm 以内
箱口内外壁间距	−2.0、−1.0、1.0、2.0	
横断面对角线差	≤3.0	均满足
垂直度	<1.0	测量各个面的竖基线垂直度，偏差<1.0mm
平面度	≤2mm/4m，焊缝对接处≤1mm/m	实际内外壁板全部达到验收要求
两侧牛腿相对高差	−1.0、1.0、2.0	80%均满足 ±1.0mm 以内
牛腿不锈钢顶板平面度	100%合格	用0.2mm塞尺检查金属接触率
水平钢筋机械连接	100%合格	全部能够连接，且满足一级连接接头要求

6. 节段立式预拼

为模拟实桥架设位态，保证节段间接口的匹配精度、竖向主筋的机械连接精度及组合索塔纵横向轴线的垂直度，节段制作完成后，按照架梁顺序，进行全桥"1+1"节段的立式预拼装。每轮预拼完成后对底部节段进行打砂涂装施工，上部节段参与下一轮预拼，具体要求如下。

（1）节段预拼控制基准

节段的"1+1"立式预拼本质上属于短线法，为克服短线法的弊端，采用轴线重合匹配法，即以节段横桥向塔柱中心线作为横桥向轴线垂直度的控制基准，纵桥向以侧壁板竖基线作为纵桥向垂直度的控制基准，节段水平横基线为节段高程和节段间间距的控制基准，同时为便于测量，在节段靠近上下端口处以横基线为基准划出环口检查线。节段预拼装控制基准线见图2-4-19。

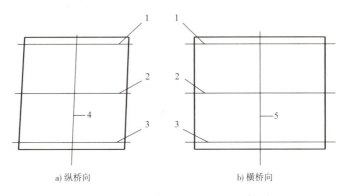

图2-4-19　节段预拼装控制基准线（环口检查线）
1-上环口检查线；2-水平基线；3-下环口检查线；4-侧壁板竖基线；5-横向竖基线

（2）预拼装胎架

设计预拼装专用胎架，沿钢壳外壁板匹配件对应位置设置立柱，立柱带有爬梯，便于施工人员检测、测量等作业。节段间环缝位置处，周圈设置施工平台，便于测量作业及匹配件安装等。预拼装胎架底座上布设相互垂直的地样线，摆放首节复位节段时必须确保铅垂轴线与地样线对正。

（3）预拼装控制要点

使用水准仪以横基线为基准调平节段，用经纬仪以地样线为基准对正四面铅垂轴线，下节段验收合格后再吊装上节段与之匹配，上节段以下节段为基准对正四面轴线，并控制上下节段间的横基线间距，保证上节段横基线水平。上、下节段的轴线线形、匹配间隙、基线间距等验收合格后，组装节段间的匹配件，并在轴线与水平基线和环口检查线相交处打十字样冲眼，每条线5个点，交点共用。

匹配件采用成对角钢形式，一侧面与塔壁固定，上下匹配件接触面采用螺栓和销钉连接定位，在距离匹配件50mm处划出间距300mm的桥位对位线。桥位节段安装时，匹配件四个螺栓孔中，对角线孔分别打入销钉并连接螺栓，匹配件密贴，上下节段检查线间距满足300mm，对位线对正即表明节段恢复至工厂预拼状态。钢壳节段"1+1"立式预拼装见图2-4-20。

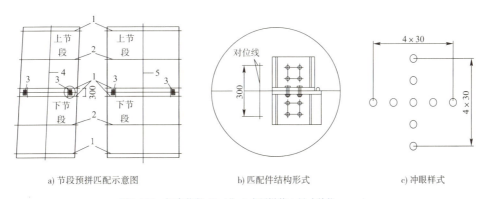

图2-4-20　钢壳节段"1+1"立式预拼装（尺寸单位：mm）
1-检查线；2-水平基线；3-匹配件；4-侧壁板竖基线；5-横向中心线

节段接口匹配、基线间距、轴线垂直度满足要求后，预连接节段间竖向钢筋的螺纹套筒和量配拼接板孔群，保证竖向钢筋和拼接板百分之百连接，使用竖筋定位工装定位底部钢筋平面位置。顶部钢筋竖向自由，确保竖向主筋工地连接精度。竖向钢筋机械预连接见图2-4-21。

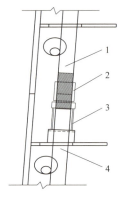 

a) 定位工装定位竖筋结构形式　　　　　b) 定位工装定位竖筋施工

图2-4-21　竖向钢筋机械预连接

1-顶部钢筋；2-螺纹套筒；3-定位工装；4-底部钢筋

（4）预拼累积精度管理

无论制作采用何种精度控制措施，制作、安装过程中塔柱线形都会产生偏差，为了避免偏差的同向累积，建立累积精度管理系统，对钢壳制造、预拼偏差进行系统统计、分析与校正，使钢塔制造与安装精度控制在标准要求的偏差范围内。将每轮预拼装检测数据进行收集汇总，并与索塔钢壳理论轴线线形进行对比，在后续预拼装过程中通过接口位置调整进行反向趋势修正，以达到累积精度控制管理的目的。累积精度管理实例见图2-4-22和表2-4-5。

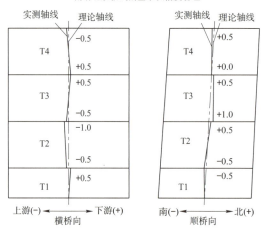

图2-4-22　预拼装精度控制纠偏应用实例（单位：mm）

钢壳节段预拼轴线偏差累积精度管理实例　　　　表2-4-5

节段号	理论节段长 L_n (mm)	横桥向		顺桥向	
		轴线偏差（mm）	轴线错台（mm）	轴线偏差（mm）	轴线错台（mm）
BT1	2670	下：+0.0	—	下：+0.0	—
		上：+0.5	1.0	上：+0.5	0.5
BT2	5200	下：-0.5		下：+0.0	
		上：-1.0	0.5	上：+0.5	0.5
BT3	5200	下：-0.5		下：+0.5	
		上：+0.5	0.0	上：+0.5	0.5
BT4	5200	下：+0.5		下：+0.5	
		上：-0.5	—	上：+0.5	—

尽管钢壳节段采用短线法匹配，但秉承了几何控制法制造安装一体化理念，即在制造阶段按节段间的理论几何关系，精确调节相邻节段相对位置，使之与理论值基本吻合。此时，在钢壳节段上做出节段间相对位置的标记，在现场安装时，只需恢复至匹配时节段间的相对关系，则可保证新安装节段的空间位置是正确的。钢壳节段预拼装尺寸控制允许偏差及实测偏差情况见表2-4-6。

钢壳节段预拼装精度允许偏差及实测偏差　　　　表2-4-6

名　称	检测项点	允许偏差（mm）	实际测量数据（mm）	备　注
节段预拼	预拼装长度	±4.0	0~4.0	预拼考虑焊接收缩量，全部按正公差控制
	轴线错位	≤1.0	≤0.5	均保证≤0.5mm
	垂直度	$L/6000$	<1.0mm	测量各个面的竖基线垂直度，偏差<1.0mm
	竖向钢筋机械连接	100%连接		

7. 附筋钢壳制作工效

钢壳工厂化制造过程中，针对下塔柱、中部塔柱和上塔柱带锚梁节段总拼的施工工效进行统计，钢壳节段总拼从2018年2月13日开始制作，2019年1月12日全部完成，下塔柱有中箱和边箱，断面尺寸大，且钢筋数量多，节段总拼平均时间11d；桥面以上中部节段没有边箱，截面尺寸逐渐减小，节段总拼平均时间为6.5d；上塔柱因带锚箱，并且塔柱由两个分支合并为一支，节段断面尺寸相对中柱变大，节段总拼平均时间为7d。

第五章　附筋钢壳安装

第一节　概　　述

钢壳-混凝土组合索塔"工厂化加工、现场模块化安装"的设计施工理念，即钢壳节段、钢壳内钢筋提前在工厂内加工匹配，现场只需实施钢壳节段间环缝焊接、竖向主筋接头连接及混凝土浇筑施工工序，保证了现场施工安全和质量，提高了施工工效。其具有以下主要施工特点和难点：

（1）索塔兼有钢塔（定位、焊接）和混凝土塔（钢筋连接、混凝土浇筑）的施工工艺。

（2）索塔节段高空吊装，对吊装设备、吊装工艺要求高。

（3）新型组合结构索塔，索塔节段间匹配件须承受钢壳自重，易导致匹配件变形，钢壳节段定位线形控制影响因素多，对匹配件要求高。

（4）索塔首节段设计采用嵌入式锚固方式，在塔壁设置PBL剪力件进行锚固，其安装精度及施工质量的控制，对整个索塔的施工质量起着关键性作用。

（5）索塔首节段钢壳内竖向钢筋数量多，边塔1036根，中塔1068根，需要在承台内预埋，竖向预埋钢筋的精确定位及连接质量不易保证。

（6）索塔C50补偿收缩混凝土核心温度设计要求控制在65℃，对混凝土绝热温升、入模温度及养护控制等要求高。

针对钢壳-混凝土组合索塔特点，以下重点介绍索塔施工主要机具、索塔首节段钢壳和标准节段钢壳的定位安装、索塔横梁安装及钢壳节段内混凝土浇筑等施工技术。

第二节　总体施工工艺

1. 施工工艺概述

南京五桥钢壳-混凝土组合索塔采用工厂化分节加工、组拼，整体节段通过长江水运至施工现场，利用浮式起重机或塔式起重机现场吊装，实施钢壳节段精确定位、钢壳节段间竖向钢筋连接、混凝土浇筑施工等工作。下塔柱部分节段采用浮式起重机进行吊装，索塔外围搭设钢管支架作为施工作业平台；其余节段采用塔式起重机进行吊装。使用液压整体自爬升施工平台作为现场施工人员操作平台，人员通过电梯上下至施工平台实施作业；下塔柱节段混凝土施工采用汽车泵输送混凝土，其余节段采用塔式起重机吊装料斗输送混凝土的施工工艺；索塔塔肢间设置主动横撑和调扭装置，以实现中上塔柱结合段的精确安装。

2. 具体施工工艺

（1）吊装工艺

索塔下塔柱BT1/ZT1首节段至BT6/ZT6节段采用500t浮式起重机进行吊装，其余节段采用2200t·m塔式起重机（最大吊重100t）进行吊装，塔式起重机设置在索塔横桥轴线下游，主墩承台兼作塔式起重机基础。

（2）钢壳内竖向钢筋连接工艺

首节钢壳内竖向钢筋与承台内竖向预埋钢筋接头采用锥套锁紧钢筋机械连接，其余钢壳节段间竖向钢筋连接采用直螺纹套筒机械连接。

（3）混凝土输送工艺

下塔柱BT6以下节段混凝土采用汽车泵泵送混凝土。考虑到索塔补偿收缩混凝土性能，其余节段使用塔式起重机吊装容积10m³的料斗输送混凝土。

（4）索塔主动横撑设置

分别在索塔BT15/ZT16节段、BT22/ZT23节段两塔肢之间设置主动横撑，调整两塔肢间距离；在中、上塔柱结合段的前一个节段BT24/ZT25设置横向调整撑，用于中、上塔柱结合段安装时的调整扭转。

（5）施工操作平台

下塔柱施工操作平台利用外围搭设的落地钢管支架，中、上塔柱施工平台采用液压整体自爬升施工平台。

（6）人员上下通道

设置塔内永临结合施工升降机供施工人员上下。其中，下塔柱用塔外施工升降机和固定梯笼双安全通道，附着在下塔柱施工钢管支架上，供人员上下；中、上塔柱施工所用施工升降机位于中塔柱内腔室；塔内施工利用塔内永久电梯进行永临结合设计。

3. 施工工艺流程

索塔节段安装施工工艺流程见图2-5-1。

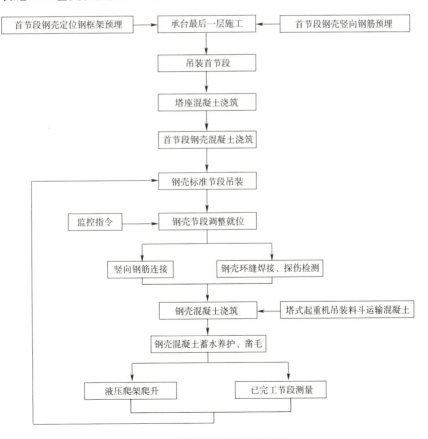

图2-5-1 索塔节段安装施工工艺流程

第三节 主要施工机具

索塔施工主要机具包括浮式起重机、塔式起重机、吊具、液压爬升施工平台、施工升降机、混凝土生产设备。

单个索塔施工时，主要施工机械设备有500t浮式起重机1艘、2200t·m塔式起重机1台、SC200-200型双笼施工升降机1台、SC100型塔内永临结合施工升降机2台。索塔下塔柱施工设备布置见图2-5-2，索塔中、上塔柱施工设备布置见图2-5-3。

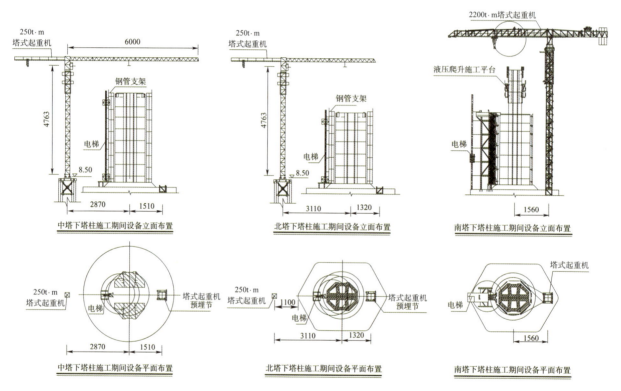

图2-5-2 索塔下塔柱施工设备布置（尺寸单位：cm；高程单位：m）

一、浮式起重机

根据索塔分节节段的质量，边塔BT1~BT5共5个节段，塔柱钢壳最重节段BT1为168t，最轻节段BT5为95.3t；中塔ZT1~ZT5共5个节段，塔柱钢壳最重节段ZT1重180.2t，最轻节段ZT5重98.3t；采用500t浮式起重机进行吊装。浮式起重机吊装下塔柱钢壳节段如图2-5-4所示。

二、塔式起重机

1. 塔式起重机选型及布置

根据钢壳节段吊重，边塔BT6~BT36节段、中塔ZT6~ZT37节段采用塔式起重机进行吊装，单个索塔布置2200t·m塔式起重机1台，位于承台横桥向桥轴线上，在4倍率22m吊幅内吊重为100t，26m吊幅内吊重为80t，南塔塔式起重机平面布置见图2-5-5，2200t·m塔式起重机参数如图2-5-6所示。

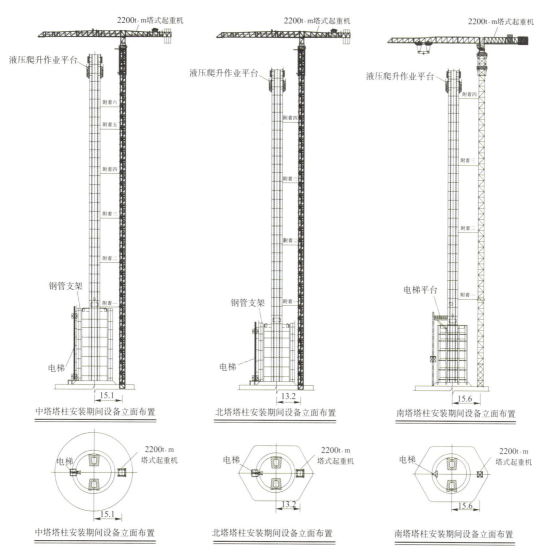

图2-5-3 索塔中、上塔柱施工设备布置（尺寸单位：m）

图2-5-4 浮式起重机吊装下塔柱钢壳节段

以南塔塔式起重机为例，南塔塔式起重机总高度180m，共设置四道附墙，从下至上附墙分别布置在BT9（第一道）、BT15（第二道）、BT21（第三道）、BT29（第四道），附墙与塔柱之间设置钢梁，钢梁与索塔节段之间采用栓接连接。

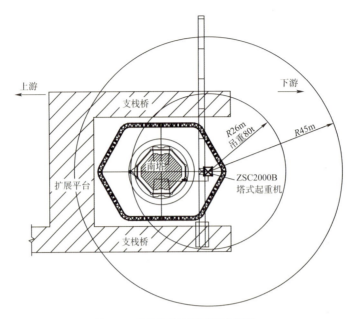

图 2-5-5 南塔塔式起重机平面布置图

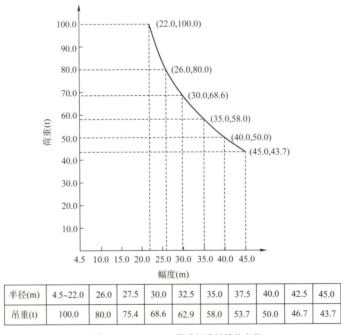

半径(m)	4.5~22.0	26.0	27.5	30.0	32.5	35.0	37.5	40.0	42.5	45.0
吊重(t)	100.0	80.0	75.4	68.6	62.9	58.0	53.7	50.0	46.7	43.7

图 2-5-6 2200t·m 塔式起重机吊装参数

2. 塔式起重机抗风安全性验算

因首次使用索塔钢壳-混凝土组合结构，应考虑塔式起重机安装施工工艺在极端风环境下，塔式起重机结构在风场中的动力响应。通过数值分析手段，对塔式起重机结构的抗风安全性进行评估分析，验证塔式起重机吊装施工安全及对索塔结构安全的影响，优化塔式起重机布置设计。

2200t·m起重臂长45m，安装总高度180m，塔式起重机采用平头水平起重臂，标准节段之间采用销轴连接。

首先，根据塔式起重机设计图纸建立系统有限元模型，分析系统的动力特性；其次，根据系统场地特征进行系统风速场及风荷载模拟；然后，将得到的风荷载输入有限元模型，进行结构风致响应分析；最后，汇总分析结果，综合评价各施工阶段塔式起重机抗风安全性。

（1）工况分析

以南塔为例，对于索塔施工到不同高度的两个阶段进行抗风安全性分析，两个阶段分别为塔式起重机不同支承条件下的最不利阶段，其对应的工况如下。

①工况1：索塔BT36节段吊装完成，此时塔式起重机高174m，上部悬臂长度39.2m，如图2-5-7所示。

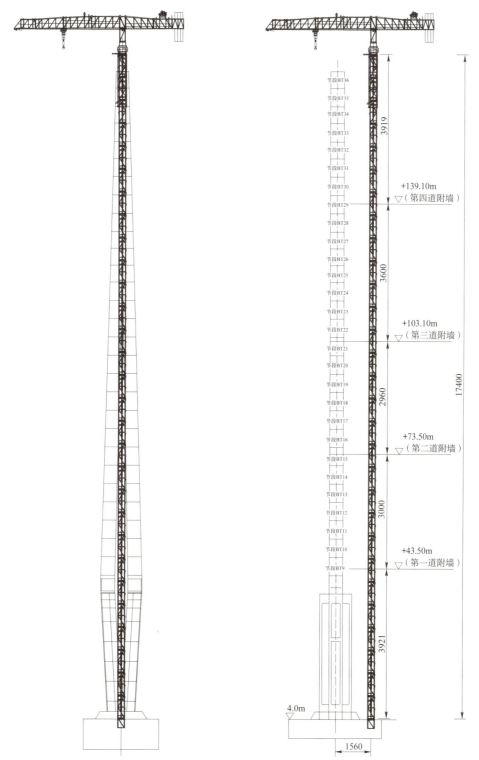

图2-5-7　工况1示意图（尺寸单位：cm）

a.子工况1：起重臂垂直于主梁，横桥向来风，基本风速20m/s，空载条件下，进行塔式起重机服务状态和舒适度分析。

b.子工况2：起重臂平行于主梁，纵桥向来风，基本风速20m/s，空载条件下，进行塔式起重机服务状态和舒适度分析。

c.子工况3：起重臂垂直于主梁，横桥向来风，基本风速20m/s，起重荷载最大时（此时起重量80t，工作幅度26.0m），进行塔式起重机安全性、服务状态和舒适度分析。

d.子工况4：起重臂平行于主梁，横桥向来风，基本风速20m/s，工作幅度最大时（此时起重量48.6t，工作幅度45.0m），进行塔式起重机安全性、服务状态和舒适度分析。

e.子工况5：起重臂垂直于主梁，横桥向来风，基本风速42m/s，空载情况下，进行塔式起重机安全性分析。

f.子工况6：起重臂平行于主梁，纵桥向来风，基本风速42m/s，空载情况下，进行塔式起重机安全性分析。

②工况2：第三道附墙附着安装完成后顶升塔式起重机总高度至150m，吊装BT25~BT31节段，此时塔式起重机悬臂8节半，即51.19m，如图2-5-8所示。

a.子工况1：起重臂垂直于主梁，横桥向来风，基本风速20m/s，空载下，进行塔式起重机服务状态和舒适度分析。

b.子工况2：起重臂平行于主梁，纵桥向来风，基本风速20m/s，空载下，进行塔式起重机服务状态和舒适度分析。

c.子工况3：起重臂垂直于主梁，横桥向来风，基本风速20m/s，起重荷载最大时（此时起重量80t，工作幅度26.0m），进行塔式起重机安全性、服务状态和舒适度分析。

d.子工况4：起重臂垂直于主梁，横桥向来风，基本风速20m/s，工作幅度最大时（此时起重量48.6t，工作幅度45.0m），进行塔式起重机安全性、服务状态和舒适度分析。

e.子工况5：起重臂平行于主梁，横桥向来风，基本风速42m/s，空载下，进行塔式起重机安全性分析；

f.子工况6：起重臂平行于主梁，纵桥向来风，基本风速42m/s，空载下，进行塔式起重机安全性分析。

（2）计算过程

基于建立的有限元模型确定静风荷载和抖振力荷载（图2-5-9），运用Midas Civil的静力分析和瞬态时程分析求解器求解塔式起重机的静风及抖振响应。

（3）计算分析结论

通过有限元数值方法对2200t·m塔式起重机进行抗风安全性分析，主要结论如下。

①安全性评价：2200t·m塔式起重机、附墙连杆在施工期工作风速（20m/s）及设计风速（42m/s）下是安全的。

②舒适度评价：20m/s风速时，加速度峰值均小于人有感范围，可正常工作；42m/s风速时，加速度峰值进入人有感范围，并可能引起操作人员感觉不适。

三、可调节压杆式吊具

因附筋钢壳各节段尺寸变化，节段重心不同，需根据钢壳节段结构特点，选择适用不同重心位置的各节段钢壳吊装所用吊具。

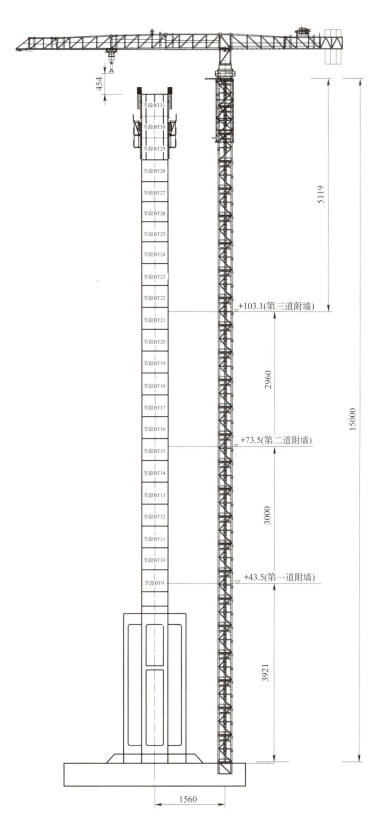

图2-5-8　工况2示意图（尺寸单位：cm；高程单位：m）

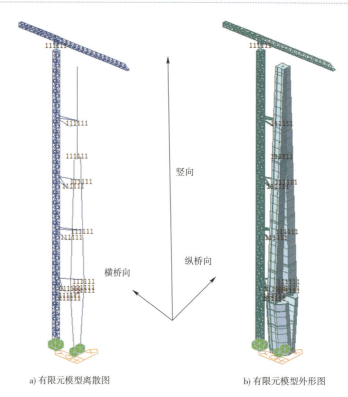

a) 有限元模型离散图   b) 有限元模型外形图

图2-5-9 有限元模型

1. 吊点布置

中塔和边塔首节段采用双吊具配合吊装,剩余节段采用单吊具吊装。塔柱节段吊点布置如图2-5-10所示。以边塔塔柱为例,各节段吊点定位参数见表2-5-1。

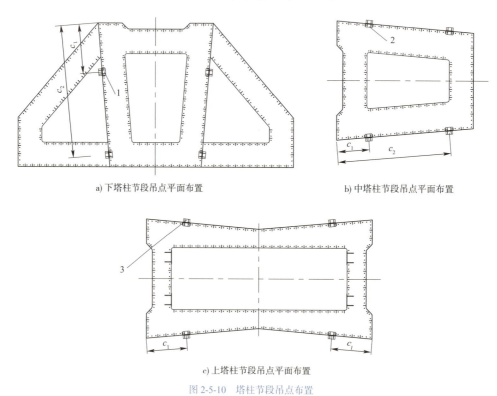

a) 下塔柱节段吊点平面布置   b) 中塔柱节段吊点平面布置

c) 上塔柱节段吊点平面布置

图 2-5-10 塔柱节段吊点布置

1- 下塔柱吊点;2- 中塔柱吊点;3- 上塔柱吊点

边塔塔柱各节段吊点定位参数　　　　　　　表2-5-1

墩　柱	节段编号	吊点定位距 c_1（mm）	吊点定位距 c_2（mm）	墩　柱	节段编号	吊点定位距 c_1（mm）	吊点定位距 c_2（mm）
下塔柱	BT1	2000	5600	中塔柱	BT19	1600	4000
	BT2	2000	5600		BT20	1600	4000
	BT3	2000	5600		BT21	1600	3600
	BT4	2000	5600		BT22	1600	3600
	BT5	2000	5600		BT23	1600	3600
	BT6	2000	5600		BT24	1600	3600
	BT7	2000	5600	上塔柱	BT25	2000	—
中塔柱	BT8	1600	4400		BT26	2000	—
	BT9	1600	4400		BT27	2000	—
	BT10	1600	4400		BT28	1600	—
	BT11	1600	4400		BT29	1600	—
	BT12	1600	4400		BT30	1600	—
	BT13	1600	4400		BT31	1600	—
	BT14	1600	4400		BT32	1600	—
	BT15	1600	4000		BT33	1200	—
	BT16	1600	4000		BT34	1200	—
	BT17	1600	4000		BT35	1200	—
	BT18	1600	4000		BT36	1200	—

在吊点设置时，考虑了吊点中心与钢壳节段中心重合，在起吊时，节段端面基本水平，便于与已吊装塔段定位、匹配、连接。

2. 吊具设计

针对钢壳节段尺寸变化，需保证吊点中心与钢壳节段重心重合，且节约临时设施——吊具的材料用量，要求吊具梁长可大幅变化，为此，采用可调节压杆式吊具。其主要优点如下。

（1）结构简洁：四个吊点通过纵、横联系梁连接成一个整体。

（2）受力明确：通过两个方向的铰接设计，钢丝绳夹角产生的水平力分别由横纵连系杆承受。

（3）安装方便：各部件之间均通过销轴连接或法兰连接。

（4）重心调整适应性强：通过在吊具纵横主梁上设置调节段，在吊索端部设置调整卸扣，实现吊具调节吊点、节段倾斜度以及起吊重心的功能，从而采用一套吊具即可满足全桥索塔节段的吊装需要，节约临时设施费用。

吊具结构见图2-5-11~图2-5-13。

3. 吊具组成

该压杆式吊具主要由纵梁系、横梁系、上连接头、下连接头、吊索等部分组成。吊具总体示意图见图2-5-14。

吊具纵、横梁系的主要作用是用来抵抗吊索斜角产生的纵、横水平分力。为了实现全桥钢壳节段不同吊点位置的吊装，纵、横梁系采用长度可调设计，主要由接头、固定杆、伸缩套杆、可调丝杆等组成。吊具纵、横系梁示意图见图2-5-15。

纵、横系梁除销轴及螺杆采用40Cr制作外，其余部件均采用Q345B材料制作。吊装前根据附筋钢壳节段吊点位置，调整伸缩套杆及可调螺杆的长度，同时配合使用一定数量的固定杆，可满足钢壳节段吊点的纵、横向尺寸均发生变化的需要。待伸缩套杆调整完成后，采用2个销轴固定限位。

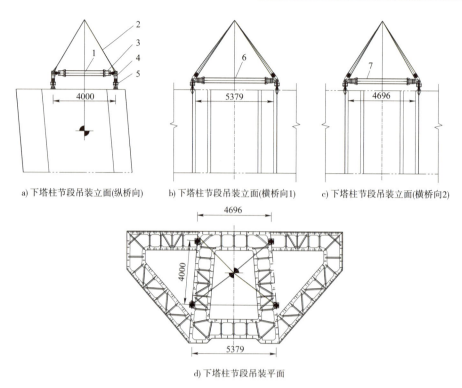

a) 下塔柱节段吊装立面(纵桥向)　　b) 下塔柱节段吊装立面(横桥向1)　　c) 下塔柱节段吊装立面(横桥向2)

d) 下塔柱节段吊装平面

图2-5-11　下塔柱节段吊装吊具结构（尺寸单位：mm）

1-吊具梁1；2-钢丝绳；3-纵梁系接头；4-上连接头；5-下连接头；6-吊具梁2；7-吊具梁3

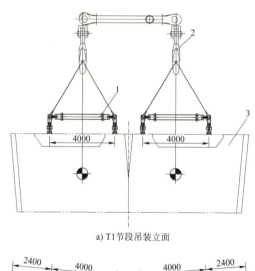

a) T1节段吊装立面

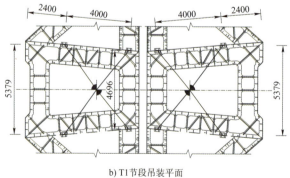

b) T1节段吊装平面

图2-5-12　T1节段吊装吊具结构（尺寸单位：mm）

1-吊具；2-浮式起重机吊钩；3-T1节段

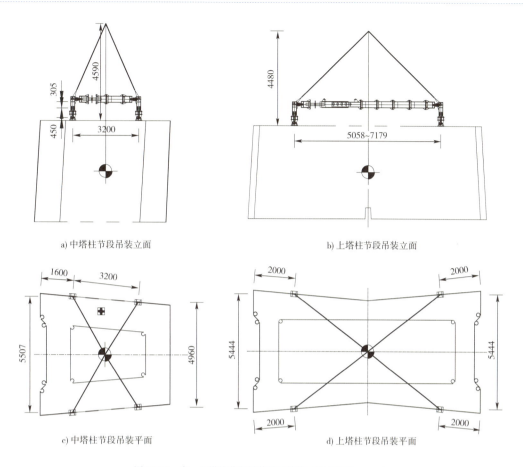

图2-5-13 中、上塔柱节段吊装吊具结构（尺寸单位：mm）

图2-5-14 吊具总体示意图

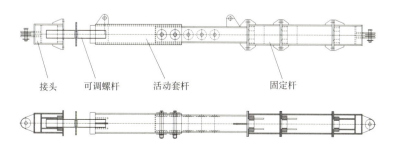

图2-5-15 吊具纵、横系梁示意图

上连接头的作用是连接钢丝绳、横梁及下连接头,各部件之间全部采用销轴连接。除销轴外,主要材料选用Q345B。

下连接头的作用是连接钢结构索塔节段吊耳、纵梁及上连接头,各部件之间全部采用销轴连接。除销轴外,主要材料选用Q345B。

吊索采用钢丝绳双索,吊心与节段重心的重合是吊装的关键,由于每个节段的吊点及重心位置不同,为了使钢壳节段吊装时尽量处于理论水平状态,在吊装前需根据钢壳节段三维模型比拟出节段重心位置和吊点位置,确定各根吊索的理论长度。实施吊装时,采用固定长度钢丝绳配合吊具横梁增减卸扣的方式,以使吊点中心与节段的重心相重合。钢壳节段端面尽量处于理论水平状态,以便于起吊阶段与已安装钢壳节段的匹配,提高匹配、安装工效。压杆式吊具现场吊装钢壳节段见图2-5-16。

图2-5-16　压杆式吊具现场吊装钢壳节段

四、轻型液压整体自爬升施工平台

钢壳-混凝土组合索塔节段的桥位现场安装作业,需向现场作业人员提供安全可靠的施工平台。

参照混凝土索塔施工使用的液压爬模工作原理,研发了轻型液压自爬升施工平台,平台采用液压驱动结构,平台沿着索塔侧壁上的固定轨道上下移动。轻型液压自爬升施工平台效果见图2-5-17。

与混凝土索塔施工液压爬模相比,轻型液压自爬升施工平台有如下特点:

(1)功能不同

液压爬模需带动模板提升并保证退模、合模等操作,而轻型液压自爬升施工平台仅作为施工操作、涂装及修饰平台之用。

(2)架体构造不同

爬模架包含下架体、上架体和后移装置等,而轻型液压自爬升施工平台仅有下架体,所用材料较少。

(3)质量相差较大

轻型液压自爬升施工平台总质量约16t,与混凝土索塔液压爬模相比质量减轻50%。

图2-5-17　轻型液压自爬升施工平台效果图

(4)平台宽度不同

液压爬模平台宽度为1.2~3m,而轻型液压自爬升施工平台宽度仅需1.5m(满足人员施工空间即可)。

(5)预埋件数量不同

液压爬模爬升轨道为双预埋件,而轻型液压自爬升施工平台爬升轨道仅需单预埋件。

轻型液压自爬升施工平台结构简单,平台整体爬升速度快、预埋件数量少,减少了索塔外壁预留预埋,索塔外观清洁、美观。

1. 轻型液压自爬升施工平台设计

轻型液压自爬升施工平台,作为索塔中、上塔柱安装施工作业平台,主要承受施工作业人员、小型机具、焊接设备等荷载,标准施工节段高4.8m,其平台体系塔柱预埋件在索塔钢结构加工厂安装完成。

轻型液压自爬升施工平台由自爬升液压机构及操作平台组成。每榀自爬升机构设置一套液压动力系统,单个塔肢施工平台由一台电气控制柜控制平台的整体爬升。轻型液压自爬升施工平台总体布置见图2-5-18,索塔轻型液压自爬升施工平台结构总装配图及现场照片见图2-5-19。

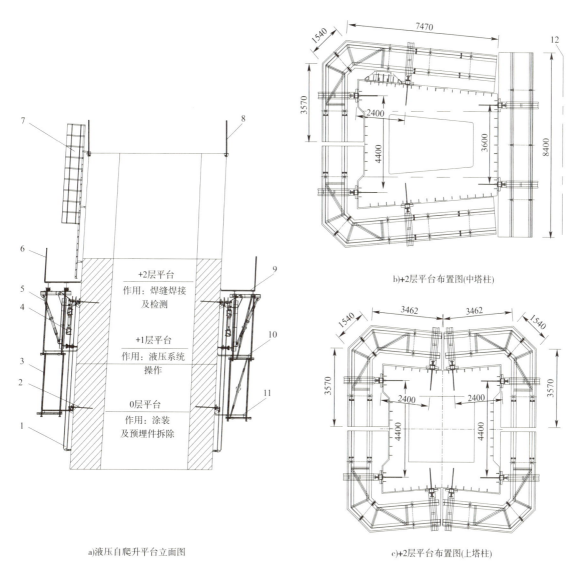

图 2-5-18 索塔轻型液压自爬升施工平台总体布置(尺寸单位:mm)

1-轨道;2-锚锥;3-下吊架系统;4-顶升油缸;5-可调承杆;6-栏杆;7-梯笼;8-围栏;9-2层平台走道;10-1层平台走道;11-0层平台走道;12-桥梁中心线

架体及平面布置如下。

①中塔柱每肢分别布置6榀爬升机构和6片下挂吊架,具体为每肢外侧有凹槽面设2榀爬升机构;两侧面各设1榀爬升机构和1片下挂吊架;双肢内侧面分别设2片下挂吊架。由6榀爬升机构同步爬升,共同提升整个施工平台。索塔中塔柱轻型液压自爬升施工平台爬升机构布置见图2-5-20、图2-5-21。

钢混组合桥梁建造

图 2-5-19 索塔轻型液压自爬升施工平台结构总装配图及现场照片

1-导轨尾撑；2-导轨；3-附墙撑总成；4-下换向盒；5-油缸；6-上换向盒；7-平台；8-护栏；9-踢脚板；10-主平台纵梁；11-承重梁；12-主立杆；13-主调节支撑；14-外立杆；15-吊平台纵梁；16-中平台横梁；17-吊平台内立杆；18-吊平台

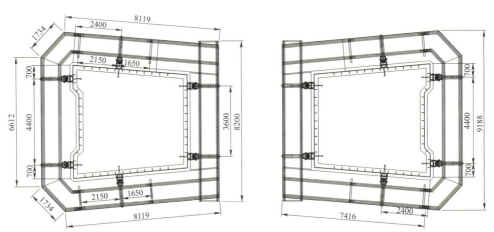

图 2-5-20 索塔中塔柱轻型液压自爬升施工平台爬升机构布置截面图（一）（尺寸单位：mm）

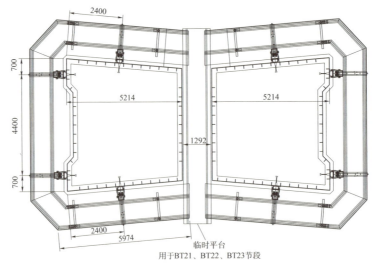

图 2-5-21 索塔中塔柱液压自爬升施工平台爬升机构布置截面图（二）（尺寸单位：mm）

②上塔柱为独柱,在中塔柱液压自爬升施工平台爬升至上塔柱施工时,将塔肢间内侧的爬升机构拆除,并根据上塔柱每节段结构平面结构尺寸变化,对上塔柱液压自爬升施工平台行走过道进行现场改制,其余无变化。上塔柱液压自爬升施工平台爬升机构布置见图2-5-22。

③平台构造。

共设有3层工作平台,平台之间采用固定扶梯上下连通。在同一平面上,平台间连成一条贯穿的通道,平台板采用阻燃防火材料,并在每一层平台面上设置灭火器、砂箱等防火设施。液压自爬升施工作业平台的单个爬升机构承载力为130kN。

a.主平台:宽度1.5m,主要用于钢壳节段安装定位、钢壳节段间环缝焊接施工。

b.中平台:宽度1.5m,主要用于液压自爬升操作。

c.下平台:宽度1.5m,主要用于钢壳节段间环缝涂装、修饰和拆除附墙装置。

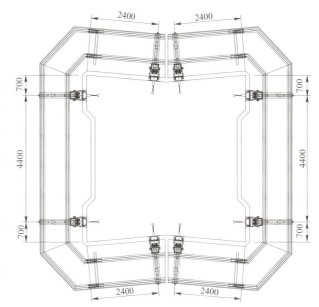

图2-5-22 上塔柱液压自爬升施工平台爬升机构布置截面图
(尺寸单位:mm)

d.平台安全维护及通道:在平台跳板和索塔塔肢间设置带有橡胶垫块的钢板翻板。平台外侧均设踢脚板,用以防止异物坠落。平台外围四周设置安全护栏,并采用钢丝网片围护。

e.主平台至钢壳节段顶设置安全梯笼通道,供施工人员在新安装的钢壳节段上下通行。

f.平台与索塔顶部采用安全绳连接,作为防坠措施。

液压自爬升施工平台现场照片见图2-5-23。

图2-5-23 液压自爬升施工平台现场照片

2. 液压自爬升施工平台技术参数及工作原理

(1)液压自爬升施工平台技术参数见表2-5-2。

液压自爬升施工平台技术参数 表2-5-2

构件		技术参数
爬升平台体系	爬升平台支撑跨度	≤6m（相邻埋件点之间水平距离）
	爬升平台高度	约9.5m（含护栏高度）
	爬升平台宽度	主平台1.5m，中平台1.5m，下平台1.5m
液压升降系统	额定工作压力	20MPa
	油缸行程	400mm
	伸出速度	外墙油缸380mm/min
	顶升油缸额定推力	100kN
	串联双油缸不同步差	≤20mm
爬升机构	自动导向、液压升降、自动复位的锁定机构	实现架体与导轨互爬功能

（2）液压自爬升施工平台工作原理。

①在起始钢壳节段外壁预留孔位置安装锚锥和预埋件，并保证其安装紧固。

②钢壳内混凝土强度达到15MPa后，以起始钢壳节段中预埋的锚锥为支点拼装爬升平台。

③在平台拼装好后，安装第二节钢壳并埋设锚锥及预埋件。

④浇筑第二节钢壳节段内混凝土，混凝土强度达到要求后，在第二节钢壳上安装附墙挂座。

⑤插入导轨，依次穿过二层附墙挂座、上换向盒、下换向盒、附墙撑。

⑥操作动力装置控制器爬升机构。

⑦安装第三节钢壳，浇筑第三节钢壳节段内混凝土，混凝土强度达到要求后，在第三节钢壳上安装附墙挂座。

⑧操作动力装置控制器提升导轨，到位后再带动系统爬升至下一工作节段，重复上述工作流程。

3. 自爬升系统

轻型液压自爬升施工平台主要由锚定总成、导轨、液压爬升系统和操作平台组成。

（1）锚定总成：包括锚锥螺母、预埋锚固钢筋、螺栓和附墙挂座等。

（2）导轨：导轨是整个液压自爬升施工平台的爬升轨道，它由槽钢及一组梯档组焊而成，梯档间距300mm，供上下换向盒的舌体将载荷传递到导轨，进而传递到预埋件系统上。

（3）液压爬升系统：爬升装置由油缸驱动，以液压系统为动力；采用步进装置实现轨道与架体转换，爬升平稳。

在塔柱施工过程中，设置在单个塔肢外围一周的爬升装置均同步爬升，带动整套系统共同均匀上升。单个油缸通过控制调节器相互协调、同步工作。

液压控制系统是一套集机械、电气、液压及自动化技术于一体的特种施工控制系统，见图2-5-24，主要针对自爬升施工平台进行设计，在流量速度、功率能耗方面进行优化控制，能源效率高，同时添加实时监控、位移传感、智能同步等功能。位移、压力、风速传感器见图2-5-25。液压动力单元性能参数见表2-5-3。

液压动力单元性能参数 表2-5-3

名称	性能参数			名称	性能参数
电机	电压 AC 380V	功率 1.5kW	转速 1450r/min	控制电压	AC 220V
油泵	排量：1.1mL/r			出油口尺寸	M14×1.5
系统压力	16MPa				

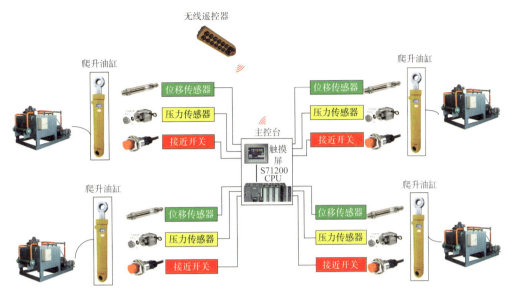

图 2-5-24 液压控制系统组成

图 2-5-25 位移、压力、风速传感器

4. 预埋件锚锥安装

轻型液压自爬升施工平台轨道爬升预埋件为M36锚锥+D20钢筋。锚锥一端在混凝土内采用φ20钢筋锚固,为防止锚锥在钢壳节段混凝土浇筑过程中移位,锚锥外端通过M36×50螺栓与钢壳外壁固定。锚锥预埋如图2-5-26所示。

在钢壳节段混凝土浇筑强度达到15MPa后,拆除塔壁上安装的螺栓,装上爬升架体附墙挂座。

五、塔内永临结合施工升降机

钢壳-混凝土组合索塔塔柱以及上构斜拉索安装施工时,需安装施工升降机作为人员运输工具。通常的做法为施工升降机附着在塔柱外壁上,但此方法缺点有:易对塔柱造成污染、大风等恶劣天气条件下无法作业、升降机附着对塔肢外观及结构受力产生不利

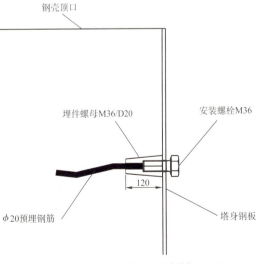

图 2-5-26 锚锥预埋示意图(尺寸单位:mm)

影响等。借用永久升降机轨道安装塔内施工升降机作为人员垂直运输工具，可减少临时施工预埋件的设置，保证塔柱外观质量，同时保障升降机作业安全。

南京五桥钢壳-混凝土组合索塔内部预留升降机井道狭小，为满足施工和后期桥塔维修保养需要，同时降低设备制作和安装成本，采用永临结合的设计理念，升降机各部件均为永久安装，仅将运行主机设计为组装式双层轿厢，满足施工运力需求，解决了狭小孔洞下普通升降机运输能力不足、设备拆装困难的问题。

中塔柱每个塔肢内腔布置施工升降机1台，单个索塔南、北塔肢共计布置2台。

1. 塔内施工升降机布置及参数

中、上塔柱施工升降机布置见图2-5-27，施工升降机立面布置见图2-5-28。塔内安装SC100型施工升降机，技术参数见表2-5-4。

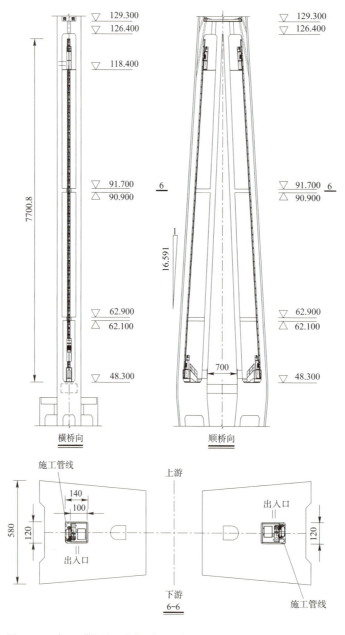

图2-5-27 中、上塔柱施工升降机布置示意图（尺寸单位：cm；高程单位：m）

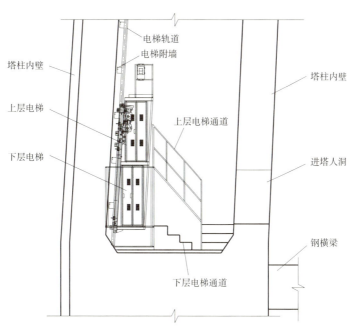

图 2-5-28 施工升降机立面布置示意图

塔内施工升降机技术参数　　　　　　表2-5-4

项　目	中　塔　柱	备　注
升降机数量	2 台	
轿厢内空（长 × 宽 × 高）	980mm × 1040mm × 2100mm	下轿厢
	700mm × 1040mm × 2100mm	上轿厢
载质量	双笼合计 1000kg	
安装高度	77m	
速度	0~33m/min	
功率	2 × 11kW	
工作电压	380V	
供电方式	滑线	
附墙	52 道	
标准节段数量	52 节	
标准节段尺寸、规格	650mm × 200mm × 1508mm，片式节段	

2. 塔内施工升降机特点

设计的专用施工升降机为齿轮齿条式，其主要特点如下。

（1）设备独立性

齿轮齿条式施工升降机利用自身导轨架上下运行，主要承载结构自成体系，设备的竖向载荷由设备底部承台承受，导轨架附着固定在桥塔内部筒壁上。运行主机集成了轿厢、驱动装置、安全装置及控制系统，无需另设机房，对原结构影响小，设计简单，特别适合狭小空间安装。施工升降机构造见图2-5-29。

（2）结构合理、使用便捷

升降机轨道、轿厢等构件均采用栓接连接方式，现场安装时仅用螺栓固定即可，有效避免了对成品结构的破坏。

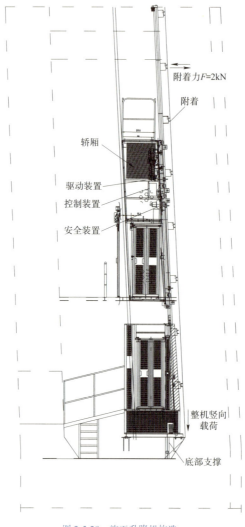

图 2-5-29 施工升降机构造

升降机主机结构采用模块化螺栓连接形式，保证单个结构模块能够顺利通过塔柱底部人孔，各个模块之间通过螺栓连接，大大降低了安装现场对吊装设备的要求，拆装便捷。

随着索塔节段高度的增加逐渐接高导轨架，实现升降机运行高度与索塔节段同步，能够及时投入使用，方便了施工人员，提高了施工效率。

（3）设备安全性

由于设备处于空间狭小的井道，存在高空坠物风险，本施工升降机驱动单元处于上部轿厢内，通过设置上部轿厢顶部防砸层，在保护轿厢内部人员安全的同时，也兼顾了轿厢结构、主机尤其是驱动单元的结构安全，减少了由于高空坠物造成的损失和风险。

3. 塔内施工升降机主机设计

（1）双层轿厢结构

索塔内壁倾斜，为充分利用井道空间，轿厢设计成平行四边形，双层轿厢结构，每次运输人数增加一倍，上下轿厢内部均设有控制面板，下部轿厢具有优先操作权，方便施工人员的使用。

考虑到设备的安装和拆卸，轿厢采用模块化片式结构，各片之间通过螺栓连接。

（2）片式导轨架

升降机采用片式标准节结构，如图2-5-30所示。该型轨道使得升降机整体结构重心更加靠近附着固定点，导轨架与筒壁每隔1508mm间距固定一道，形成一个多跨连续梁结构，其附着对筒壁产生的作用力小，从而减小了对筒壁的影响。

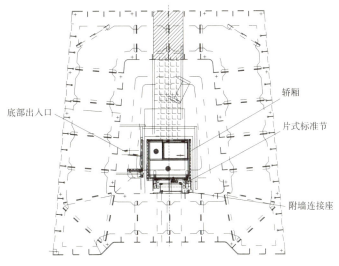

图 2-5-30 施工升降机标准节结构

（3）滑线供电

由于空间狭小，且升降机需要具有层站呼叫功能，传统电缆滑车很难布置，通过设计双滑线结构（一组供电，一组实现通信呼叫功能），节约了安装空间，不会出现因坠落的外物卡住滑车和橡胶老化等现象，避免电缆拉断或断芯等故障，且安装高度确定后，升降机不会出现冲顶或撞底等危险情况。

（4）安全装置

该型升降机具有完善的安全保护装置，主要包括渐进式防坠安全器、机电联锁保护装置、超载保护装置、供电系统断相错相保护、轿厢慢速移动装置、上下限位极限装置、撞底缓冲装置、限位开关、防脱安全钩、应急照明等。

第四节　索塔节段现场安装

索塔节段桥位处采用浮式起重机或塔式起重机进行吊装，下塔柱较重节段采用浮式起重机吊装，其余节段采用塔式起重机吊装，通过索塔节段上设置的匹配件进行定位，实现桥位现场复位。

索塔钢壳节段采用逐段滞后控制精度的方法进行安装，即当前节段控制时修正上一节段的误差，将该误差及时反馈至加工厂去修正待安装节段，以此控制现场施工误差。

现场施工的难点和重点是钢壳首节段的精确定位、横梁安装及中上塔柱结合段的安装控制以及超高空吊装施工的安全管理和控制。

一、首节段钢壳安装

边塔、中塔首节段高4.67m，索塔下口2m范围埋入塔座内，在塔壁设置PBL剪力件进行锚固。索塔首节段竖向钢筋在承台内埋深1.5m。

承台施工时,在承台最后一层顶设置钢壳T0定位架对,作为首节段的定位固定架,在承台最后一层内设置钢筋定位工装对首节段钢壳竖向预埋钢筋进行精确定位,首节段钢壳安装就位后再对竖向主筋接头进行机械连接。

钢壳T0定位架预埋于承台顶作为首节段钢壳的定位基准,其精确定位是索塔安装的基础。边塔BT1节段钢筋构造见图2-5-31,钢壳T1首节段(也称T1节段)预拼装见图2-5-32。

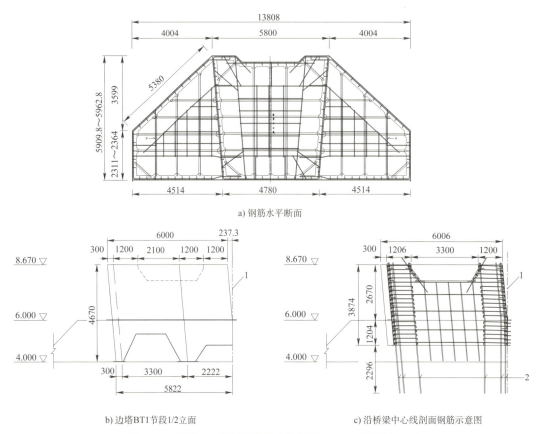

a) 钢筋水平断面

b) 边塔BT1节段1/2立面

c) 沿桥梁中心线剖面钢筋示意图

图 2-5-31 边塔 BT1 节段钢筋构造(尺寸单位:mm;高程单位:m)

1- 索塔中心线;2- 索塔竖向预埋钢筋

图 2-5-32 钢壳 T1 首节段预拼装

1. 首节钢壳安装施工要点及工艺流程

首节段钢壳安装主要包括钢壳T0定位架的精确定位安装、T1节段竖向钢筋的精确预埋、首节段钢壳安装（包括竖向钢筋与预埋钢筋的连接）等施工工序。

钢壳T0定位架与T1节段柱脚在钢结构加工厂内进行预拼，桥位处钢壳T0定位架通过承台内浇筑的混凝土支墩进行定位固定，由T0定位架的高精度来保证首节钢壳的安装精度。通过钢筋定位架对预埋于承台中的索塔竖向主筋精确定位于设计位置，承台最后一层混凝土施工完成后，吊装T1节段并与T0定位架固定，T1节段竖向钢筋与承台内预埋的竖向钢筋采用机械接头连接。

T1首节段钢壳安装施工流程见图2-5-33。

图2-5-33　T1首节段钢壳安装施工流程

2. T0定位架施工

在首节段T1钢壳柱脚处设置纵横向T0定位架，T0定位架与首节钢壳在厂内匹配制造。桥位处钢壳T0定位架通过承台内浇筑的混凝土支墩进行定位固定，根据在钢结构加工厂测得的T0定位架空间和平面位置坐标，将T0定位架精确安装并固定于混凝土支墩顶面。T0定位架平面布置如图2-5-34所示。

（1）T0定位架工厂内与T1首节段匹配

T1首节段工厂内加工制造完成满足要求后，将钢壳T0定位架与T1首节段匹配并有效固定。对设置于定位架顶面的测点进行测量，以获取四根工字梁（定位架）间的相互关系及其空间和平面位置坐标，供桥位精确定位之用。

具体测量方法：

①每个定位工字梁上均设置两个测量标志点，且标注轴线位置。

②每个定位工字梁上建立与T1节段的对位线。

③T0定位架与T1节段分离前，用钢尺测量各标志点的相互关系，至少测量6处，具体边长见图2-5-35。

④对T0定位段8个标志点的相对坐标和相对高差进行测量。

⑤对每根工字形梁进行编号。

⑥测量并绘制拼装关系平面图，平面图上标出测量标志点间的几何关系、标志点与轴线点几何关系、测量点的边长数据以及定位块的编号规则等。

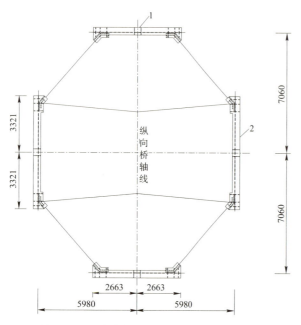

图 2-5-34　T0定位架平面布置（尺寸单位：mm）
1- 横桥向定位架；2- 纵桥向定位架

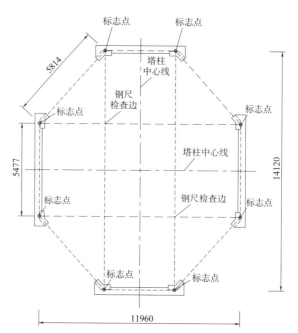

图 2-5-35　T0定位架标志点布置（尺寸单位：mm）

（2）T0定位架现场定位安装

T0定位架和索塔竖向预埋钢筋定位支架同时施工，以T0定位架为主，在两者局部出现冲突的情况下，对预埋钢筋定位支架进行局部改制，保证T0定位架定位精度和竖向预埋钢筋安装精度。

承台最后一层混凝土施工前，在索塔T0定位架对应位置安装8根混凝土支撑柱，其上预埋固定定位钢架的钢板。采用履带式起重机吊装索塔定位钢框架并按精度要求调整到位，焊接固定于混凝土支撑柱顶。绑扎承台顶层钢筋，设置索塔首节钢壳竖向钢筋定位支架，安装索塔首节钢壳埋入承台的钢筋，完成承台混凝土浇筑。T0定位架布置见图2-5-36。

①T0定位架平面位置测量放样及检查

a.采用固定的测量控制点对T0定位架进行测量放样。

b.放样完成后，通过钢尺复核现场至少6条边的长度数据，与工厂验收时的数据进行对比，单边误差控制在2mm以内。

c.在T0定位架焊接固定过程中，同时实施对各条边长度的实时测量检查，直至焊接完毕。

d.焊接过程中如变形较大，应立即停止焊接，并调整变形的控制方法。焊接完毕后进行最终测量，作为最终定位测量数据。

定位架测量点布置如图2-5-37所示。

②高程放样及检查

a.若T1节段的竖向尺寸存在制造误差，该误差在T0定位架现场安装定位时进行调整，以保证主塔高程的绝对精度。

b.四根定位工字形梁之间的相对高差,采用水准仪测量,精度控制在1mm以内。

c.每个定位工字形梁上4个点的相对高差,采用水准仪测量,保证定位块的倾斜度与工厂预拼装时一致。

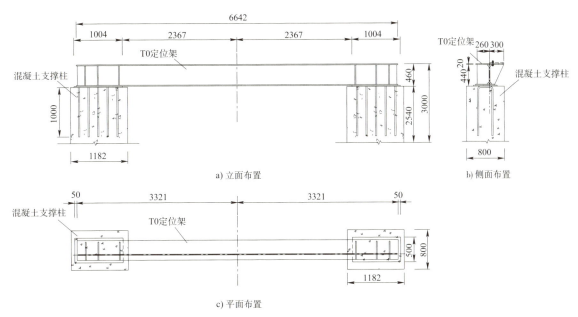

图2-5-36 T0定位架布置图(尺寸单位:mm)

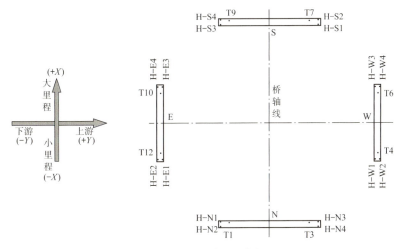

图2-5-37 定位架测量点布置

以南塔为例,南塔钢壳定位架定位平面及高程测量结果分别见表2-5-5、表2-5-6,由表可知,实测定位坐标误差均在允许误差范围以内。

南塔钢壳定位架定位平面及高程测量结果　　表2-5-5

平面控制点	理论坐标		实测定位坐标		误差(±5mm)		横轴线		纵轴线	
							偏位(±5mm)	偏差(±2mm)	偏位(±5mm)	偏差(±1mm)
	X(m)	Y(m)	X'(m)	Y'(m)	ΔX(mm)	ΔY(mm)	(mm)	(mm)	(mm)	(mm)
T1	6193.982	4997.701	6193.981	4997.699	−1.0	−2.0	−1.0	1.0		
T3	6193.981	5002.300	6193.979	5002.299	−2.0	−1.0	−2.0			

续上表

平面控制点	理论坐标		实测定位坐标		误差（±5mm）		横轴线		纵轴线	
							偏位（±5mm）	偏差（±2mm）	偏位（±5mm）	偏差（±1mm）
	X（m）	Y（m）	X'（m）	Y'（m）	ΔX（mm）	ΔY（mm）	（mm）	（mm）	（mm）	（mm）
T4	6198.397	5007.098	6198.397	5007.098	0.0	0.0			0.0	0.0
T6	6201.598	5007.098	6201.598	5007.098	0.0	0.0			0.0	
T7	6206.018	5002.301	6206.017	5002.301	−1.0	0.0	−1.0	1.0		
T9	6206.018	4997.702	6206.016	4997.702	−2.0	0.0	−2.0			
T10	6201.599	4992.906	6201.601	4992.906	2.0	0.0			0.0	1.0
T12	6198.401	4992.906	6198.401	4992.905	0.0	−1.0			−1.0	

南塔钢壳定位架定位高程测量结果　　表2-5-6

高程控制点	理论高程	实测定位高程	误差（±5mm）	平均误差（±5mm）	横桥向相邻高程差（±1mm）	纵桥向相邻高程差（±2.4mm）
	Z（m）	Z'（m）	ΔZ（mm）	ΔZ（mm）	（mm）	（mm）
H-N1	3.9993	3.9989	−0.4	0.10	0.1	
H-N2	3.9994	4.0000	0.6			
H-N3	3.9952	3.9946	−0.6	0.00		
H-N4	3.9949	3.9955	0.6			
H-W1	3.9956	3.9948	−0.8	−0.90		1.65
H-W2	3.9969	3.9959	−1.0			
H-W3	3.9946	3.9952	0.6	0.75		
H-W4	3.9945	3.9954	0.9			
H-S1	3.9986	3.9973	−1.3	−0.35	0.35	
H-S2	3.9965	3.9971	0.6			
H-S3	3.9961	3.9951	−1.0	−0.70		
H-S4	3.9974	3.9970	−0.4			
H-E1	3.9953	3.9958	0.5	0.85		0.70
H-E2	3.9963	3.9975	1.2			
H-E3	3.9963	3.9970	0.7	0.15		
H-E4	3.9952	3.9948	−0.4			

3. T1首节段钢壳竖向钢筋的精确预埋

通过钢筋定位架将预埋于承台中的索塔竖向主筋精确定位于设计位置，定位架及竖向预埋钢筋定位精度满足设计及监控要求后，进行承台最后一层混凝土的浇筑施工。

根据T0定位架最终定位测量结果，对预埋于承台中的T1首节段钢壳竖向钢筋进行精确定位，平面及高程定位误差要求均不大于±5mm。待承台最后一层混凝土施工完成后，对T1首节段钢壳竖向预埋钢筋位置及高程进行测量复核，再根据最终测量数据，对厂内T1首节段内竖向钢筋进行测量和匹配调整。

（1）利用建筑信息模型（Building Information Modeling，以下简称BIM）建模开展钢筋碰撞及定位分析。

建立T0定位架与承台、塔座及塔柱预埋钢筋BIM模型，开展碰撞分析，根据分析结果及时调整相关钢筋位置，以确保T1首节段钢壳竖向钢筋精确定位预埋。T1首节段钢壳BIM模型见图2-5-38。

（2）竖向预埋钢筋定位架安装。

承台内通过设置竖向钢筋定位架，提高竖向预埋钢筋定位精度。定位架由两层定位钢板带、槽钢及竖向型钢连接支撑组成，两层定位钢板带和槽钢分别设置在承台高程+2.526m及承台顶面处。根据钢筋位置，在钢筋定位架钢板上通过机床精确配钻开孔。

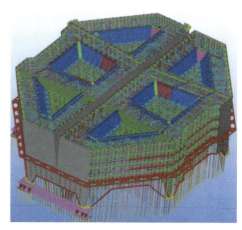

图2-5-38　T1首节段钢壳BIM模型

预埋钢筋安放到位后，对钢筋的平面位置和顶面高程进行检查，预埋钢筋的检查标准：平面位置误差应小于5mm，安装高程和设计高程误差应控制在–5~0mm。满足要求后，竖向预埋钢筋固定于定位架上。

承台预埋竖向钢筋定位架见图2-5-39，承台内预埋钢筋定位板现场实施见图2-5-40及图2-5-41。

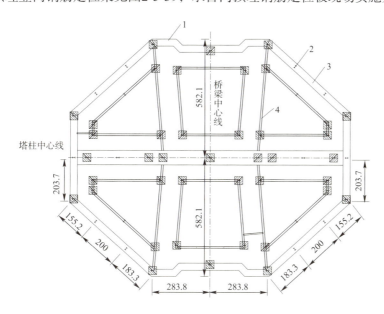

a) 顶层钢筋定位板

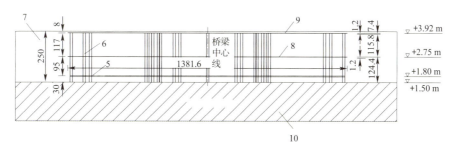

b) 定位支架立面图

图2-5-39　承台预埋竖向钢筋定位架（尺寸单位：cm）

1-钢筋预留孔；2-竖向定位型钢；3-定位钢板；4-定位槽钢；5-水平定位角钢；6-竖向定位型钢；7-承台最后一层混凝土；8-下层定位钢板；9-上层定位钢板；10-承台已浇筑层混凝土

图 2-5-40　承台内预埋钢筋定位板现场实施 1

图 2-5-41　承台内预埋钢筋定位板现场实施 2

4. T1首节段钢壳现场安装

（1）T1首节段出厂前的检查验收

T1首节段钢壳现场安装前，根据首节段竖向预埋钢筋的实际预埋位置及高程，对出厂前的T1节段内竖向钢筋逐一进行位置关系和高程的校核。钢筋高程误差控制在0~5mm。根据现场承台内竖向预埋钢筋平面位置，检查T1首节段钢壳内竖向钢筋偏离情况。工厂内T1首节段钢壳竖向钢筋如图2-5-42所示。

（2）T1首节段钢壳安装及连接

①T1首节段钢壳吊装就位

承台最后一层混凝土施工完成后，在T1节段吊装前对钢壳T0定位架进行复测，其空间和平面位置满足要求后，采用浮式起重机吊装T1节段并与T0定位架固定。将首节段钢壳与T0定位架冲钉连接就位后，与T0定位架焊接固定。T1首节段吊装就位施工见图2-5-43。

②T1首节段钢壳内竖向钢筋与预埋钢筋的连接

首节段钢壳内竖向主筋直径为28mm、32mm、36mm三种类型。为确保钢壳内竖向主筋与承台内预埋钢筋接头的连接质量，采用锥套锁紧钢筋机械接头，该连接工艺允许竖向偏差0~20mm，轴线偏差0~20mm。锥套锁紧钢筋机械连接技术适用于钢筋已经定位的连接，接头性能达到HRB500 I级接头的要求。现场连接质量通过外观目测即可检测、判定；施工高效、快捷、方便。

连接工艺为将待连接钢筋插入锁片两端，对中顶紧保持架；将锥套套入锁片的两端，用专用工具向内夹紧。锥套锁紧钢筋接头连接见图2-5-44，现场连接效果见图2-5-45。

图2-5-42　工厂内T1首节段钢壳竖向钢筋

图2-5-43　T1首节段吊装就位施工

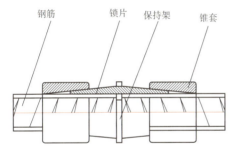

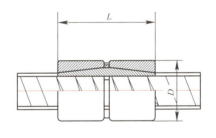

a) 连接前　　　　　　　　　　　　　　　b) 连接后

图 2-5-44　锥套锁紧钢筋接头连接

图 2-5-45　锥套锁紧钢筋接头现场连接效果

将首节段钢壳节段内的竖向钢筋与承台内竖向预埋钢筋机械连接后，按设计要求绑扎塔座钢筋，注意塔座中锚固T1首节段钢壳PBL剪力钢筋的安装精度，要求PBL剪力钢筋在索塔钢板开孔居中位置。

（3）塔座和T1节段钢壳内混凝土浇筑

T1节段钢壳混凝土分两次浇筑，塔座区域的首节段钢壳部分和塔座混凝土同时浇筑，塔座混凝土浇筑完成后，等强凿毛T1节段内塔座顶混凝土，然后二次浇筑T1节段剩余混凝土。

为确保塔座内剪力钢筋和锚固钢板ϕ80mm的孔洞形成的PBL剪力键的质量，塔座钢壳区混凝土采取单侧、分层浇筑工艺。单侧浇筑是指在钢壳壁板一侧浇筑，分层是指布料时严格控制一次布料20~25cm厚度。单侧浇筑可使混凝土从剪力键孔中流过，再配合振捣，保证PBL剪力键孔内混凝土的密实。

T1节段钢壳内混凝土施工完成后，对T1节段钢壳纵基线和上口横基线以及设于匹配件上的测点进行测量，以确定T1节段空间位置和形态是否满足设计精度要求，并为T2节段的吊装匹配提供数据支撑。

二、索塔标准节段施工

索塔标准节段施工工序主要包括钢壳节段定位调整、竖向钢筋连接、环缝焊接等。

1. 工艺流程

索塔标准节段施工工艺流程如图2-5-46所示。

2. 节段现场复位匹配

钢壳节段控制要点为高程和轴线偏位。

钢壳节段吊装复位时，利用钢壳节段预拼时的匹配件进行定位，保证匹配件支撑面密贴，并在匹配件对角线上的两个栓孔打入定位销钉。检查节段四周壁板面的轴线对位情况，测量接缝上下对位线间距是否与厂内预拼时一致，所有检查项目满足要求，则节段安装复位匹配完成。匹配件定位见图2-5-47。

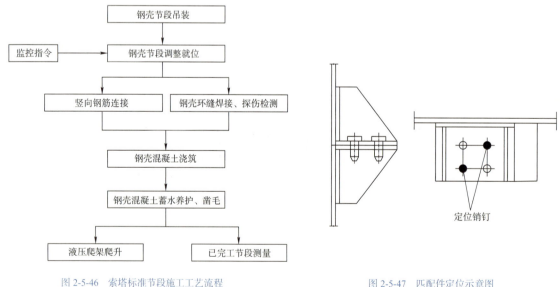

图 2-5-46　索塔标准节段施工工艺流程　　　图 2-5-47　匹配件定位示意图

节段现场安装具体定位调整步骤如下：

（1）根据厂内匹配数据和监控指令，对钢壳节段底部P1~P4、P5~P8八个匹配件支垫钢板进行调整，钢壳节段匹配件位置如图2-5-48所示，桥位现场安装时的匹配件如图2-5-49所示。

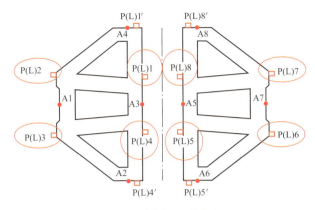
图2-5-48 钢壳节段匹配件位置

图2-5-49 桥位现场安装时的匹配件

（2）保留单个塔肢节段1个匹配件锁定点冲钉，取掉单个塔肢节段其余3个匹配件锁定点冲钉及螺栓，使安装节段以保留匹配件锁定点冲钉为中心进行平面位置调整。

利用塔式起重机对安装节段进行卸载，同时匹配件保持贴合状态，通过侧面调整进行扭转纠偏，现场侧面填塞钢板实施平面纠偏见图2-5-50。

（3）调整到位后检查。

以300mm间距检查线作为检查标准，支垫之前与厂内匹配数据进行对比，检查线偏差要求≤3mm；支垫后，间距变化与垫板厚度差异≤1mm，若超过，需重新进行支垫。调整到位后基线检查如图2-5-51所示。

图2-5-50 侧面填塞钢板实施平面纠偏

图2-5-51 调整到位后基线检查

（4）下一安装节段的误差修正。

考虑到钢壳厂内加工预拼装具有较高的精度，因此，钢壳安装采用滞后一段调整的方式，即在下一节段安装时，上一节段混凝土浇筑完成后的线形误差，通过下一节段匹配件及对位线的相对关系在工厂内修正。

三、下横梁及中、上塔柱结合段施工

索塔下横梁为钢结构，连接两个塔肢，以增加索塔整体刚度，中、上塔柱结合段为钢壳-混凝土组合结构。

边塔下横梁设置在BT8节段南北塔肢之间，中塔下横梁设置在ZT9南、北塔肢之间，与塔肢之间采用螺栓连接形式。下横梁高2.0m，宽4.6m，壁板厚20mm，设置纵向加劲肋和横隔板。下横梁沿顺桥向设置12束规格15ϕ^s15.7mm高强度低松弛体外预应力钢绞线，两端张拉，张拉控制应力0.65f_{pk}（1209MPa）。

中、上塔柱结合段沿顺桥向设置12束规格9ϕ^s15.7mm高强度低松弛体内预应力钢绞线，采用深埋锚工艺，两端张拉，张拉控制应力0.75f_{pk}（1395MPa）。

1. 下横梁安装

（1）下横梁安装前对附着节段的高程调整

下横梁安装前，预先在工厂内对横梁与对应附着节段进行预拼，预拼装合格后运至现场进行安装。在横梁附着节段（边塔BT8节段、中塔ZT9节段）南、北肢轴线偏差调整到一致，同时将BT7节段（中塔ZT8节段，下同）南、北肢高程大致调整一致，以避免BT8（中塔ZT9）过大的调整量。

调整方法同标准节段高程调整方法，即通过在匹配件位置支垫钢板实现高程调整，联测南、北肢水平基线高程，检验调整效果。

（2）横梁附着节段南、北肢距离调整

边塔BT8节段（中塔ZT9节段）节段混凝土施工完成后，实测边塔BT8节段（中塔ZT9节段）之间的间距，根据测量数据，按照监控指令，张拉边塔BT6节段（中塔ZT7节段）之间临时钢绞线拉杆，将南、北两侧塔肢间距离调整至设计和监控要求值。

边塔BT6节段（中塔ZT7节段）设置4束体外预应力钢绞线，2束规格5ϕ^s15.24mm预应力钢绞线，2束规格12ϕ^s15.24mm预应力钢绞线。边塔BT6节段临时钢绞线平面布置及立面布置分别见图2-5-52及图2-5-53。

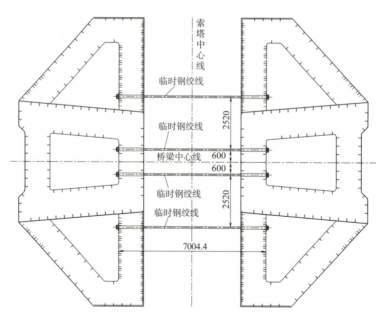

图2-5-52　边塔BT6节段临时钢绞线平面布置示意图（尺寸单位：mm）

边塔BT6节段的施加力约1688kN，中塔ZT7节段施加力约2352kN时，BT8、ZT9的顺桥向位置、水平基线基本回复至设计位置，竖向向下变形分别为1.3mm及1.9mm。

（3）下横梁吊装

下横梁质量约22t，塔式起重机吊装。采用塔式起重机吊起横梁并调节好横梁姿态后缓慢放置在钢牛腿上。用30t螺旋千斤顶精确调整其平面位置，钢板尺精确测量钢横梁与节段之间距离及扭转。根据现场测量数据，对拼接板进行配孔，通过螺栓将钢横梁与节段之间连接后，再根据监控指令张拉下横梁12束体外预应力钢绞线。

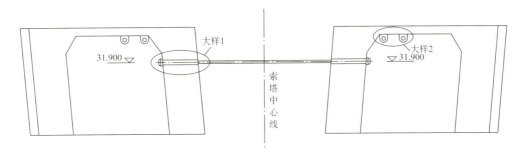

图 2-5-53　边塔 BT6 节段临时钢绞线立面布置示意图

完成下横梁连接后，对称同步分级放张边塔BT6节段临时预应力钢绞线。下横梁安装、调节照片见图2-5-54，边塔BT6节段临时钢绞线张拉见图2-5-55。

图 2-5-54　下横梁安装、调节

图 2-5-55　边塔 BT6 节段临时钢绞线张拉

2. 中上塔柱结合段安装

南京五桥为纵向钻石形钢壳-混凝土组合索塔，纵桥向中、上塔柱结合段即合龙段是施工控制的难点。为保证中塔柱合龙精度，除施工过程中精确控制以确保横梁安装及合龙前精度满足要求外，在中塔柱设置两道顺桥向主动横撑，分别位于BT15/ZT16节段、BT22/ZT23节段，用以调节两塔肢间顺桥向的距离。在合龙段前相邻节段BT24/ZT25设置了纠偏调节装置。索塔中塔柱主动横撑及纠偏装置布置见图2-5-56，纵、横向调节装置分别见图2-5-57、图2-5-58。

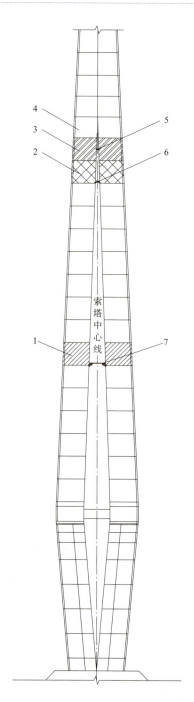

图 2-5-56 横撑及纠偏装置布置

1-BT15 节段；2-BT23 节段；3-BT24 节段；4-BT25 节段；5-纠偏装置；6-主动横撑1；7-主动横撑2

（1）安装步骤。

通过千斤顶施顶主动横撑，调节索塔两肢间距；通过千斤顶施顶纠偏装置，调节两肢横桥向错台，实现索塔中、上塔柱精准合龙。

①中塔塔柱结合段BT25/ZT26节段吊装前，首先将塔式起重机大臂朝上游方向。

②对合龙口a、d间距进行测量，合龙口测量4个监控点（P'_1、P'_8、P'_4、P'_5）位置见图2-5-59。测量结束后迅速支顶BT23/ZT24节段南、北塔肢间上下游横撑，支顶效率为每单边10t间距增大8.6mm。支顶结束后用型钢垫实并卸载千斤顶，卸载后达到支顶监控目标值，否则应重新支顶。

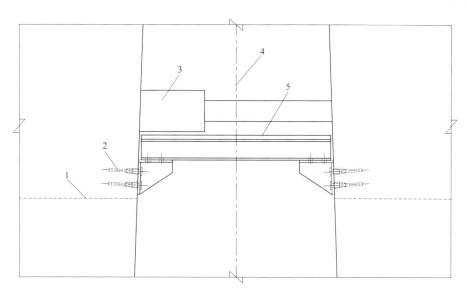

图 2-5-57 纵向调节装置

1- 节段划分线；2- 预埋锚锥；3- 千斤顶；4- 索塔中心线；5- 操作平台

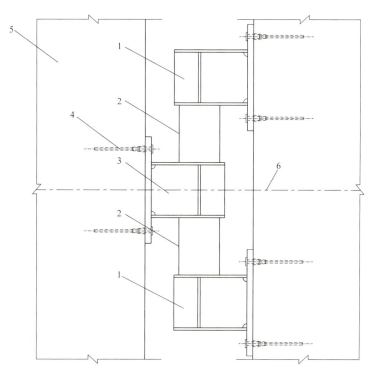

图 2-5-58 横向调节装置

1- 装置1；2- 千斤顶；3- 装置2；4- 预埋锚锥；5- 索塔塔柱；6- 索塔中心线

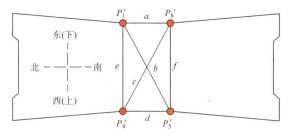

图 2-5-59 合龙口测量监控点位布置

③用钢尺测量 b、c 间距。测量结束后迅速支顶纠偏调节装置，支顶效率为每10t荷载 $b-c$ 变化20mm。纠偏调节装置支顶结束后用型钢垫实并卸载千斤顶，卸载后达到支顶监控目标，否则应重新支顶。

④安装连接BT25/ZT26节段。

（2）中、上塔柱结合段预应力施工。

中、上塔柱结合段BT25节段预应力钢束在混凝土强度达到设计强度的90%以后进行张拉，张拉顺序为：从中间向左右对称两端同时张拉，一次张拉完毕，张拉吨位与引伸量双控。

中、上塔柱结合段的体内预应力锚垫板按套筒要求对螺栓孔进行攻丝，套筒外缘与索塔钢结构相连。施工塔柱时预先用泡沫塑料封堵套筒，以防施工时混凝土进入套筒内。预应力压浆过程中做好浆液收集和清理工作，防止浆液污染索塔钢壳表面。预应力管道压浆完毕后进行封锚，用钢壁板的嵌补板对索塔节段钢结构进行封闭。

四、钢锚梁施工

索塔上塔柱设置钢锚梁，钢锚梁对应钢壳节段与钢锚梁工厂内一体化制造匹配，现场整体吊装，单个钢锚梁最大质量约5.5t，钢锚梁构造及整体吊装如图2-5-60所示。

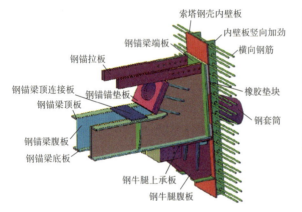
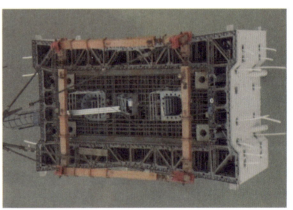

图2-5-60 钢锚梁构造及整体吊装

五、钢壳节段间竖向钢筋连接

（1）厂内工装定位。

采用可重复周转使用的钢壳内竖向主筋定位工装，使钢壳内竖向主筋平面定位精度达到1mm以内。钢筋上下为活动状态，可以对其上下位置进行微调，以便现场与已施工节段的连接。标准节段钢壳竖向钢筋精确定位工装如图2-5-61所示。

图2-5-61 标准节段钢壳竖向钢筋精确定位工装

（2）为方便竖向主筋连接，钢壳节段吊装前，将直螺纹套筒逐一旋拧松动。

（3）钢壳节段精确定位固定后，同时实施上下节段钢壳竖向加劲肋和竖向钢筋的连接。

（4）钢壳在预拼装时，对竖向钢筋进行匹配连接，并对竖向钢筋端头做标记线，以便现场连接质量控制，具体如下。

①以钢筋端头为基准，在100mm处划出标记线，长丝、短丝侧均标记，预拼装时测量标记线间距L，即$L=200+t$，t即预拼装时竖向钢筋实际间隙，则$L\leqslant 200$mm即为合格，测量数据后将L值范围记录在节段移交单上，作为桥位安装时的参考值。

②竖向钢筋连接时，测量标记线间距L_1，$L_1\leqslant 200$mm即与预拼装时状态一致；套筒长度为L_2，施拧套筒时，按套筒长度一半，即$L_2/2$处施拧至标记线间距一半，即$L_1/2$处即可，具体见图2-5-62。

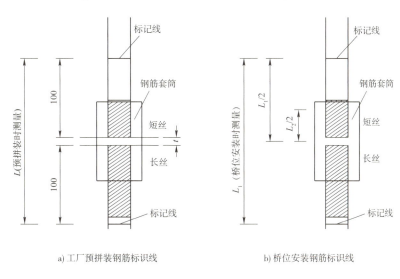

a) 工厂预拼装钢筋标识线　　　b) 桥位安装钢筋标识线

图2-5-62　钢筋安装质量控制示意图（尺寸单位：mm）

（5）钢壳定位安装完成之后进行钢筋连接，采用管钳进行施拧，通过钢筋上的标记检查钢筋连接是否到位。标准段钢壳竖向钢筋连接及质量检查如图2-5-63所示。

图2-5-63　标准段钢壳竖向钢筋连接及质量检查

采用上述措施后，保证了现场钢筋100%可靠连接。

六、钢壳节段环缝焊接及涂装

钢壳节段桥位环缝施工，包括环缝焊接、竖向加劲拼接板连接、环缝涂装施工，施工顺序为竖向钢筋螺纹套筒连接→内外壁板环缝对接→竖向加劲拼接板栓接→环缝涂装施工。下塔柱环缝焊接48h内完成，中、上塔柱环缝焊接24h内完成，竖向加劲肋栓接紧跟焊接后施工，形成流水作业，涂装施工可在混凝土浇筑后养护期间完成，施工过程中采取的主要工艺措施如下。

（1）钢壳节段安装完成后，对钢壳壁板匹配性进行检测，对出现的局部错边量超差部位，采用顶压装置进行接口调平，保证相邻接口错边量≤1.0mm。为防止打磨影响周边环缝，造成成品涂装层的二次污染，制作了专用防飞溅工装，见图2-5-64。

图 2-5-64　环缝焊接前打磨工装

（2）采用线能量小的二氧化碳气体保护焊焊接，焊接顺序对称、同向，见图2-5-65。桥位环缝风大，为保证焊接质量，制作了专用的附着式防风罩，见图2-5-66，环缝焊接完成后，对外壁板进行超声波探伤。

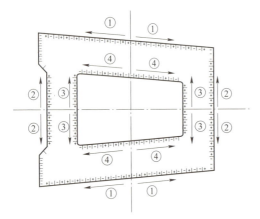

图 2-5-65　环缝焊接顺序

图 2-5-66　环缝焊接附着式防风罩

（3）为提升涂装后的整体外观质量，使用专用焊缝打磨设备精磨环缝焊缝余高，并按涂装工艺要求对环缝进行涂装，保证外观平整。环缝焊接后精磨及涂装见图2-5-67。

a) 焊缝精磨检测

b) 焊缝涂装检测

图 2-5-67　环缝焊接后精磨及涂装

七、下塔柱施工支架平台

下塔柱施工时，在四周搭设钢管支架作为施工作业平台，钢管支架兼顾塔区梁段支架统筹考虑设计。钢管采用标准节制作，现场进行螺栓连接，随着塔柱节段的增加，逐节增加支架高度。钢管之间搭设型钢走道平台，供下塔柱施工作业。钢管支架操作平台如图2-5-68所示。

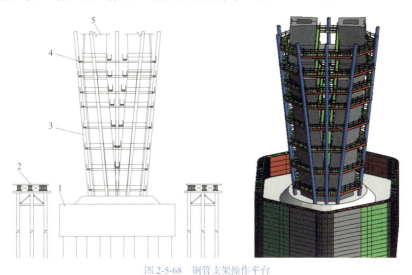

图 2-5-68　钢管支架操作平台

1- 承台；2- 支栈桥；3- 钢管支架；4- 走道平台；5- 索塔节段

八、索塔成塔效果

采用上述措施后，塔柱安装准确、快速。经检测，索塔纵横向安装倾斜度得到有效控制，索塔成塔倾斜度控制结果见表2-5-7。

索塔成塔倾斜度控制结果　　表2-5-7

索　塔	设计倾斜度	实测倾斜度		备　注
		纵桥向	横桥向	
北塔	1/3000	1/28283	1/14142	优于设计要求
中塔	1/3000	1/17704	1/12126	优于设计要求
南塔	1/3000	1/10285	1/10606	优于设计要求

第五节　现场安装施工工效

南京五桥主桥南、北塔各36个节段，中塔37个节段，索塔于2018年3月底开始现场安装施工，2019年2月底索塔封顶，历时约11个月，钢壳-混凝土组合索塔正常施工时，标准节段施工工效为4~5d/节段，与传统混凝土索塔施工相比工效提高2~3d/节段。

索塔标准节段钢壳节段现场安装施工工效见表2-5-8。

索塔标准节段钢壳现场安装施工工效　　表2-5-8

工　序	持续时间（d）		备　注
钢壳吊装、精确定位调整	0.5		
竖向钢筋连接、环缝焊接	1		
环缝焊接质量探伤检测	1	5	
混凝土浇筑、养护及凿毛	2		混凝土浇筑后实施测量监控工作
下节段吊装平台爬升就位	0.5		

第六章 混凝土施工

索塔采用C50补偿收缩混凝土，设计强度按照60d控制。内部最高温度限制在65℃以内。混凝土施工控制的关键为：C50大体积混凝土抗裂控制；C50混凝土补偿收缩控制；混凝土施工质量控制。

第一节 绝湿环境混凝土配合比设计

为保证索塔混凝土施工质量，针对绝湿环境混凝土配合比开展系列试验。

一、配合比设计原则

针对钢壳-混凝土组合索塔内部横竖向钢板加劲肋多、内外壳连接桁架多的特点，采用大流动、微膨胀、抗裂性与耐久性一并考虑的设计理念，以混凝土各项性能均衡发展为目标，进行混凝土配合比优化设计，具体包括：

（1）采用大掺量矿物料，降低胶凝材料水泥用量，降低混凝土绝热温升。
（2）调整掺和料组成，改善混凝土的工作性能和耐久性能。
（3）适当掺加抗裂剂，减少混凝土收缩，提高混凝土体积稳定性，进而提高混凝土自身的抗变形和抗开裂能力。

二、原材料

（1）水泥：P·Ⅱ42.5型硅酸盐水泥，其水化热试验结果如图2-6-1所示。

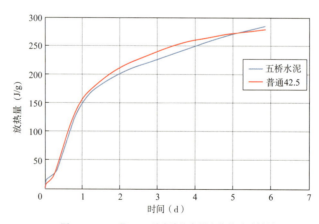

图2-6-1 P·Ⅱ42.5型硅酸盐水泥水化热试验结果

（2）粉煤灰：国电泰州Ⅰ级粉煤灰，烧失量为1.2%，需水量比为93%。
（3）矿粉：梅宝S95粒化高炉矿渣粉。
（4）粗集料：粒径5~16mm及粒径16~25mm两级配碎石。
（5）细集料：Ⅱ区河砂，细度模数2.8。
（6）外加剂：江苏博特聚羧酸盐减水剂。

（7）抗裂剂：江苏博特复合型抗裂剂。

（8）水：自来水。

三、配合比优化设计

1. 胶凝材料用量对 C50 塔柱混凝土性能影响分析

表2-6-1为不同胶凝材料用量下C50塔柱混凝土配合比及性能测试结果，外加剂掺量为1.0%。由该表可知，随着胶凝材料用量的降低，C50塔柱混凝土的力学性能有所降低；当胶凝材料用量为460kg/m³时，混凝土60d强度富余系数太大；当胶凝材料用量为430kg/m³时，混凝土中浆体量过少，无法充分包裹集料，导致混凝土的工作性能大幅度下降，不利于泵送施工。因此胶凝材料的适宜用量为450 kg/m³。

不同胶凝材料用量下C50塔柱混凝土配合比及性能测试结果 表2-6-1

编号	胶凝材料用量（kg/m³）	材料用量（kg/m³）							坍落度（mm）	扩展度（mm）	抗压强度（MPa）		
		水泥	粉煤灰	矿粉	砂	小石	大石	水	抗裂剂			7d	28d	60d
1号	460	280	90	60	753	312	727	143	30	230	580	51.3	66.8	74.5
2号	450	275	95	50	753	312	727	150	30	230	590	41.9	61.6	67.2
3号	430	265	90	45	753	312	727	150	30	220	545	34.5	52.8	58.5

2. 胶凝材料组成对 C50 塔柱混凝土性能的影响分析

表2-6-2为相同胶凝材料用量下C50塔柱混凝土配合比及性能测试结果，外加剂掺量为1.0%。

相同胶凝材料用量下C50塔柱混凝土配合比及性能测试结果 表2-6-2

编号	胶凝材料用量（kg/m³）	材料用量（kg/m³）							工作性	抗压强度（MPa）		
		水泥	粉煤灰	矿粉	砂	小石	大石	水	抗裂剂		7d	28d	60d
4号	450	245	90	85	756	306	738	145	30	良好	45.7	57.3	63.5
5号	450	225	90	105	756	306	738	145	30	流动差	43.8	55.4	61.6
6号	450	225	110	85	756	306	738	145	30	良好	43.5	55.0	61.8
7号	450	200	100	120	756	306	738	145	30	流动差	40.9	52.8	58.4

由表2-6-2可知，随着水泥用量的降低，矿粉和粉煤灰总用量的增加，C50塔柱混凝土（4号、5号、6号、7号）的力学性能逐渐降低，且工作性能也变差（4号、5号、7号）；粉煤灰用量不变，随着水泥用量的降低，矿粉用量的增加，C50塔柱混凝土（4号、5号）的力学性能有所降低，且工作性能也变差；水泥用量不变，随着粉煤灰用量的增加，矿粉用量的降低，C50塔柱混凝土（5号、6号）的力学性能变化幅度较小，但工作性能有所改善。

综上所述，当水泥用量为245 kg/m³、粉煤灰用量为90 kg/m³、矿粉用量为85 kg/m³时，所制混凝土28d、60d强度可满足C50塔柱混凝土试配强度要求，且强度富余稍高于中、下塔柱混凝土，并具有良好的工作性能，适用于塔柱混凝土施工。

3. 抗裂剂掺量对 C50 塔柱混凝土性能的影响分析

采用粉煤灰等量替代抗裂剂，研究抗裂剂掺量对C50塔柱混凝土力学性能和体积稳定性能的影响。表2-6-3为不同抗裂剂掺量下C50塔柱混凝土配合比及性能测试结果，外加剂掺量为1.0%。

由表2-6-3可知，随着抗裂剂掺量的降低，C50塔柱混凝土的力学性能逐渐降低，但降低幅度不大。

不同抗裂剂掺量下C50塔柱混凝土配合比及性能测试结果　　表2-6-3

编号	胶材用量 (kg/m³)	材料用量（kg/m³）								工作性	抗压强度（MPa）		
		水泥	粉煤灰	矿粉	砂	小石	大石	水	抗裂剂		7d	28d	60d
6号	450	225	110	85	756	306	738	145	30	良好	43.5	55.0	61.8
8号	450	225	115	85	756	306	738	145	25	良好	43.2	54.8	61.5
9号	450	225	120	85	756	306	738	145	20	良好	42.8	54.0	60.7

图2-6-2所示为不同抗裂剂掺量下C50塔柱混凝土的限制膨胀率，试验在绝湿条件下进行。

由图2-6-2可知，不掺抗裂剂的C50塔柱混凝土在绝湿条件下产生自收缩，其收缩量在120×10^{-6}~150×10^{-6}，混凝土收缩后，索塔存在脱空风险；掺加抗裂剂的C50塔柱混凝土在绝湿条件下表现为微膨胀，其最大膨胀量约为90×10^{-6}，且随着抗裂剂掺量的增加，C50塔柱混凝土的微膨胀现象越来越明显，当抗裂剂掺量≥25kg/m³时，C50塔柱混凝土在后期也不会产生收缩。

4. C50塔柱混凝土膨胀收缩性能分析

由试验结果（图2-6-3~图2-6-5）可知，2号和4号配合比中相应地取消抗裂剂后，绝湿条件下混凝土产生自收缩，其收缩量在120×10^{-6}~150×10^{-6}，混凝土收缩后，索塔存在极大的脱空风险；掺入膨胀剂后的2号和4号配合比绝湿限制膨胀条件下表现

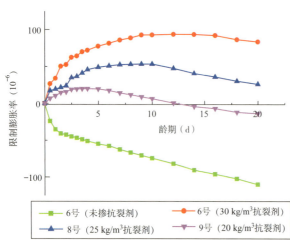

图2-6-2　不同抗裂剂掺量下C50塔柱混凝土限制膨胀率

为微膨胀，其最大膨胀量约为30×10^{-6}~90×10^{-6}。4号配合比收缩、膨胀性能满足索塔绝湿条件下不收缩、不脱空的施工和设计要求。C50塔柱混凝土膨胀、收缩试验见图2-6-6、图2-6-7。

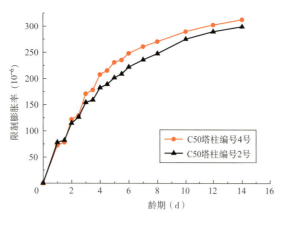

图2-6-3　混凝土限制膨胀曲线（水中养护）

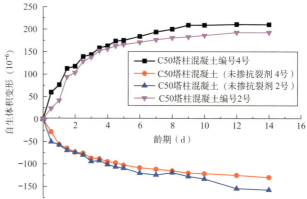

图2-6-4　混凝土自由膨胀曲线（绝湿条件）

5. C50塔柱混凝土热力学性能分析

试验表明，2号C50塔柱混凝土最终绝热温升约为47.5℃，4号C50塔柱混凝土绝热温升约为44.8℃，6号C50塔柱混凝土最终绝热温升约为43.7℃，说明水泥用量的降低有利于混凝土绝热温升的降低。C50塔柱混凝土的最终绝热温升曲线见图2-6-8，升温速率曲线见图2-6-9。

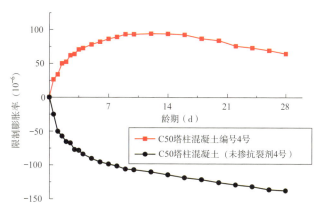

图 2-6-5　混凝土自由膨胀曲线（绝湿条件）

图 2-6-6　BT®-AS100 混凝土自收缩应变测试仪

图 2-6-7　20℃密封条件下混凝土限制膨胀率

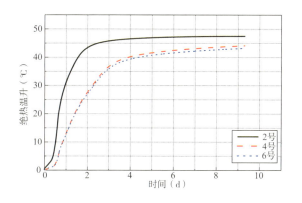

图 2-6-8　C50 塔柱混凝土绝热温升变化曲线

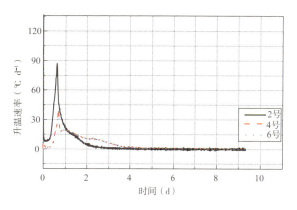

图 2-6-9　C50 塔柱混凝土升温速率曲线

6. 配合比确定

根据配合比优化试验结果和混凝土配制技术要求，综合分析各项参数，最终确定混凝土配合比，见表2-6-4。

最终确定的混凝土配合比　　　　　　表2-6-4

编号	胶材用量（kg/m³）	材料用量（kg/m³）								外加剂（%）	备注
		水泥	煤灰	矿粉	砂	小石	大石	水	抗裂剂		
4号	450	245	90	85	756	306	738	145	30	1.0	

第二节 混凝土现场施工

一、混凝土生产及供应

Z4中塔位于江中,施工所用混凝土由水上施工平台的 2 台 120m³/h 搅拌站供应。Z3、Z5边塔施工所用混凝土由后场2 台 120m³/h 搅拌站供应,通过混凝土运输车运送至现场。索塔施工场地、索塔混凝土输送分别见图2-6-10、图2-6-11。

a) 南边塔

b) 中塔

图 2-6-10 索塔施工场地

图 2-6-11 索塔混凝土输送

Z4中塔下塔柱混凝土浇筑采用泵送工艺,配备 1 台拖泵进行混凝土垂直泵送。泵管从高压拖泵接出,依附于下塔柱钢管支架进行安装。Z3、Z5边塔下塔柱混凝土采用汽车泵输送浇筑。

为更好保证索塔C50补偿收缩混凝土性能质量,中、上塔柱混凝土浇筑采用塔式起重机吊装料罐输送混凝土,单个索塔配备1个10m³吊罐,利用吊罐底部阀门控制混凝土浇筑。坍落度控制在18~20cm,保证混凝土的施工性能。

二、混凝土浇筑振捣

为了保证塔壁混凝土浇筑效果,在塔壁水平加劲肋上设置混凝土振捣孔,如图2-6-12所示。浇筑过程中,振捣棒从振捣孔中插入振捣,确保混凝土浇筑密实,满足结构强度。

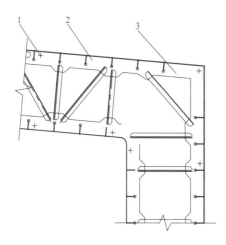 

图 2-6-12　索塔混凝土浇筑振捣孔布置及现场振捣

1- 定位钢筋孔；2- 钢筋孔；3-混凝土浇筑振捣孔

靠近钢壳壁板附近，利用环向加劲板上直径70mm混凝土振捣和排气孔，同层内/外水平环板之间振点间距不大于30cm；各拐角区域80cm范围内，振点间距不大于20cm，以保证混凝土浇筑施工质量。

人员下到钢壳体内对混凝土进行逐层、逐点振捣。振捣上一层时应插入下层10cm，以使两层混凝土牢固结合。每次插入振捣的时间为20~30s，直到混凝土不再显著下沉、不出现气泡、开始泛浆为止。

三、混凝土养护、凿毛

混凝土终凝48h后，采用电镐对混凝土顶面进行凿毛处理，深度控制在10mm即可达到要求效果，同时把混凝土表面浮浆及松软层全部剔除。凿毛后的混凝土渣采用吸尘器进行清理，如图2-6-13所示。

图 2-6-13　索塔混凝土蓄水养护、凿毛、清渣

为了防止混凝土表层失水过快使混凝土与钢壳之间产生裂隙，在混凝土初凝后应及时对顶面混凝土蓄水养护，蓄水深度不小于10cm。浇筑混凝土时，在拐角处设置尺寸（长×宽）不大于20cm×20cm的集水坑，便于后期将养护水抽出。

四、夏季高温季节混凝土施工措施

夏季高温季节对拌和站料仓、搅拌站进行全包封，降低高温日照的影响；设置冷却库对砂、石料进行降温（图2-6-14）；碎冰机制碎冰对拌和用水降温，以控制混凝土核心温度不大于65℃。现场使用工业冷风机对钢壳内作业空间进行通风降温，保证作业安全和施工质量。

图 2-6-14 拌和站全包封、设置集料冷却库

五、冬季混凝土施工措施

冬季施工时，为防止混凝土低温开裂，在索塔外表面及混凝土顶面覆盖保温棉被保温养护。

第七章 施工监控与测量

第一节 概　　述

南京五桥钢壳-混凝土组合索塔结构与栓接钢塔相比，在施工监控方面具有以下难点：

（1）端面未进行机加工，预制精度偏低。
（2）节段间通过匹配件进行临时连接，且钢壳较柔，易发生变形。
（3）存在焊接收缩影响。
（4）混凝土储热效应导致钢壳混凝土易受日照影响。

基于上述问题，钢壳-混凝土组合索塔施工监控采取如下对策：

（1）以1+1节段工厂预拼为主，预拼重点在于避免误差累积。
（2）通过对工厂匹配件预拼安装及桥位连接状况的监控，确保在桥位复原工厂的预拼线形。
（3）考虑温度对预拼装及现场安装的影响。
（4）考虑焊接收缩及混凝土浇筑对索塔几何位置的影响。

第二节 监控原则

南京五桥索塔以几何控制为主要原则，确保索塔裸塔线形满足设计和规范要求。

索塔施工过程主要以控制索塔的轴线点倾斜偏位为主，而在安装过程中由于焊接收缩、混凝土收缩徐变、索塔弹性压缩等因素导致索塔产生竖向压缩。其中焊接收缩在厂内制造时予以补偿，安装过程中索塔高度控制则考虑了索塔压缩量及混凝土收缩徐变等因素。同时，监控下塔柱拉杆及中塔柱主动横撑的荷载及相关位置的变形，保证下横梁安装到位及中塔柱顺利合龙。合理配置中塔柱主动横撑的位置及荷载，在确保中塔柱合龙的前提下优化索塔应力控制截面（中塔柱底部）弯矩水平。

第三节 监控内容

施工监控主要包含监测和控制两方面，根据南京五桥索塔施工的实际情况采用针对性的测量和控制方法，并制定相应的控制标准。

一、控制标准

根据设计文件和施工规范对索塔监控的相关要求，索塔监控标准按照表2-7-1执行。

索塔施工控制标准　　　　表2-7-1

项　　目		控制标准	项　　目	控制标准
塔柱底偏位（mm）		5	塔顶高程（mm）	±20
倾斜（mm）	总体	1/3000，且不大于30	斜拉索锚固点高程（mm）	±10
	节段	节段高的1/1000，且不大于8		

二、测量方法

南京五桥索塔施工控制测量主要为几何测量，根据下塔柱与中、上塔柱的断面形式和安装高度的不同，采用不同的测量方法。

1. 下塔柱

下塔柱断面为带凹槽的六边形断面，需精确控制纵横向桥轴线垂直度偏差及节段高程，监控测点布置在断面轴线及匹配件位置，如图2-7-1所示：P_n为匹配件测点，A_n为轴线点。另外，水平基线测量时采用匹配件测点投影附近的点位，编号采用L_n，例如L_1表示匹配件点P_1投影下的水平基线。

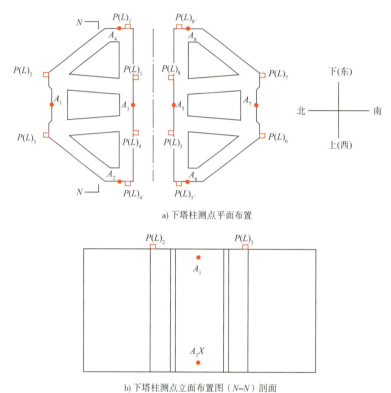

a) 下塔柱测点平面布置

b) 下塔柱测点立面布置图（N-N）剖面

图 2-7-1 下塔柱测点布置

测点及测量方法：

水平基线点：采用水准测量，记录各水平基线点相对高差。

轴线与匹配件测点：在预拼装时需要测量匹配件测点和壁板上的轴线点的三维坐标。其中，匹配件测点高程测量方法为水准测量，平面采用现场桥轴坐标系。轴线测点测量结果应与理论坐标进行对比，其误差应小于2mm，若误差超限，应对预拼装坐标系及节段加工精度进行复查。标准节段可根据已安装情况，依次间隔2个节段采用水准测量匹配测点间的相对高差。

2. 中、上塔柱

中塔柱架设过程中，随着塔柱高度逐渐增加，将测站设置在已安装钢壳顶面的测量方式会产生较大的误差，同时有一定程度的安全风险。在此期间，采用岸上设置测站的方式进行线形测量。以南塔为例，其测量方案见图2-7-2。

现场测量时所有测点均置于钢壳凹面上，A_1、A_1X为轴线测点，$A_{4'}$、A_1、$A_{2'}$为高程测点，测点立面布置见图2-7-3。

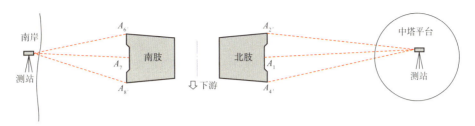

图 2-7-2　索塔安装现场测量方案示意图（以南塔为例）

三、控制方法

索塔控制以线形控制为主，最终保证成塔线形在控制标准范围以内。

1. 几何控制

（1）制造控制

南京五桥为全变截面索塔，为了降低制造难度，索塔各节段均以设计理论几何尺寸为无应力制造几何尺寸。

制造过程控制采用短线法全桥1+1节段立式匹配，在每轮匹配完成后上部节段参与下一轮匹配。短线法索塔预拼的核心问题是避免

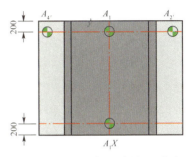

图 2-7-3　测点立面布置示意图（以北肢为例，尺寸单位：mm）

在节段加工出现同向误差时造成误差累积，在每轮预拼中要确保匹配的两个节段竖基线垂直并对齐。

南京五桥索塔采用的预拼装方案如图2-7-4所示。

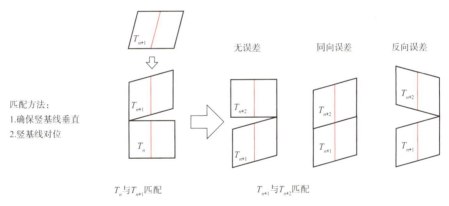

图 2-7-4　短线法索塔预拼装方案示意图

该方法的关键在于：

①竖基线按照节段实际几何中心确定；

②节段接头位置以竖基线对位；

③竖基线按照理论轴线预拼装（图中为垂直）。

从图2-7-4可以看出，T_{n+2}与T_{n+1}出现同向误差、反向误差或者T_{n+2}无误差时三种预拼装方式均能确保误差不累积。

（2）安装控制

钢壳-混凝土组合索塔采用逐段滞后控制方式，即在当前节段控制时修正上一节段的误差，到夜间再测量获得本节段的误差，本节段误差再通过下一节段控制时予以修正，这样可以减少误差累积。滞后控制的前提条件是节段在工厂制造时进行较为可靠的预拼装，南京五桥索塔节段制造精度满足滞后

控制要求。

匹配件的作用是在现场安装时使得节段间连接恢复到厂内预拼装时的效果。因此钢壳-混凝土组合索塔预拼装匹配件成套安装于刚度较大的部位，采用高强度螺栓或焊接方式与塔壁固定。

匹配件现场安装流程按照图2-7-5进行。

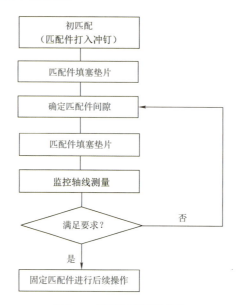

图 2-7-5　匹配件现场安装流程

2. 合龙控制

合龙控制包括横梁安装控制及中塔柱顶合龙段的安装控制。

横梁与两个相连节段在制造时共同匹配，在相连节段安装完成、预应力张拉后，各塔南、北塔肢间距与设计值偏差及错台量满足控制要求。

横梁安装时可以南北移动，确保DN、DS大致相等，位置调整方法如图2-7-6所示。

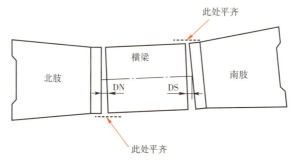

图 2-7-6　横梁安装位置调整示意图

注：南北移动横梁确保DN、DS大致相等

中塔柱顶合龙段与两个相连节段在制造时共同匹配。安装合龙段前如图2-7-7所示，利用设计坐标测点的测量获得合龙距离及两塔肢错台量。通过调整主动横撑支顶力使得合龙距离与匹配时一致（每根横撑增加100kN，间距增大8.6mm），通过调整错台千斤顶纠正两塔肢错台量（顶力变化100kN，错台量变化20mm）。调整完成后即可进行合龙段的安装。

各索塔合龙段安装，混凝土浇筑后的线形测量结果见图2-7-8。

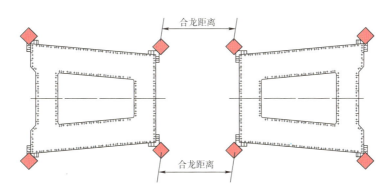

图 2-7-7 合龙距离测量示意图

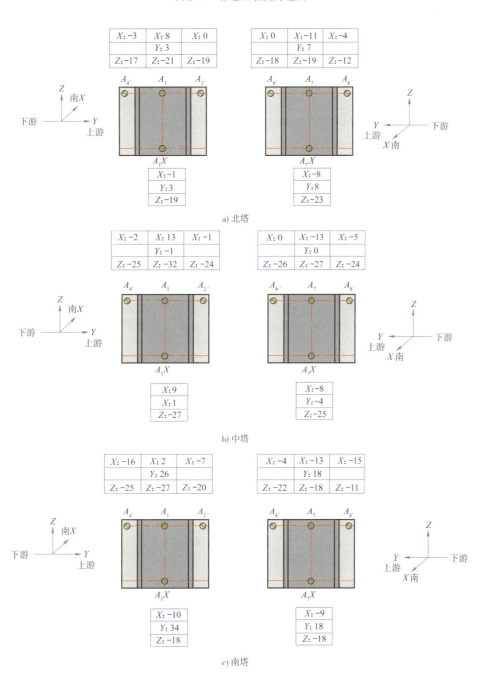

图 2-7-8 中塔柱合龙后线形测量结果（变量单位：mm）

3. 力学控制

索塔力学控制对象是附着于中塔柱的主动横撑（不包括顶部横撑）。根据应力最优并满足中塔柱合龙的目标进行主动横撑的位置及支顶力的确定。南、北塔在S（N）T15节段设置了主动横撑，支顶力为584kN，支顶后两塔肢间距增加23mm；中塔在ZT16节段设置了主动横撑，支顶力为500kN，支顶后两塔肢间距增加14mm。

由于主动横撑较短，撑杆锁定后千斤顶卸载的回缩将产生较大的支顶力损失，力学控制的目标就是确保支顶力达到预期数值。

支顶力控制按照图2-7-9所示流程进行。

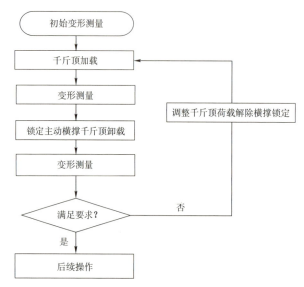

图 2-7-9 支顶力控制流程

第四节 监控结果

南京五桥成塔后，索塔轴线偏差均在监控允许范围之内。塔顶最大轴线偏差为17mm，达到1/10000的精度水平，远优于监控控制精度要求。南京五桥索塔纵向、横向偏差监控结果见图2-7-10~图2-7-15。

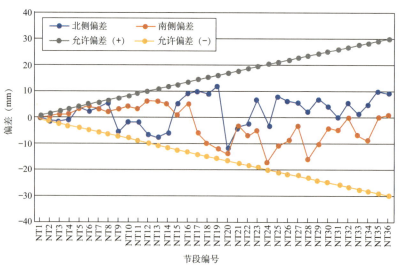

图 2-7-10 北塔纵向偏差

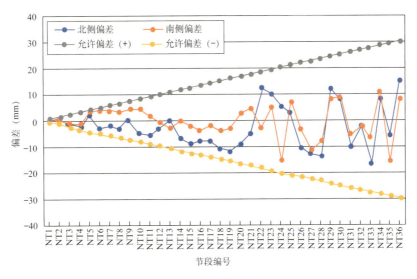

图 2-7-11　北塔横向偏差

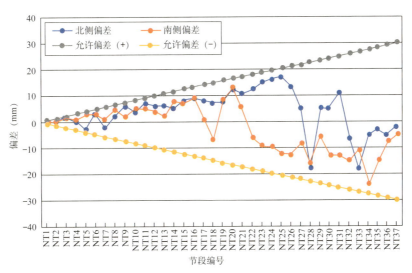

图 2-7-12　中塔纵向偏差

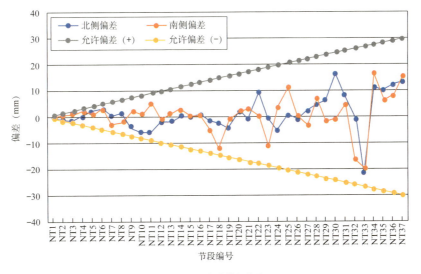

图 2-7-13　中塔横向偏差

钢混组合桥梁建造

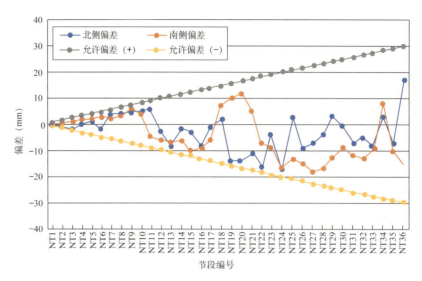

图 2-7-14 南塔纵向偏差

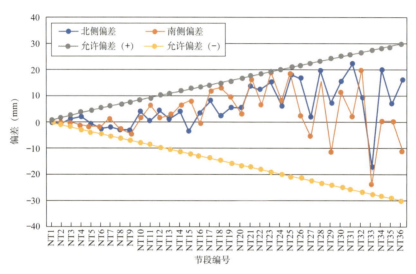

图 2-7-15 南塔横向偏差

第三篇 PART 3

钢-粗集料活性粉末混凝土组合梁

第一章 钢-粗集料活性粉末混凝土组合梁特点及应用概况

近几十年来，随着我国基础设施建设的快速推进，桥梁设计及施工技术取得长足的进步，为我国的经济发展和交通运输带来巨大的便利，但是在大跨度、高强度、耐久性及绿色环保等技术问题上，还是遇到技术瓶颈和难题。大量的工程实践表明，当前我国的桥梁建设中仍存在较多问题，如钢筋混凝土梁桥自重大、跨越能力有限、混凝土易开裂、耐久性差，钢桥节点构造复杂、焊接疲劳问题突出、受车轮荷载易出现局部失稳破坏，以及组合梁桥无法解决混凝土桥面板自重较大、跨越能力有限、负弯矩混凝土桥面板易开裂问题等。这些难题严重影响既有桥梁的安全性、耐久性和使用性，限制我国桥梁工程的进一步发展。纵观我国的桥梁工程发展史，材料性能的提升和变革不断促进土木工程应用的飞跃，因此，发展高性能建筑材料成为突破制约工程发展瓶颈的有效途径。

20世纪90年代，Larrard与Sedran首次提出了超高性能混凝土（Ultra-High Performance Concrete，UHPC）的概念，法国的Richard报道了最具代表性的超高性能混凝土——活性粉末混凝土（Reactive Powder Concrete，RPC），宣告混凝土进入超高性能时代。超高性能混凝土一经问世，便得到土木工程领域的广泛关注。近年来UHPC材料与结构相关研究发展迅速。UHPC以其超高的力学性能和优异的耐久性能，成为过去30年最优秀的水泥基复合材料之一，能够较好适应土木工程结构的工厂预制化、构件复杂化及绿色环保的发展趋势，为解决桥梁工程难题提供了新的思路和方法。

在当代桥梁工程的发展需求下，对高性能混凝土的使用需更加高效化、合理化及多样化，尤其在新型桥梁结构中，应最大限度地提高新型组合结构桥梁的功能和性能，以推动新型结构桥梁的发展，促进现代桥梁结构的推广和使用。在桥梁工程中使用超高性能混凝土，可提高桥梁性能，减轻结构重量，已成为桥梁工程新的发展方向。

在桥梁工程中，UHPC已经被应用于主梁、墩柱、接缝等区域，以及旧桥加固等方面。截至2020年，据不完全统计，全球使用UHPC的桥梁数量已经突破1000座，然而中国对UHPC的使用和发展相对滞后。1997年，黄政宇最先引进UHPC的概念并介绍其相应的力学性能，其后国内学者才逐渐认识到UHPC及其在土木工程的使用优势，并将其应用在桥梁工程中，创新性地提出钢-UHPC组合梁设计方案，解决了钢桥和混凝土的技术瓶颈。

第一节 钢-粗集料活性粉末混凝土组合梁特点

超高性能混凝土（UHPC）具有高强度、高延性和高耐久性三大特点，这使得UHPC用于桥面板中能大幅度减小结构尺寸；同时，UHPC卓越的力学性能使其在预制构件快速施工方面具有独特优势，已在桥梁重大结构工程中彰显，可解决传统桥梁桥面板易疲劳破坏及铺装难等顽疾。

一、超高性能混凝土制备技术与设计理论

良好的流变性能是制备UHPC的基础，而UHPC的突出问题是浆体黏度大，难以搅拌和泵送。黏

度大的问题主要来自两个方面：一是，低水胶比引起浆体固相浓度大幅度增加，是导致混凝土黏度大的根源；二是，大掺量超细颗粒引发较强的表面接触作用力，进一步增大黏度。通过减水剂组成设计可进一步改善混凝土黏度，但减水剂与微细粉体对混凝土黏度存在显著的交互影响；在颗粒表面包覆聚合物分子层可减小粒子间作用。因此，调控超高性能混凝土的黏度，需深入研究黏度调控机理，从颗粒级配、化学外加剂及化学包覆等方面综合考虑。

尽管 UHPC 的配合比设计有堆积模型作为指导，然而 UHPC 组分复杂、原材料存在地域性差异、拌制工艺和养护制度多样，这些因素均影响到成型后的 UHPC 材料性能。目前 UHPC 配合比设计还是以半经验方法为主，配合比设计理论尚未有根本性的突破。

随着 UHPC 研究的深入，为拓宽 UHPC 的应用领域和满足工程大规模施工需求，在 UHPC 体系中引入粗集料——石子引起学术界和工程界的广泛关注。东南大学、江苏省建筑科学研究院、北京交通大学等高校和科研院所开展了大量研究。孙伟院士课题组使用最大粒径为 3mm 的天然砂取代磨细石英砂，采用热水养护取代能耗大的蒸压处理，使得 UHPC 材料逐渐向生态型、经济型材料过渡。江苏省建筑科学研究院在传统 UHPC 体系中进一步引入粗集料，制备了系列粗集料活性粉末混凝土，并在仓库顶板、防护工程中推广应用。

在 UHPC 中掺入粗集料具备以下优势：可一定程度降低成本，抑制收缩、降低开裂风险，减少胶材用量、降低水化温升，颗粒粒径合适的高强粗集料还有利于提高抗压强度、提升耐磨性能。然而，粗集料的引入给 UHPC 带来以下不足：减小纤维的分散空间，造成纤维团聚和搭接现象（与纤维掺量有关），导致纤维分散系数和取向度降低，影响纤维的强化作用，从而对 UHPC 的拉伸强度和裂后性能造成一定影响。虽然通过掺加 1.75% 微细异型高强钢纤维，使含粗集料 UHPC 的最大极限拉伸强度达到 8.33MPa，但是如何实现基体拉伸性能提升，充分发挥纤维的增强增韧作用，从而提高含粗集料 UHPC 的拉伸强度和极限拉应变，仍是设计超高性能混凝土的关键。

二、超高性能混凝土力学性能

超高性能混凝土的突出优势体现在超高弯拉强度和韧性上，而这种突出优势是基于 UHPC 基体与纤维之间的高效协同机制。根据 Naamant 等提出的性能分类方法，UHPC 属于第四类材料，具有显著的应变硬化和高能量吸收特性。UHPC 典型拉伸全应力-应变曲线可以分成 3 个阶段：弹性阶段、应变硬化阶段、裂缝扩展软化阶段。

目前 UHPC 中纤维和基体的黏结强度是普通及高强混凝土的 20 倍以上。基体对 UHPC 力学性能的影响由界面黏结性能决定，影响因素主要包括胶凝材料体系与强度、颗粒尺寸与分布。

纤维的引入可以有效抑制 UHPC 中裂缝的形成和扩展，进而显著影响其力学性能。影响因素主要包括纤维种类、强度、掺量、长径比和分布特征，其中最为关键的影响因素是纤维种类。

使用一种纤维，使 UHPC 具有超过 0.5% 变形量和 15MPa 抗拉强度非常困难，而混杂纤维是一个有效的改善途径。通过引入异型纤维可以获得更为优异的 UHPC 拉伸性能，即使在较低的掺量下（<2.0%），仍可以获得非常高的拉伸性能，且扭曲纤维最为优异，其次是端钩纤维，最后是直纤维。在 UHPC 中，直纤维可以掺入较大的量，但界面黏结强度较差，短纤维作用于材料层次，长纤维作用于结构层次；UHPC 拉伸全应力-应变曲线受长纤维影响比微细钢纤维大。微细钢纤维的使用主要是获得更佳的应变硬化和多缝开裂行为，随着微细钢纤维掺量的提高，UHPC 获得较高的拉伸力学性能；而长纤维的使用主要是获得更大的变形量和韧性，有效降低裂缝间距。随着纤维掺量的提高，可以显

著提高 UHPC 裂后拉伸强度和相应的应变值，但应变量随着纤维增量的提升会呈一个下降的趋势。纤维的取向等分布特征对 UHPC 的拉伸性能影响重大，尤其是应变硬化阶段。UHPC 中纤维的分布受到较多因素影响，流动性是最为关键的因素。

三、超高性能混凝土耐久性

UHPC 优异的性能不仅体现为超高的力学性能和韧性，还有其潜在的超高耐久性。理论分析和试验研究结果均表明，UHPC 不存在冻融循环和碱-集料反应破坏的问题；在无裂缝状态，UHPC 的抗碳化、抗氯离子侵入、抗硫酸盐侵蚀耐磨等耐久性能指标，与传统高强高性能混凝土（HSC/HPC[❶]）相比，呈数量级或倍数提高。

裂缝对混凝土的渗透性影响巨大。裂缝 UHPC 的乙二醇渗透系数基本稳定，只有 0.05% 应变（Crack Opening Displacement，裂纹张开位移为 50μm）的渗透系数随测试时间延长逐步降低。水的渗透系数则均随测试时间的延长而不断降低，具体表现为在最初几天快速降低；经过 40d，可以降低 2~3 个数量级，其原因为裂缝逐渐愈合。

组合梁作为较新的结构形式，其优势在很多情况下是其他桥梁形式所无法比拟的。组合梁不但应用于中小跨径的桥梁，而且在大跨径的桥梁中应用更加广泛。随着组合梁的运用发展，我国对新型组合结构桥梁的研究也取得较大进展。在现有研究中，对桥面板、组合结构截面形式、剪力连接件、承载能力及正常使用计算、动力学性能、组合结构计算理论等的研究深入而系统，形成较为完善的理论体系，为组合结构桥梁的进一步推广应用奠定了基础。

普通混凝土材料性能的局限性，影响混凝土桥面板参与组合截面工作的效率，导致组合梁自重偏大、跨越能力不足。采用高性能水泥基材料替代普通混凝土，可以大幅减少混凝土用量，有效降低结构自重，为组合结构桥梁的轻型化提供了途径。粗集料活性粉末混凝土的采用，将为组合梁桥面板的抗剪性能、抗裂性能、钢-混凝土相对滑移、动力特性、收缩、徐变效应、温度效应等带来新的特点。

第二节 钢-粗集料活性粉末混凝土组合梁研究进展及应用概况

一、国内外研究进展

当前，国内外学者对钢-活性粉末混凝土结构和钢-粗集料活性粉末混凝土结构在弯曲性能、疲劳性能、接缝性能及拼装方式等方面进行了大量试验研究，取得一定成果。

1. 弯曲性能

UHPC 以其高抗压、高抗拉、高弹模以及优异的耐久性能，应用在钢-UHPC 组合梁中，可以有效减轻桥梁自重，提高桥面板抗裂能力，降低钢梁应力，显著提高桥梁的结构刚度和耐久性。针对桥面板受到负弯矩作用易开裂的问题，国内外学者提出两类解决方案：一类是采用 UHPC 加固既有旧桥面，另一类是采用钢-UHPC 组合结构桥面系统。针对后者，美国学者及工程师在法国的研究基础之上，优化和发展了一种钢-UHPC 华夫桥面板，于 2011 年首次应用在爱荷华州的 Little Cedar Creek 桥中，见图 3-1-1，并提出相应的技术规范和指导设计建议。国内邵旭东团队提出一种正交异性钢-薄层 UHPC 组

[❶] HSC 英文全称 High Strength Concrete。
HPC 英文全称 High Performance Concrete。

合结构桥面板体系,即在正交异性钢桥面板上采用薄层UHPC桥面板进行铺装,同时作为结构的受力构件,如图3-1-2所示。

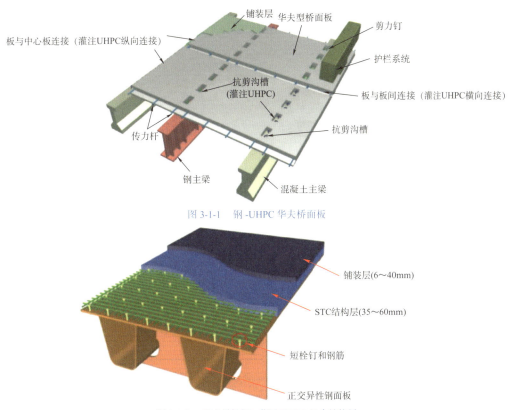

图 3-1-1　钢-UHPC 华夫桥面板

图 3-1-2　正交异性钢-薄层 UHPC 组合结构桥

为比较钢-UHPC组合结构桥梁与普通钢混组合结构桥梁在受力性能、经济性及可行性等方面的差异,国内外学者展开大量的研究工作。孔令方结合实际工程(胜天大桥),通过精细化有限元建模进行了钢-UHPC组合梁的最不利受力状态的应力分析,结果表明钢-UHPC组合梁具有优异的抗裂性能,为该类桥梁设计提供了新思路和新方法。韩亮在探究钢-UHPC组合板的冲切破坏性能的试验研究中,改变栓钉布置、栓钉规格及边界条件等因素,得到试验模型在极限承载能力状态下会同时发生弯曲破坏和冲切破坏,并提出在考虑弯曲及冲切共同作用下钢-UHPC组合板的承载能力理论计算方法。刘君平开展了传统钢混组合梁与钢-UHPC组合梁的抗弯性能差异试验研究,结果表明两种组合梁破坏模式相似,均为钢梁下翼缘先屈服、顶部混凝土板压溃,但是钢-UHPC组合梁呈现出更好的刚度、纵向抗剪性能及极限承载力。邵旭东为探究配筋率、保护层厚度、UHPC层厚度及栓钉间距等因素对钢-UHPC组合桥面结构的开裂特征的影响,对40个钢-UHPC组合板进行正交试验研究,结果表明采用现有规范计算公式得到的钢-UHPC组合结构裂缝宽度偏于保守;同时结合试验结果,对钢筋应力、裂缝宽度、钢筋应变不均匀系数等参数进行了分析拟合,得到具有较高精度的理论计算方法。邵旭东、赵灿晖、王景全同时对UHPC/CA[1]钢混组合梁进行了桥面板抗弯、竖向抗剪、纵向抗剪、弯曲疲劳、钢混连接等方面深入、系统的研究,得出UHPC/CA中剪力钉的极限承载力与高强混凝土中的剪力钉相同,但刚度更大、滑移量更小,且UHPC桥面板具有优异的抗裂性能和裂缝约束性能,在正常配筋条件下桥面板不会发生竖向剪切破坏。陈宝春通过钢-UHPC组合梁在正、负弯矩作用下的抗弯性能试验,初步探明其结构行为特点,提出弹性极限承载力计算方法。这些研究成果已应用于南京长江五桥建设中,

---

[1] UHPC/CA 对应的英文全称为 Ultra High Performance Concrete/Concrete with Coarse Aggregate。

成功地将主桥桥面板厚度由普通混凝土的 300mm 减小至 170mm，见图 3-1-3，主梁自重由 40t/m 减小至 27t/m，实现了轻型化。

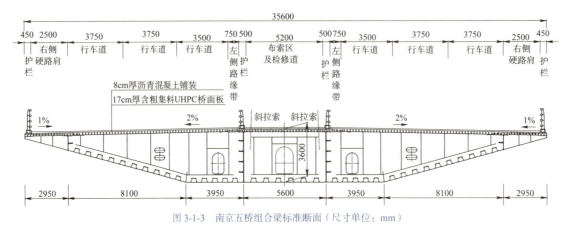

图 3-1-3　南京五桥组合梁标准断面（尺寸单位：mm）

钢 -UHPC 组合结构桥梁的弯曲性能受配筋率、钢筋直径、保护层厚度、剪力件布置、UHPC 厚度以及钢纤维掺量等因素的影响，为探索各因素的作用机理和影响范围，国内外学者进行了大量的研究。Zhu 等分析了肋高、横向配筋率以及纵横肋布置方式对钢 -UHPC 华夫板组合结构桥梁弯曲性能的影响，结果表明相较于降低肋板高度，增加华夫板厚度对提高结构抗裂性能以及承载能力具有明显影响，横向配筋率可显著提高结构极限变形能力和极限承载能力，而增加横肋可以保证组合梁的整体性。吴佳佳研究发现配筋、钢筋直径以及直线型钢纤维直径和长度对钢 -UHPC 组合结构桥梁弯曲初裂性能的提高并不明显，但增大配筋率可以有效提高 UHPC 桥面板的裂缝约束能力以及结构极限承载能力，而端勾型钢纤维可以有效提高 UHPC 桥面板的弯曲初裂能力。Luo 等通过钢 -UHPC 组合梁在负弯矩作用下的横向弯曲试验研究，指出配筋率和保护层厚度是影响 UHPC 平均裂缝间距和抗裂能力的两个关键因素，并通过敏感性分析得到配筋率、UHPC 桥面板厚度、保护层厚度及剪力钉间距对抗弯极限承载能力的影响依次减小的结论。

与普通混凝土相比，UHPC 的抗压、抗拉及抗折强度均有数倍提升，并具有良好的应变硬化特性及延性，材料内部各组分之间更加致密。因此，普通钢筋混凝土结构的失效准则以及一些结论已经不适用于 UHPC 结构，且钢 -UHPC 组合梁与普通钢混组合梁之间的破坏机理和传力途径也有较大差别，有必要针对钢 -UHPC 组合结构桥梁的弯曲性能建立相应的计算方法和设计准则。此外，目前国内外学者的大部分研究只考虑钢 -UHPC 线弹性阶段的弯曲受力特性，而忽略钢、UHPC 的材料非线性以及钢混界面滑移非线性对组合结构的影响，故对钢 -UHPC 组合桥面板受弯性能的非线性分析仍需进行更深入的研究。

2. 疲劳性能

为了解决钢桥面板的疲劳开裂问题，国内外学者开始利用 UHPC 优异的力学性能和耐久性以改善钢桥面的受力性能，降低钢结构构造细节应力水平，减小疲劳应力幅。相关研究总结详见表 3-1-1。

UHPC对钢桥疲劳应力细节应力的改善程度　　　　表3-1-1

铺装层材料及厚度	顶板应力降幅（%）	纵肋应力降幅（%）	横隔板应力降幅（%）
45mm UHPC	82	28~51	21~27
60mm UHPC	90	37~60	32~38
35mm UHPC+15~22mm 磨耗层	68.72	34.11	14.74~26.96
50mm UHPC+50mm 磨耗层	75~90	65~80	20~50
50mm UHPC+30mm SMA10	63~64	40~45	9~22

由表 3-1-1 可见，UHPC 作为铺装层可明显改善钢桥面的疲劳细节应力幅，其中顶板应力降幅最大，其次为纵肋，最后是横隔板。Zhang 等通过对比开肋正交异性板与开肋正交异性板-UHPC 组合桥面板的疲劳性能，发现 UHPC 的引入可以有效降低正交异性板中钢结构以及混凝土桥面板的应力水平，其中最不利位置处于开肋的自由边缘，其应力约为 90MPa。邓露等基于可靠性理论以及疲劳累计损伤理论评估了钢-UHPC 组合桥面板体系的疲劳寿命及可靠度，结果表明钢-UHPC 组合梁可以有效降低疲劳细节的应力水平，提升结构的疲劳寿命。邵旭东构建了薄层 UHPC 组合正交异性桥面板结构体系，以避免桥面铺装易损和桥梁疲劳破坏两种病害出现在正交异性桥面板中。Wang 通过弯曲试验研究，对钢-UHPC 组合板的弯曲特性以及理论分析方法进行了深入探讨，得出相较于传统的钢桥面板，钢-UHPC 组合正交异性桥面板的弯曲刚度得到明显提高，U 肋与钢盖板焊缝应力幅降低 2/3，其他疲劳细节的应力幅也有不同程度的降低，缓解了正交异性桥面板的疲劳问题。崔冰通过对 UHPC 预制桥面板的疲劳弯曲性能试验研究，得到在应力幅为 9MPa 的弯曲疲劳应力累计作用 800 万次下，UHPC 桥面板未出现疲劳破坏，且最大裂缝宽度始终维持在 0.05mm 左右，具有优异的疲劳性能。李嘉等对钢-超薄 UHPC 组合梁体系进行变幅弯曲疲劳性能试验研究，结果表明在正常使用极限状态下，结构刚度下降较小，且 UHPC 均未出现任何的性能破坏，裂缝宽度始终未超过 0.05mm，具有优越的疲劳耐久性。

3. 接缝性能

为加快施工进度，减少施工过程对交通以及周围环境的影响，装配式施工技术必将成为未来桥梁工程的发展主流。接缝是装配式施工的主要技术手段，接缝处抗裂性能及极限承载能力是影响整体结构寿命的关键因素。因此，为保证结构整体的施工质量以及连接能力，常将 UHPC 应用到组合梁的预制拼装湿接缝中。在实际工程中，为了降低工程造价、减少 UHPC 收缩以及简化构造，接缝中一般采用较小尺寸的接头形式。钢筋形状、锚固长度、界面处理方法、接缝形状及 UHPC 质量都会影响接缝强度。

目前，国内外学者对钢-UHPC 组合梁中湿接缝已经展开大量的研究。Vítek 等通过对锚固在 UHPC 中的钢筋拉拔试验，测试了钢筋直径及锚固长度对钢筋在 UHPC 中锚固性能的影响，得出采用 8 倍钢筋直径的锚固长度可以保证钢筋与 UHPC 可靠的锚固黏结性能。陈德宝通过 UHPC 湿接缝足尺模型轴心受拉试验研究，探讨了接缝不同处理方式对新旧混凝土抗裂性能的影响，分析了不同处理方法的作用机理，结果表明采用高压水枪凿毛界面的方法可以有效保证湿接缝的抗裂能力。Aaleti 等通过试验研究得出，在新旧混凝土界面上采用抛丸、喷砂处理可以改变界面的粗糙程度，从而改善接缝区域的连接性能。

对于接缝形式，Pan 等对比研究了 5 种不同湿接缝形式对接缝区域抗裂及弯拉性能的影响（见图 3-1-4），得出所有接缝形式的极限承载能力差别较小，但是抗裂性能存在明显差异，其中锯齿状、矩形以及钢板增强湿接缝形式的抗裂性能明显优于传统湿接缝及斜坡湿接缝形式，并建议采用接缝耐久性的容许拉应力代替接缝的弯曲初裂强度。Zhao 等针对 UHPC 作为湿接缝材料不能充分发挥材料高抗裂性能的特点，将接缝形式改进为燕尾榫形，见图 3-1-5，利用燕尾榫形的机械嵌锁力，提高了新旧混凝土界面间的抗裂能力，将其弯曲初裂名义应力提高至 6MPa，明显优于普通混凝土的强度，且发挥了 UHPC 材料 60% 的抗拉强度。苏庆田针对组合梁桥中预制桥面板在湿接缝处的受力特点和现有接缝处钢筋的连接形式，提出一种构造简单、施工方便的弧形钢筋连接构造，并通过足尺模型的轴心受拉试验分析了 3 种湿接缝形式的开裂荷载、极限荷载、裂缝分布等，试验结果表明，弧形钢筋连接方式的湿接缝在裂缝宽度约束能力及承载力方面要略优于直筋及 U 形筋的连接方式。

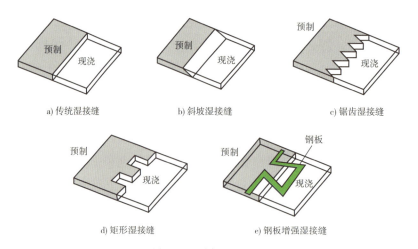

图 3-1-4 不同湿接缝形状

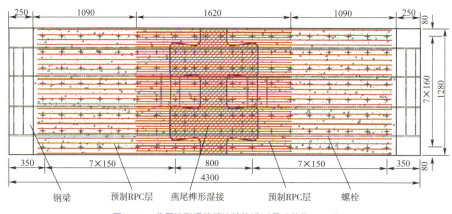

图 3-1-5 燕尾榫形湿接缝连接构造（尺寸单位：mm）

综上所述，国内外学者对钢-UHPC组合桥面板的接缝形式进行了大量研究，系统分析了接缝形状、配筋方式以及钢筋黏结能力等对接缝弯曲抗裂性能的影响，但对湿接缝的疲劳性能、抗剪性能等方面研究较少。此外，由于UHPC布料具有随机性，导致湿接缝的破坏形态也具有一定的随机性。湿接缝作为钢-UHPC组合桥面板的薄弱环节，关系到整体结构的可靠性，其传力机理仍需进一步揭示。

4. 装配式钢-UHPC组合梁

随着近代桥梁建设水平的提高，桥梁施工逐渐由建造型向制造型升级，高质量、高效率、低污染的桥梁建设是当今世界桥梁发展的趋势。近几十年来，我国已经在桥梁结构建造中采用以预制拼装技术为代表的快速建造技术，在桥梁的桥面板及主梁的施工方面发展节段预制拼接梁段、通过后浇横隔板连接的小箱梁、整孔架设主梁等适宜快速施工的新结构，在施工工艺、建造设备等方面也取得若干突破。钢混组合结构桥梁作为适用于预制拼装的主要桥型之一，其桥面板一般采用分块预制、现场拼装的方式，但是存在负弯矩易开裂、自重过大、槽口开裂等问题。为了解决这些问题，众多学者开始探寻结合UHPC优异力学性能以及耐久性的桥梁快速施工建造技术。

装配式钢-UHPC组合结构桥梁的装配方法大致可以归纳为两种：一种是钢主梁与UHPC一起预制，然后现场拼装；另一种是先安装钢主梁，然后安装预制好的UHPC预制板。目前，国内外拼装主要是通过接缝和预留槽口的方式进行。接缝及槽口形式（图3-1-6）主要有以下几种：①预留抗剪沟槽槽口+栓钉；②施加预应力连接桥面板；③使用弧形扁钢连接接缝；④使用环形钢筋连接接缝；⑤免焊接钢筋直筋搭接缝；⑥环形钢筋+栓钉形式接缝。

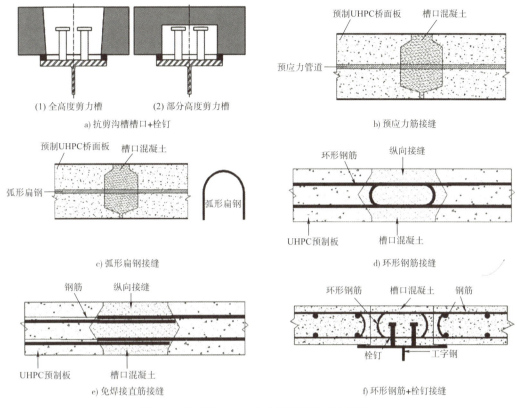

图 3-1-6 装配式钢-UHPC 组合结构桥梁的主流装配方法

美国联邦公路署针对 UHPC 的预制生产以及标准化进行了研发，得到 I 形、T 形及门形结构的预制拼装形式构件，提高了钢-UHPC 组合梁的预制拼装速度。Wang 等提出一种全预制拼装 UHPC 钢板组合梁形式，桥面板单元之间采用栓焊连接方式，桥面板与钢梁之间采用预埋高强度螺栓的连接方式，形成全预制拼装组合梁体系，完全规避了现场湿浇作业，见图 3-1-7a）。邵旭东等提出板桁梁的预制拼装方式，见图 3-1-7c），在预制 UHPC 桥面板内部预埋钢底板，并与钢桁架通过焊接相连。南京五桥的主梁形式采用钢-UHPC 组合箱梁，其中每个箱梁节段长 14.6m、宽 34.6m，其上部的 UHPC 桥面板由 4 块带有燕尾榫形湿接缝的 UHPC 预制桥面板拼接而成，见图 3-1-7b），极大地提高了桥梁的施工速度。

综上所述，UHPC 可以大幅度降低结构自重，减小预制构件尺寸，提高桥梁弯曲性能，因此更易用于装配式结构中。但装配式节点及构件的抗震性能不足，且针对不同的桥梁结构，装配式体系的类别及施工方法存在较大差异，而目前采用装配式技术的桥梁工程实例较少，装配化率低。因此，有必要针对不同的桥型装配式结构体系及施工方法开展进一步研究。

二、应用概况

在桥梁工程中，UHPC 已应用于主梁结构、拱桥主拱、桥面结构、桥梁接缝及旧桥加固等。目前，将 UHPC 材料作为主要或部分建筑材料的桥梁主要分布在亚洲（东亚、东南亚）、欧洲、北美洲和大洋洲。其中，马来西亚、美国、加拿大、中国、日本等国家应用 UHPC 材料的桥梁均在 70 座以上。在 UHPC 桥梁结构的应用和推广方面，仅马来西亚一国就已经建成 150 座 UHPC 桥梁（截至 2020 年底），绝大多数为主梁结构采用 UHPC 材料。加拿大和美国约有 25 座桥梁主体结构（主梁）采用 UHPC 材料，其余为将 UHPC 应用于桥面板接缝等局部构造。中国目前约有 80 座桥梁采用 UHPC 材料，其中约有

20座桥梁主体结构（主梁、拱圈等）采用UHPC材料，其余主要应用于钢-UHPC轻型组合桥面结构、现浇接缝、维修加固等方面。

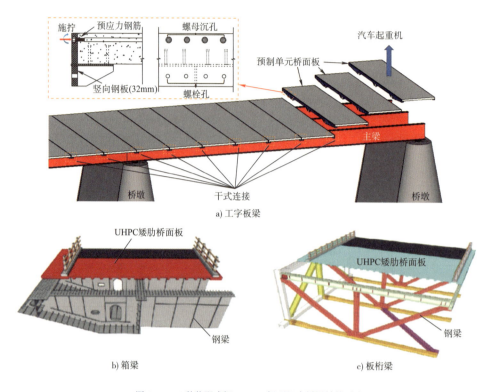

图3-1-7　3种装配式钢-UHPC轻型组合桥梁结构示意

2007年，德国修建了第一座多跨钢-UHPC组合结构桥梁Gärtnerplatz桥（图3-1-8）。该桥为人行和自行车两用桥梁，共有6跨，桥长133.2m，最大跨径36m。其中UHPC用在UHPC-钢桁架组合结构和桥面板两个位置。

图3-1-8　德国Gärtnerplatz桥

2010年，马来西亚修建了国内第一座超高性能混凝土-预应力混凝土（UHPC-RC）组合桥梁，见图3-1-9。该桥位于Kampung Linsum峡谷，跨越Sungai Linggi河，单跨跨径50m。其U形主梁采用UHPC材料，断面尺寸为高1.75m，顶宽2.5m和底宽1.4m，腹板厚15cm。RC桥面板宽4m，厚200mm，现浇施工。该桥的UHPC梁中未配置任何抗剪钢筋，设计使用寿命为120年。

图 3-1-9　马来西亚 Kampung Linsum 桥

我国首座钢-UHPC组合梁桥于2011年在广东肇庆建成，采用UHPC钢箱梁组合形式。湖南株洲市枫溪大桥是我国首座采用钢-UHPC组合的大跨径自锚式悬索桥，主跨300m，UHPC层厚度为50mm。

广东惠清高速公路麻埔停车区跨线桥，为先简支后结构连续的钢-UHPC轻型组合 Π 梁，全桥四跨一联，每跨25m，共长100m，如图3-1-10所示。桥梁断面全宽8.5m，横向由3片全预制钢-UHPC组合 Π 梁组成，单片 Π 梁标准宽度为2.8m。梁高101cm，其中UHPC桥面板厚13cm，工字梁高88cm，桥面板即行车面，无铺装层。

图 3-1-10　广东惠清高速公路跨线桥钢-UHPC轻型组合 Π 梁

南京五桥（图3-1-11）跨江主桥为纵向型索塔中央双索面钢混组合梁斜拉桥，主桥桥跨布置为80m+218m+2×600m+218m+80m=1796m，主梁为两侧带挑臂的单向三室断面，主梁标准宽度35.6m，梁高3.6m（组合梁中心线处）。该桥攻克了国际上超高性能混凝土不能使用粗集料和必须蒸汽养护的技术难题，减小了桥面板厚度，使结构变得轻盈，延长了结构疲劳寿命，降低了结构荷载效应，节约了工程投入和结构后期的维护费用。粗集料UHPC在南京五桥钢混组合结构的应用，不仅促进了新型桥梁结构体系的创新，而且对我国桥梁的建设和发展起到很大的推动作用。

三洲坝桥是清远市清新区龙颈镇C622村道上旧桥拆除重建项目，新建桥梁上部结构采用湖南大学团队研发设计的新型无预应力 UHPC-NC❶ 组合梁桥，为5×30m钢板-超高性能混凝土-普通混凝

---

❶ NC 表示普通混凝土。

土（钢板-UHPC-NC）组合先简支后桥面连续工字梁（图3-1-12）。该桥采用钢板-UHPC双工字梁单独预制、简支安装，现浇NC桥面板和横隔板的先简支后桥面连续的结构体系，结构按钢筋混凝土构件设计。其中，UHPC双工字梁采用UHPC与槽钢结合的形式，梁高1.44m，腹板厚0.12m，两腹板中心间距1.8m，底板厚0.22m、宽0.8m，顶板厚0.08m、宽0.2m；现浇普通混凝土桥面板厚0.16m，上设8~13cm厚防水混凝土桥面铺装。

图3-1-11　南京五桥

图3-1-12　广东清远三洲坝桥钢板-UHPC-NC组合梁桥

目前，国内已新建或改造40余座钢-UHPC组合结构桥梁，但是相对于庞大的交通基础设施建设来说，数量仍很少。与传统的钢混组合桥梁相比，装配式钢-UHPC组合桥梁具有施工速度快、不影响城市交通运行、质量轻、耐久性好、抗裂性能好、强度高等优点，但仍存在整体性较差、钢与UHPC界面黏结抗剪强度较低等不足。部分新建钢-UHPC组合结构桥梁见表3-1-2。

部分新建钢-UHPC组合结构桥梁　　　表3-1-2

序号	名　称	位　置	建成年份	主跨（m）	结构形式
1	枫溪大桥	湖南株洲	2011	300	自锚式悬索桥
2	马房大桥	广东肇庆	2011	64	简支钢混组合梁
3	礐石大桥	广州汕头	2016	518	双塔双索面斜拉桥
4	沈荡大桥	浙江嘉兴	2016	48	钢桁架梁桥
5	长沙跨街人行桥	湖南长沙	2016	36.8	预应力连续箱梁桥
6	洞庭湖二桥	湖南岳阳	2017	1480	钢桁架悬索桥
7	昭华大桥	湖南湘潭	2019	228	独塔双跨自锚式悬索桥

续上表

序号	名　称	位　置	建成年份	主跨（m）	结构形式
8	青龙洲大桥	湖南益阳	2020	260	三跨自锚式悬索桥
9	南京长江五桥	江苏南京	2020	600	三塔双主跨斜拉桥
10	棋盘洲长江公路大桥	湖北黄石	2020	1038	钢箱梁悬索桥
11	Gäertnerplatz 桥	德国	2007	36	变截面空间桁架人行桥
12	Kampung Linsum 桥	马来西亚	2010	50	UHPC-RC 组合梁桥
13	Little Cedar Creek 桥	美国	2016	18.2	UHPC 华夫板桥
14	Celakovice Foot 桥	捷克	2015	156	人行斜拉桥

第二章　钢-粗集料活性粉末混凝土组合梁结构与设计

第一节　钢-粗集料活性粉末混凝土组合梁结构

一、钢-粗集料活性粉末混凝土组合梁的构成

粗集料活性粉末混凝土组合结构的结构构成与传统钢混组合梁相似，主要包括粗集料活性粉末混凝土桥面板、钢梁及剪力连接件等。

1. 桥面板

混凝土板采用粗集料活性粉末混凝土桥面板。桥面板是主梁截面的一部分，在正弯矩区桥面板承受压力，在负弯矩区承受拉力。在斜拉桥中，主梁一般为小偏心受压构件，桥面板基本承受压力，有利于发挥粗集料活性粉末混凝土抗压能力强的优点。粗集料活性粉末混凝土桥面板分预制板、工厂湿接缝以及工地横向湿接缝三部分。

为更好地控制施工质量，钢-粗集料活性粉末混凝土组合梁采用标准化、装配化、自动化、智能化的施工工艺。预制板采用标准模具预制，使得混凝土桥面板的精度达到钢结构的精度标准。桥面板无论是预制还是现浇，均采用自动化、智能化的设备系统完成浇筑，以减少施工随机因素对桥面板质量的影响。

2. 钢梁

钢梁可采用开口箱也可采用闭口箱，包括底板、腹板和横隔板，底板与粗集料活性粉末混凝土板一起承受轴力和弯矩，腹板用于抗剪。总体而言，其构造与传统的钢混组合梁类似。图 3-2-1 所示为南京五桥的粗集料活性粉末混凝土组合结构构造。

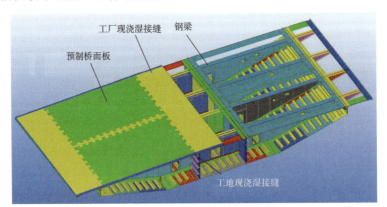

图 3-2-1　钢-粗集料活性粉末混凝土组合结构构造示例

二、构造要求

1. 主梁节段长度

控制节段划分的因素主要有制造、架设和施工等工况，包括合理的制造长度、吊重、浇筑能力、

接头数量等，节段长度一般为13~16m。传统钢混组合梁节段长度一般为10~12m。可见，高性能钢混组合梁的节段长度明显要大，在相同桥长时，可以减少节段数量，从而节约工期。

南京五桥的应用表明，采用高性能钢混组合梁后，节段长度由10.8m增加至14.6m，节段数量由29个减少到20个，缩短工期4个月。

2. 桥面板构造

（1）预制板。

预制桥面板是组合梁桥面板的主要组成，行车道范围宜使用预制板，预制板板宽与横隔间距成倍数关系，通常取1倍或2倍横隔板间距。预制板横向可根据桥宽及吊装、运输条件进行分块。

桥面板直接承受车辆轮压和冲击作用，容易产生疲劳破坏。桥面板过薄，会使桥面刚度较低，不利于保护桥面铺装。预制板板厚应根据计算确定，取值15~20cm；有体内预应力时，板厚不宜小于16cm。

（2）湿接缝设计、接缝钢筋设计。

湿接缝是组合梁设计的重要环节，湿接缝根据受力情况可采用燕尾榫槽或方槽，湿接缝槽孔左右预制板伸出的钢筋应连通。

为提高湿接缝抗拉性能，在桥面板底板预埋钢板并进行连接（图3-2-2）。预埋钢板一方面作为湿接缝的浇筑底膜，另一方面用以提高桥面板抗拉性能。

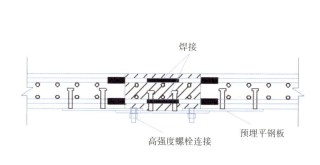
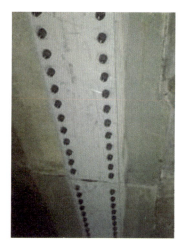

图3-2-2 桥面板横缝连接构造

（3）剪力连接件。

剪力连接件布置满足抗剪受力要求，可采用栓钉或PBL剪力件。

第二节 钢-粗集料活性粉末混凝土组合梁设计

一、材料

1. 钢材

（1）高性能钢混组合梁中钢梁所用钢材，应根据结构的重要性、荷载特征、应力状态、连接方式、环境条件等因素确定强度和质量等级。钢材常用强度等级为Q355、Q390；钢材质量等级应根据使用环境温度选用C级或C级以上。

（2）钢材质量符合现行《低合金高强度结构钢》（GB/T 1591）的规定。

（3）钢材的物理力学性能指标应满足表3-2-1规定。

钢材的物理力学性能指标　　　　　　表3-2-1

弹性模量 E_s（MPa）	剪切模量 G_s（MPa）	线膨胀系数 α（1/℃）	密度 ρ（kg/m³）
2.06×10^5	0.79×10^5	1.2×10^{-5}	7850

2. 粗集料活性粉末混凝土

粗集料活性粉末混凝土主要技术指标应符合表3-2-2的规定。

粗集料活性粉末混凝土主要技术指标　　　　　　表3-2-2

序号	项目	指标	序号	项目	指标
1	密度（kg/m³）	≤ 2650	6	弯曲初裂强度（MPa）	≥ 9.0
2	坍落扩展度（mm）	≥ 400	7	极限抗弯强度（MPa）	≥ 18.0
3	入模温度（℃）	≤ 30	8	断裂韧性（kJ/m²）	≥ 20.0
4	抗压强度（MPa）	≥ 130.0	9	总收缩应变	≤ 300×10^{-6}
5	弹性模量（GPa）	≥ 54.0	10	氯离子扩散系数（m²/s）	≤ 0.03×10^{-12}

此外，徐变系数不大于0.35，减小总收缩的措施不宜采用添加膨胀剂的方式；轴心抗拉强度不低于8MPa。

3. 普通钢筋

普通钢筋宜采用HRB400钢筋，其相关设计指标应按现行《公路钢筋混凝土及预应力混凝土桥涵设计规范》（JTG 3362）和《钢筋混凝土用钢　第2部分：热轧带肋钢筋》（GB/T 1499.2）的规定取用。

二、钢混组合梁设计的一般要求

（1）钢-粗集料活性粉末混凝土组合梁的作用效应计算需符合以下规定：

①按弹性方法进行计算，必要时应考虑结构的二阶效应；

②应考虑施工方法及顺序的影响；

③应考虑混凝土开裂、混凝土收缩徐变等因素的影响；

④组合梁作用可不考虑钢梁和混凝土桥面板之间的滑移效应。

（2）组合梁的持久状况应按承载能力极限状态的要求，进行承载力及稳定性计算，必要时应进行结构的倾覆和界面滑移验算。在进行承载能力极限状态计算时，应采用作用基本组合，结构材料性能应采用其强度设计值。

（3）组合梁的持久状况设计，应按正常使用极限状态的要求，对组合梁的抗裂和挠度进行验算。在进行正常使用极限状态计算时，作用组合应采用作用频遇组合、准永久组合。

（4）组合梁的短暂状况设计，应对组合梁在施工过程中各个阶段的承载能力及稳定性进行验算，必要时应进行结构的倾覆验算。承载能力验算应采用作用基本组合，稳定验算应符合现行《公路钢结构桥梁设计规范》（JTG D64）的要求。

（5）组合梁进行抗疲劳设计时，应符合现行《公路钢结构桥梁设计规范》（JTG D64）的要求。

三、钢混界面抗剪设计

较大荷载作用下，粗集料活性粉末混凝土桥面板剪力栓钉同样会因为屈服滑移变形而导致交界面剪力在各连接件之间重分布，最后趋于均匀。各栓钉受力几乎相等，因此可以不必按剪力分布图来布置栓钉，而采用均匀布置，从而给设计和施工带来极大便利。布置原则为：

（1）以弯矩绝对值最大点及零弯矩点为界限，将钢混组合梁分为若干剪跨区段，见图3-2-3。

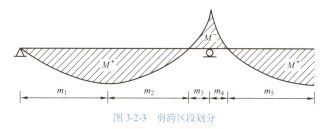

图3-2-3 剪跨区段划分

（2）逐段确定各剪跨区段内钢梁与混凝土交界面的纵向剪力 V_s。

位于正弯矩区段的剪跨：

$$V_s = \min\{Af, b_e h_{c1} f_c\} \quad (3\text{-}2\text{-}1)$$

式中：A、$b_e h_{c1}$——钢梁面积和混凝土板有效面积；

f、f_c——钢材抗拉强度设计值和混凝土材料抗压强度。

该式实质是将钢梁和混凝土板进行等强设计，这对钢 - 粗集料活性粉末混凝土组合梁同样适用。

位于负弯矩区段的剪跨：

$$V_s = \min(A_{st} f_{st}, f_t b_e h_{c1}) \quad (3\text{-}2\text{-}2)$$

对于传统的钢混组合梁，忽略负弯矩区普通混凝土的抗拉作用，与钢筋进行等强设计。但对于钢 - 粗集料活性粉末混凝土组合梁中的粗集料活性粉末混凝土板，粗集料活性粉末混凝土具有较高的抗拉强度，需考虑其抗拉作用，故在式（3-2-1）中增加桥面板拉力项。

综上所述，采用塑性设计时，剪力钉数量可采用式（3-2-3）计算：

$$\eta_f = \eta \frac{V_s}{N_V^c} \quad (3\text{-}2\text{-}3)$$

求出 η_f 后即可均匀布置剪力钉。

四、钢 - 粗集料活性粉末混凝土组合梁的正截面与斜截面设计

1. 正截面设计

由于钢 - 粗集料活性粉末混凝土组合梁在弹性工作节段仍满足平截面假定，在进行弹性设计时，钢梁和混凝土板的应力计算如下：

钢梁下缘：

$$\sigma_{sb} = \frac{M_{g1} + M_{g2} + M_q}{I_0} y_b \quad (3\text{-}2\text{-}4)$$

钢梁上缘：

$$\sigma_{ct} = \frac{M_{g1} + M_{g2} + M_q}{I_0} y_t \quad (3\text{-}2\text{-}5)$$

式中：M_{g1}、M_{g2}、M_q——计算截面处的永久荷载、准永久荷载和可变荷载所产生的弯矩设计值；

y_t、y_b——不考虑荷载长期效应时，混凝土顶面、钢梁底面至换算截面形心的距离；

I_0——不考虑荷载长期效应时，钢混组合梁的换算截面惯性矩。

由于忽略收缩徐变效应，参与计算的所有截面特性均不考虑荷载长期效应，从而简化了计算。

对于传统的钢混组合梁，其中钢梁应力可按下式计算：

$$\sigma_{ct} = \frac{M_{g1} + M_{g2} + M_{cs}}{I_{01}} y_{b1} + \frac{M_q}{I_0} y_b \quad (3\text{-}2\text{-}6)$$

式中：M_{cs}——收缩徐变次内力；

M_q——活载；

I_{01}——考虑长期效应的截面惯性矩。

对于永久效应和准永久效应，需采用长期刚度——考虑收缩徐变的等效弹性模量计算截面特性，即

$$E_{c\varphi} = \frac{E_c}{1 + \psi_L \varphi(t,\tau)}$$

式中：$E_{c\varphi}$——等效弹性模量；

E_c——混凝土弹性模量；

ψ_L——收缩徐变同时考虑时的折减系数；

$\varphi(t,\tau)$——混凝土徐变系数。

由于普通混凝土的徐变系数达 1.15 以上，荷载类型系数为 0.55~1.10，等效弹性模量仅为弹性模量的 44%~60%，这无疑明显减小了换算截面惯性矩，增加了钢梁的应力。而钢 - 粗集料活性粉末混凝土组合梁可忽略长期效应，增大截面特性，从而减小收缩徐变导致的应力，有利于减少用钢量。

2. 斜截面设计

钢混组合梁的斜截面抗剪一般忽略混凝土板的抗剪能力，偏安全地假定剪力全部由腹板承受。当腹板不发生屈曲时，有：

$$V_d \leqslant h_w t_w f_{vd} \tag{3-2-7}$$

式中：V_d——计算截面处的剪力设计值；

h_w——腹板净高度；

t_w——腹板厚度；

f_{vd}——腹板抗剪强度。

式（3-2-7）实质上引入了腹板均匀纯剪假定，因此，只适用于剪力大而弯矩可忽略的截面，对于弯矩和剪力同时存在的截面，需考虑弯剪耦合，具体如下：

$V_d \leqslant 0.5 V_{Rd}$ 时，$\qquad V_d \leqslant h_w t_w f_{vd}$

$0.5 V_{Rd} < V_d \leqslant V_{Rd}$ 时，$\qquad M_{v,Rd} = M_{r,Rd} + (M_{Rd} - M_{r,Rd})\left[1 - \left(\frac{2V_d}{V_{Rd}} - 1\right)^2\right]$

$V_d = V_{Rd}$ 时，在计算受弯时不能考虑腹板，只能考虑钢翼缘和混凝土板。

式中：V_{Rd}——腹板抵抗剪力；

$M_{v,Rd}$——考虑弯剪耦合的抗弯承载力；

$M_{r,Rd}$——只考虑钢翼缘和混凝土板的抗弯承载力；

M_{Rd}——组合梁弯矩承载力。

五、钢 - 粗集料活性粉末混凝土组合梁施工期设计

钢 - 粗集料活性粉末混凝土组合梁施工期设计验算内容主要包括：

（1）节段吊装工况分析。

（2）桥位架设分析，如桥面起重机支点区域验算等。

（3）特殊区段验算，拉索、支座区域梁段验算等。

钢 - 粗集料活性粉末混凝土组合梁施工建造方法，宜采用标准化、装配化、自动化、智能化的施

工工艺。组合梁梁段制造主要分为粗集料活性粉末混凝土预制板制作、钢梁组装、预制板拼装和工厂湿接缝浇筑4个步骤。

六、应用实例

南京五桥在钢梁上铺设粗集料活性粉末混凝土桥面板，钢和混凝土通过剪力钉连接以形成组合截面。

1. 材料

（1）粗集料活性粉末混凝土：组合梁桥面板采用粗集料活性粉末混凝土，各项技术指标见表3-2-3。

粗集料活性粉末混凝土主要技术指标 表3-2-3

序号	项目	指标	序号	项目	指标
1	坍落度（mm）	≥170	6	抗弯拉强度（MPa）	≥18.0
2	扩展度（mm）	≥400	7	断裂韧性（kJ/m^2）	≥20.0
3	抗压强度（MPa）	≥150.0	8	总收缩应变	≤300×10^{-6}
4	弹性模量（GPa）	≥54.0	9	氯离子扩散系数（m^2/s）	≤0.03×10^{-12}
5	初裂抗弯拉强度（MPa）	≥10.0	10	密度（kg/m^3）	≤2650

注：对于湿接缝第8项为360d总收缩应变≤300×10^{-6}。

（2）活性粉末混凝土：A、A′梁段中箱顶部桥面板采用活性粉末混凝土（RPC），各项主要技术指标见表3-2-4。活性粉末混凝土（RPC）浇筑完成后要求采用热养护，养护温度不低于90℃，热养时间不少于48h。

活性粉末混凝土（RPC）主要技术指标 表3-2-4

序号	项目	指标	序号	项目	指标
1	扩展度（mm）	≥550	6	断裂韧性（kJ/m^2）	≥20.0
2	抗压强度（MPa）	≥170.0	7	360d总收缩应变	≤60×10^{-6}
3	弹性模量（GPa）	≥51.0	8	抗氯离子渗透性（C）	≤100
4	初裂抗弯拉强度（MPa）	≥15.0	9	密度（kg/m^3）	≤26.0
5	抗弯拉强度（MPa）	≥24.0			

2. 主梁总体设计

（1）主梁断面。

主梁采用扁平流线型整体箱形钢混组合梁，两侧路肩区为底部开放的悬臂结构，主梁标准宽度35.6m，梁高3.6m（组合梁中心线处），主梁标准横断面见图3-2-4。

（2）主梁梁段划分。

全桥主梁共15种类型（A~F），123个梁段，其中A梁段2段、A′梁段1段、B梁段6段、C梁段（标准梁段）54段、C1梁段34段、C2梁段4段、D1~D7梁段各2段、E梁段2段、F梁段6段。其中A、A′、B、D3~D7、E梁段采用浮式起重机起吊，C、C1、C2、D1、D2、F梁段采用桥面起重机起吊。标准梁段（C梁段）单个梁段吊重407.4t。边塔、中塔的主梁节段划分分别见图3-2-5、图3-2-6。

梁段参数见表3-2-5。

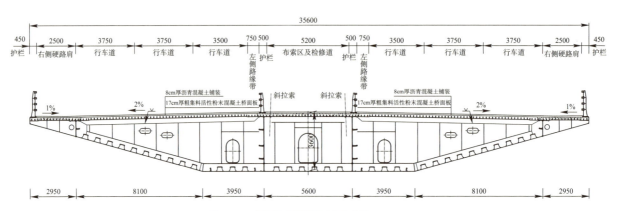

图 3-2-4　主梁标准横断面（尺寸单位：mm）

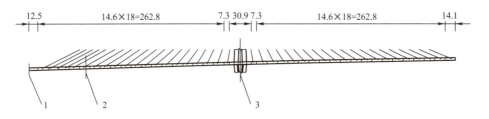

图 3-2-5　边塔主梁节段划分（尺寸单位：m）

1- 过渡墩中心线；2- 辅助墩中心线；3- 边塔中心线

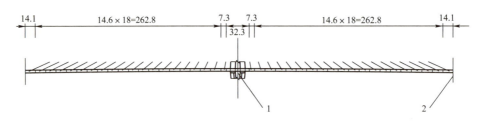

图 3-2-6　中塔主梁节段划分（尺寸单位：m）

1- 中塔中心线；2- 主跨中心线

（3）主梁桥宽变化。

为适应主引桥之间由于布索区引起的桥宽变化，在过渡墩中心至桥塔方向114.675m范围内设置了桥宽变化段，见图3-2-7，变化斜率为1∶110.2644，桥梁宽度由35.6m（标准段）变化至33.525m（过渡墩中心处）。桥宽变化处，保持边箱及挑臂宽度不变，中箱宽度逐渐缩短。

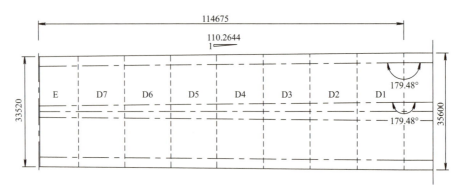

图 3-2-7　主桥桥宽变化示意图（尺寸单位：mm）

梁段参数一览表

表3-2-5

梁段类型	A	A'	B	C/C1	C2	D1	D2	D3	D4	D5~D7	E	F
梁段数量	2	1	6	54/34	4	2	2	2	2	6	2	6
梁段宽度（m）	35.6	35.6	35.6	35.6	35.6	35.6~35.335	35.335~35.070	35.070~34.806	34.806~34.541	34.541~33.746	33.746~33.525	35.6
梁段长（m）	30.85	32.25	7.3	14.6	14.125	14.6	14.6	14.6	14.6	14.6	12.175	14.6
顶板厚（mm）	20	20	20	20	20	20	20	20	20	20	20	20
中箱底板厚（mm）	20	20	20	16	16	16	20	20	20	16	20	16
边箱底板厚（mm）	20	20	16	12	12	12	16	20	16	12	20	12
底板U肋厚（mm）	8	8	8/6	6	6	6	8/6	—	—	—	—	6
斜底板厚（mm）	16	16	14	12	12	12	14	16	14	12	14	12
斜底板U肋厚（mm）	8	8	6	6	6	6	6	8	6	6	6	6
中腹板厚（mm）	36	36	36	28~36	28~36	28~36	28~36	36	28~36	28~36	28	28~36
边腹板厚（mm）	20	20	20	20	20	20	20	20	20	20	20	20
桥面板标准厚（mm）	200	200	200	170	170	170	170~200	200	200	200	200	170
梁段质量（t）	1081.8	1134.7	254.2	412.4	415.1	411.2	435.8	497.4	434.4	421.5	399.3	415.1
起吊质量（t）	515.0	539.0	249.1	407.4	405.1	406.1	424.7	486.5	423.7	410.9	389.3	405.1
起吊方式	浮式起重机	浮式起重机	浮式起重机	桥面起重机	桥面起重机	桥面起重机	桥面起重机	浮式起重机	浮式起重机	浮式起重机	浮式起重机	桥面起重机

3. 钢梁设计

（1）顶板及其加劲肋。

顶板包括边腹板上翼缘、中腹板上翼缘及横隔板上翼缘。其中，边腹板上翼缘宽570mm，厚20mm；中腹板上翼缘宽750mm，厚20mm；横隔板上翼缘厚12mm，顺桥向宽460mm。

（2）底板及其加劲肋。

底板包括平底板、斜底板两部分。平底板全宽13500mm，中箱区域底板标准段厚16mm，索塔、辅助墩及过渡墩区域加厚至20mm；边箱区域平底板标准段厚12mm，索塔及辅助墩附近板厚分别逐渐增大至16mm和20mm。斜底板全宽8090mm，采用12mm、14mm、16mm共3种不同的钢板厚度；斜底板分别与平底板、边腹板焊接，斜底板与平底板之间角度为164.89°。

标准梁段平底板与斜底板纵向采用U形闭口加劲肋和板式加劲肋加劲。平底板设置12道U形加劲和4道板式加劲，U形加劲肋尺寸为U400×250/6，板式加劲肋尺寸为180mm×16mm；斜底板设置10道U形加劲肋，加劲肋尺寸为U400×250/6。索塔及辅助墩附近梁段板厚加厚，加劲尺寸相应增加。

D3~D7、E梁段在平底板内需浇筑混凝土，平底板均采用板式加劲，加劲尺寸180mm×12mm，加劲肋开设钢筋孔。

（3）边腹板及其加劲肋。

边腹板高1000mm、厚20mm，边腹板中间设一道高200mm、厚20mm的纵向加劲。

（4）中腹板及其加劲肋。

中腹板标准段板厚为28mm，斜拉索锚箱区域加厚至36mm，索塔及辅助墩附近区域加厚至36mm。中腹板要求采用Z向钢。中腹板纵向采用板式加劲肋加劲，高度方向共设4道加劲。

（5）横隔板。

①横隔板由中箱隔板、边箱隔板、箱外挑臂板组成。

②横隔板标准间距3.65m，可以保证主梁具有足够的横向刚度、抗扭刚度，保证施工期间桥面起重机及运营荷载产生的局部变形及应力要求。根据构造要求，索塔、过渡墩顶梁段的部分横隔板采用特殊间距布置。

③非拉索处横隔板厚12mm，拉索处横隔板厚14mm，支座处横隔板厚20~28mm。

（6）纵隔板。

在索塔竖向支座位置附近设置纵隔板，纵隔板至中腹板的中心距离3275mm，纵隔板厚度24~28mm。

（7）索梁锚固方式。

采用锚箱式锚固，锚箱安装在主梁中腹板内侧，并与其焊成一体。斜拉索拉力主要通过锚箱传递给主梁腹板。

根据斜拉索索力的不同和锚箱板件受力情况，将锚箱构造分成M1、M2、M3共3种类型。

（8）钢梁工地连接构造。

辅助跨梁段D3~D7、E梁段之间钢结构采用全焊连接，连接顺序为：按预拼装线形控制梁段之间的相互关系，连接匹配件，组焊钢梁。其余梁段之间工地连接采用栓焊结合的方式，中腹板及其加劲采用高强度螺栓连接，其余采用焊接连接，连接顺序为：先利用冲钉通过边工字钢腹板定位吊装梁段，安装高强度螺栓并进行初拧；组焊钢梁；终拧高强度螺栓。对于梁段间不同板厚的连接，工厂加工制造前须将厚板内侧加工成端头 1∶8 斜坡。

（9）梁段起吊临时构造。

临时吊点是通过高强度螺杆将吊耳与钢梁顶板及中腹板连接。该临时吊点可作为桥面起重机后锚点。

（10）工地临时连接匹配件。

采用拉杆构造和销钉构造相结合的形式。

（11）剪力钉设计。

中腹板上翼缘布置 5 列 $\phi 22mm \times 100mm$ 焊钉，边腹板上翼缘布置 4 列 $\phi 22mm \times 100mm$ 焊钉，横隔板上翼缘布置 3 列 $\phi 19mm \times 100mm$ 焊钉，预制板的预埋板上布置 $\phi 19mm \times 100mm$ 的焊钉。焊钉标准间距 20cm。

4. 粗集料活性粉末混凝土桥面板设计

（1）桥面板总体组成。

粗集料活性粉末混凝土桥面板分为预制板、工厂湿接缝及工地横向湿接缝 3 部分制作，见图 3-2-8。单个梁段共设 4 块预制板。钢梁横隔板部分顶板 T 形件作为预埋件在浇筑预制板时预埋，预制板制作完成吊装搁置于钢梁上，焊接预埋钢板与钢梁横隔板间的对接焊缝，在胎架上完成工厂湿接缝的浇筑，形成一个整体的组合梁梁段。梁段间的横向湿接缝需在桥位现场浇筑。

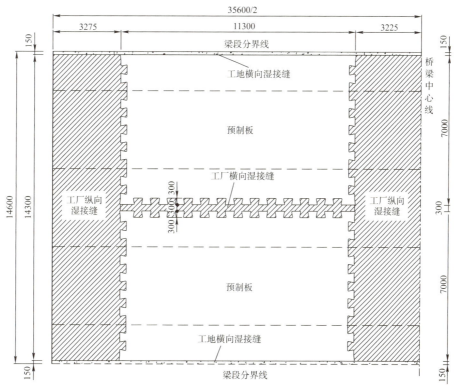

图 3-2-8　标准梁段粗集料活性粉末混凝土桥面板总体布置（尺寸单位：mm）

为了减小混凝土收缩、徐变对结构的影响，在拼装每块预制板前，要求保证 6 个月以上的存放时间；预制梁段制作完成后，要求保证 2 个月以上存放时间。

标准梁段长 14.6m，桥面板全宽 35.6m，分为 4 块预制板，3 道纵向湿接缝，1 道工厂横向湿接缝和 1 道工地横向湿接缝。预制板尺寸 7.0m×11.3m，两侧纵向湿接缝宽 3.275m，中箱顶纵向湿接缝宽 6.45m，工厂横向湿接缝宽 30cm，工地横向湿接缝宽 30cm。

（2）预制板。

全桥共分为 A、A1、A2、A3、A4、A5、B、C、C1、D、E 共 11 类预制板，各类预制板特征见表 3-2-6。

预制板分类及特征　　　　　　表 3-2-6

类型	尺寸（m×m）	桥面板厚度（cm）	两端横缝特征	预埋板
A	7×11.3	17	一端直缝，一端燕尾槽缝	
A1	7×11.3	17	两端均为直缝	设有纵隔板翼缘
A2	7×11.3	17	两端均为直缝	设有纵隔板翼缘
A3	7×11.3	20	两端均为燕尾槽缝	
A4	7×11.3	20	两端均为燕尾槽缝，一端缝设有变厚段	
A5	7×11.3	20	两端均为直缝，一端缝设有变厚段	设有纵隔板翼缘
B	5.7×10.5	20	两端均为燕尾槽缝	设有纵隔板翼缘
C	6.125×10.5	20	一端直缝，一端燕尾槽缝	设有纵隔板翼缘
C1	6.125×10.5	20	一端直缝，一端燕尾槽缝，燕尾槽缝比 C 类预制板宽 10cm	设有纵隔板翼缘
D	6.1×10.5	20	两端均为直缝	设有纵隔板翼缘
E	6.525×11.3	17	两端均为燕尾槽缝	

（3）工厂湿接缝。

工厂浇筑湿接缝包括 3 道纵向湿接缝和 1 道横向湿接缝，两侧纵向湿接缝宽 3.275m，中间箱纵向湿接缝标准段宽 6.45m，变宽区域逐渐减小至 4.386m。

工厂横向湿接缝宽 30cm，两侧均为燕尾槽缝，下缘布设有厚度 12mm 的钢板，在浇筑前应先焊接预埋钢板之间的对接焊缝。

（4）工地横向湿接缝。

全桥共分为 8 种工地横向湿接缝类型，各类工地横向湿接缝特征见表 3-2-7。

工地横向湿接缝分类及特征表　　　　　　表 3-2-7

类　型	尺寸（cm×cm）	桥面板厚度（cm）	接缝类型	备　注
GD1	3560×30	17	直缝	
GD2	(3375~3507)×30	20	燕尾槽缝	
GD3	3534×30	20	直缝	
GD4	3560×30	17~20	直缝	变厚
GD5	3560×30	20	直缝	
GD6	3352×(43.9~57.1)	20	直缝	过渡墩顶端缝
GD7	3560×(30~43.6)	17~20	直缝	变厚
GD8	3534×30	17	燕尾槽缝	中跨合龙缝

横向湿接缝下缘均布设厚度 12mm 的钢板，横向湿接缝浇筑前，先焊接预埋钢板之间的对接焊缝。

（5）预应力布置及施加。

根据结构受力需要，在两边跨、两中跨跨中附近桥面板布设纵向预应力钢束，预应力钢束采用直径 $\phi_s=15.20$mm、标准强度为 1860MPa 的钢绞线，型号均为 BM15-5；其中边跨处共布置 24 束，中跨处共布置 12 束。纵向预应力管道采用型号为 JBG-90×22Z 的金属波纹管扁管成孔。

边跨纵向预应力在边跨合龙后张拉，中跨合龙纵向预应力在中跨合龙后张拉。

主梁混凝土桥面板横向预应力钢束采用直径 ϕ_s=15.20mm、标准强度 1860MPa 的钢绞线，型号为 BM15-3、BM15-5，纵向标准间距 80cm，局部有所调整。横向预应力束采用两端张拉，锚下张拉控制应力 σ_k=1395MPa。横向预应力管道分别采用型号为 JBG-60×22Z、JBG-90×22Z 的金属波纹管扁管成孔。

5. 边跨底板混凝土设计

混凝土厚度 27cm，在过渡墩及辅助墩墩顶区域局部加厚至 42cm，采用 C50 混凝土，钢梁底板上配置剪力钉，底板纵向加劲设置开孔板连接件，形成双结合组合梁断面，加大该区域的整体刚度，并可保证底板钢板不出现局部失稳问题。

为确保在正常运行荷载下支座满足受力要求，在过渡墩墩顶 E 梁段内加铺压重混凝土。压重混凝土在中跨合龙后施工。

6. 钢-粗集料活性粉末混凝土组合梁计算分析

（1）结构刚度。

桥梁在汽车荷载作用下的最大向上、向下竖向位移绝对值之和为 1377mm<L/400，见图 3-2-9，满足规范要求。

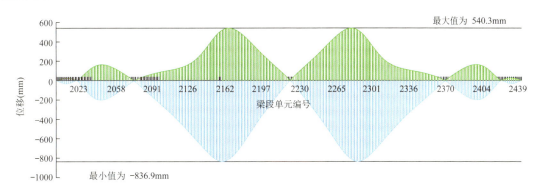

图 3-2-9　汽车荷载作用下位移包络图

（2）钢梁应力。

主要验算荷载组合：

组合 1：永久作用 + 公路—I 级。

组合 2：永久作用 + 公路—I 级 + 温度组合 + 活载顺风。

组合 3：永久作用 + 公路—I 级 + 温度组合 + 活载横风。

组合 4：永久作用 + 百年顺风。

组合 5：永久作用 + 百年横风。

主要组合（组合 1）作用下钢梁上、下缘应力分别见图 3-2-10 和图 3-2-11。钢梁上缘最大压应力为 −122.9MPa，出现在边塔支座区域。钢梁下缘最大压应力为 −120.4MPa，出现在中塔支座区域；最大拉应力为 65.8MPa，位于中跨跨中附近。

控制组合（组合 2）作用下钢梁上、下缘应力分别见图 3-2-12 和图 3-2-13。钢梁上缘最大压应力为 −135.2MPa，出现在边塔支座区域。钢梁下缘最大压应力为 −127.7MPa，出现在中塔支座区域；最大拉应力为 71.4MPa，位于中跨跨中附近。

各标准组合钢梁应力满足要求。

（3）混凝土桥面板应力。

主要组合（组合 1）混凝土桥面板上、下缘应力分别见图 3-2-14 和图 3-2-15。混凝土桥面板上

缘最大压应力为 –15.93MPa，位于边塔塔根附近，未出现拉应力；混凝土桥面板下缘最大压应力为 –14.18MPa，位于边塔塔根附近，未出现拉应力。

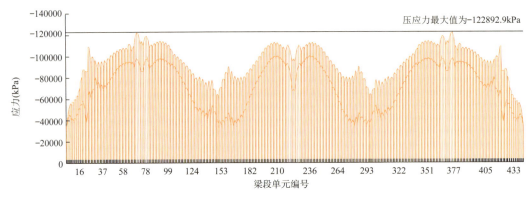

图 3-2-10　组合 1 作用下钢梁上缘应力图

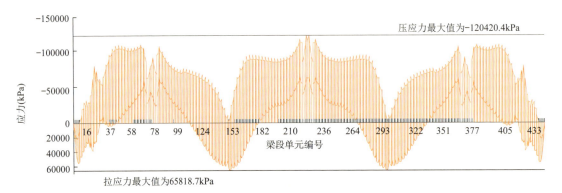

图 3-2-11　组合 1 作用下钢梁下缘应力图

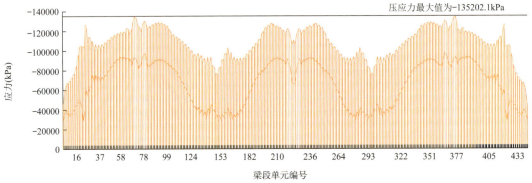

图 3-2-12　组合 2 钢梁上缘应力图

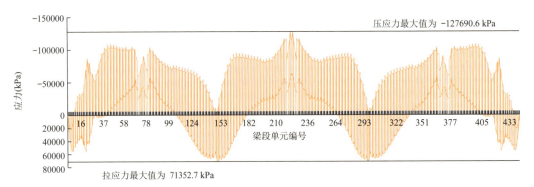

图 3-2-13　组合 2 钢梁下缘应力图

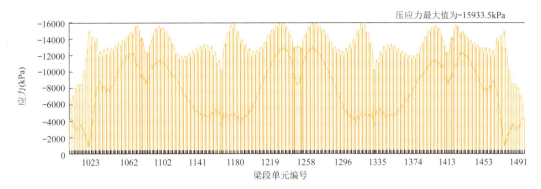

图 3-2-14　组合 1 混凝土桥面板上缘应力图

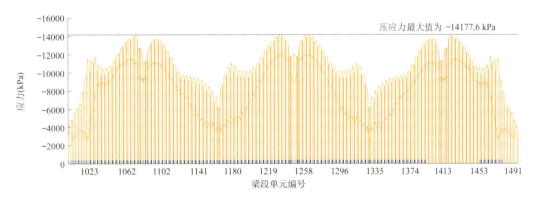

图 3-2-15　组合 1 混凝土桥面板下缘应力图

最不利组合（组合 2）混凝土桥面板上、下缘应力分别见图 3-2-16 和图 3-2-17。混凝土桥面板上缘最大压应力为 -19.5MPa，位于辅助墩墩顶附近；最大拉应力 1.76MPa，位于辅助墩墩顶附近。混凝土桥面板下缘最大压应力为 -16.95MPa，位于边塔塔根附近，未出现拉应力。

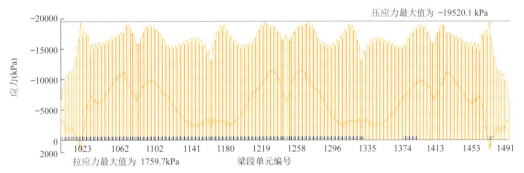

图 3-2-16　组合 2 混凝土桥面板上缘应力图

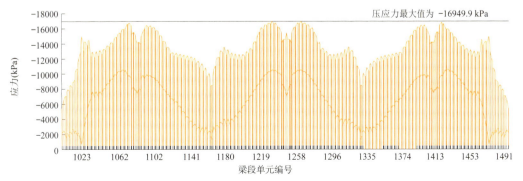

图 3-2-17　组合 2 混凝土桥面板下缘应力图

各组合混凝土桥面板应力满足要求。

（4）桥面板车轮荷载局部分析。

17cm厚粗集料活性粉末混凝土桥面板上、下缘应力计算结果见图3-2-18~图3-2-21。顶板竖向变形见图3-2-22。

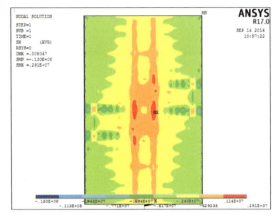

图3-2-18 顶板上缘横向应力（单位：Pa）

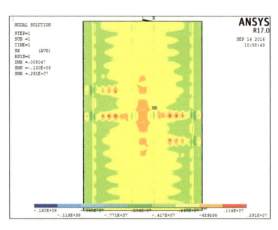

图3-2-19 顶板下缘横向应力（单位：Pa）

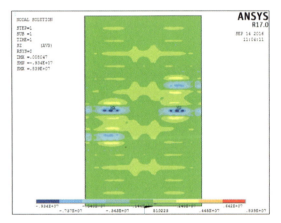

图3-2-20 顶板上缘顺桥向应力（单位：Pa）

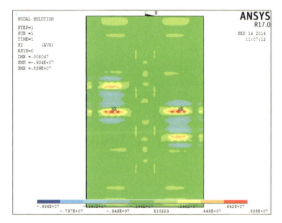

图3-2-21 顶板下缘顺桥向应力（单位：Pa）

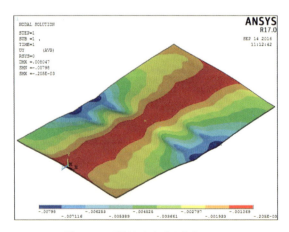

图3-2-22 顶板竖向变形（单位：m）

对于17cm厚桥面板，横向最大拉应力为3.15MPa，低于粗集料活性粉末混凝土抗拉强度，满足设计要求；纵向最大拉应力为7.90MPa，在叠加总体内力后满足设计要求。

第三节 钢-粗集料活性粉末混凝土组合梁受力性能

针对无粗集料活性粉末混凝土的研究相对较为成熟，世界各国已有超过200座桥梁采用无粗集料的活性粉末混凝土作为主要或部分建筑材料。但针对含粗集料的活性粉末混凝土研究相对较少，未见国外颁布相关规范，因此其受力性能有待进一步明确。

《南京长江第五大桥粗集料活性粉末混凝土桥面板结构试验研究》依托南京五桥项目开展，具体包含以下4项专题。

专题一：粗集料活性粉末混凝土的研发、物理力学性能试验研究及验证。

专题二：粗集料活性粉末混凝土板式构件结构力学性能与静动力试验研究。

专题三：粗集料活性粉末混凝土桥面板施工工艺研究。

专题四：粗集料活性粉末混凝土桥面板足尺模型静动力结构行为试验验证。

专题一、专题二的研究目的是研发粗集料活性粉末混凝土，并对其物理力学性能、结构性能及长期耐久性进行试验研究，为结构设计提供支撑。由东南大学、西南交通大学、湖南大学3家科研机构同步进行。

在专题一、专题二基础上，进行专题三、专题四的研究，根据研究结果编制《南京五桥粗集料活性粉末混凝土桥面板施工工艺及质量验收标准》，为南京五桥的建设提供质量把控依据。

一、专题一和专题二研究内容及主要结果

1. 专题一研究内容

各研究单位根据已有研究成果和相关产品，结合集料含量和颗粒级配，纤维长度、类型、长径比及体积率，矿物掺和料，外加剂和水灰比等因素，对粗集料活性粉末混凝土性能的影响规律和作用机理进行研究，以研发满足结构设计性能需求的粗集料活性粉末混凝土。研发材料的性能稳定性应满足工程批量生产和大面积浇筑施工条件要求。材料需进行的试验包括以下两个方面。

（1）粗集料活性粉末混凝土物理力学性能试验研究。

分别在标准养护和蒸汽养护两种条件下进行，具体检验项目和检验数量见表3-2-8。

粗集料活性粉末混凝土力学性能试验　　　　表3-2-8

序号	检验项目	检验数量（组）	试件尺寸（mm×mm×mm）	参照标准编号
1	标准养护立方体抗压强度	10	100×100×100	GB/T 31387
2	标准养护抗折强度	5	100×100×400	GB/T 31387
3	标准养护抗弯拉初裂强度	5	100×100×400	CECS 13
4	蒸汽养护抗弯拉初裂强度（选做）	5	100×100×400	CECS 13
5	标准养护静力受压弹性模量	5	100×100×300	GB/T 31387
6	蒸汽养护静力受压弹性模量（选做）	5	100×100×300	GB/T 31387
7	标准养护试件断裂韧性	2	第一位移突变点	CECS 13
8	标准养护试件泊松比	3	100×100×300	GB/T 31387

注：蒸汽养护制度依据《活性粉末混凝土》（GB/T 31387—2015）中RP类活性粉末混凝土养护方式1。

（2）粗集料活性粉末混凝土长期性能试验研究。

同样在标准养护和蒸汽养护两种条件下，进行材料的干燥收缩、受压徐变、抗水渗透、抗氯离子渗透、碳化、冻融剥离试验，具体检验项目和检验数量见表3-2-9。试验相关图片见图3-2-23~图3-2-30。

粗集料活性粉末混凝土长期性能试验　　表3-2-9

序号	检验项目	检验数量（组）	试件尺寸（mm×mm×mm 或 mm×mm）	参照标准编号
1	标准养护1年试件干燥收缩试验	2	100×100×515	GB/T 50082
2	蒸汽养护试件干燥收缩试验	2		GB/T 50082
3	标准养护试件受压徐变试验（选做）	2	100×100×300	GB/T 50082
4	蒸汽养护试件受压徐变试验	2		GB/T 50082
5	标准养护抗水渗透试验	2	圆台体试件	GB/T 50082
6	标准养护抗氯离子渗透试验	2	$\phi 100 \times 200$	GB/T 50082
7	标准养护试件碳化试验	1	100×100×300	GB/T 50082
8	标准养护试件冻融剥离	2	100×100×400	GB/T 50082

注：1. 在蒸汽养护条件下2个月内收缩徐变，提供活性粉末标准养护条件下不低于12个月的收缩数据。

2. 抗氯离子渗透试验中，用同配比不掺钢纤维的试件进行测试。

图3-2-23　立方体抗压强度试验

图3-2-24　弹性模量及泊松比试验

图3-2-25　抗折试验

图3-2-26　韧性指数试验

2. 专题二研究内容

研究内容主要包括：

（1）粗集料活性粉末混凝土素板抗弯性能试验；

（2）粗集料活性粉末混凝土加筋板抗弯性能试验；

（3）桥面板竖向抗剪强度试验；

（4）粗集料活性粉末混凝土中剪力钉力学性能试验；

（5）粗集料活性粉末混凝土桥面板纵向抗剪强度试验；

（6）粗集料活性粉末混凝土桥面板弯曲疲劳试验。

图 3-2-27　冻融循环

图 3-2-28　碳化试验

图 3-2-29　抗氯离子试验

图 3-2-30　试验试件

试验相关图片见图 3-2-31~图 3-2-35。

图 3-2-31　粗集料活性粉末混凝土板抗弯性能试验

图 3-2-32　粗集料活性粉末混凝土板剪力钉推出试验

图 3-2-33　钢筋锚固

图 3-2-34　粗集料活性粉末混凝土板纵向抗剪强度试验

图 3-2-35　粗集料活性粉末混凝土板纵向抗剪强度试验

3. 专题一、专题二研究结果

研发所得粗集料活性粉末混凝土的相关性能指标如表 3-2-10~ 表 3-2-13 所示。

粗集料活性粉末混凝土力学性能（标准养护）　　表3-2-10

钢纤维掺量（%）	立方体抗压强度（MPa）	受压弹性模量（GPa）	弯曲初裂强度（MPa）	抗折强度（MPa）	泊 松 比
2.60	177.1 ± 9.3	59.9 ± 3.3	13.8 ± 1.0	25.0 ± 2.0	0.22 ± 0.02

粗集料活性粉末混凝土抗裂性能　　表3-2-11

配筋情况	保护层厚度（mm）	开裂应力（MPa）	特征裂缝名义应力（MPa）			
			缝宽 0.05mm	缝宽 0.10mm	缝宽 0.15mm	缝宽 0.20mm
4Φ20	20	12.5 ± 0.7	19.7 ± 1.6	25.9 ± 2.1	31.8 ± 1.9	37.7 ± 2.3
6Φ16	20	12.2 ± 0.4	18.9 ± 0.7	25.4 ± 1.2	31.7 ± 2.7	39.7 ± 2.9
4Φ18	20	12.5 ± 0.5	19.1 ± 1.2	26.5 ± 1.4	31.6 ± 1.1	39.6 ± 1.8
无配筋	—	12.7 ± 0.6				

粗集料活性粉末混凝土抗剪强度与抗弯强度对比　　表3-2-12

剪 跨 比	理论破坏剪力（kN）	理论破坏剪力对应的弯矩（kN·m）	正截面抗弯强度（kN·m）
1.0	1344	189	110
1.5	1123	220	110
2.0	823	199	110
2.5	617	171	110

粗集料活性粉末混凝土疲劳性能试验　　　表3-2-13

试件编号	养护方式	疲劳方式	疲劳次数	上限荷载裂缝宽度（mm）	上限荷载跨中挠度（mm）	裂缝数量（条）	破坏荷载（kN）
1	加热养护	开裂后疲劳（上限72kN）	开裂前静载	0.02	0.31	3	
			200万次	0.05	0.32	3	
			200万次后静载破坏				486
2	加热养护	开裂前疲劳（上限59kN）	开裂前静载	0	0.21	0	
			200万次	0.03	0.19	2	
			200万次后静载破坏				456
3	常规养护	开裂后疲劳（上限72kN）	开裂前静载	0.02	0.4	7	
			200万次	0.03	0.43	7	
			200万次后静载破坏				460
4	常规养护	开裂后疲劳（上限72kN）	开裂前静载	0.02	0.4	9	
			200万次	0.04	0.4	11	
			200万次后静载破坏				451
5	常规养护	开裂前疲劳（上限50kN）	开裂前静载	0	0.21	0	
			200万次	0.02	0.22	2	
			300万次	0.02	0.21	2（裂缝由底面延伸至侧面，高度17mm）	
			400万次	0.03	0.23	2（裂缝高度42mm）	
6	常规养护	开裂前疲劳（上限50kN）	开裂前静载（50万次）	0	0.23	0	
			200万次	0.02	0.22	3	
			300万次	0.02	0.24	3（2条有延伸，侧面未见裂缝）	
			400万次	0.02	0.24	3（3条有延伸，侧面未见裂缝）	

4. 主要研究结论

（1）3家科研单位独立、同步的试验研究表明，在常规养护条件下，粗集料活性粉末混凝土的材料及其物理力学性能均能满足设计要求，验证了其用于组合梁桥面板的可行性。

（2）研发了具有高弹性模量、低收缩特点、可采用常规养护的粗集料活性混凝土及其制备技术。

（3）探明了粗集料活性混凝土构件受弯、受剪破坏模式以及裂缝开展、刚度退化规律，为南京五桥主梁粗集料活性混凝土桥面板结构设计提供了技术支撑。

（4）探明了粗集料活性混凝土受弯构件在高应力水平下的疲劳行为。

二、专题三研究内容及主要结果

1. 专题三主要研究内容

科学、合理的施工工艺对保证粗集料活性粉末混凝土桥面板的质量十分重要。专题三主要研究桥面板规模化、工厂化生产的施工工艺和相关设备，研究内容包括：提出标准化拌和、浇筑工艺，研制精细化模具系统，研制自动化、工厂化、标准化的拌和、浇筑振捣系统，集成规模化、工厂化生产的施工工艺和设备，试验验证规模化生产材料性能的稳定性等。

（1）标准化拌和、浇筑工艺。

结合规模化、工厂化预制桥面的要求，通过工艺试验优化拌和、浇筑和养护工艺，为拌和、振捣系统的研发提供投料顺序、拌和时间、振捣方式、振捣器布置等基础数据，为实现实桥大批量桥面板浇筑预制奠定工艺基础。相关设备及工艺流程见图 3-2-36~ 图 3-2-41。

图 3-2-36　吨袋预分装投料

图 3-2-37　行星式搅拌机拌和

图 3-2-38　自动上料强制拌和

图 3-2-39　翻斗运输

图 3-2-40　振捣工艺试验

图 3-2-41　小板力学性能验证

（2）精细化模具系统。

为准确控制桥面板几何形状，确保预制板制造精度及预制板内预埋件、钢筋、管道的精准定位，需要引入钢结构制造精度控制、大型模具精度控制的理念，机械化、自动化的控制手段，研发成套的预制板专用模具，从源头控制预制板的制造质量。精细化模具系统见图 3-2-42。

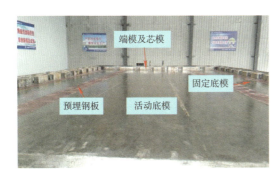 

图 3-2-42　精细化模具系统

（3）自动化拌和、布料、振捣设备。

项目研发的智能化拌和设备可根据程序设定，自动完成标准化拌和工艺。数字化自动布料机可根据布料厚度自动完成均匀布料；阵列式数字化自动振捣机可自动控制振动棒留振时间和慢拔时间；数字化自动振捣整平机可完成桥面板的复振、整平和桥面板厚度的控制；覆膜机可自动、高效完成覆膜保湿。相关工艺见图 3-2-43~ 图 3-2-49。

图 3-2-43　自动化插入式振捣及平板振捣

图 3-2-44　上料及拌和　　　　　　图 3-2-45　吊运

图 3-2-46　自动布料　　　　　　图 3-2-47　插入振捣

— 171 —

图 3-2-48　平板振捣

图 3-2-49　覆膜保湿

（4）试验验证。

对于采用上述施工工艺预制的活性粉末混凝土预制板，养护 28d 后将桥面板切割为 1.8m×0.5m×0.17m 小板，进行 34 块小板构件试验，通过抗弯试验（图 3-2-50）、弯曲疲劳试验（图 3-2-51）检验施工工艺。相关试验结果如表 3-2-14~表 3-2-16 所示。

图 3-2-50　抗弯试验

图 3-2-51　弯曲疲劳试验

规模化生产粗集料活性粉末混凝土材料抗裂性能　　　　表 3-2-14

试件来源	开裂应力（MPa）	特征缝宽名义应力（MPa）			
		缝宽 0.05mm	缝宽 0.10mm	缝宽 0.15mm	缝宽 0.20mm
专题二	12.3	19.1	26.5	31.6	36.9
正面	10.4	15.2	21.3	25.8	31.1
反面	10.3	15.6	19.9	24.3	28.3
正面	10.3	15.8	19.9	25.0	29.6
反面	10.3	15.1	20.3	24.9	31.6

开裂后疲劳性能（上限应力 9MPa，下限应力 0.6MPa）　　　　表 3-2-15

试件编号	疲劳次数	上限荷载裂缝（mm）	上限荷载跨中挠度（mm）	裂缝数量（条）
本次试验	开裂前静载	0.05	0.61	9
	200 万次	0.08	0.75	12
专题二	开裂前静载	0.02	0.40	9
	200 万次	0.04	0.40	11

开裂前疲劳性能（上限应力 7MPa，下限应力 0.6MPa）　　　　表 3-2-16

试件编号	疲劳次数	上限荷载裂缝宽度（mm）	上限荷载跨中挠度（mm）	裂缝数量（条）
本次试验	开裂前静载	0.05	0.26	0
	150 万次	0.02	0.31	1
	1000 万次	0.04	0.35	9

续上表

试件编号	疲劳次数	上限荷载裂缝宽度（mm）	上限荷载跨中挠度（mm）	裂缝数量（条）
专题二	开裂前静载	0.02	0.21	0
	200万次	—	0.24	1
	1000万次	0.04	0.27	8

2. 专题三研究结果

主要包括：

（1）提出标准化的投料方法、拌和、振捣、整平工艺。

（2）研制精细化预制板模具系统，见图3-2-52，提出钢筋精确定位工艺。

图3-2-52 精细化预制板模具系统

（3）根据标准化拌和、振捣工艺，研制自动化拌和、布料、振捣、整平设备，见图3-2-53，初步形成预制板生产流水线，见图3-2-54。

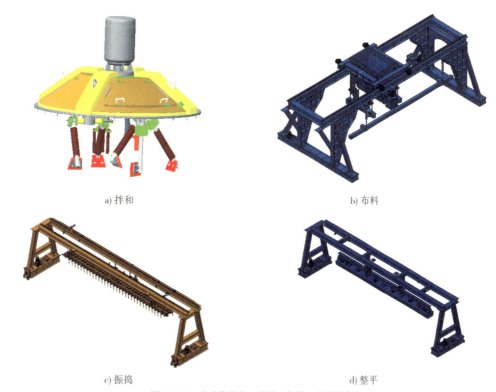

a) 拌和　　　　　　　　　　b) 布料

c) 振捣　　　　　　　　　　d) 整平

图3-2-53 自动化拌和、布料、振捣、整平设备

（4）成功试制4块成品板，并切割成小板进行抗弯性能试验和弯曲疲劳试验，力学性能满足设计要求。

因此，专题三提出的施工工艺、研制的设备可用于桥面板批量生产。

三、专题四研究内容及主要结果

1. 专题四主要研究内容

专题四主要研究内容包括：钢混组合梁中粗集料活性粉末混凝土桥面板静力结构行为研究；桥面板负弯矩区的弯曲疲劳性能；桥面板正弯矩区的弯曲疲劳性能；桥面板结构的极限承载力研究。

（1）试验模型。

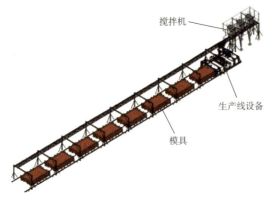

图 3-2-54 预制板生产流水线

为准确模拟关键疲劳细节，对模型受力进行深入系统的研究，以实际桥梁结构疲劳细节的应力状态近似为原则，对3个试验模型方案进行比选。通过大量计算，选择在标准疲劳车的作用下，各疲劳细节的应力水平与实际桥梁结构最为相似，同时剪力钉焊趾处和混凝土板的顺桥向和横桥向应力也最为接近的一个方案，作为本试验的模型，见图3-2-55。模型主要参数为：宽2.45m，长14.22m，腹板高0.4m，横隔板高0.8m、厚12mm，腹板厚28mm、高1.01m。模型共包含6个横隔板，中间横隔板间距3.65m，与实际桥梁结构相同；端部横隔板间距减小至1.575m，模拟相邻跨对试验跨的嵌固作用。试件使用材料及施工工艺与实际桥梁结构完全相同，采用Q345C钢。桥面板由预制板切割而成，因此预埋件构造、剪力栓钉尺寸、钢筋布置及振捣工艺均与实桥使用的预制板完全相同，预制板与钢结构通过预埋件进行焊接，再由工厂湿接缝相连为整体。

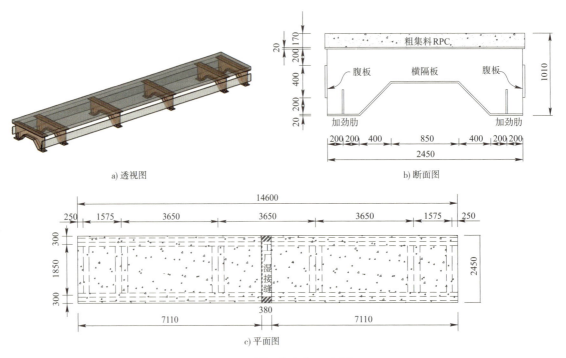

图 3-2-55 疲劳试验模型构造图（尺寸单位：mm）

试验模型一式两件，分别为试件1和试件2。

（2）疲劳试验加载系统及测试系统设计。

①疲劳加载系统布置。

试验加载装置采用 MTS 作动器以及与之匹配的反力架。为模拟实际桥梁结构受到的疲劳荷载，以各疲劳细节疲劳应力幅以及主拉应力相等为原则，采用 3 套 MTS 作动器模拟汽车行驶过程，3 个作动器之间存在 90 度的相位差。加载系统布置见图 3-2-56。

a) 正视

b) 侧视

图 3-2-56　加载系统布置示意图

②加载方式。

疲劳试验的加载分为两部分：疲劳动载和各疲劳次数下的静载。在疲劳试验开始前，进行一组静载试验，目的是将试验结果与有限元模型计算结果进行对比，从而更精准地确定疲劳动载的荷载幅值与中值，达到既验证计算结果又确定疲劳荷载上下限的目的，同时通过测试也可以考察试验模型的静力结构行为。

对于试件 1，疲劳荷载分为三个阶段。第一阶段的应力幅为实际交通量等效为 200 万次的常幅应力幅，即在负弯矩区和正弯矩区的应力幅分别为 4.12MPa 和 4.23MPa；第二阶段和第三阶段的应力幅分别调整为 7.2MPa 和 9.0MPa，以观测桥面板的疲劳性能。具体疲劳荷载如表 3-2-17 所示，共进行 1000 万次变幅疲劳荷载。对于试件 2，直接以 8MPa（设计中的最不利应力）作为上限应力，进行加载，应力幅为 7.6MPa，疲劳次数为 200 万次。

试件1各疲劳阶段疲劳荷载设置　　　　　　　　表3-2-17

疲劳阶段	边跨1疲劳荷载（kN）		中跨荷载（kN）		边跨2疲劳荷载（kN）		疲劳次数
	下限	上限	下限	上限	下限	上限	
第一阶段	7	63	14	95	7	63	200万
第二阶段	7	102	14	137	7	102	400万
第三阶段	7	128	14	192	7	128	400万

③测试系统。

在疲劳试验前和各级疲劳次数下都要进行静载，而且若试件在疲劳试验结束后仍未损坏，对试件也需要进行破坏性静载试验。试验测试的内容包括荷载、桥面板顺桥向应力、桥面挠曲、裂缝宽度和裂缝高度。桥面板顺桥向挠曲测点详见图3-2-57，应变测试较为常规，不再赘述。

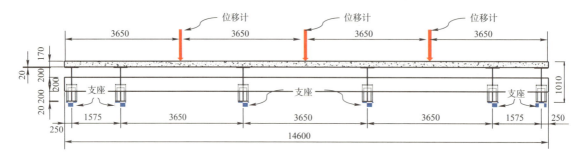

图3-2-57　桥面板顺桥向挠曲测点布置图（尺寸单位：mm）

（3）静载试验。

疲劳试验后，对试件1、试件2分别进行静载试验，见图3-2-58、图3-2-59。测点位置及数量与疲劳试验相同。通过静载试验获得各跨中位置的挠度发展、挠度分布、裂缝发展、破坏模式及应变分布情况。

图3-2-58　试件1设置中跨分载梁

图3-2-59　试件2加载图

2. 专题四主要研究结果

采用足尺模型试验对连续桥面板结构的静力和疲劳性能进行研究，考察疲劳抗裂性能以及结构刚度、裂缝宽度、裂缝数量随疲劳次数的发展，得到疲劳后残余承载力及静力力学性能特征。主要研究结果如下：

（1）在正常使用期限内，采用南京五桥预测交通量等效的常幅应力幅（4.23MPa）作用200万次，粗集料活性粉末混凝土桥面板未疲劳开裂，刚度未发生折减，具有优异的疲劳抗裂性。与现有的RPC弯曲疲劳抗裂 S-N 曲线相比，疲劳上限应力小于50%弯曲初裂应力时，一般不会出现疲劳裂缝，本次试验也验证了这一点。

（2）以7.2MPa的疲劳应力幅进行疲劳加载，当进行至250万次时（累计疲劳达到450万次），桥面板负弯矩区出现疲劳开裂，裂缝宽度不大于0.02mm，且结构刚度及缝宽并不随疲劳次数发生变化。这验证了采用标准化施工工艺和自动化设备生产的预制板具有良好的抗疲劳性能。

（3）在将应力幅增长至9MPa，且累计疲劳次数达到1000万次，此时负弯矩区裂缝宽度在疲劳上限荷载作用下仅0.04mm，且卸载后裂缝闭合，这表明粗集料活性粉末混凝土桥面板具有良好的约束疲劳裂缝的能力。

（4）在1000万次疲劳荷载作用后，正弯矩区未见疲劳裂缝，剪力钉仍处于弹性工作状态，卸载后剪力钉滑移基本恢复。

（5）经过1000万次变幅疲劳加载，试件未见裂缝宽度快速发展、粗集料活性粉末混凝土掉渣、正弯矩区底钢板出现大幅不可恢复的滑移等破坏现象，验证了南京五桥桥面板结构形式的合理性。

（6）粗集料活性粉末混凝土桥面板可能发生负弯矩破坏和正弯矩破坏，正弯矩破坏的荷载大于负弯矩破坏，这表明正弯矩区采用节点板式桥面板（即带有底钢板的桥面板）时，其抗弯承载力优于负弯矩区。

（7）负弯矩破坏始自受拉钢筋屈服，由于底面结合钢板的约束，并不一定出现粗集料活性粉末混凝土压溃的现象，但底面结合钢板的作用只是减小受压区高度，因此，其作用不如正弯矩区底钢板明显。

（8）正弯矩区破坏始自底钢板剪力钉的屈服，在加载全过程，底钢板并未屈服，而是以受压区混凝土的压溃而结束。因此，加强底钢板与粗集料活性粉末混凝土的连接，可进一步提高抵抗正弯矩的能力。

（9）在静力荷载试验中，钢-粗集料活性粉末混凝土组合桥面板呈现优异的裂缝约束能力。

按照钢-粗集料活性粉末混凝土组合结构的总体构思，在材料研发、构件及结构性能、加工制造工艺与智能化生产装备等方面进行了系统、深入研究，为相应设计提供了有力支撑。

研发了粗集料活性粉末混凝土及系列新工艺、新设备，有效降低组合结构自重，显著改善结构整体受力性能，极大地拓宽了组合梁的适用领域和跨越能力。粗集料活性粉末混凝土桥面板的智能化制造及钢-粗集料活性粉末混凝土组合梁工厂化建造的实现，为其在桥梁领域的大规模应用奠定了基础。

第三章　钢-粗集料活性粉末混凝土组合梁制造

第一节　概　　述

主梁采用扁平流线型整体箱形组合梁，单箱三室结构。钢梁顶面叠合粗集料活性粉末混凝土桥面板，标准宽度 35.6m，梁长 14.6m，梁高 3.6m，标准梁段质量约 407.4t，梁段最大质量约 539.0t，钢梁采用 Q345C 材质。

底部钢梁由底板单元、锚腹板单元、隔板单元、挑臂单元等部分组成。钢梁顶面的粗集料活性粉末混凝土桥面板分为预制板、工厂纵横向湿接缝及工地横向湿接缝 3 部分。标准梁段包括 4 块预制板、3 道纵向湿接缝、1 道工厂横向湿接缝和 1 道工地横向湿接缝。工厂内完成工厂纵横向湿接缝的浇筑，形成一个整体的组合梁梁段。相关结构示意见图 3-3-1~ 图 3-3-3。

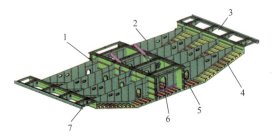

图 3-3-1　钢主梁结构示意图

1-锚腹板单元；2-边隔板单元；3-挑臂单元；4-斜底板单元；
5-底板单元；6-中隔板单元；7-边腹板单元

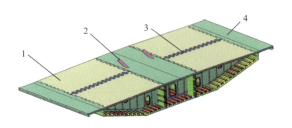

图 3-3-2　组合梁混凝土桥面板示意图

1-预制桥面板；2-中部湿接缝；3-横向湿接缝；4-边湿接缝

钢-粗集料活性粉末混凝土组合梁制造包括以下重点和难点：

（1）板单元制造精度和焊接质量控制。

确保板单元制造质量是保证钢梁总拼的基础，为此需严格把控板单元制造精度及焊接质量。

（2）预制桥面板工厂化制造质量控制。

新型粗集料活性粉末混凝土预制桥面板工厂化制造难度大，主控项点多，具体体现在以下几个方面。

①原材料控制。

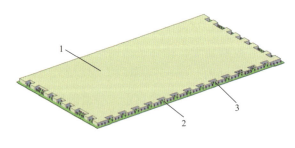

图 3-3-3　预制桥面板结构示意图

1-混凝土桥面板；2-预埋钢构件；3-燕尾榫槽口

粗集料活性粉末混凝土中细集料采用天然河砂，粗集料选用母岩强度高的连续级配碎石并经水洗烘干，技术指标要求高，原材料控制为主控项点之一。

②布料振捣工艺控制。

粗集料活性粉末混凝土对钢纤维、集料分布均匀性要求极高，传统人工振捣或附着式振捣将使集料和钢纤维分布均匀性无法满足要求，并且混凝土对环境影响较为敏感，要求快速振捣、整平、覆膜养护。

③桥面板预制精度控制。

粗集料活性粉末混凝土依靠纤维提高抗拉强度，增强韧性，但新旧混凝土接缝处纤维不能连通。桥面板采用独特的燕尾榫构造，由湿接缝将相邻两块桥面板连接为整体。桥面板制造对板内预埋件、钢筋、管道的定位精度要求高。

④拌和设备选型。

粗集料活性粉末混凝土是在活性粉末混凝土中掺入一定比例的粗集料（粒径不大于8mm）和细集料（中砂）形成的新型水泥基材料。粗、细集料及钢纤维的混合使得混凝土黏度大，不易拌和均匀，钢纤维易结团，因此，拌和设备选型难度大、性能要求高。

⑤构件养护控制。

保湿养护期间需对预制板顶面、底面和四周全方位养护，养护湿度要求不少于90%，保湿养护总时间不少于30d。冬季施工时，养护池采用电加热装置保温，池内水温不低于10℃。构件养护周期内对环境条件要求极高。

（3）开口钢梁几何尺寸精度控制。

组合梁叠合前钢梁呈开口状，刚度较小，钢梁焊接及桥面板叠合压重变形大，几何尺寸控制难度大。

（4）桥面板与钢梁叠合精度控制。

桥面板多道预埋钢构件与多道横隔板采用对接焊，且相邻桥面板间湿接缝预埋钢筋套筒中心对正，钢筋对位偏差要求不大于3mm，隔板对接缝匹配精度和湿接缝嵌补钢筋连接精度要求极高，叠合精度控制困难。湿接缝连接见图3-3-4。

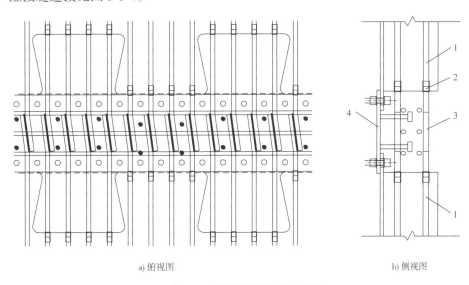

图 3-3-4　桥面板湿接缝连接示意图
1- 钢筋；2- 螺纹套筒；3- 湿接缝嵌补钢筋；4- 栓接拼接板

（5）节段匹配及预拼线形控制。

节段间中腹板采用拼接板栓接相连，预拼高程线形要求容许偏差不大于$L/3000$（L为节段预拼长度），左右两侧中腹板要求高程线形相对偏差≤3mm，总拼时的匹配及预拼线形精度控制困难。

（6）组合梁边箱挑臂处湿接缝浇筑变形控制。

组合梁边箱挑臂处纵向湿接缝浇筑方量大、刚度小，应做好混凝土浇筑过程中的变形控制。

第二节　总体制造方案

钢混组合梁制造与安装划分为5个阶段：钢梁制造、预制板制造、钢混组合梁叠拼制造（包括预制板叠合、工厂湿接缝浇筑）、桥位工地连接及湿接缝浇筑。

桥面板预制在自动化生产线内完成；板单元在车间内采用标准化工艺和智能化、自动化设备进行制造；组合梁节段总拼在专用大型厂房内，采用标准化、装配化工艺生产制造，包括钢梁总拼、桥面板的组拼叠合和横向湿接缝浇筑施工；梁段下胎后浇筑纵向湿接缝，纵向湿接缝施工与预制桥面板一致，采用专用自动化生产线完成浇筑和养护。组合梁制造工艺流程见图3-3-5。

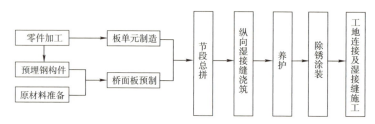

图 3-3-5　组合梁制造工艺流程

第三节　钢混组合梁制造

钢混组合梁制造包括板单元制造、混凝土桥面板预制、梁段总拼和湿接缝浇筑。每个施工环节均需严格控制制造精度，保证组合梁梁段的外形尺寸和梁段间的连接匹配，为桥位快速精准安装提供保障。

一、板单元制作

板单元制造精度直接影响钢混组合梁梁段的总拼精度，为此制造过程中大量采用自动化、智能化设备施工，重点控制锚腹板单元等主要受力构件的制造精度和焊接质量。

1. 智能自动化设备应用

板单元尺寸精度及焊缝质量是保障组合梁钢梁部分总拼的控制要素。为此，在制造过程中，采用自动化、智能化设备流水作业，板单元自动化焊接见图3-3-6。

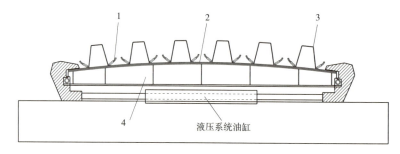

图 3-3-6　板单元自动化焊接
1-焊枪；2-面板；3-U肋；4-反变形胎架

2. 主受力单元件制造

锚腹板单元为主要受力构件。针对其结构复杂、坡口和熔透焊缝多、锚箱加工和组装精度高的特点，除了加劲采用自动焊接外，锚箱采用组焊后整体机加工，腹板单元所有加劲焊接并修整变形后，再画线焊接锚箱。为保证焊接质量，承压板探伤合格后，再切除部分锚孔组焊锚垫板。锚腹板单元制作流程见图3-3-7。

3. 板单元质量控制结果

板单元制作质量控制允许偏差详见表3-3-1，实际检测情况统计详见表3-3-2。

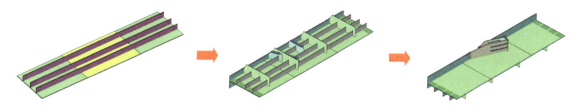

图 3-3-7 锚腹板单元制作流程

板单元制作质量控制允许偏差 表3-3-1

名 称	检测项点	允许偏差	备 注
底板单元、腹板单元	U肋、板肋组装间距	端部及横隔板处	
		其他部位	
	平面度	横向：$S_1/250$	S_1为纵肋间距
		纵向：≤ 3.0mm	
	对角线相对差	≤ 4.0mm	
	板边直线度	≤ 4.0mm	
隔板单元	板肋垂直度	≤ 1.0mm	
	横向平面度	≤ $h/250$ 且 ≤ 6mm	h为隔板高度
锚腹板单元	锚点空间位置	≤ 1.0mm	
	锚箱组装角度 β	± 0.1mm	
	锚箱与腹板间熔透角焊缝探伤	超声波 100% 合格	焊缝全长探伤
		磁粉 100% 合格	焊缝全长探伤

板单元制造质量控制实际检测情况统计 表3-3-2

名 称	检测项点	实际测量值	备 注
底板单元、腹板单元	U肋、板肋组装间距	± 1.0mm	全部采用样板组装，均可保证 ± 1.0mm
		± 1.0mm	
	平面度	横向：≤ 1.0mm	均按照 1mm/m 的公差控制，远小于公差要求
		纵向：≤ 1.0mm	
隔板单元	横向平面度	1.0mm、2.0mm、3.0mm、4.0mm	90% 以上小于 3.0mm，个别板单元 4.0mm
锚腹板单元	锚点空间位置	0.5mm、1.0mm	画线偏差不大于 0.5mm，组装要求不大于 1.0mm
	锚箱组装角度 β	组装尺寸偏差均不大于 1.0mm，均满足公差要求	将角度转换成具体组装尺寸偏差
	锚箱与腹板间熔透角焊缝探伤	超声波 100% 合格	焊缝全长探伤
		硫粉 100% 合格	焊缝全长探伤

二、桥面板预制

钢组合梁桥面板应用了新一代水泥基材料粗集料活性粉末混凝土，并且基于粗集料活性粉末混凝土的新拌混凝土性能，建立了世界上第一条粗集料活性粉末混凝土桥面板自动化生产线。该生产线应用新型自动化设备和标准化的预制工艺，实现新型桥面板的自动化、标准化、智能化制造。

钢混组合桥梁建造

1. 自动化生产线

该生产线采用标准化工艺及新型自动化设备，圆满完成全桥494块桥面板预制。自动化生产线规划布置见图3-3-8，生产车间整体布置见图3-3-9和图3-3-10。

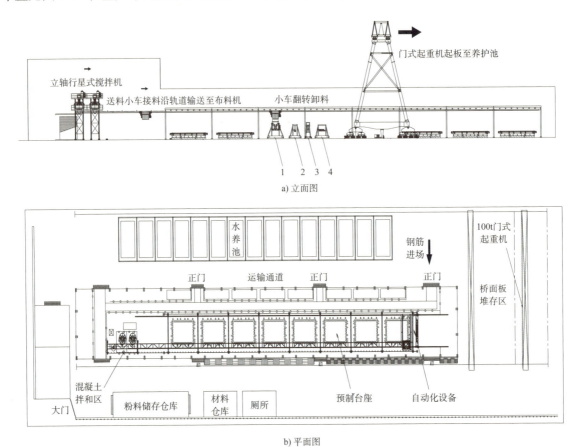

图3-3-8 桥面板自动化生产线规划布置图
1- 布料机；2- 振捣机；3- 整平机；4- 覆膜机

图3-3-9 生产车间整体布置俯视图

图 3-3-10　生产车间整体内部布置

（1）专用生产车间。

依据组合梁工业化、工厂化建造理念，建设了专用的生产车间。预制板生产车间为封闭式钢结构厂房，总长 200m，宽 22m，分高低跨布置。高跨部分厂房高 21m，长 45m，主要为混凝土生产区域；安装 2 台立轴行星式搅拌机。低跨部分厂房高 13m，长 155m，为预制生产线区域；安装 8 套模具和 1 套预制生产线设备。低跨厂房顶设有活动启闭式滑盖，电动控制开启关闭，用于预制板从车间起吊至室外。车间内配有 3 台桥式起重机用于日常生产。

（2）生产线布置。

预制生产线的总体设计由各生产工序决定。预制板的生产工序包括钢筋绑扎、投料、拌和、运输、布料、振捣、覆膜保湿、养护等。预制板布料、振捣、覆膜保湿、早期养护均在模具上完成。为保证预制板的生产效率，根据预制板总量、单批次生产周期和生产总工期，生产线共配置 8 套模具。生产线整体布置见图 3-3-11。

图 3-3-11　生产线整体布置

与预制板生产工序相匹配，自动化、智能化设备的布置顺序为立轴行星式搅拌机、拌合物运输机、数字化自动布料机、阵列式数字化自动振捣机、数字化自动平板振捣整平机、自动滚平覆膜机。预制板生产整个工艺流程均由智能化设备自动完成，实现了预制板从混凝土搅拌至浇筑完成的标准化施工。自动化设备布置见图 3-3-12。

图 3-3-12 自动化设备布置

（3）生产线设备。

①立轴行星式搅拌机。

粗集料活性粉末混凝土中掺加粗集料及钢纤维，混凝土黏度大，搅拌质量要求高。通过调研国内外搅拌设备发现，常用的卧式搅拌机虽然具有较好的拌和效果，但拌和能力不足，不适合大规模生产；而且在拌和中对纤维的走向有一定的"梳理"作用，不符合纤维乱向分布的要求，影响材料力学性能和新拌混凝土性能。综合对比拌和效果、拌和能力，选用立轴行星式搅拌机。立轴行星式搅拌机拌和效率高，不会改变纤维的乱向分布，搅拌机内的物料运动轨迹连续圆滑。运动轨迹分析显示，当公转一周时，搅拌叶片的运动轨迹已覆盖整个搅拌主机内仓，见图 3-3-13、图 3-3-14。

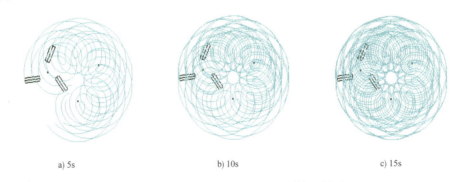

a) 5s　　　　　　　　　b) 10s　　　　　　　　　c) 15s

图 3-3-13 单组搅拌装置 5s、10s、15s 搅拌运动轨迹

a) 5s　　　　　　　　　b) 10s　　　　　　　　　c) 15s

图 3-3-14 整套搅拌装置 5s、10s、15s 搅拌运动轨迹

生产线配置 2 台立轴行星式搅拌机，容量为 $3m^3$，单盘搅拌能力为 $2.4m^3$。在立轴行星式搅拌机主机的基础上，增加钢纤维储料仓、钢纤维快速布撒器、自动称重水箱。钢纤维储料仓由计算机控制自

动启动钢纤维快速布撒器，在1min内快速、均匀地向正在搅拌的湿料中投入钢纤维。自动称重水箱可预先通过控制计算机设置进水量，当水箱进水量达到预设值时，自动切断供水通路，确保进水量与预设进水量一致。水箱的称重精度为0.5%。干拌工序完成后，控制计算机启动喷洒水泵，水通过搅拌机主机内的多个喷头均匀喷洒。

整套拌和系统由控制计算机和控制器自动控制。通过控制计算机可预设干拌时间、加水时刻、湿拌时间、布撒纤维时刻、纤维拌和时间及开仓下料时间。干粉料、集料投料完成后，其余的拌和工作实现全自动控制。通过自动化拌和设备实现了标准化拌和。

绿色施工方面：搅拌机采用研发的专用减速机，具有扭矩大、噪声低、耐用性强等特点；设置脉冲反吹除尘器、钢纤维投料降噪装置、钢纤维振动给料机。整个投料过程中均处于密封状态，做到环保降噪。立轴行星式搅拌机见图 3-3-15。

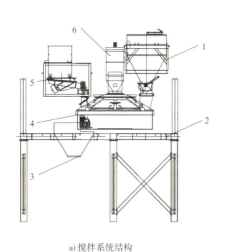
a) 搅拌系统结构

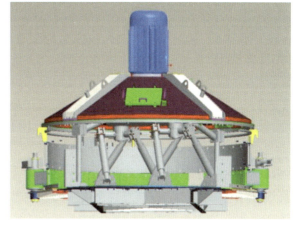
b) 立轴搅拌机模型

图 3-3-15　立轴行星式搅拌机
1-集料斗；2-机架；3-卸料口；4-搅拌主机；5-钢纤维给料机；6-除尘装置

②拌合物运输机。

为了保持拌合物的流动性，拌合物出机后在料斗内静置时间不超过3min，因此对比振动式吊斗运输与送料车运输两种运输方式。吊斗运输是短距离运送混凝土的常规运输方式，构造简单，使用方便，设置附着式振动器加快下料，料门开启采用电控液压推杆方式，基本可满足施工需求；但易受到人为因素的干扰与拌合物挂壁堆积影响，并且吊斗吊运使用桥式起重机，会与上料系统桥式起重机冲突，无法保证运输时间。

与吊斗依赖桥式起重机吊运不同，拌合物运输机具有自行走功能，可沿轨道行走。轨道采用单门架结构，轨道长160m，小车行走速度90~100m/min，在1.5min左右可将拌合物运输到位。此外，料斗内衬耐磨聚四氟乙烯材料，不黏混凝土、易清洗，解决拌合物挂壁的问题。料斗设计容积大于搅拌机的单盘拌和量，单盘拌合物可一次性运送，并且运送、下料时间可控制在2min左右。拌合物运输机见图 3-3-16。

拌合物运输机作为空中轨道式智能型运输设备，运行平稳，不占用地面空间，无线操控，可实现多工位装料和卸料。运输作业工作流程为：运送拌合物到指定工位后，自动启动卸料装置按钮，圆筒形仓体慢慢旋转，仓口从上方转动到下方，物料从圆筒形仓内倒出，实现翻转卸料，翻转卸料后自动行走至搅拌机出料口下方，等待下一盘拌合物搅拌完成。

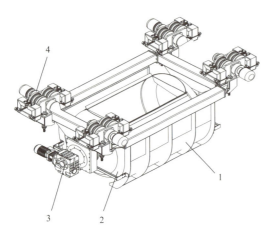 

a) 结构设计图　　　　　　　　　　　　　　　b) 实物图

图 3-3-16　拌合物运输机

1- 挡斜板；2- 仓体总成；3- 卸料装置；4- 跑车及夹轮总成

③数字化自动布料机。

预制板尺寸大，钢筋网间距小。通过试验发现常规布料机布料时混凝土出料量无法控制，混凝土易堆积在钢筋网上，无法达到均匀布料的要求，施工效率低。南京五桥项目提出新的自动布料原理以及主动控制出料量的方式，实现大黏滞度的粗集料活性粉末混凝土自动布料要求，解决了布料不均匀的问题。

数字化自动布料机由行走车架和布料斗组成，轨道采用定制机械齿条，走位精准，布料斗内部设有六叶星轮，通过星轮转速和布料斗行进速度共同控制出料量，并配置称重检测传感器和布料速度传感器，实现定量、均匀布料。其结构见图 3-3-17。

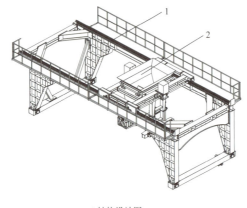 

a) 结构设计图　　　　　　　　　　　　　　　b) 实物图

图 3-3-17　数字化自动布料机

1- 行走车架；2- 布料斗

工作时，布料斗沿模具短边方向行走，分条带布料，控制布料宽度与布料时间，布料斗两侧设置宽度不小于布料宽度的振动式刮板，利用粗集料活性粉末混凝土触变性能优良的特点，通过刮板的振动恢复混凝土流动性，便于刮板将高出构件上表面的混凝土在行进间推平，从而实现布料厚度的控制。

标准桥面板平面尺寸达 11.3m×6.92m，体积约 13m³，采用多次、条带布料方式，每一条带的布料体积与单盘搅拌量相匹配。布料机设置液压升降式挡料板，布料时挡料板下降至钢筋网上表面，形成临时模板，限制混凝土的流动范围；布料完成后，将挡板提升，使其高于混凝土上表面，并随布料机移动，实现布料宽度的控制。布料机细部结构见图 3-3-18。

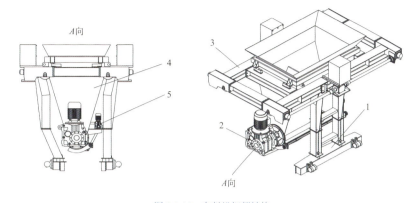

图 3-3-18 布料机细部结构
1- 振动刮板；2- 星轮驱动装置；3- 布料行走架；4- 布料斗体；5- 料门驱动装置

④阵列式数字化自动振捣机。

国内装配式构件生产线振捣设备常采用振动台施工，粗集料活性粉末混凝土黏度大，常规的振动台限于振动力不能实现混凝土振捣密实。研究表明，采用插入式振捣可获得较好的纤维、粗集料分布和排泡效果，但是传统的插入式振捣通过人工完成，人员投入多，而且易受人为因素干扰，难以实现标准化振捣。同时粗集料活性粉末混凝土易出现表面假凝现象，需快速完成振捣。

为实现多振点同时、快速、标准化振捣，应用数控阵列式自动振捣机，采用模具全宽布置振动棒阵列，振动棒在全断面进行振捣，采用高频振捣棒从钢筋网眼中心插入，自动化程序控制振捣参数。

阵列式数字化自动振捣机由行走大车和排振系统组成。振捣棒沿预制板短边方向满布，在振捣机前进方向布置 3 排，相邻振捣棒间距为 20cm。振捣机大车行走轨道采用机械齿条精准定位，确保振捣棒能对准钢筋网眼中心。采用高频振捣棒组成排振系统，模块化设计，独立升降，满足榫位及不同类型预制板的振捣，所有振捣棒的插入、拔出、振捣时间及振捣频率等技术参数均按要求设定程序进行控制。阵列式数字化自动振捣机结构见图 3-3-19。

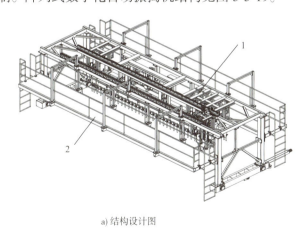

a) 结构设计图

b) 实物图

图 3-3-19 阵列式数字化自动振捣机
1- 排振系统；2- 排振行走大车

为满足燕尾榫特殊结构的振捣，榫位与非榫位部分振动棒能单独升降振捣，3 排振动棒根据控制系统内设置的振捣组合程序，可在燕尾榫位置适时下放振动棒，完成燕尾榫振捣。

混凝土浇筑前对排式振捣机进行调试及偏位调整，具体振捣流程为：

a. 开启振捣棒；

b. 当振捣棒振动频率达到 200Hz 后，以最快速度插入距底模 1.5cm 处；

c. 留振 8s，拔出 7s；

d. 排式振捣机大车向前行走至下一个振捣位，重复 a~c 振捣动作。

振捣系统中增设补位振捣棒，当单根或多根振捣棒出现故障时，振捣机能发出警报显示损坏的振捣棒位置，补位振捣棒对故障出现位置进行补位振捣。振捣棒采用易开合的卡扣固定，可在 3min 内完成更换。

⑤数字化自动平板振捣整平机。

经插入式振捣后的混凝土面需及时进行平板振捣整平。常规平板振捣整平机多为振捣梁或振动搓平机。由于粗集料活性粉末混凝土内掺入了钢纤维，混凝土黏度大，采用常规设备复振整平时，会影响面层钢纤维分布，以及发生因振捣梁黏料而破坏已整平的混凝土面的情况。

设计的平板振捣整平机由行走大车、平板振捣器和升降机构 3 部分组成。经插入式振捣后的混凝土面需快速进行平板振捣整平。平板振捣器沿预制板短边方向具有全断面振动能力，沿预制板长边方向的宽度为 40cm，频率为 2850rpm，激振力为 20~30kN（模数变化为 10kN）。工作时平板振捣器最低位置与两边模上表面齐平，控制预制板厚度，保持与混凝土接触，使振波有效整平混凝土面。平板振捣器结构见图 3-3-20。

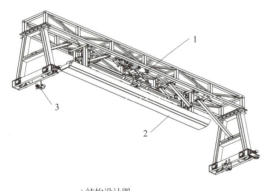 

a) 结构设计图　　　　　　　　　　　　　　b) 实物图

图 3-3-20　平板振捣器

1- 升降结构；2- 平板振动器；3- 行走大车

振捣器底部前进方向一侧设计为弧形倒角，有利于在行进过程中将多出的混凝土赶平，减少或避免混凝土在平板振捣器前端的堆积，并将多出的混凝土补充到表面液化凹陷区域中（插入式高频振捣形成的）。

⑥自动滚平覆膜机。

粗集料活性粉末混凝土的养护大致可分为两个阶段：一是固化、初凝阶段，这一阶段一般持续 24h，养护的重点是防止水分的蒸发；二是脱模养护阶段，与普通混凝土的养护相同，粗集料活性粉末混凝土养护的目的也是为水泥基材料的水化提供适宜的温度和湿度。研究表明，采用覆膜可获得较好的保湿效果。

预制板混凝土整平后及时覆盖保水膜有利于控制裂缝的产生。自动滚平覆膜机由门架结构、大车行走、卷膜行走、压紧、裁剪装置组成，卷膜行走装置滚轴上配有定制的保水薄膜，在完成 2~3 盘混凝土整平后自动将保水薄膜铺贴至预制板上表面，自动裁剪，自动行走至下一工位。自动滚平覆膜机结构见图 3-3-21。

（4）生产线控制系统。

①布料振捣系统。

布料振捣系统包含4个子系统（布料机控制、插入式振捣控制、平板振捣控制、滚压覆膜控制），具有一键启动全自动布料功能。当布料机子系统完成布料后，触发阵列式振捣机、平板振捣机、覆膜机自动启动，实现布料振捣系统自动化运行。同时，布料振捣系统也具有手动强制工作模式，各子系统可由遥控器独立控制，分别完成作业。正常情况下，采用自动模式完成作业，手动强制工作模式用于异常情况处理。

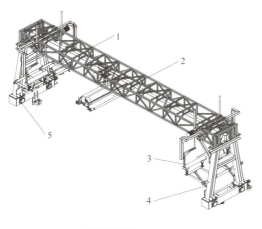 

a) 结构设计图　　　　　　　　　　　　　b) 实物图

图3-3-21　自动滚平覆膜机

1- 压紧装置；2- 卷膜行走装置；3- 裁剪装置；4- 车架；5- 大车行走装置

自动布料时，根据布料斗的重量检测传感器和布料机布料速度传感器的实时数据，自动调整布料机行走速度和布料斗卸料速度，实现均匀布料。

振捣时，根据事先设置的不同类型桥面板的振捣位置布置图以及振捣技术参数，完成振捣系统的编程，通过程序控制桥面板的精准振捣。

生产过程中，不同类型桥面板的生产时间和生产要素等数据，均被记录并传送至数据服务器中保存。

②混凝土输送系统。

混凝土输送系统（即拌合物运输机）主要运行在布料振捣系统和搅拌机之间。当布料系统将已布料重量反馈至控制计算机后，控制计算机将计算拌合物运输机的运行时间，适时触发小车启动，运送拌合物，保证拌合物供应的连续性。

③搅拌机联络系统。

搅拌机联络系统主要接收来自布料振捣系统反馈的混凝土生产数据，控制搅拌机生产量，同时将信号传送至混凝土输送系统，保证混凝土的及时输送。

（5）生产线应用特点。

生产线具有以下几方面应用特点：

①生产线设备行走机构均采用伺服电机和定制机械齿条，实现精准控制定位。

②设备采用数字化、模块化设计，程序控制集成于简单友好的操作界面，有利于人员学习、操作。

③生产线设备根据施工工序独立布置，单个设备之间形成联动，适应性强，便于操作和应急处置。

④数字化自动布料机、阵列式数字化自动振捣机、数字化自动平板振捣整平机"三机一体"，在实际施工时通过对振捣整平后混凝土状态的观察，调整三机之间的距离，在确保混凝土质量的前提下，三机协调运行。

⑤生产线实现供料、浇筑、振捣、整平、覆膜功能的协调与整合，结合新拌混凝土性能，优化供

料系统的行走速度和供料速度；为满足桥面板的燕尾榫特殊构造，将插入式振捣设备中振捣棒阵列式布置、模块化设计，提高适应性，实现全断面自动振捣；桥面板的复振、整平和桥面板厚度的控制通过平板振捣机完成，根据新拌混凝土性能，改进振捣器形状，对高频振捣形成的表面液化凹陷区域进行混凝土补充，取得显著效果。

2. 模具设计与精度控制

相邻桥面板间钢筋连接精度、预埋钢构件与钢梁的匹配，对位精度及整体外形尺寸控制均是毫米级，而传统的混凝土桥面预制模具达不到精度要求，因此需研发高精度模具，同时所研发模具应适应工厂化、智能化制造工艺。

（1）预制模具设计。

模具根据不同的预制板类型进行整合，采用分体式模块化的设计理念，由底模、侧模、燕尾榫芯模等组成。底模开定位预制钢构件槽口、侧模和芯模精加工定位钢筋圆孔，利用槽口、定位孔和定位系统精准控制钢筋位置（特别是钢筋端头机械套筒位置）、预埋钢构件位置。利用模具底模和边模，实现对预制构件外形尺寸精度的控制。预制板模具结构见图3-3-22~图3-3-24。

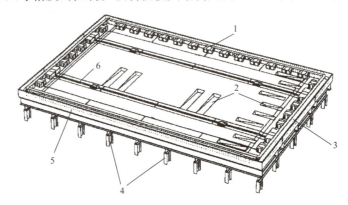

图3-3-22 预制板模具结构
1-芯模；2-预应力齿块；3-边模；4-支撑系统；5-定位拉力板；6-预埋钢板

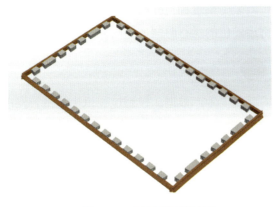

图3-3-23 燕尾榫部分模具结构

图3-3-24 底模底部框架总体结构

（2）预制模具制作。

预制模具的制作精度是保证桥面板预制精度的前提。为此，预制模具的侧模、底模、芯模全部采用精加工制作。加工过程中重点控制底模的平面度、侧模的直线度、侧模和芯模的开孔精度以及预埋钢构件的槽口加工精度。高精度的模具系统也为桥面板与钢梁的快速叠合创造条件，为生产线的构建提供重要的基础。

（3）预制模具及预埋件定位精度控制。

在拼装时利用水准仪和水平尺对分块的底模高程进行调整，保证分块底模平整度和模具整体高程。预埋件定位精度控制在±1mm以内。定位控制点包括T形预埋件的相对位置及横隔板之间的间距、预制板周边预埋钢板外轮廓尺寸、T形预埋件横隔板上开设的与钢箱梁隔板连接的高强度螺栓孔位置。

预制模具侧模、芯模及预埋钢构件利用统一的测量基准线进行定位，保证预埋钢构件统一的定位基准。在预埋件和底模上标记安装基准线，模具中设预埋件卡槽。预埋时，首先利用卡槽初定位，再对正预埋件的纵、横基线与模具底模上的纵、横基线进行微调后精确定位。基线由组合梁主腹板位置引伸后预先画线。T形预埋件定位示意见图3-3-25。

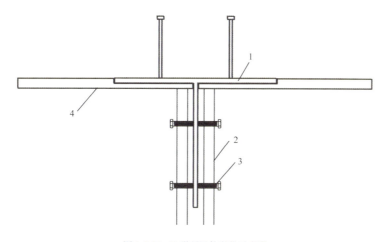

图 3-3-25　T形预埋件定位示意图
1- 预埋T形钢板；2- 模具底板支撑；3- 紧固螺栓；4- 模具底板

预制板周圈预埋钢板伸出混凝土板，模具的边模安装时需压紧预埋钢板并用螺栓紧固。预制板边模分为4块，长边模上画有定位基准线，与底模上的安装基准线相对应。首次利用基准线精确定位两条长边模后，依据预制板结构尺寸安装剩余两条短边模组成整体；后续安装边模时通过边模和底模上预留定位销孔眼，即可对边模进行精确定位。

边模安装后，安装燕尾榫芯模。芯模同样依靠边模上定位销固定位置，快速安装定位并用螺栓紧固；燕尾榫芯模中间预留缝采用铁皮封堵，防止漏浆。相关图片见图3-3-26~图3-3-28。

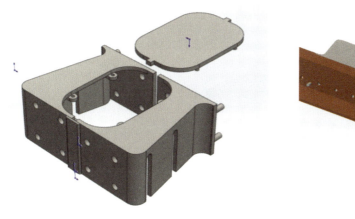

图 3-3-26　燕尾榫芯模屏

图 3-3-27　燕尾榫芯模与边模结构屏

图 3-3-28 预制模具及预埋钢构件定位示意图

（4）预制板钢筋定位。

钢筋定位通过底模四周的边定位板来实现。定位板上布置有与钢筋一一对应的孔，孔径公差控制在0~0.5mm，孔群中心距公差控制在0~1mm。套筒连接螺栓分别穿过定位板、边模、芯模后，与钢筋端部的螺纹套筒连接，用力矩扳手拧紧，通过控制螺栓的力矩来实现钢筋的张拉。

（5）液压顶出系统。

预制板采用自动顶出脱模工艺。在底模设置4台液压千斤顶。液压顶出系统由油缸、液压站、控制系统组成。液压顶出系统与底模活动结构相连，在预制板养护时间达到设计要求后，通过液压顶出系统实现预制板与底模分离。液压顶升系统选用4台FYG18-140-100E-200型油缸，单台油缸额定工作压力16MPa，承载力240kN；4台油缸同时工作，可顶升960kN；液压回路设置同步阀，确保4台油缸同步升降。液压顶出系统见图3-3-29。

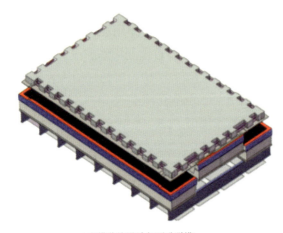

a) 底模分块设计与顶升脱模　　　　　　　b) 液压顶升机构

图 3-3-29　液压顶出系统

（6）实施效果及验收要求。

预制板制造结果表明，桥面板平面几何尺寸误差不大于3mm，桥面板厚度误差不大于5mm，钢筋位置误差不大于0.5mm，钢筋相对误差不大于1mm，预埋T形预埋板位置误差不大于1mm，桥面板底部平整无错台。模板组装尺寸检验指标见表3-3-3。

高精度的模具系统为桥面板与钢梁的快速叠合创造条件，为生产线的构建提供重要的基础，同时也是生产线的重要组成部分。该模具系统的研制，改变了混凝土工程模板粗放拼装的模式，对组合梁预制板模板具有重要的指导作用。

模板组装尺寸检验指标　　　　表3-3-3

检验指标	控制精度	检验指标	控制精度
模具施工变形	<2mm	模具长、宽误差	2‰且≤3mm
钢筋定位孔孔径误差	≤0.5mm	模具高度整体误差	≤5mm
单侧孔群位置误差	≤1mm	模具相互拼装错台	≤1mm
两侧孔群同心度误差	≤1mm	模具拼装缝隙	≤1mm
模具表面平整度	<3mm	模具外观质量	模面光滑平整，无锈蚀、麻坑、划痕、锤击痕迹，外观质量要美观，所有线条要横平竖直
模具面周边直线度	≤1mm/1m		

3. 桥面板预制工艺

（1）总体预制施工工艺。

粗集料活性粉末混凝土性能易受外界环境影响，流动性损失快、黏度大，施工随机因素对桥面板质量影响大。南京五桥项目采用规模化、工厂化的生产方式，实现高质量、高效率、高精度的桥面板生产。

预制板的生产工序包括钢筋绑扎、投料、拌和、运输、布料、振捣、覆膜保湿、养护、起吊。对预制板的生产工序进行分解，从标准化、自动化、智能化着手，形成一套全新的标准化施工工艺，即拌、即浇、即振、即平、即养护，最大程度提高预制质量及工效。

预制板采用自动化流水线方式生产。混凝土由生产线端部的自动拌和系统搅拌，拌合物运输机在拌和楼出料口等待接料，接料后通过空中轨道送料至布料机，布料机沿模具分条带依次布料，阵列式振捣机对摊铺完成的混凝土进行插入式振捣，平板振捣整平机对排振过后的混凝土进行复振整平，覆膜机对整平后的混凝土覆盖保水膜养护。在规定时间内拆除边模并凿毛，满足起吊要求后起吊至室外水养池中浸入式养护15d，然后吊运至堆存区堆存并继续保湿养护，养护总时间不少于30d。桥面板预制施工工序流程见图3-3-30。

图3-3-30　桥面板预制施工工序流程

（2）预埋钢构件制作。

预埋钢构件包括与钢梁隔板对接的预埋T形构件及与钢梁翼缘板对接的周圈预埋钢板，结构见图3-3-31。为保证预埋钢构件在预制模具中的精准定位以及钢混组合梁总拼时预制桥面板的定位组装，预埋钢构件制作时，严格控制翼缘板的下料宽度、组装精度、剪力钉位置精度和翼缘板平面度等；制作完成后在翼缘板上表面上画出纵横基线，作为桥面板预制时的定位基准和桥面板与钢梁总拼时的定位基准。

（3）原材料。

①桥面板原材料包括混凝土原材料（活性粉末、钢纤维、外加剂、碎石、砂）、钢筋、直螺纹套筒、预应力锚具等。粗集料采用水洗并烘干；细集料过筛后烘干，采用防潮吨袋包装；核心组分由厂

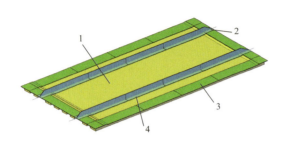

图 3-3-31 预埋钢构件示意图

1- 混凝土面板；2- 预埋钢构件基线；3- 周圈预埋钢板；4- 预埋T形钢构件

家分类计量包装；外加剂计量后桶装。混凝土原材料均存储在专用仓库内。仓库顶棚与侧墙采用双层复合板结构，以便密封、防潮；仓库内配置空调降温除湿，提供恒温恒湿的材料储存环境。

②根据相关规范要求完成钢筋、预应力锚具等材料的检测复试。材料进场时，检查其质量证明文件和外观质量，经检查合格后进场堆放至专用仓库内。钢筋按牌号、炉罐号、规格、检验状态分别标志存放在专用堆存架上，层与层之间采用槽钢支垫。其他预应力锚具等材料应堆放整齐、标志清晰。

③实施效果及验收要求。

粗集料活性粉末混凝土中的原材料均取样进行检测，检测结果均满足设计要求，见表3-3-4。

核心组分检测结果　　　　表3-3-4

检测项目	技术指标	检测结果平均值
坍落扩展度（mm）	≥550	660
抗压强度（MPa）	≥150	161.39
弯曲初裂强度（MPa）	≥13.0	13.9
极限抗弯强度（MPa）	≥20.0	22.4
弹性模量（GPa）	≥48.0	49.86

（4）钢筋工程。

①钢筋丝头加工。

桥面板及组合梁节段之间采用直螺纹套筒连接。钢筋丝头加工必须确保精度，下料精度以−4~0mm为控制标准，钢筋端面打磨平整与钢筋轴线垂直，及时调直端部弯曲部位。钢筋两端轧丝并预先与套筒可靠连接，连接后钢筋长度（含套筒长度）比钢筋对应位置处的桥面板长（或宽）每端小2~3mm。

为确保套筒机械连接强度，丝头加工时使用水性润滑液，加工完毕经检验合格后，画线标识并拧上套筒至画线位置，防止转运钢筋时损坏丝头。加工完成之后，丝头尺寸用专用的螺纹环规检验，以通规能顺利旋入且旋入长度不得超过$3P$（P为螺距）为控制标准。验收丝头有效螺纹数量，及时处理损坏件及锈蚀件，牙顶宽度大于$0.3P$的不完整螺纹累计长度不超过两个螺纹周长。钢筋自动剥肋滚丝、钢筋丝牙画线标识分别见图3-3-32和图3-3-33。

②钢筋绑扎。

预制板钢筋为两层间距100mm的钢筋网，钢筋骨架面积大、刚度小（架立钢筋为直径8mm圆钢）。桥面板钢筋净保护层厚度为顶板20mm、底板25mm，误差0~3mm；由于桥面板钢筋与湿接缝钢筋通过直螺纹套筒机械连接，且混凝土振捣采用阵列式数字化自动振捣机全断面一次性振捣，因此桥面板钢筋定位精度要求极高。

钢筋绑扎采用模具内绑扎工艺，钢筋分上、下层绑扎。每层钢筋使用螺栓与边定位拉力板固定并张紧，短钢筋张紧4.0kN±0.5kN的拉力，长钢筋张紧2.0kN±0.5kN的拉力。钢筋预先张紧（即预紧）一方面可防止钢筋在振捣过程中位移，另一方面有效控制混凝土保护层厚度。预紧时需用扳手固定直螺纹套筒，以钢筋丝牙画线标记为基准，防止丝牙与直螺纹套筒连接长度不满足规范要求。

图 3-3-32　钢筋自动剥肋滚丝

图 3-3-33　钢筋丝牙画线标识

底层钢筋采用上口 ϕ18mm、下口 ϕ6mm、高25mm的锥台形状钢支垫作为垫块，支撑于预制板T形预埋件和预埋钢板上表面，有效控制混凝土保护层厚度。钢支撑垫块见图3-3-34。

钢筋预紧后，套筒端与相邻边模及芯模的距离以2~3mm为宜，并在套筒与模具结合处设置内径略小于钢筋直径、厚度不小于6mm的橡胶垫圈（图3-3-35），防止混凝土浆体进入连接螺栓丝牙套筒与模具结合处。

图 3-3-34　钢支撑垫块

图 3-3-35　橡胶垫圈

③实施效果及验收要求。

通过执行钢筋绑扎控制要求，短边及长边方向钢筋间距不大于2mm，预埋件位置偏差不大于1mm，高精度的钢筋定位实现预制板叠合及现场湿接缝的有效连接。钢筋下料及绑扎检验指标见表3-3-5。

钢筋下料及绑扎检验指标　　　　表3-3-5

检验指标	控制精度	检验指标	控制精度
钢筋下料长度	−4mm 且不允许正误差	短边方向钢筋间距	±2mm
套筒连接后钢筋长度（含套筒长度）	比预制板结构每端小 3mm	长边方向钢筋间距	±2mm
短钢筋张紧力	4.0kN ± 0.5kN	钢预埋件位置	±1mm
长钢筋张紧力	2.0kN ± 0.5kN	横向预应力位置	±2mm（竖向）/ ±5mm（纵向）
钢筋张紧后套筒端与相邻模具距离	2~3mm	钢筋净保护层	±4mm

（5）混凝土拌和工艺。

①拌和参数选择。

在固定配合比和原材料质量检验指标以及搅拌制度的前提下开展混凝土在不同条件的控制参数研究。参考材料生产厂家和前期工艺试验总结的基本信息，确定不同季节温度下利于施工的混凝土扩展度变化区间。预制板浇筑过程中对混凝土状态数据实时监测统计，现场取料，检验不同条件下利于施工的混凝土指标参数，具体对比内容见表3-3-6。

不同入模坍落扩展度成形、振捣、整平情况 表3-3-6

坍落扩展度（mm）	入模状态	状态 1		状态 2	
		振捣	整平	20min后振捣	整平
≤420	部分情况下，混合料会挂在钢筋网上，无法顺利进入层间钢筋网，影响布料效果，成形后预制板切开后内部孔隙较多	效果不佳	表面带料	效果差	表面带料
420	大部分情况下可进入层间钢筋网，来回循环布料后能布满	效果较好	表面尚可	效果有影响	表面带料
430	有流动较慢情况存在，但都能较容易进入层间钢筋网，来回循环布料后目视均能布密实，成形后预制板切开后内部孔隙正常	效果较好	效果较好	效果较好	效果较好
445	较容易进入层间钢筋网，成形效果较好	效果较好	效果较好	效果较好	效果较好
450	较容易进入层间钢筋网，成形效果较好	效果较好	效果较好	效果较好	效果较好
475	容易进入层间钢筋网，但泌水多，成形效果不良	表面较稀	效果较好	—	—

投料时间应与拌和、布料、振捣时间相协调，具体搅拌工艺见表3-3-7。

粗集料活性粉末混凝土搅拌工艺 表3-3-7

工艺流程	活性粉末粗细集料预拌	加外加剂和水湿拌	湿拌（含纤维投入）
阶段用时（min）	1	3	4

依据试验结论并且经过生产线工艺验证，从混凝土易于施工和性能控制方面考虑，粗集料活性粉末混凝土施工扩展度冬季控制不超过430mm，夏季控制不超过450mm。

②拌和工艺

为加快单盘混凝土原材的投料速度，设置集料中储斗和钢纤维中储斗，根据不同型号预制板浇筑的条带数量对应配置。粗集料活性粉末混凝土各组分投料顺序会影响钢纤维分布均匀性，从而影响构件力学性能。浇筑前，先将活性粉末、细集料、粗集料吨袋投放到集料中储斗中，装入顺序为碎石→活性粉末→砂，钢纤维投放至钢纤维中储斗中；搅拌时，仅需桁车吊运两种中储斗向搅拌机进行投料，可有效缩短原材料准备时间。混凝土拌和系统见图3-3-36。

（6）混凝土布料振捣工艺。

①布料振捣参数选择。

为实现自动精确布料，利用粗集活性粉末混凝土密度稳定的特点，将单位时间出料体积转化为单位时间出料质量。在料仓上设置称重传感器，通过实时测量单位时间的出料质量获得出料体积；当出料体积与理论供料量不符时，变化六叶芯轮转速，调节出料量，使之符合理论出料量。通过出料量、转速间闭环控制的方法实现自动精确布料。

对高频振捣棒与多种普通振捣棒进行振捣效果对比，并进一步考察垂直插入和倾斜插入对粗集料活性粉末混凝土中粗集料分布、钢纤维分布和气泡分布的影响，优选振捣插入方式。在此基础上，综合考虑振捣棒交替振捣和同时振捣的情况，确定振捣棒间距、振捣留振时间与拔出时间。

a) 拌和系统

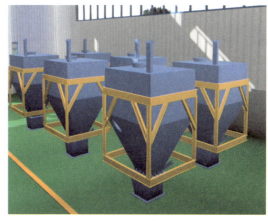

b) 集料粉料中储斗

图3-3-36　混凝土拌和系统

②布料振捣工艺。

拌合物被运送到指定工位后，自动启动卸料装置按钮，圆筒形仓体慢慢旋转，仓口从上方转动到下方，物料从圆筒形仓内倒出，实现翻转卸料；翻转卸料后的运输机自动行走至搅拌机出料口下方，等待下一盘料搅拌完成。

由拌合物运输机运送混凝土至数字化自动布料机，分条带布料，通过六叶星轮转速与布料斗行进速度控制出料量，再通过布料机的可调节式振动刮板和挡料杆来调整布料机条带宽度。预制板分两层布料，布料厚度比桥面板设计厚度高1cm。布料机内部结构见图3-3-37和图3-3-38。

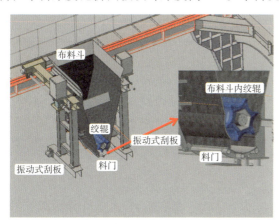

图3-3-37　布料斗内部结构示意图

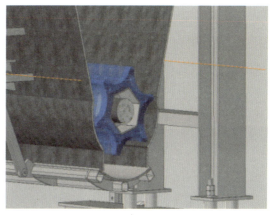

图3-3-38　布料斗内六叶星轮

桥面板尺寸较大，且混凝土较为黏稠，常规人工整平方法不再适用，故采用数字化自动平板振捣整平机沿桥面板短边方向全断面振捣整平。当插入式振捣2~3个条带后（具体视浇筑板型号而定），开始平板振捣；行进过程中，将多出的混凝土赶平，并将其挤压、补充到插入式振捣后留下的振捣位高频振捣形成的表面液化凹陷区域中。辅助人员跟随清理模具上方遗留的混凝土残渣、浆体。施工过程见图3-3-39和图3-3-40。

③工艺验证。

a.试件、素混凝土板验证。

对混凝土原材料进行取样检测并试拌，制作试件和素混凝土板进行检测。在验证配合比前提下，着重检测混凝土力学性能指标。检测结果平均值均满足技术指标要求，详见表3-3-8。

图 3-3-39 混凝土插入式振捣示意图

图 3-3-40 混凝土整平

粗集料活性粉末混凝土试验检测结果　　　　　　　　表3-3-8

检测项目		技术指标	检测结果平均值
抗压强度（MPa）		≥ 150.0	179.8
弹性模量（GPa）		≥ 54.0	54.4
弯曲初裂强度（MPa）		≥ 11.0	12.8
极限抗弯强度（MPa）		≥ 18.0	23.1
断裂韧性（kJ/m^2）		≥ 20.0	22.2
90d 总收缩应变		≤ 300 × 10^{-6}	170 × 10^{-6}
氯离子扩散系数（m^2/s）		≤ 0.03 × 10^{-12}	0.01 × 10^{-12}
构件性能素板表征	弯曲初裂应力（MPa）	≥ 10.0	13.2
	极限抗弯强度（MPa）	≥ 16.0	20.1
	特征缝宽 0.05mm 时名义应力（MPa）	≥ 12.0	15.4

b. 钻芯取样验证。

随机选取预制板一个混凝土条带，对条带内的单个插入式振捣位、2个振捣位之间、4个振捣位之间的混凝土分别进行钻芯取样（图3-3-41~图3-3-43），检验排式振捣机插入式振捣的效果。经验证，阵列式数字化自动振捣机按照预定程序进行插入式振捣，可满足混凝土对密实度的要求。

图 3-3-41 单个振捣位芯样

图 3-3-42 2 个振捣位之间芯样

图 3-3-43　4 个振捣位之间芯样

c. 整板工艺试验。

将整板切割为1.8m×0.5m小板，进行小板的静力破坏性试验和小板疲劳试验。粗集料活性粉末混凝土构件性能采用素混凝土板表征，其主要技术指标详见表3-3-9，小板试验检测平均值见表3-3-10。

粗集料活性粉末素混凝土板技术指标目标值　　　　表3-3-9

弯曲初裂应力（MPa）	极限抗弯强度（MPa）	特征缝宽 0.05mm 时名义应力（MPa）
≥10.0	≥16.0	≥12.0

小板试验检测平均值　　　　表3-3-10

开裂应力（MPa）	特征缝宽名义应力（MPa）				破坏名义应力（MPa）
	缝宽 0.05mm	缝宽 0.10mm	缝宽 0.15mm	缝宽 0.20mm	
10.3	15.6	20.8	26	30.4	41.7

通过工艺试验，验证布料振捣工艺的合理性，证实采用自动化设备生产的桥面板能够满足技术指标要求。

（7）养护工艺。

①覆膜。

在完成2~3盘混凝土平板振捣后，采用自动滚平覆膜机跟进，将定尺保水薄膜铺贴至已整平预制板上表面，保水养护，过程见图3-3-44。

图 3-3-44　覆盖薄膜保水

②桥面板拆模、凿毛。

混凝土成形之后强度较高，为避免拆模损坏其表面质量，并减少对模板的损伤，在预制板混凝土终凝后72h（浇筑完成后60h左右）拆除边定位拉力板、边模及芯模。拆模后立即采用高压水射流设备对预制板四周立面进行凿毛处理，凿毛水枪射流压强≥60MPa，凿毛程度以露出粗集料和钢纤维为标准（图3-3-45）。凿毛过程中作业人员做好个人防护，凿毛区域禁止其他人员和设备靠近。

③预制板养护。

根据粗集料活性粉末混凝土养护要求，在终凝后24h去除顶板覆盖的保水薄膜，及时覆盖土工布并洒水养护。为保证桥面板持续保湿，降低人工成本，养护采用定时自动滴灌装置，无需人工操作，定时定量滴灌，确保预制板养护满足要求，见图3-3-46。

图3-3-45　高压水枪预制板凿毛面

图3-3-46　预制板自动滴灌养护

预制板混凝土终凝后保湿养护72h，即可将底模中间模块通过液压顶出系统与预制板脱离。预制板顶升后将预制板起吊至室外水养池中浸入式养护15d，见图3-3-47。

图3-3-47　预制板水养池浸入式养护与堆存

将水养时间满足要求的预制板起吊至堆存区继续保湿养护，养护总时间不少于30 d。预制板层与层之间同样设置定时自动滴灌装置，顶板养护的同时，底板湿度也应保持不小于90%。

④实施效果及验收要求。

南京五桥项目建设15座标准养护水池，并配置保温加热装置，保证桥面板的养护总龄期。水池保湿养护完成后，吊运预制板至堆存区存放，存板期为3个月。通过试验证实，严格执行养护制度，工业化生产的粗集料活性粉末混凝土桥面板前100d收缩量为$247×10^{-6}$，占2年收缩的86%；至300d左右，收缩曲线基本稳定。收缩应变曲线见图3-3-48。粗集料活性粉末混凝土收缩发展较快，按照标准养护工艺养护并确保3个月存板期，桥面板可满足叠合要求。

4. 桥面板过程质量控制

（1）原材料质量控制。

桥面板首次采用粗集料活性粉末混凝土，粗、细集料技术指标要求高。对粗集料进行严格的水洗、烘干、称重后吨袋包装；细集料过筛、烘干、称重后吨袋包装，并设置专用集料存放仓库，隔绝环境因素对原材料的影响。为正常开展原材料技术指标和检测内容，建设单位编制形成《南京长江第五大桥粗集料活性粉末混凝土技术指标及检测验收标准》，指导原材料检测验收。细、粗集料主要技术指标分别见表3-3-11、表3-3-12。

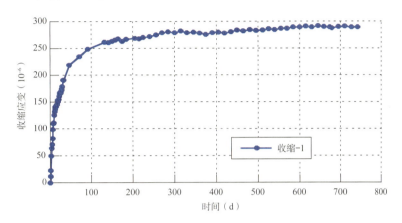

图 3-3-48　收缩应变曲线

细集料主要技术指标　　　　　表3-3-11

序号	项　目	指标	序号	项　目	指标
1	细度模数	2.6~3.0	6	含水率（%）	≤ 0.5
2	公称粒径大于5mm的颗粒含量（按质量计）（%）	0	7	氯化物（以氯离子质量计）（%）	≤ 0.01
3	含泥量（按质量计）（%）	≤ 0.5	8	坚固性质量损失（%）	≤ 8
4	泥块含量（按质量计）（%）	0	9	表观密度（kg/m³）	≥ 2500
5	云母（按质量计）（%）	≤ 0.5	10	松散堆积密度（kg/m³）	≥ 1400

粗集料主要技术指标　　　　　表3-3-12

序号	项　目	指标	序号	项　目	指标
1	最大公称粒径（mm）	≤ 8	5	吸水率（%）	≤ 1.0
2	含泥量（按质量计）（%）	≤ 0.5	6	岩石强度（N/mm²）	≥ 110
3	泥块含量（按质量计）（%）	0	7	针片状颗粒含量（%）	≤ 5
4	含水率（%）	≤ 0.2	8	压碎值指标（%）	≤ 10

（2）布料振捣质量控制。

①条带交界面的振捣。

预制板型号和尺寸的不同，对应的布料条带宽度也有所区别。预先划分6~7个条带，通过设定振捣程序，确保各条带新老混凝土接缝交界面的混凝土振捣质量。交界面混凝土振捣见图3-3-49。

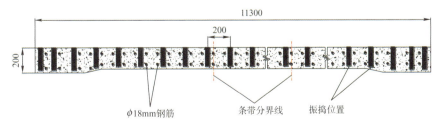

图 3-3-49　交界面混凝土振捣示意图（尺寸单位：mm）

②桥面板平整度控制。

通过以下两项措施，减少对预制板顶面混凝土的黏带：一是将整体式平板振捣器振动平板前进方向一侧设计为弧形倒角（图3-3-50、图3-3-51）；二是在振捣平板下表面涂刷与粗集料活性粉末混凝土不亲和的油膜层。

图 3-3-50 混凝土平板振捣

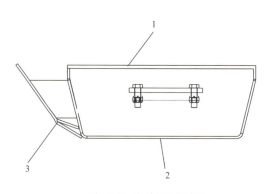

图 3-3-51 振捣梁细部结构

1- 振捣梁；2- 防黏油膜；3- 弧形倒角

平板式振捣机作业时，振捣器下降至与模具紧贴，平板与混凝土保持充分接触后开启振动模式，使振波有效振实拌合物，待表面出浆，不再下沉，即可缓慢向前移动。行进过程自动进行，保持振捣器与边模紧贴，并使振捣器弧形倒角下方充满混凝土，将混凝土填充至插入式振捣留下的高频振捣形成的表面液化凹陷区域中，从而实现桥面板平整度控制。

（3）钢纤维均匀播撒。

搅拌机上设置钢纤维振动给料机。钢纤维预先装入料斗内，经投料口一次性完成投料。振动给料机由振动机构、减振机构、筛网、纤维滑道、下料装置组成。振动机构可加快钢纤维下料速度，也可筛分成团的钢纤维，实现钢纤维的均匀播撒，见图3-3-52和图3-3-53。

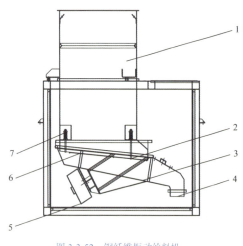

图 3-3-52 钢纤维振动给料机

1- 送料口；2- 筛网；3- 钢纤维滑道；4- 下料装置；5- 振动装置；6- 吊杆；7- 减振装置

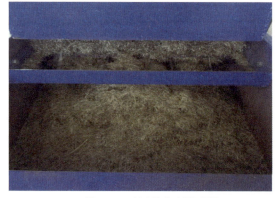

图 3-3-53 振动筛分后的钢纤维

（4）桥面板堆存及养护。

水养池内预制板支垫方式采用多点支垫，沿长边方向支垫数量不少于5个，沿短边方向不少于3个。水养池内叠放第二层时，所有支垫应尽量对齐，避免预制板承受上层板件重量产生的弯矩。预制板支垫见图3-3-54。

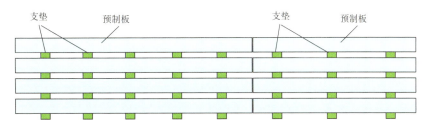

图 3-3-54　预制板支垫示意图

将水养池养护时间满足要求的预制板起吊至堆存区继续保湿养护，养护总时间不少于30d。为保证桥面板冬季养护质量，水养池配置加热装置，通过电加热保证水养池水温不低于10℃，定时检测水养池温度并做好详细记录。加热升温记录见表3-3-13。

南京五桥B1标桥面板水养池加热升温记录表　　　　　表3-3-13

日　　期	天气	气温（℃）	记录时间	水养池加热后水温（℃）	单个水养池加热器数量（组）
2018.12.4	多云	8~12	8:00	13.2	6
			12:00	13.4	
			16:00	12.6	
			20:00	11.5	
2018.12.5	多云	5~10	8:00	13.1	6
			12:00	12.6	
			16:00	12.8	
			20:00	13.4	
2018.12.6	阴	6~10	8:00	12.4	6
			12:00	12.3	
			16:00	12.4	
			20:00	12.6	
2018.12.7	阴	3~7	8:00	12.1	6
			12:00	12.2	
			16:00	13.1	
			20:00	12.1	
2018.12.8	阴	−1~5	8:00	12.3	6
			12:00	12.2	
			16:00	12.6	
			20:00	12.6	
2018.12.9	小雨	−1~7	8:00	13.4	6
			12:00	12.4	
			16:00	12.3	
			20:00	12.4	
2018.12.10	多云	−1~7	8:00	12.6	6
			12:00	12.1	
			16:00	12.3	
			20:00	12.4	

预制板在堆存区采用多层叠高的方式存放,叠高层数不多于4层,层与层之间同样设置定时自动滴灌养护装置。

(5)桥面板成品保护。

已浇筑完成的混凝土表面及时采取有效的覆盖、包裹等防护措施;合理设置浇筑平台及四侧围护,严格布料操作,防止混凝土拌合料溅落;严格执行模板止浆措施,避免水泥浆液渗漏;加强施工设备、机具的维修与保养,设置有效的防漏油装置;预埋件及直螺纹套筒均按规范要求进行防锈处理。

(6)质量控制成果。

预制桥面板质量验收主要控制项允许偏差及实测偏差统计详见表3-3-14。

预制桥面板质量验收允许偏差 表3-3-14

名 称	检测项点	允许偏差(mm)	实测偏差(mm)
预制桥面板	预埋钢构件定位尺寸	±1.0	±1.0
	钢筋定位尺寸	±1.0	±1.0
	结构尺寸	±3.0	±2.0
	厚度	−2~+5	−2~+5
	表面平整度	≤3.0	≤3.0
	桥面板裂纹	不允许	无

5. 预制工效分析

根据各工序施工作业内容分析整体预制施工工效,单个台座占用周期约为4d。单块标准预制板浇筑时间约需120min(表3-3-15),关键施工步骤所用时间统计见表3-3-16。

标准预制板施工工效分析 表3-3-15

作业工序	时长(h)	作业工序	时长(h)
模板安装工序	2	混凝土浇筑工序	2
钢筋绑扎工序	8	养护待强	72

标准预制板混凝土浇筑关键施工步骤所用时间统计 表3-3-16

条带编号	1	2	3	4	5	6
运料时间	1min40s	2min15s	1min42s	1min24s	1min20s	1min20s
布料时间	4min20s	3min15s	3min26s	3min40s	4min10s	4min20s
排式振捣时间	2min2s	1min57s	2min4s	2min7s	2min5s	2min45s
平板振捣时间	2min30s	2min45s	2min57s	3min30s	3min29s	3min40s

三、钢混组合梁总拼

钢混组合梁采用多段连续起拱总拼工艺,即梁段制作与预拼装同步进行。在拱度线形胎架上,一次性完成不少于5个梁段的制作。组合梁节段总拼工艺流程见图3-3-55。

钢混组合梁节段比钢箱梁节段质量更大,总拼过程需考虑场地布置、设备吊装能力、预制板的临时存放,并设计总拼胎架,制定合理的总拼工艺和测量方法,保证钢混组合梁节段的总拼精度。

1. 总拼场地及胎架设计

钢混组合梁总拼在总拼车间内进行。总拼线长度满足9个节段总拼,并预留板单元、预制板的临时存放吊装区域；总拼线宽度至少两侧各宽出梁段1m。地面全部采用混凝土硬化。总拼胎架设计时充分考虑钢混组合梁结构形式、荷载和刚度，采用立柱加横梁、斜撑的构造形式。胎架立柱单点承载力不小于200kN，胎架横梁顶部密布支持撑板的梁段，下方设置运梁平车通道，用于梁段出胎，保证满足总拼需求。总拼胎架见图3-3-56。

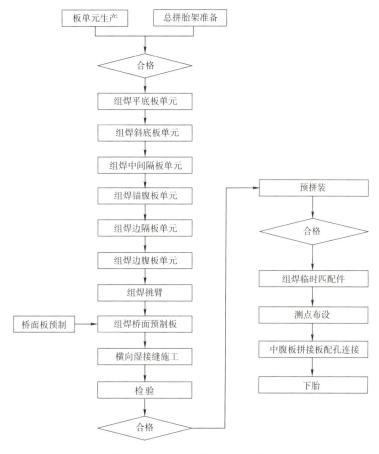

图3-3-55　组合梁节段总拼工艺流程

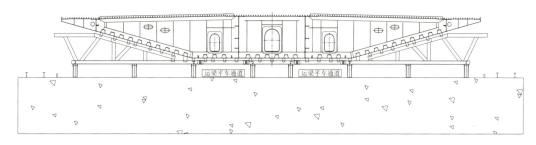

图3-3-56　总拼胎架

2. 总拼测控网

节段总拼时，在节段中腹板和边腹板翼缘板上对应腹板中心位置设置4条纵基线，总拼胎架的两端设置成对的固定式混凝土测量塔，控制4条纵基线的位置精度；混凝土测量塔可有效避免温差对纵基线位置精度的影响，保证节段总拼横向基准稳定。在节段长度中心位置设置节段横基线，作为板单元和混凝土预制板叠合时的纵向组装基准。在总拼胎架厂房立柱根部设置1个稳固水准点，作为控制节段总拼线形高程、各板单元、预制桥面板组装的高程控制基准。节段的纵横基线、固定式混凝土测量塔、稳固水准点共同组成测量控网，以测控组合梁各板单元组拼和预制桥面板叠合，保证组合梁的总拼精度。节段总拼测控网测控见图3-3-57。

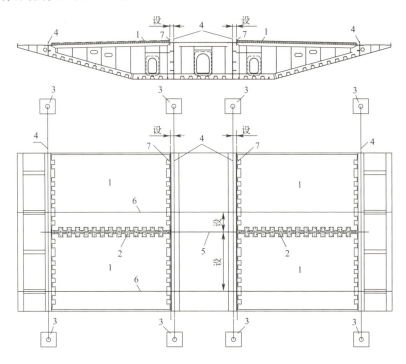

图3-3-57 节段总拼测控网测控

1-预制桥面板；2-横向湿接缝；3-混凝土测量塔；4-纵基线；5-节段横基线；6-预制板横基线；7-预制板纵基线；设-两条基准线间的理论值

3. 组合梁节段制作工艺流程

节段组装时以胎架为外胎，以横隔板为内胎，通过总拼测控网依次组焊各节段的底板单元、斜底板单元、中横隔板单元、锚腹板单元、边隔板单元、边腹板单元、挑臂、混凝土桥面预制板及其他零部件。具体钢混组合梁节段制作流程如3-3-58所示。

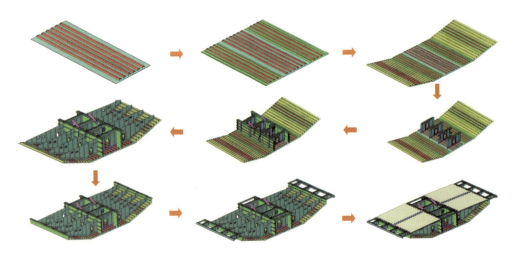

图3-3-58 钢混组合梁节段制作流程

4. 钢梁总拼

钢梁节段总拼时，以中间锚腹板单元腹板中心对应的纵向基准线，辅助测量塔形成的测量网，一次定位组装其他板单元。针对腹板栓接连接的结构及预拼精度要求高的结构特点，采用不拉开间隙、无富余量连续、带预拱线形总拼工艺，见图3-3-59。

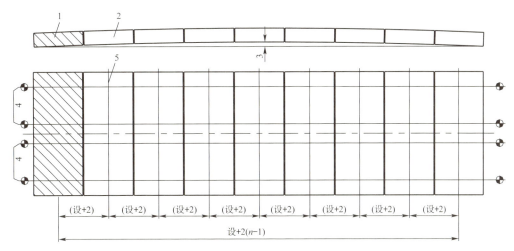

图 3-3-59　钢梁连段无富余量连续、带预拱线形总拼示意图（尺寸单位：mm）
1-复位基准梁段；2-总拼梁段；3-拱度线形；4-纵基线；5-横基线；●-测点位置（测量塔）

为控制焊接变形，提升梁段间的整体匹配性，单个梁段中腹板板之间采用约束梁约束定位，节段间采用工艺拼接板连接，不仅提升钢梁的总拼精度，同时增加钢梁的整体刚度，为桥面预制板组拼叠合提供精度和刚度保障，连接示意见图3-3-60。

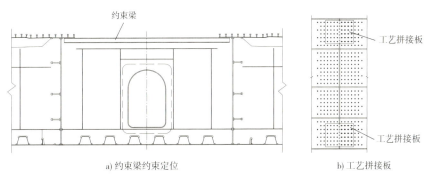

a) 约束梁约束定位　　　　b) 工艺拼接板

图 3-3-60　约束梁及工艺拼接板示意图

5. 桥面板叠合组装

为保证桥面预制板与钢梁的叠合精度，桥面板组装前，利用中间测量塔在中腹板上翼缘板精确修正中腹板纵基线（中腹板中心线）；以纵基线和节段横基线为基准组装混凝土桥面预制板。利用千斤顶和隔板上安装的支撑调整连接件进行微调，确保混凝土预制桥面板预埋T形件和周圈预埋钢板与钢梁隔板、边中腹板翼缘板的精确匹配，保证相邻混凝土预制桥面板湿接缝处的钢筋接头精确对位。混凝土预制桥面板与钢梁调整定位见图3-3-61。

桥面预制板与钢梁精确定位后，为减少焊接对混凝土预制板的收缩影响，先焊接预埋T形件与钢梁隔板的对接焊缝，再焊接预埋钢板与腹板翼缘板对接焊缝，连接横向湿接缝处的拼接板，最后浇筑横向湿接缝。预埋件与钢梁焊接及横向湿接缝浇筑见图3-3-62。

6. 横向湿接缝施工

（1）工厂横向湿接缝施工。

工厂横向湿接缝施工包括钢筋安装、投料、拌和、运输、布料、振捣、覆膜保湿养护等工序。因为湿接缝宽度小、混凝土浇筑体积小，横向湿接缝设计采用微型自动化设备。设备的基本功能以及浇筑工艺流程与预制板基本一致。

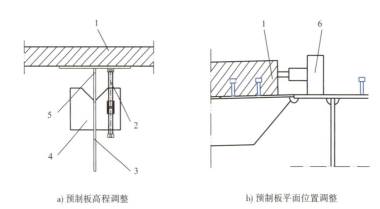

a) 预制板高程调整　　　　b) 预制板平面位置调整

图 3-3-61　混凝土预制桥面板与钢梁调整定位

1-桥面预制板；2-调整丝杠；3-钢梁隔板；4-导向板；5-预埋T形件；6-千斤顶

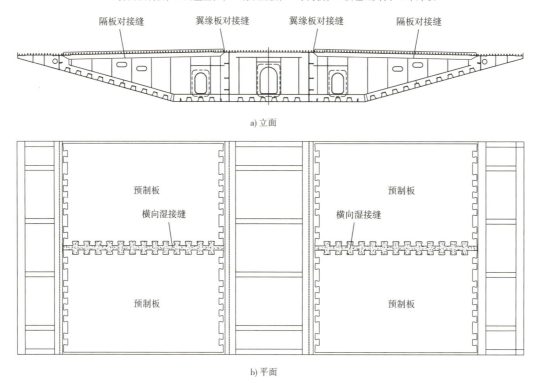

a) 立面

b) 平面

图 3-3-62　预埋件与钢梁焊接及横向湿接缝浇筑

一套横向湿接缝微型自动化设备包含小型立轴行星式搅拌机（0.75m³）、小型插入式排式振捣机（6根高频振捣棒）、小型平板振捣整平机（1.1m宽），见图3-3-63和图3-3-64。

混凝土由布置在总拼线桥面上的微型立轴行星式搅拌机搅拌，搅拌完成卸料至移动料斗内，料斗接料后运至待浇横向湿接缝位置卸料、布料。小型插入式排式振捣机对布料完成的混凝土插入式振捣，小型平板振捣整平机对排振过后的混凝土进行复振整平，人工对整平后的混凝土覆盖保水膜养护。

混凝土原材料、钢筋准备、施工工艺与桥面板预制基本一致，不再赘述。

（2）横向湿接缝养护。

①常规环境养护。

粗集料活性粉末混凝土对外界环境敏感。在完成1盘混凝土平板振捣整平后，及时对混凝土表面覆盖薄膜保水，薄膜宽度大于横缝宽度50cm。在混凝土终凝后24h去除保水薄膜，及时覆盖土工布并洒水养护。

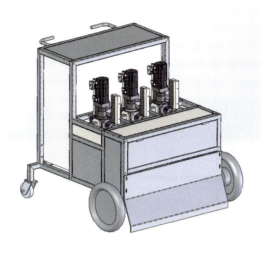
图 3-3-63 小型插入式排式振捣机

图 3-3-64 小型平板振捣整平机

②冬季养护。

平板振捣整平后的混凝土面立即覆盖保水薄膜,在混凝土终凝之前(冬季约浇筑完后10h),去除保水薄膜并立即覆盖湿润的优质土工布,土工布上再覆盖一层耐热塑料膜(塑料膜尺寸需大于土工布尺寸并压紧薄膜四周),最后在塑料膜上覆盖军用棉被保温。以上措施可最大程度减缓混凝土的热量散失,利用其自身的水化热保证强度上升。若现场温度低于0℃,则在耐热薄膜与保温棉被之间铺设定制的电加热带对横缝混凝土进行加热保温养护。

7. 实施效果及验收要求

(1)工厂横向湿接缝质量验收。

工厂横向湿接缝成型的试件检测结果均满足设计技术指标要求,湿接缝现场实体质量检验结果均满足设计规定,检测结果见表3-3-17和表3-3-18。

成型试件检测结果　　　　　　　　　　　　表3-3-17

检测项目	技术指标	检测结果平均值
密度(kg/m³)	≤2650	2600
坍落扩展度(mm)	≥400	420
入模温度(℃)	≤30	12.9
抗压强度(MPa)	≥150.0	159.1
弹性模量(GPa)	≥54.0	55.3
弯曲初裂强度(MPa)	≥10.0	11.5
极限抗弯强度(MPa)	≥18.0	18.0

工厂横向湿接缝实体质量检验结果　　　　　　　　表3-3-18

检测项目		规定值或允许偏差	检测结果平均值
混凝土强度		在合格标准内	满足要求
断面尺寸	宽度(mm)	±20	满足要求
	与相邻预制板高差(mm)	≤8	满足要求
	下表面平整度(mm)	≤8	满足要求

（2）梁段验收检测。

每轮总拼完成后，先按监控要求进行-+-测点的钢印标识，再用水准仪或全站仪测量组合梁拱度线形测点高程，有偏差时，微调各梁段，使其满足监控线形的摆放要求。以中间测量塔为准，用全站仪使梁段桥轴中心线在允许偏差范围内。主要控制测点高程、横基线间距、拱度线形、长度及横向工地焊缝间隙、接口错边量、拼接板通孔率等。各项点检查合格后，焊接节段间定位匹配件、更换复位特配腹板拼接板，同时对梁段进行编号标识。钢混组合梁节段制造及预拼装质量控制允许偏差见表3-3-19，实际检测情况统计见表3-3-20。

钢混组合梁节段制造及预拼装质量控制允许偏差　　　　表3-3-19

名　　称	检测项点	允许偏差（mm）	备　　注
节段制造	梁长	±2.0	
	梁高	±2.0	钢梁高度
	梁宽	±4.0	测量节段半宽尺寸
	断面对角线差	≤4.0	
	湿接缝嵌补钢筋对位偏差	≤3.0	
节段预拼装	预拼装长度（L）	≤±2n（累计≤±20）	n 为梁段数，测相邻外腹板横基线间距
	两侧中腹板高程线形相对偏差	≤3.0	
	拱度线形	$L/3000$	L 为节段预拼长度

钢-混组合梁节段制造及预拼装质量控制实测情况统计　　　　表3-3-20

名　　称	检测项点	实际测量数据（mm）	备　　注
节段制造	梁长	-2.0, -1.0, 1.0, 2.0	均可以满足公差要求
	梁高	0, 0.5, 1.0, 2.0	测量钢梁腹板高度，均可以满足公差要求
	梁宽	-3.0, -2.0, -1.0, 1.0, 2.0	测量节段半宽尺寸，总拼过程中按正差控制，90%的节段为0~2.0，10%的节段为-2.0~0
	断面对角线差	1.0, 2.0, 3.0	均可以满足公差要求
	湿接缝嵌补钢筋对位偏差	≤2.0	均可以满足公差要求
节段预拼装	预拼装长度 L	2.0, 5.0, 7.0, 5.0	按4+1个节段统计，检测数值抽取4轮数据，均满足公差要求
	两侧中腹板高程线形相对偏差	1.0, 2.0, 3.0	90%的测点均不大于2.0，个别节段3.0
	拱度线形	1.0, 2.0, 3.0, 4.0, 5.0	标准梁段梁长度14600mm，每个节段偏差≤5.0，95%的测点均不大于4.0，个别点5.0

四、纵向湿接缝施工

1. 施工总体部署

（1）生产线布置。

纵向湿接缝采用与预制板相同配合比的粗集料活性粉末混凝土，施工工艺与预制板基本相同，不同之处在于纵向湿接缝后浇带的几何尺寸以及施工作业环境与预制板相差较大。南京五桥建设了标准化的纵向湿接缝浇筑生产线，应用纵缝一体式浇筑生产设备。与预制板施工相似，纵向湿接缝施工流程包括拌和、布料、振捣、整平等工序，施工流程见图3-3-65。因纵缝面积较小，采用人工覆膜，未采用自动覆膜工艺。纵向湿接缝生产线布置详见图3-3-66。

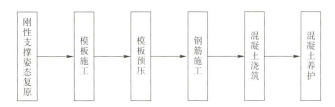

图 3-3-65　纵向湿接缝施工流程

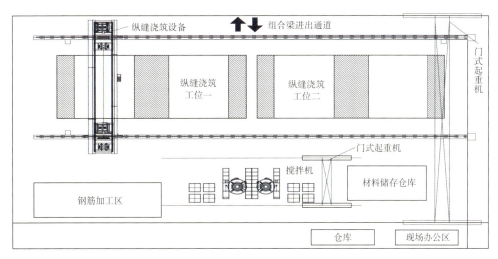

图 3-3-66　纵向湿接缝生产线布置

（2）纵向湿接缝施工设备。

混凝土拌和仍采用立轴行星式自动拌和系统，同样具备自动布撒纤维、自动控制拌和时间的功能。

纵向湿接缝自动布料机包含驱动系统、布料斗、振动刮板，采用与预制板自动布料机相同的闭环控制，实现自动均匀布料。由于布料宽度与纵缝宽度相同，故无需起落式挡板。

阵列式自动振捣机共设置2排12列共24根高频振动棒，分为6组，每组可独立起落，独立控制振动时间，可适应中间纵缝和两侧纵缝的宽度不同的需求；左右2列为振捣燕尾榫而设置。由于振动棒分组比预制板更细，因此虽然设备规格小，但控制系统却更为复杂。

纵向湿接缝振捣整平机同样具备复振、提浆整平、控制桥面板厚度的功能，其结构组成、控制方式与预制板基本一致，不再赘述。

2. 组合梁刚性支撑

纵向湿接缝施工在专用的智能化生产线内完成，采用硬化地面，并在节段每道横隔板位置及梁端设置混凝土刚性支撑墩，支撑位置见图3-3-67。梁段摆放后利用调整垫调平梁顶面，使节段的整体尺寸与总拼胎架下胎验收时的尺寸一致，梁面关键控制点的相对高程必须与预拼装时一致，尽可能降低湿接缝施工对接口匹配性的影响，对超差位置加钢垫片调整。

3. 模板施工

组合梁在两侧挑臂和中箱顶纵向湿接缝位置需安装模板。为了确保纵向湿接缝整体外观质量，减少模板拼缝，两侧挑臂处底模板设计为整块钢模板，采用落地支架支撑。模板与支架之间设计支撑丝杠，同时增加液压系统快速安拆设计。纵向湿接缝支模区域见图3-3-68。

组合梁由平板车运至生产线内指定位置并调整好姿态，摆放支撑墩支垫。利用叉车将模板支架倒运至梁段挑臂下方并调整位置，采用膨胀螺栓将支架与地面固定，防止定位后因扰动发生偏位，见图3-3-69。

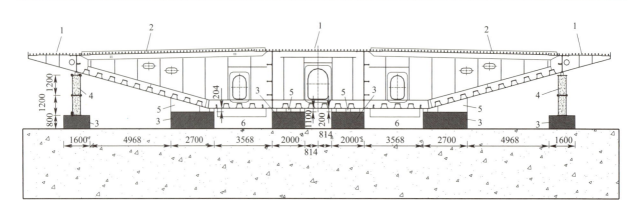

图 3-3-67 纵向湿接缝预压梁段支撑示意图（尺寸单位：mm）
1-纵向湿接缝；2-预制桥面板；3-混凝土刚性支墩；4-钢混组合刚性支墩；5-调整垫；6-运梁车车道

图 3-3-68 纵向湿接缝支模区域

图 3-3-69 组合梁进场摆放调平

利用液压快速顶升模板至钢梁洞口下方与钢梁齐平，为模板初调；利用支撑丝杠精确调整，同时钢梁上作业人员利用水平尺控制模板平整度；模板与钢梁周圈设置2mm调整间隙，并用玻璃胶封堵填平。纵向湿接缝挑臂处底模见图3-3-70。

中间纵向湿接缝需要在梁内进行模板安装与拆除，无起重设备进行辅助吊装。为便于人工安全操作，提高模板拼装精度，采用组合式高强铝合金模板。该模板重量轻、刚度大，可人工搬运、快速拼装。模板与加劲梁螺栓连接，下设丝杠支撑，见图3-3-71和图3-3-72。

图 3-3-70　纵向湿接缝挑臂处底模

图 3-3-71　中间湿接缝铝合金底模板顶部

图 3-3-72　中间湿接缝铝合金底模板底部

纵向湿接缝两端设置端模板，其加工与预制模具端模一致：精加工钻孔，精确定位纵向钢筋，端模设计连接孔借助拼接板预留孔和预制板钢筋套筒进行临时连接固定。

4. 模板预压

纵向湿接缝浇筑土方量大，为保证浇筑后的节段箱口尺寸满足验收要求，施工前对湿接缝施工区域模板进行预压，预压位置为中部及两侧挑臂位置的纵向湿接缝施工区域。要求重物平均分布在浇筑区域，荷载为对应区域纵向湿接缝浇筑混凝土重量的1.25倍；分3级进行加载，依次为1.25倍预压荷载值的60%、80%、100%；预压前监控测量点高程H_0，加载完成后24h，测量各个监控测量点的高程H_1，最后卸掉全部荷载6h后再次测量各个监控测量点的高程H_2。$\Delta_1=H_2-H_0$可认为是预压过程中该测量点的非弹性变形量。$\Delta_2=H_1-H_2$可认为是预压过程中该测量点的弹性变形量。根据弹性变形量的数据，重点关注边腹板相对边腹板以及挑臂相对边腹板的高程变化量，如偏差较大，则需进一步完善支撑方式；如变形量不大，可在节段总拼下胎验收数据基础上，根据变形量大小采取预顶量，保证湿接缝浇筑后的节段断面尺寸。预压测点位置见图3-3-73。

5. 纵向湿接缝浇筑施工

（1）钢筋施工。

钢筋原材进场检测、丝头加工与桥面板预制钢筋加工一致。具体的绑扎工艺、垫块支撑、预应力管道预留定位除与桥面板预制中相应部分一致外，钢筋端部同样采用侧模和芯模定位。

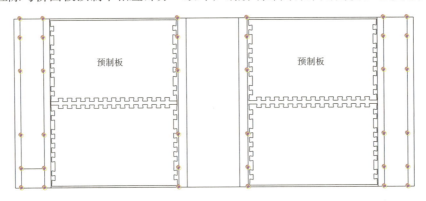

图 3-3-73 预压测点布置

（2）混凝土浇筑。

根据组合梁及工厂湿接缝结构特点，将布料、振捣、整平独立设备进行集成，应用纵缝专用一体化浇筑设备，设备门架跨过单个组合梁节段作业，设备的功能、参数、工艺流程与预制板基本保持一致。纵向湿接缝专用一体化浇筑设备及生产线实景分别见图3-3-74和图3-3-75。

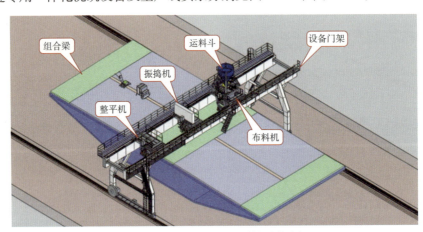

图 3-3-74 纵向湿接缝专用一体化浇筑设备

图 3-3-75 工厂纵向湿接缝生产线实景图

一套纵向湿接缝浇筑设备包含2台3m³立轴行星式搅拌机（与预制生产线一致）和1台门式一体化浇筑设备。设备门架跨过组合梁节段并将布料机、插入式排式振捣机、平板振捣整平机3个独立子设备集成于门架上。

混凝土由立轴行星式搅拌机搅拌；料斗接料后通过门式起重机吊运至一体化浇筑设备上方，卸料至布料机；布料机沿纵桥向按条带依次布料；排式振捣机对布料完成的混凝土进行插入式振捣；平板振捣整平机对排振后的混凝土进行复振整平；人工对整平后的混凝土覆盖保水膜养护。施工过程见图3-3-76~图3-3-79。

图3-3-76 门式起重机提升料斗运料、卸料

图3-3-77 纵缝混凝土布料

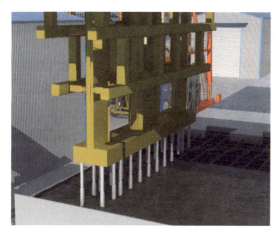

图3-3-78 混凝土插入式振捣

图3-3-79 混凝土整平

（3）混凝土养护。

由于失水过快易引起混凝土表干，因此数字化自动平板振捣整平机整平后应立即对混凝土面覆盖薄膜保水，确保各条带之间薄膜搭接覆盖宽度10cm。混凝土终凝后24h除去表层保水薄膜，及时覆盖土工布并洒水养护。

对于需先行涂装的梁段，为确保涂装面不受污染，组合梁横、纵向湿接缝采取的养护方式为：进涂装房前，覆盖优质土工布并洒水→覆盖薄膜于湿润的土工布上以密封保水→出涂装房后，去除薄膜，继续洒水养护至满足要求。

组合梁纵向湿接缝冬季施工养护方式与横向湿接缝一致，采取既保湿又加热保温的覆盖式养护措施。

6. 纵向湿接缝质量控制结果

节段纵向湿接缝浇筑施工过程中，重点控制湿接缝钢筋安装精度、湿接缝混凝土施工质量、节段断面尺寸变化情况。节段成品质量控制允许偏差见表3-3-21，实际检测情况统计见表3-3-22。

钢混组合梁节段质量控制允许偏差　　　　表3-3-21

名　称	检测项点	允许偏差（mm）	备　注
节段	梁长	±2.0	
	梁高	±2.0	钢梁高度
	梁宽	±4.0	测量节段半宽尺寸
	断面对角线差	≤4.0	
	混凝土平面度	≤3.0	
	桥面板裂纹	不允许	

钢混组合梁节段质量控制实测数据统计（单位：mm）　　　　表3-3-22

名　称	检测项点	实际测量数据	备　注
节段	梁长	−2.0、−1.0、1.0、2.0	均满足公差要求
	梁高	0、0.5、1.0、2.0	测量钢梁腹板高度，均满足公差要求
	梁宽	−3.0、−2.0、−1.0、1.0、2.0	与总拼时检测基本一致，90%的节段为0~2.0，10%的节段为−2.0~0
	断面对角线差	1.0、2.0、3.0	均满足公差要求
	混凝土平面度	2.0、3.0	60%检测点≤2.0，40%检测点≤3.0
	桥面板裂纹	无	

五、节段涂装施工

钢混组合梁的节段喷砂除锈、油漆涂装均在封闭厂房内进行，施工环境满足国家规范要求。为保证箱外混凝土与钢结构颜色一致，对挑臂外露混凝土新增涂装处理。组合梁涂装体系见表3-3-23。

组合梁涂装体系　　　　表3-3-23

结构部位	涂装体系	涂层厚度	备　注
钢主梁外表面 （不与现浇混凝土接触面）	喷砂除锈至Sa2.5级，Rz40~80μm		
	醇溶性无机富锌底漆15700	1×75μm	工厂
	环氧封闭漆171CN	1×25μm	工厂
	环氧云铁中间漆47550-1C801	2×100μm	工厂
	脂肪族丙烯酸聚氨酯面漆55190	2×40μm	工厂和工地各1道
钢主梁内表面	喷砂除锈至Sa2.5级，Rz40~80μm		
	厚浆型环氧漆（浅色）47550	2×100μm	工厂
挑臂混凝土外露面	电动砂轮清除混凝土结构表面松动砂浆、碎屑及表面附着物		
	混凝土表面用环氧封闭漆	40μm	工厂
	丙烯酸脂肪族聚氨酯面漆	2×40μm	工厂和工地各1道
钢主梁、剪力钉与混凝土接触面	喷砂除锈至Sa2.5级，Rz40~80μm		
	醇溶性无机富锌底漆15700	1×75μm	工厂
	环氧封闭漆171CN	1×25μm	工厂
高强度螺栓连接摩擦面	喷砂除锈至Sa2.5级，Rz40~80μm		
	无机富锌防锈防滑涂料HES-2	120μm±40μm	工厂

六、施工工效分析

钢混组合梁共计123个节段,制造工期主要受到桥面板预制进度、组合梁总拼进度和湿接缝浇筑进度影响。桥面板预制台座8套,每个月预制47~49块,折合1.6块/d;组合梁总拼共设置2个总拼胎位,每个胎位每轮总拼8个节段,其中钢梁部分总拼时间14~16d,桥面板组拼焊接时间5~7d,横向湿接缝施工时间6~7d,每个月可完成16个节段总拼;纵向湿接缝浇筑3个胎位,每个月可以浇筑17~19个节段,约0.6个节段/d,统计结果见表3-3-24。

钢混组合梁施工工效统计　　　表3-3-24

施工项点	施工速度与时间		每月完成数量	备　注
桥面板预制	1.6块/d		47~49块	8套台座
组合梁总拼	钢梁总拼	14~16d	16个节段	2个总拼胎位,每轮8个节段
	桥面板组拼焊接	5~7d		
	横向湿接缝施工	6~7d		
纵向湿接缝浇筑	0.6个节段/d		17~19个节段	3个胎位（疫情影响1个月）

桥面板预制工期自2018年8月1日至2019年9月1日;组合梁总拼自2019年4月24日完成首轮总拼,2020年1月11日完成最后一轮总拼;纵向湿接缝2019年4月26日浇筑第一个连段,2020年3月8日完成最后一个梁段浇筑。

第四章　钢-粗集料活性粉末混凝土组合梁安装

第一节　概　述

南京五桥主桥采用中央双索面三塔组合梁斜拉桥，主桥长600m，主桥首次创新采用钢壳-混凝土组合索塔结构和粗集料活性粉末混凝土桥面板组合梁结构，拥有更好的跨越能力和优异的结构性能，实现了主梁结构轻型化。主梁节段划分和编号说明见图3-4-1~图3-4-3。

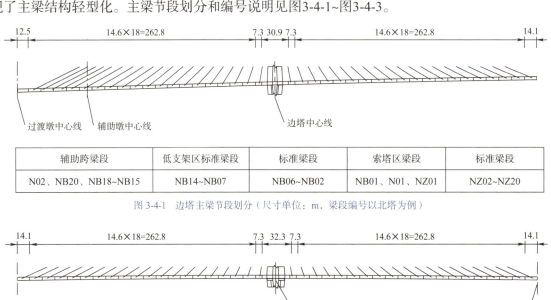

图3-4-1　边塔主梁节段划分（尺寸单位：m，梁段编号以北塔为例）

辅助跨梁段	低支架区标准梁段	标准梁段	索塔区梁段	标准梁段
N02、NB20、NB18~NB15	NB14~NB07	NB06~NB02	NB01、N01、NZ01	NZ02~NZ20

图3-4-2　中塔主梁节段划分（尺寸单位：m）

标准梁段	索塔区梁段	标准梁段
NC20~NC02（北岸）	NC01、C01、SC01	SC02~SC20（南岸）

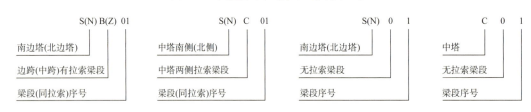

图3-4-3　主梁编号说明

主桥采用中央双索面的布置形式，斜拉索横桥向间距仅4.6m，南岸辅助跨位于陆地区，北岸边跨、辅助跨均位于浅水区，组合梁安装施工难点及应对措施主要体现在以下四个方面。

一、桥面起重机设计

与常规的双边索面布置不同，本桥斜拉索采用中央双索面扇形布置，斜拉索的横向间距仅有4.6m。为了保障上部结构施工期间主梁结构总体抗扭刚度和力学性能，单片主梁标准梁段采用单台桥面起重机中央站位进行吊装，桥面起重机的设计应考虑以下问题：

（1）桥面起重机索塔区梁段安装时的站位问题；

（2）桥面起重机行走时的过索问题；

（3）吊具与斜拉索干扰的问题等。

二、吊具设计

斜拉桥上部结构索塔区梁段多采用支架法整幅纵向分块安装，但由于南京五桥纵向钻石形索塔造型的结构特点，索塔区0号梁段顺桥向横向拆分成两半制造和安装，分块后的梁段重心与吊点的几何中心不一致，因此，对吊具的结构受力需充分考虑。另外，索塔区0号梁段、1号梁段吊点位置不一致，同时考虑到辅助跨6个梁段及边跨浅水区梁段的吊装，共有9种不同吊点梁段，吊具设计需满足不同吊点梁段的通用性。

三、辅助跨及边跨浅水区梁段移梁、提梁

主跨及边跨上部结构组合梁采用桥面起重机悬臂对称吊装，但北岸边跨区、辅助跨区梁段位于浅水区，运梁船无法停泊，需搭设支架存放梁段。

南岸辅助跨共6个梁段，位于地面上，设计采用高支架安装组合梁，梁段需通过边跨浅水区低支架滑移到辅助跨区域，然后进行高支架区存梁。

四、顶推合龙

斜拉桥上部结构多设置合龙段（合龙梁段无斜拉索），合龙段施工对外部环境比较敏感，需选择合适的气候条件才能进行，称之为"被动合龙"。而南京五桥则采取主动控制合龙方法，即没有合龙段的合龙：所有梁段均在工厂按照理论标准值控制制作，桥位现场主要恢复在工厂建立的梁段间空间关系并完成连接作业。该合龙方式无需对合龙段进行配切，但要求在边跨、中跨顶推合龙施工中，重点做好顶推布置和顶推的同步，梁段轴线、高程的精确调整，以及顶推距离的精确控制。

第二节　总体施工工艺及流程

一、总体施工工艺

根据主梁安装工艺的不同，主梁安装分5部分进行，分别为索塔区梁段安装、标准梁段安装、支架区梁段安装、刚性墩顶梁段安装、合龙梁段安装。

中塔索塔区C01、NC01、SC01梁段最大起吊质量为534.0t；北边塔索塔区N01、NB01、NZ01梁段，南边塔索塔区S01、SB01、SZ01梁段最大起吊质量为510.0t。以上梁段均采用600t浮式起重机进行逐块吊装。

北辅助跨高支架区N02、NB20、NB15~NB18共6个梁段，以及南辅助跨高支架区S02、SB20、SB15~SB18共6个梁段，最大起吊质量为486.5t，采用800t浮式起重机安装。北边跨低支架区NB07~NB14共8个梁段、南边跨低支架区SB04~SB14共11个梁段，最大起吊质量为424.7t，先采用500t浮式起重机将梁段吊放至支架轨道上，通过滑移运至设计位置下方，然后采用450t桥面起重机吊装到位。

刚性墩墩顶共1个梁段，编号为NC13，起吊质量为407.4t。先采用500t浮式起重机将梁段吊放至刚性墩上并临时固定，然后采用450t桥面起重机吊装到位。

其余标准梁段均采用450t桥面起重机直接从运梁船上起吊吊装。

二、总体工艺流程

总体工艺流程分以下7部分。

1. 索塔区、边跨区支架搭设

（1）索塔、辅助墩、过渡墩施工。

（2）搭设索塔两侧0号块支架与边跨施工支架。

索塔区、边跨区支架搭设示意见图3-4-4。

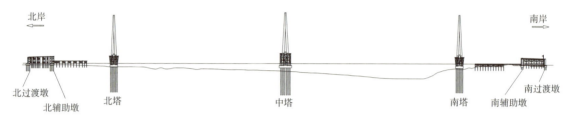

图3-4-4 索塔区、边跨区支架搭设

2. 索塔区梁段、桥面起重机安装

（1）利用浮式起重机依次吊装索塔区0号、1号梁段，其中边塔处梁段需向中跨方向纵向偏置18cm，完成匹配定位及工地对接缝施焊作业，浇筑梁段间湿接缝混凝土并养护，养护完成后张拉临时拉杆。

（2）安装塔梁临时固结。

（3）安装第1对斜拉索，并进行第1次张拉。拼装桥面起重机后第2次张拉第1对斜拉索（超张拉）。

（4）安装桥面起重机。

索塔区梁段及桥面起重机安装见图3-4-5。

图3-4-5 索塔区梁段及桥面起重机安装

3. 主跨、边跨标准梁段对称悬拼和辅助跨支架区梁段安装

（1）桥面起重机悬臂对称吊装主梁，与上一梁段完成匹配定位及工地对接缝施焊作业，浇筑桥面板湿接缝混凝土并养护，养护完成后张拉临时拉杆。

（2）安装第2对斜拉索，第1次张拉第2对斜拉索、第3次张拉第1对斜拉索（退张）。第2次张拉第2对斜拉索（超张拉），桥面起重机前移就位。

（3）重复步骤（1）~（2），继续施工其他主梁梁段及斜拉索。

（4）利用浮式起重机在高水位时吊装南岸及北岸辅助跨及浅水区边跨梁段，纵向滑移调整后，置于施工支架上。其中南岸辅助跨梁段通过提梁平台将梁段由低支架提升至高支架上后,再纵向滑移就位。

主跨、边跨标准梁段对称悬拼和辅助跨支架区梁段安装见图3-4-6。

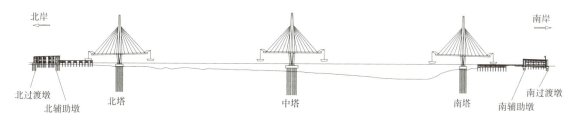

图3-4-6　主跨、边跨标准梁段对称悬拼和辅助跨支架区梁段安装

4. 刚性墩顶梁段安装

（1）中塔安装完第12对斜拉索后在北岸增加刚性墩。采用浮式起重机吊装NC13梁段并放置在刚性墩上。

（2）采用桥面起重机对称吊装NC13、SC13梁段,并按照标准梁段施工流程施工。

（3）采用浮式起重机安装刚性墩接高构件。刚性墩与主梁之间除了在梁段起吊、斜拉索第1~3次张拉、检查车回退时不连接外,其余工况下均需连接到位。

5. 边跨合龙

（1）利用桥面起重机进行悬臂对称施工至第14对梁段。

（2）将辅助跨主梁连接成整体,浇筑湿接缝并养护。

（3）辅助跨梁段支撑体系转换,支撑在辅助墩、过渡墩及两个临时支墩上。

（4）在第14对斜拉索对应NB14梁段施加临时压重。

（5）顶推辅助跨主梁,进行边跨合龙。

（6）张拉边跨纵向合龙预应力,撤去临时压重。

边跨合龙见图3-4-7。

图3-4-7　边跨合龙

6. 中跨合龙

（1）吊装南北边塔SZ20、NZ20梁段,安装并张拉对应斜拉索。

（2）解除两侧辅助跨支架与梁段的约束。

（3）安装边塔处永久支座,解除临时竖向约束,使竖向力转换至永久支座上。

（4）拆除边塔处临时纵向限位支座,利用千斤顶在边塔处将主梁向边跨顶推约20cm,并进行临时锁定。

（5）吊装中塔NC20、SC20梁段,安装并张拉对应斜拉索。

（6）逐步释放边塔的水平顶推千斤顶,使主梁逐步靠拢。

（7）中跨合龙,完成钢结构连接,进行索塔处主梁支承体系转换。

（8）浇筑湿接缝混凝土，张拉跨中合龙预应力，调整中跨第19对、第20对斜拉索索力。中跨合龙见图3-4-8。

图3-4-8 中跨合龙

7. 桥面系及附属工程施工

桥面系及附属工程施工见图3-4-9。

图3-4-9 桥面系及附属工程施工

三、标准组合梁施工流程

组合梁施工将斜拉索3次张拉过程与桥面起重机卸载及行走、组合梁吊装及连接交叉进行，始终保持顶板湿接缝拉应力可控。组合梁安装施工工艺流程见图3-4-10。

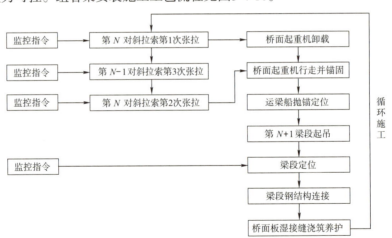

图3-4-10 组合梁安装施工工艺流程

第三节 施工设备

一、总体施工布置

单个主塔组合梁施工主要机械设备包括桥面起重机、汽车起重机、卷扬机、搅拌机、焊机等，总体布置见图3-4-11。材料固定堆放在塔区梁段。桥面起重机、焊机、斜拉索导向系统等随着梁段安装进度向背塔侧移动。

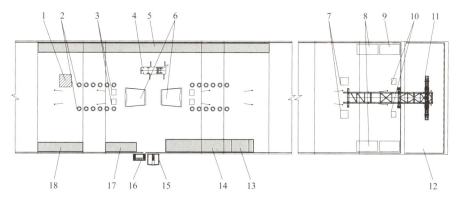

图3-4-11 桥面平面布置

1-焊管棚；2-钢绞线；3-卷扬机；4-汽车起重机；5-斜拉索材料堆放区域；6-索塔；7-放线盘；8-焊机；9-气瓶；10-导向架；11-桥面起重机；12-待安装梁段；13-搅拌机；14-湿接缝材料堆放区域；15-施工升降机；16-应急通道；17-一般材料堆放区域；18-钢结构材料堆放区域

二、浮式起重机选型

索塔区A梁段、A′梁段、B梁段最大吊重534t、吊幅30m、吊高45m，选用600t浮式起重机进行安装。辅助跨高支架区梁段吊装时，浮式起重机在下游侧采用顺水流方向驻位，主臂方向与梁长方向相同；选用800t浮式起重机进行安装，见图3-4-12。

图3-4-12 800t浮式起重机安装辅助跨高支架区梁段

三、吊具

吊具采用型钢制造（图3-4-13），用于索塔区、边跨低支架区、辅助跨高支架梁段的浮吊安装，设置多对吊耳，适应不同型号梁段。

四、人员上下通道

人员上下时，直接利用索塔塔柱施工时布置在承台顶的SC200-200型双笼施工升降机，可到达桥面以下的0号块支架平台。施工升降机性能参数详见表3-4-1。

钢混组合桥梁建造

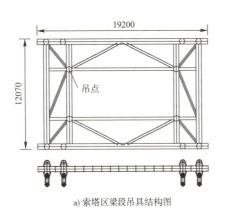
a) 索塔区梁段吊具结构图

b) 索塔区梁段吊具

图3-4-13 索塔区梁段吊具结构（尺寸单位：mm）

施工升降机性能参数　　　　　表3-4-1

项目	参数	项目	参数
额定载质量（kg）	2000/2000	自由端高度（m）	7.5
额定提升速度（m/min）	0~36	吊笼质量（含传动）（kg）	1900
最大提升高度（m）	445	标准节质量（kg）	150
电机功率（kW）	2×2×11	吊笼净空尺寸（长×宽×高）（mm×mm×mm）	3200×1500×2500
防坠安全器额定动作速度（m/s）	1.2		

为保护组合梁成品，同时保障恶劣天气条件下施工升降机无法运行时人员上下通行需求，施工升降机未加高至桥面以上，而是设置梯笼供人员上下0号块支架平台和桥面。施工升降机和梯笼形成人员上下双通道，见图3-4-14。

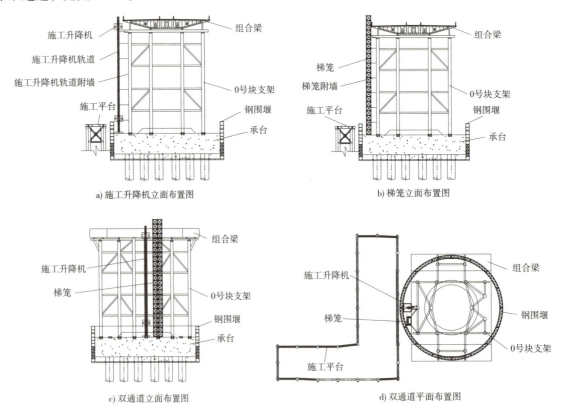

图3-4-14 施工升降机与梯笼双通道布置

五、桥面起重机

针对中央双索面组合梁斜拉索横向净距4.6m、组合梁吊点距离5.6m、梁段质量420t等特点，同时为了满足组合梁自身结构设计要求，设计了适用于中央双索面斜拉桥组合梁吊装的450t窄体式桥面起重机。该桥面起重机桁架宽度仅3.6m，支点中心距5.6m，吊梁结构宽度6.6m，行走结构宽度4.0m。桥面起重机布置在斜拉索索面内侧，随着斜拉索角度变化，不断调整桥面起重机空间位置和行走过索工艺，以适应桥面起重机行走和吊梁需要。南京五桥桥面起重机性能参数见表3-4-2。

桥面起重机性能参数　　　　表3-4-2

名称	项目	参数	名称	项目	参数
整机性能	整机工作级别	A3	行走机构	行走速度	7.5m/h
整机性能	动力条件	380V，50Hz	工作环境	工作风速	6级、13.8m/s
整机性能	整机质量（含吊具）	160t	工作环境	非工作风速	11级、31.7m/s
起升机构	起重量	450t（不含吊具）	适应坡度	环境温度	-10~50℃
起升机构	起升高度	55m	适应坡度	横坡	2.0%
起升机构	起升速度	0.5m/min	适应坡度	纵坡	2.6%
起升机构	横向调位	±0.1m	最大单件杆件质量		<12t
起升机构	纵向调位	±0.8m			

1. 桥面起重机结构设计

（1）总体结构。

桥面起重机主要由承重桁架、前支点装置、后锚固装置、行走机构、起升机构、吊具、电气和液压系统、安全防护系统等组成。其结构见图3-4-15。

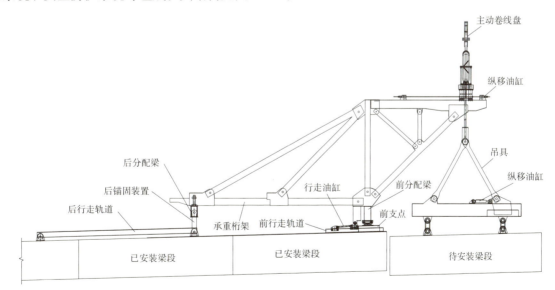

图3-4-15　桥面吊机结构图

注：未示电气及液压系统、安全防护系统

（2）承重桁架。

承重桁架为整体式菱形桁架结构，通过前支点分配梁和后锚固分配梁分别与主梁上的前支点和后锚点对应，将起吊荷载传递至主梁上。主桁尾部通过设置横梁将后拉杆和底纵梁分开以避开主塔，从而解决首节梁段桥面起重机安装空间不足的问题;同时尾部还设置可快速拆装的接长段,首节梁段吊装完成后,可快速调整,以适应标准梁段的吊装。首节段总体结构和标准节段总体结构分别见图3-4-16、图3-4-17。

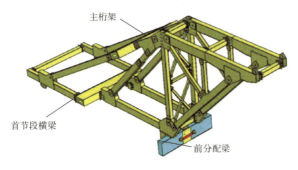

a) 首节段总体效果图　　　　　　　　　　b) 首节段总体结构

图 3-4-16　首节段总体效果图及总体结构

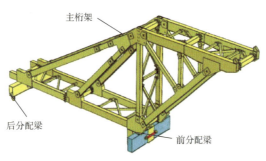

a) 标准节段总体效果图　　　　　　　　　　b) 标准节段总体结构

图 3-4-17　标准节段总体效果图及总体结构

前支点分配梁和后锚固分配梁长度超过斜拉索的横向间距,为避开斜拉索的阻挡,分配梁在过索时先采用油缸横移,再通过旋转将分配梁调整为顺桥向状态,见图3-4-18。

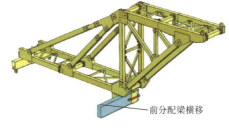
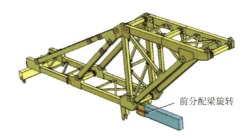

a) 前分配梁横移效果图　　　　　　　　　　b) 前分配梁旋转效果图

图 3-4-18　前支点分配梁横移、旋转

桥面起重机锚固系统利用现有吊耳或预留孔洞,避免现场开孔,从而保证锚固质量与精度。

(3) 起升机构。

起升机构由2台连续提升千斤顶与配套的主动卷线盘及钢绞线组成,见图3-4-19。2台连续提升千斤顶可同时动作,也可单台动作。主动卷线盘可收纳提升系统的钢绞线,提供恒定张力,同时设置横移平台与纵移平台,实现梁段的平面微调。

(4) 行走机构。

桥面起重机通过液压油缸和行走轨道实现行走功能,见图3-4-20。承重架两侧各布置一套液压行走系统,可以根据需要独立或联合工作。行走滑船与承重架通过销轴连接,液压油缸与行走轨道通过连接座连接。连接座可以在行走轨道上滑行，也可以通过插销固定在行走梁顶板的预留孔上，从而实现桥面起重机的步履式行进功能。

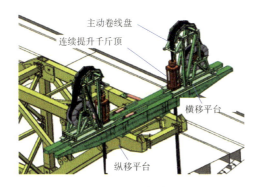 

a) 桥面起重机起升机构效果图　　　　　　　　　b) 桥面起重机起升机构

图 3-4-19　桥面起重机起升机构及效果图

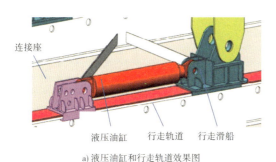 

a) 液压油缸和行走轨道效果图　　　　　　　　　b) 液压油缸和行走轨道实物图

图3-4-20　液压油缸和行走轨道

桥面起重机行走时，为防止其重心处于前支点的前部，后部处于向上移动趋势，在桥面起重机后端安装有行走小车，其上端通过销轴与承重主桁架连接，下部将行走滚轮反扣在行走轨道顶板上。行走轨道采用分配梁通过临时吊耳的螺栓孔固定在组合梁上。承重架前端与行走滑船通过销轴连接，将行走滑船搁置在行走轨道上。行走滑船与行走轨道接触面铺设聚四氟乙烯滑板和不锈钢板，从而有效减小摩擦系数。

（5）吊具。

吊具采用扁担梁结构形式，横向宽度仅68cm，避免与斜拉索管道相干涉。吊具与组合梁软连接，方便快捷；在江面上进行连接作业时，优势尤为明显。纵坡调整装置，通过伸缩纵坡油缸，调整锚头在扁担梁上的位置，从而调整梁段重心的水平位置，使其按要求倾斜，达到调整纵坡的目的。吊具工作状态见图3-4-21。

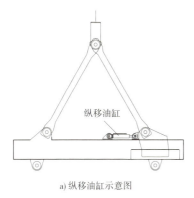 

a) 纵移油缸示意图　　　　　　　　　　　　　　b) 吊具工作状态

图 3-4-21　纵移液压油缸及吊具工作状态

（6）前支点装置。

桥面起重机前端支撑在2个支点上，见图3-4-22，承受桥面起重机前支点的水平和竖向荷载。采用液压油缸调整支点高程。油缸调整到位后用螺母进行锁定，吊装时靠螺母支撑缸体受力。缸体活塞杆下设置球铰头，将前支点的力传至垫块上。垫块面积为1.8m×0.9m。

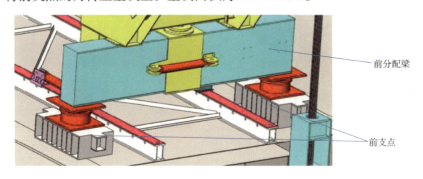

图 3-4-22　前支点布置图

（7）后锚固装置。

桥面起重机在吊装组合梁工况下后端均有上翘趋势，因此在其后端设置锚固装置，见图3-4-23。

（8）液压及电气控制系统。

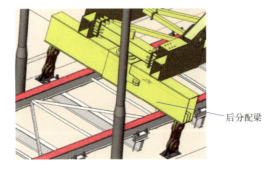

图 3-4-23　后锚固装置布置图

液压站主要用于驱动连续提升千斤顶、前支点油缸、行走油缸、调位油缸等，所有控制都集中在操作室。

所有液压油缸为集中控制，集中控制界面见图3-4-24，采用自动连续提升系统。提升千斤顶的提升液压系统压力、夹持系统压力、累计位移、实际位移、实际负载等参数，行走千斤顶的实时位移、实时负载，纵坡控制千斤顶的实时位移、X/Y向倾角，顶升控制千斤顶的实时位移、实时负载等参数，均在显示屏中显示；现场风速、环境温度等参数也可以实时显示。

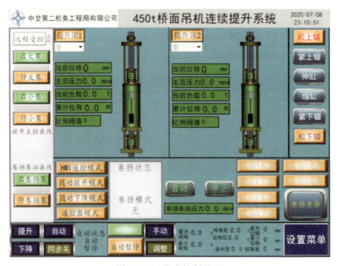

图 3-4-24　集中控制界面

（9）安全防护系统。

在实际起吊过程中可能出现吊重超过额定起重量的情况，为此，桥面起重机安装起重量限制器，超载时报警并且停止起吊。

2. 桥面起重机安全性分析

桥面起重机在复杂自然环境下的抗风安全性一直是困扰工程技术人员的关键问题。在主梁吊装过程中，起吊梁段类似于一个单摆，只靠重力作用下的非保向力维持结构的稳定，其抵抗侧向力的刚度十分有限。南京五桥梁段吊点位于中央双索面处，如果在风荷载的作用下不加以控制，会严重影响吊装施工的安全性。

为此，对桥面起重机开展主梁吊装期间抗风安全性研究，通过对起吊梁段-桥面起重机-主桥系统进行动力响应分析，评估桥面起重机的安全性及使用过程中的工作性能，以确保桥面起重机的正常使用。

（1）桥面起重机结构计算。

施工阶段，使用ANSYS软件重点计算桥面起重机在以下几种工况下的锚固点竖向内力。

工况1：不考虑桥梁结构与桥面起重机的耦合作用，4个锚固点全部DX/DY/DZ约束。对起重机仅施加自重荷载。

工况2：不考虑桥梁结构与桥面起重机的耦合作用，4个锚固点全部DX/DY/DZ约束。对起重机施加自重荷载、静风荷载以及4250kN起吊荷载。

工况3：考虑桥梁结构与桥面起重机的耦合作用，4个锚固点通过主从节点约束固定在桥面主梁节点上。对起重机仅施加自重荷载。

工况4：考虑桥梁结构与桥面起重机的耦合作用，4个锚固点通过主从节点约束固定在桥面主梁节点上。仅对桥梁施加自重荷载和静风荷载。

桥面起重机受力验算关键点见图3-4-25；起重机锚固点竖桥向内力见表3-4-3。

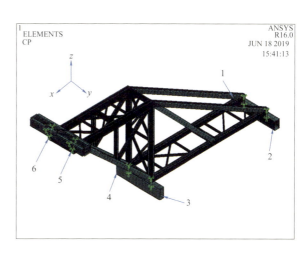

图3-4-25 桥面起重机受力验算关键点示意图
1-1号锚固点；2-2号锚固点；3-4号锚固点；4-3号锚固点；5-起重机吊点2；6-起重机吊点1

起重机锚固点竖桥向内力（单位：kN） 表3-4-3

工况编号	1	2	3	4
1号锚固点后锚点竖向内力F_{z1}	−85	1559	310	1880
2号锚固点后锚点竖向内力F_{z2}	−85	978	310	−1080
3号锚固点前锚点竖向内力F_{z3}	−960	−3832	−310	1500
4号锚固点前锚点竖向内力F_{z4}	−960	−4796	−310	−2310

分析表3-4-3计算结果，可以得到以下结论：

工况1中，$F_{z1}=F_{z2}$，$F_{z3}=F_{z4}$，且$F_{z1}+F_{z2}+F_{z3}+F_{z4}=2000$kN，与桥面起重机总质量一致。这说明桥面起重机的有限元模型是合理的。

工况2的计算结果符合直观经验。这说明桥面起重机上施加的静风荷载以及4000kN起吊荷载是合理的。

工况3结果不为0，且数值不小，说明主梁在自重下变形会引起锚固点较大的内力，桥梁-桥面起重机耦合结构与单独桥面起重机结构之间存在较为明显的受力差异。此时桥面起重机锚点内力之和为0，说明主梁引起的桥面起重机锚固点内力自平衡。需要说明的是，桥面起重机是在主梁已经产生自重变形后才安装到主梁上,所以此工况并不完全符合实际情况。

工况4计算结果数值较大,且数值之和仍为0。原因可通过工况3分析结论进行解释,即主梁在各类荷载作用下产生的变形会引起锚固点较大的、可自平衡的内力。这也解释了为何抖振风荷载作用下桥面起重机锚固点会出现超出直观经验的锚固内力。

桥面起重机后锚点构造中,主要由钢板和销轴承受起吊过程中的轴向拉压力。桥面起重机后锚固装置组成见图3-4-26。起吊过程中,该锚固构造有3种可能破坏情况,分别是S102销轴剪切破坏、S130钢板上下端部开孔处拉压破坏、S130钢板中部拉压破坏。

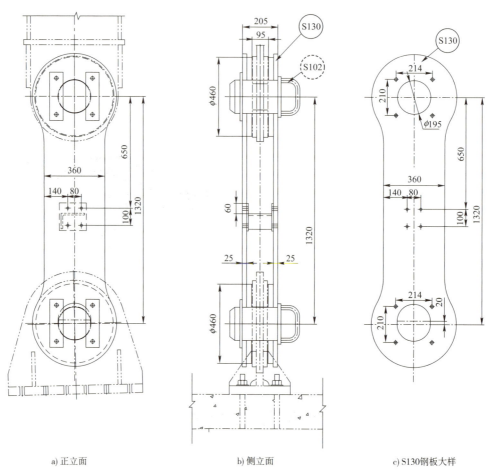

a) 正立面　　　　　b) 侧立面　　　　　c) S130钢板大样

图3-4-26　桥面起重机后锚固装置组成图(尺寸单位:mm)

S102销轴采用40Cr钢材制造,承受桥面起重机底部锚梁耳板与两块后锚构造钢板之间的剪切力,其最大许用剪切力计算过程如下:

$$A_s = \frac{\pi d^2}{4} = \frac{3.14 \times 0.193^2}{4} = 0.0293 \, (m^2) \quad (3\text{-}4\text{-}1)$$

$$[F_s] = A_s \times [\tau] \times 2 = 0.0293 \times 191 \times 10^6 \times 2 = 1.12 \times 10^7 \, (N) \quad (3\text{-}4\text{-}2)$$

式中:A_s——销轴的剪切面积(m^2);

　　　d——销轴直径(m);

　　$[F_s]$——销轴许用剪切力(N);

　　$[\tau]$——40Cr钢材的许用剪切应力(Pa)。

S130钢板大样采用Q345高强钢材制造,将桥面起重机底部锚梁的拉/压力传递到桥面板临时吊耳上，其上下端部开孔处净面积较小，可能出现拉/压强度破坏。该位置处的最大许用拉/压力计算过程如下：

$$A_1 = t \times w_1 = 0.025 \times (0.5 - 0.195) = 0.0076 \text{（m}^2\text{）} \tag{3-4-3}$$

$$[F_{t1}] = A_1 \times [\sigma] \times 2 = 0.0076 \times 226.4 \times 10^6 \times 2 = 3.45 \times 10^6 \text{（N）} \tag{3-4-4}$$

式中：A_1——S130钢板上下端部开孔处的净面积（m²）；

t——钢板厚（m）；

w_1——该位置处扣去开孔直径后的钢板宽度（m）；

$[F_{t1}]$——钢板上下端部开孔处的许用拉/压力（N）；

$[\sigma]$——Q345钢材的许用材料强度（MPa），由其屈服强度除以安全系数得到。

式（3-4-4）中之所以乘以2，是因为锚固构造包含两块钢板。

同上，S130钢板中部截面积亦较小，可能出现拉/压强度破坏。该位置处的最大许用拉/压力计算过程如下：

$$A_2 = t \times w_2 = 0.025 \times (0.36 - 0.014 \times 2) = 0.0083 \text{（m}^2\text{）} \tag{3-4-5}$$

$$[F_{t2}] = A_2 \times [\sigma] \times 2 = 0.0083 \times 226.4 \times 10^6 \times 2 = 3.76 \times 10^6 \text{（N）} \tag{3-4-6}$$

式中：A_2——S130钢板中部的净面积（m²）；

t——钢板厚（m）；

w_2——该位置处不计两个配钻孔直径的钢板宽度（m）；

$[F_{t2}]$——钢板中部开孔处的许用拉/压力（N）；

$[\sigma]$——Q345钢材的许用材料强度（MPa），由其屈服强度除以安全系数得到。

综上所述，桥面起重机后锚固构造的许用拉/压力为3450kN。

（2）桥面起重机抗风计算。

梁段吊装时，起吊梁段类似单摆。采取有限元模型+风荷载数值模拟的形式，对梁段吊装过程中风致影响进行分析。

分别采用ANSYS和Midas软件进行建模，工况设置为中塔主梁最长悬臂状态（安装第19对斜拉索时），具体荷载组合见表3-4-4，建模结果见图3-4-27。

工况设置 表3-4-4

验算目的	工况编号	荷载组合	荷载
正常风速起吊过程起重机舒适性验算	1.1	1+2+3	1. 定位偏差致横桥向水平力 100kN； 2. 梁段起吊过程中，起重机偏载； 3. 6级风速，横桥向风攻角 0°； 4. 6级风速，横桥向风攻角 +5°； 5. 6级风速，横桥向风攻角 -5°； 6. 6级风速，横桥向风攻角 +10°； 7. 6级风速，横桥向风攻角 -10°； 8. 9级风速，横桥向风攻角 0°； 9. 9级风速，横桥向风攻角 +5°； 10. 9级风速，横桥向风攻角 -5°； 11. 9级风速，横桥向风攻角 +10°； 12. 9级风速，横桥向风攻角 -10°； 13. 11级暴风，横桥向风攻角 -10°
	1.2	1+2+4	
	1.3	1+2+5	
	1.4	1+2+6	
	1.5	1+2+7	
突遇大风起吊过程起重机横向稳定性起吊梁段倾覆验算	2.1	1+2+8	
	2.2	1+2+9	
	2.3	1+2+10	
	2.4	1+2+11	
	2.5	1+2+12	
极端风速起吊过程起重机横向稳定性起吊梁段倾覆验算	3.1	1+2+13	

注：10m高度下，6级风速 13.8m/s，9级风速 24.4m/s，11级风速 32.6m/s。

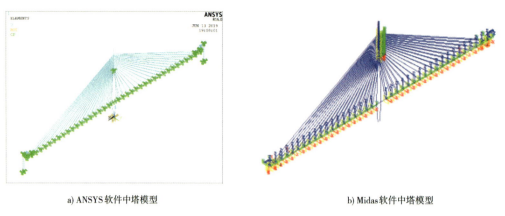

a) ANSYS软件中塔模型　　　　　　　　　　　b) Midas软件中塔模型

图 3-4-27　建模结果

两种软件桥梁模型计算结果对比见表3-4-5。可以看出，ANSYS模型与Midas模型吻合良好，验证了有限元模型的正确性。

ANSYS/Midas桥梁模型计算结果对比　　　　　表3-4-5

对比指标		中　　塔	
		ANSYS	Midas
自重（t）		42469	41082
起重机质量（t）	结构质量	72.3	75.3
	集中质量	137.4	136
	总质量	209.7	211

重新对桥面起重机模型进行建模，生成系统模态参数，并得到系统振型形状，如图3-4-28所示。

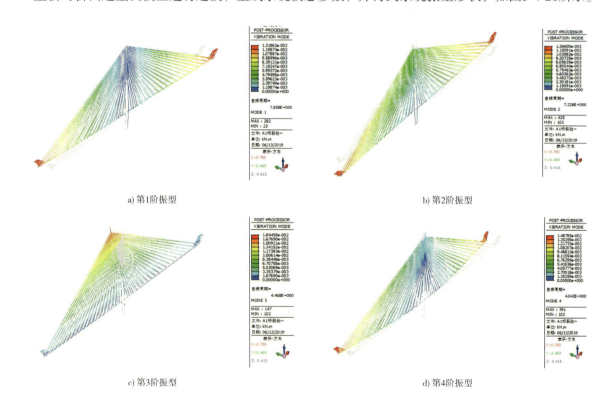

a) 第1阶振型　　　　　　　　　　　　　　　　b) 第2阶振型

c) 第3阶振型　　　　　　　　　　　　　　　　d) 第4阶振型

图 3-4-28　系统振型形状及参数

风荷载数值模拟采用平均风速数值模拟+脉冲风速场数值模拟的方式，对表3-4-4中11种工况下的桥面起重机进行抗风安全性分析，得出桥面起重机和起吊梁段在施工期工作风速（13.8m/s）与非工作极限风速（24.4m/s）下均是安全的；舒适度方面，施工期工作风速为13.8m/s时，加速度峰值小于人有感范围，可正常工作。

3. 工厂荷载试验

桥面起重机载荷试验参照《起重机 试验规范和程序》（GB/T 5905—2011）进行。

工厂荷载试验主要检验承重桁架的结构安全性。工厂试验采用两台起重机侧置，支撑对顶，锚固对联，两部液压千斤顶对拉，按照试验荷载大小进行模拟载荷试验。起始段、标准段承重桁架试验立面、平面布置分别见图3-4-29和图3-4-30。

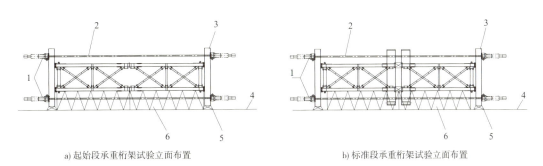

a) 起始段承重桁架试验立面布置　　　　b) 标准段承重桁架试验立面布置

图3-4-29　起始段、标准段承重桁架试验立面布置

1- 提升液压千斤顶；2- 钢绞线；3- 桁架；4- 地面；5- 临时支撑架；6- 试验胎架

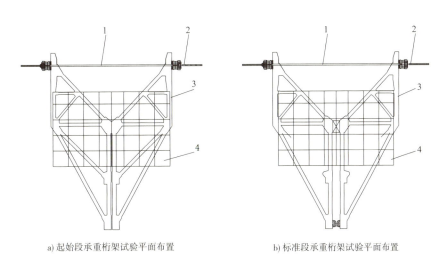

a) 起始段承重桁架试验平面布置　　　　b) 标准段承重桁架试验平面布置

图3-4-30　起始段、标准段承重桁架试验平面布置

1- 钢绞线；2- 提升液压千斤顶；3- 桁架；4- 试验胎架

静荷载试验$F=1.25Q=1.25×424.7=5308.75$（kN），按照$0.5Q$、$0.8Q$、$1.0Q$、$1.1Q$、$1.25Q$加载（$Q$为桥面起重机使用过程中，起吊的最重梁段重量），每级加载完后持荷6h，检测钢结构的变形及荷载承受能力。

在桥面起重机承重桁架的主要受力杆件上均布置测点，考虑到桥面起重机节点均为铰接，因此所有杆件均为轴向受力杆件，测点均布置在杆件跨中位置，见图3-4-31。

桥面起重机标准段承重桁架试验和首节段承重桁架试验的各项检测数据均与设计值基本吻合，详见表3-4-6~表3-4-11。

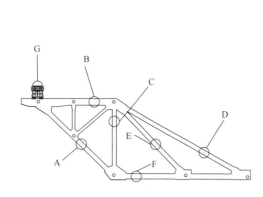
a) 桥面起重机承重桁架应变测点布置

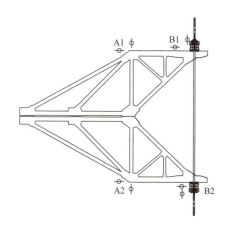
b) 桥面起重机承重桁架转动位移测点布置

图3-4-31 桥面起重机工厂荷载试验测点布置

厂内对拉试验应力测试（25%荷载记录，首节段）（单位：MPa） 表3-4-6

位置		A	B	C	D	E	F
25%荷载理论设计值		38	29	27	35	32	35
1号机	下桁片	4	37	8	18	−18	−7
2号机	下桁片	6	32	7	18	−15	−9

厂内对拉试验应力测试（50%荷载记录，首节段）（单位：MPa） 表3-4-7

位置		A	B	C	D	E	F
50%荷载理论设计值		76	58	54	70	64	70
1号机	下桁片	−16	63	−6	41	−36	−13
2号机	下桁片	−20	58	−5	37	−22	−19

厂内对拉试验应力测试（80%荷载记录，首节段）（单位：MPa） 表3-4-8

位置		A	B	C	D	E	F
80%荷载理论设计值		122	93	87	112	103	112
1号机	下桁片	−41	88	−18	68	−57	−28
2号机	下桁片	−43	72	−14	57	−40	−31

厂内对拉试验应力测试（100%荷载记录，首节段）（单位：MPa） 表3-4-9

位置		A	B	C	D	E	F
100%荷载理论设计值		152	116	108	140	128	140
1号机	下桁片	−61	102	−33	81	−69	−37
2号机	下桁片	−69	92	−27	81	−61	−44

厂内对拉试验应力测试（110%荷载记录，首节段）（单位：MPa） 表3-4-10

位置		A	B	C	D	E	F
110%荷载理论设计值		167	128	119	154	141	154
1号机	下桁片	−70	108	−38	88	−76	−50
2号机	下桁片	−87	105	−35	95	−75	−51

厂内对拉试验应力测试（125%荷载记录，首节段）（单位：MPa） 表3-4-11

位置		A	B	C	D	E	F
125%荷载理论设计值		190	145	135	175	160	175
1号机	下桁片	−86	118	−44	102	−88	−52
2号机	下桁片	−95	111	38	103	−81	−53

4. 桥面起重机拼装

桥面起重机在施工平台上拼装，采用浮式起重机进行整体吊装。与在索塔区梁段上进行桥面起重机杆件散拼相比，地面拼装不占用关键线路时间，且施工安全。桥面起重机地面组拼及整体布置见图3-4-32~图3-4-36。

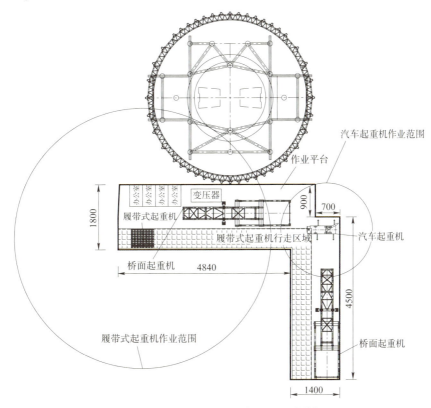

图 3-4-32　桥面起重机地面组拼平面布置图（尺寸单位：cm）

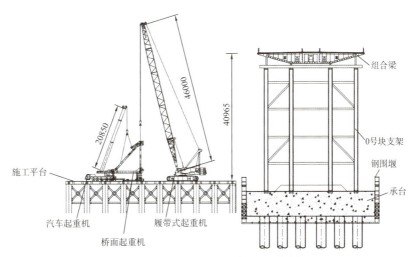

图 3-4-33　桥面起重机地面组拼立面布置（尺寸单位：mm）

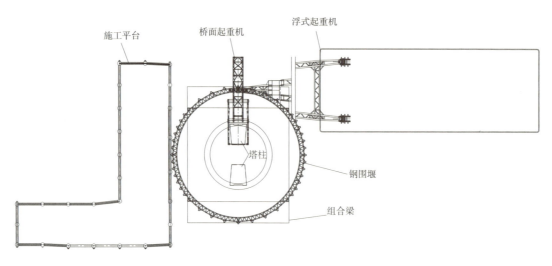

图 3-4-34　桥面起重机整体吊装平面布置

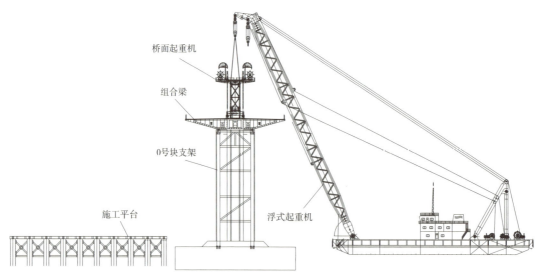

图 3-4-35　桥面起重机整体吊装立面布置

a) 桥面起重机地面组拼

b) 桥面起重机整体吊装

图 3-4-36　桥面起重机组拼、整体吊装

5. 工地荷载试验

工地试验在桥面起重机安装完成后、使用前进行，配重物为钢绞线卷，模拟试验荷载。额定荷载试验 $F=1.0Q$，静荷载试验 $F=1.25Q$，动荷载试验 $F=1.1Q$，验证桥面起重机各机构和制动器的功能、桥面起重机及各结构件的承载能力等。

桥位试验荷载为首次起吊的F梁段（407.4t）和钢绞线卷。桥面起重机起吊最重梁段为D2梁段，重424.7t。桥位试验所需最大试验荷载为$F=1.25Q=1.25\times424.7=5308.75$（kN）。

F梁段运抵桥位后，在北岸码头将钢绞线卷按照预定位置摆放在梁段顶面，以满足桥面起重机试验载荷的需要。运梁船将梁段运抵桥面起重机正下方，进行桥面起重机试验准备。工地荷载试验荷载布置见图3-4-37。

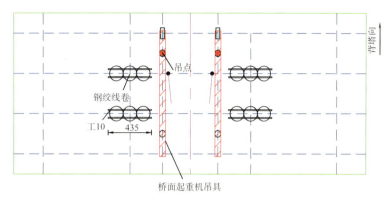

图3-4-37　工地荷载试验荷载布置图（尺寸单位：cm）

1）空载试验

空载试验是对各机构运转性能是否正常、传动是否平稳、各种安全联锁保护装置的灵敏可靠性及电气信号装置的正确性等进行的最后调试，并对总体性能参数予以测定验收。空载试验分机构单独进行。

（1）起升机构的空载运转试验。

①机构运转及传动是否平稳，声音是否正常，有无敲击及梗阻现象，停止器、制动器的工作情况是否灵敏正常；

②起升钢绞线缠绕卷筒中的运动情况，有无运动干涉等不正常情况；

③高度限位开关动作是否灵敏正常；

④两组起升机构的同步效果及分驱动性能（短时分别动作）；

⑤测出起升高度，上升、下降速度，并做好记录。

（2）吊点平移试验。

①检查2个吊点的纵、横移油缸工作是否平稳正常；

②液压系统是否有漏油、异响或振动；

③检查平移机构的运行是否方便可行，有无敲击与梗阻现象。

（3）吊具调平试验。

①吊具调平动作是否平稳，声音是否正常，有无敲击与梗阻现象；

②调平液压系统工作是否平稳正常，有无漏油、异响或振动。

2）额定荷载试验（4250kN）

额定荷载试验的目的是验证桥面起重机在额定荷载下各机构是否工作正常，是否符合技术要求。

在额定荷载4250kN工况下，桥面起重机将F梁段起升离船100~200mm高，操作吊点纵移油缸纵移调节±0.8m，横移油缸横移调节±0.1m。完毕后，进行起升和下降，检查液压提升站、钢绞线缠绕装置、钢绞线、荷载检测装置、起升限位装置、起升同步是否工作正常。

试验应以最大起升速度进行2次，测量以下技术参数：

①吊具的最大起升高度；

②上升速度、下降速度；

③起动电流、工作电流、工作电压。

试验中同时观测及检测以下内容：

①机构运转及传动是否平稳，声音是否正常，有无敲击及梗阻现象，制动器的工作情况是否灵敏正常；

②起升钢绞线在运动过程中有无干涉；

③高度限位开关动作是否灵敏正常；

④两组起升机构的同步效果及分驱动性能（短时分别动作）。

3）1.1倍动荷载试验（4671.7kN）

动荷载试验的目的在于验证在1.1倍额定荷载（即4671.7kN荷载）下桥面起重机各机构和制动器的功能。如果各部件能完成其功能试验，并在随后的目测检验中未发现机构或结构部件有损坏且连接处也无松动或损坏，则认为该项试验的结果合格。

动载试验时，桥面起重机应按照操作手册的规定进行控制，且应注意把加速度、减速带和速度限制在桥面起重机正常工作的范围内。

桥面起重机进行动载试验时，除起升机构外，其余各个机构都应按照规定进行1.25倍的承载试验。试验步骤同额定荷载试验。

试验应以最大起升速度进行2次，测量以下技术参数：

①上升速度、下降速度；

②起动电流、工作电流、工作电压。

试验中同时观测及检测以下内容：

①机构运转及传动是否平稳，声音是否正常，有无敲击及梗阻现象，制动器的工作情况是否灵敏正常；

②起升钢绞线在运动过程中有无干涉。

4）1.25倍静荷载试验（5310kN）

静荷载试验的目的是验证在1.25倍额定荷载（即5310kN荷载）下，桥面起重机及各结构件的承载能力。如果未见到裂纹、永久变形、油漆剥落或对桥面起重机的性能与安全有影响的损坏，连接处也无松动或损坏，则认为该项试验的结果合格。

1.1倍额定荷载（4675kN）的动荷载试验完成后，将吊重提离地面100~200mm，停止所有动作，缓慢逐步增加负载至5310kN，对桥面起重机进行静负载试验。吊重悬挂不少于10min，检查吊具及其他金属结构有无异常永久变形，液压提升站制动器有无打滑；10min后卸去荷载，检测桥面起重机钢结构有无永久变形。

第四节　索塔区梁段安装

一、支架布置

索塔区支架设置在下塔柱两侧，支撑在承台上。支架结构布置自上而下主要为轨道梁（2HN900mm×300）、钢立柱（ϕ1400mm×16mm），钢立柱和钢管桩之间采用平联（ϕ600mm×8mm）及斜撑（ϕ426mm×

6mm、ϕ800mm×10mm）进行连接。承台上设置钢立柱预埋件，结构所用材料均选用Q235B钢材。边塔及中塔0号块梁段支架总体布置分别见图3-4-38、图3-4-39。

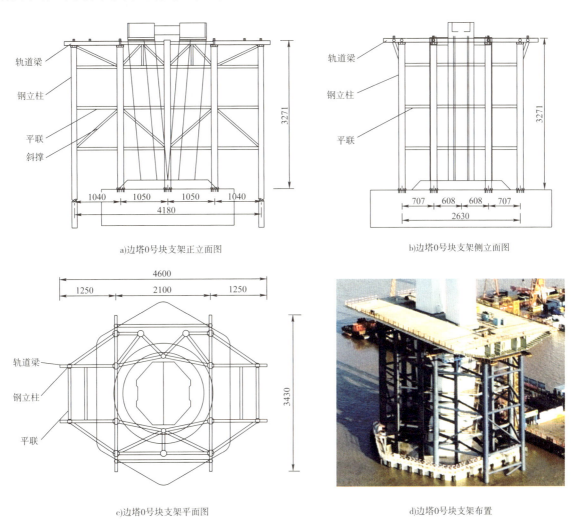

图 3-4-38　边塔 0 号块梁段支架总体布置（尺寸单位：cm）

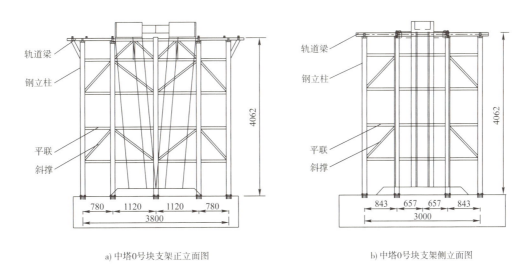

图 3-4-39

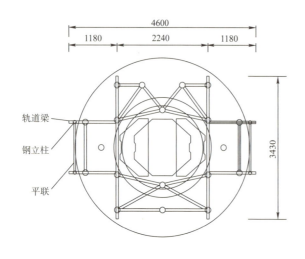

c) 中塔0号块支架平面图　　　　　　　　　　d) 中塔0号块支架布置

图 3-4-39　中塔 0 号块梁段支架总体布置（尺寸单位：cm）

二、支架设计

0号块梁段支架主要构件几何特性详见表3-4-12，主要材料力学特性见表3-4-13。

主要构件几何特性表　　　　　　　　　　　　　　表3-4-12

名　称	截面面积 A（cm²）	面积矩 W（cm³）	截面惯性矩 I（cm⁴）
ϕ1400mm×16mm	695.7	23798	1665889
ϕ1200mm×14mm	521.7	15288	917281
ϕ1000mm×12mm	372.5	9091	454544
ϕ426mm×6mm	79.2	820	17460
ϕ600mm×8mm	148.8	2173	65192
ϕ800mm×10mm	248.2	4842	193647
HN900mm×300mm	305.8	8828	397240

主要材料力学特性表　　　　　　　　　　　　　　表3-4-13

拉压弯强度设计值（MPa）	弹性模量（GPa）	剪切强度设计值（MPa）	剪切模量（GPa）
f=215 $[\sigma_容]$=160	206	f_v=125 $[\sigma_容]$=95	79

1. 荷载分析

（1）结构自重（G_0）由有限元软件自行代入。

（2）组合梁及钢横梁自重（G_1）考虑1.2倍不均匀系数。

（3）施工荷载（Q_1）按5kN/m考虑，按轨道梁线荷载计算。

（4）滑移荷载（Q_2）组合梁在滑移过程中产生的摩擦力，沿滑移方向施加，采用聚四氟乙烯滑板，摩擦系数采用0.08。

（5）风荷载（Q_3）按照《建筑结构荷载规范》（GB 50009—2012）中公式计算：

$$W_k = \beta_z \mu_s \mu_z w_0 \tag{3-4-7}$$

式中：W_k——风荷载标准值（kN/m²）；

β_z——高度z处的风振系数，取1.0；

μ_s——风荷载体型系数，圆截面取1.2，型钢取1.3；

μ_z——风压高度变化系数，按离地面50cm，地面粗糙度B类，取为1.62；

w_0——基本风压（kN/m²）。

作用在单位面积上的风荷载强度计算结果见表3-4-14。

风荷载强度计算结果 表3-4-14

编号	迎风面类别	施工风速荷载强度（kN/m²）	最大风速荷载强度（kN/m²）
1	矩形截面	0.63	0.78
2	圆形截面	0.58	0.72

（6）电梯附墙荷载（Q4）根据《SC型升降机说明书》，可用下列公式计算：

$$F = \frac{L \times 60}{B \times 2.05} = \frac{6100 \times 60}{1430 \times 2.05} = 125(\text{kN}) \quad (3\text{-}4\text{-}8)$$

式中：L——电梯标准节中心至附着面的距离；

B——电梯附墙杆间距。

（7）水流力（Q_5）。

设计流速2m/s，水流力按《港口工程荷载规范》（JTS 144-1—2010）计算：

$$F_w = C_w \frac{\rho}{2} v^2 A \quad (3\text{-}4\text{-}9)$$

式中：F_w——水流力标准值（kN）；

C_w——水流阻力系数；

ρ——水密度（t/m³）；

v——水流设计流速（m/s）；

A——计算构件在与流向垂直平面上的投影面积（m²）。

设计高水位+8.530m，钢立柱考虑5m冲刷后泥面高程为−2m，前排ϕ1200mm×14mm钢管桩，F_w=24.8kN，作用点高程+5.02m；后排ϕ1200mm×14mm钢管桩，F_w=21.3kN，作用点高程+5.02m。

2. 荷载工况与组合

按最不利原则，主要考虑以下工况：

工况1：支架搭设完成。最大风速条件下，支架安装到位，还未进行梁段拼装。

工况2：梁段拼装。施工风速条件下，进行梁段滑移拼装。

每个工况考虑两种荷载组合形式，即标准组合和基本组合。其中，标准组合计算结果用来评价刚度指标，基本组合计算结果用来评价结构强度和稳定性指标。

各工况荷载组合系数见表3-4-15。

各工况荷载组合系数一览表 表3-4-15

工况与组合		G_0	G_1	Q_1	Q_2	Q_3（13.8m/s）	Q_3（24.4m/s）	Q_4	Q_5
工况1	基本组合	1.2	0	0	0	0	1.4	1.4	1.5
	标准组合	1.0	0	0	0	0	1.0	1.0	1.0
工况2	基本组合	1.2	1.2	1.4	1.4	1.4	0	1.4	1.5
	标准组合	1.0	1.0	1.0	1.0	1.0	0	1.0	1.0

3. 结构计算

支架计算采用Midas有限元计算软件，整体计算模型见图3-4-40。

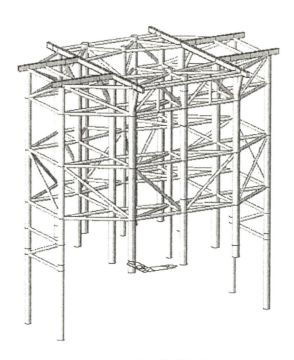

图3-4-40　支架整体计算模型

工况1条件下，主要计算结果见表3-4-16。

工况1主要计算结果　　　　　　　　　　　表3-4-16

构 件 名 称	几何参数（mm×mm）	最大弯应力（MPa）	最大剪应力（MPa）	最大组合应力（MPa）
轨道梁	2HN900×300	12.8	2.8	17.3
钢立柱	$\phi1400\times16$	39.2	4.1	49.7
钢立柱	$\phi1000\times12$	24.0	2.0	36.4
钢管桩	$\phi1200\times14$	29.0	3.0	37.6
平联	$\phi600\times8$	50.0	6.3	50.3
斜撑	$\phi800\times10$	10.5	1.2	13.6
斜撑	$\phi426\times6$	20.4	1.7	42.0

最大组合应力：

$$\sigma_{max}=49.7\text{MPa}<f=215\text{MPa} \tag{3-4-10}$$

最大剪应力：

$$\tau_{max}=6.3\text{MPa}<f_v=125\text{MPa} \tag{3-4-11}$$

支架主要构件强度均能满足设计及规范要求。

轨道梁最大挠度：

$$\delta=1.6\text{mm}<\frac{L}{400}=\frac{7600}{400}=19(\text{mm}) \tag{3-4-12}$$

满足设计及规范要求。

工况2条件下，主要计算结果详见表3-4-17。

工况2主要计算结果　　　　　　　　　　　　　　　　表3-4-17

构件名称	几何参数（mm×mm）	最大弯应力（MPa）	最大剪应力（MPa）	最大组合应力（MPa）
轨道梁	2HN900×300	72.2	33.4	99.5
钢立柱	ϕ1400×16	61.1	6.6	104.1
钢立柱	ϕ1000×12	31.5	2.6	54.7
钢管桩	ϕ1200×14	53.2	7.8	86.0
平联	ϕ600×8	97.1	11.8	97.9
斜撑	ϕ800×10	21.3	1.8	90.9
斜撑	ϕ426×6	29.3	2.2	78.7

最大组合应力：

$$\sigma_{max}=104.1\mathrm{MPa}<f=215\mathrm{MPa} \quad (3\text{-}4\text{-}13)$$

最大剪应力：

$$\tau_{max}=33.4\mathrm{MPa}<f_v=125\mathrm{MPa} \quad (3\text{-}4\text{-}14)$$

支架主要构件强度均能满足设计及规范要求。

轨道梁最大挠度：

$$\delta=8.8\mathrm{mm}<\frac{L}{400}=\frac{7600}{400}=19(\mathrm{mm}) \quad (3\text{-}4\text{-}15)$$

满足设计及规范要求。

三、梁段吊装

中塔0号块梁段吊装顺序：上游侧A′梁段吊装→下游侧A′梁段吊装→北岸侧B梁段吊装→南岸侧B梁段吊装。

南北塔0号块梁段吊装顺序：上游侧A梁段吊装→下游侧A梁段吊装→中跨侧B梁段吊装→辅助跨侧B梁段吊装。

索塔区梁段吊装前，在支架轨道梁上预先放样各个梁段支点的理论位置及高程，并做好平面位置的标记。浮式起重机将梁段直接吊放在钢支墩上。索塔区支架梁段支点及走道布置见图3-4-41，北主墩索塔区梁段吊装见图3-4-42。

索塔下横梁处体外预应力索锚头影响A梁段、A′梁段安装，所以在A梁段、A′梁段安装时，利用浮式起重机将梁段倾斜一定的角度，交替避开预应力索锚头。

四、梁段测量与调整

主梁的制造与拼装是实现叠合梁施工全过程几何控制的重要环节，其精确的几何线形控制是施工质量控制的关键。因此，对于主梁的线形监测主要分为两部分，即主梁的加工制造阶段线形监测和现场安装阶段线形控制，分别由厂内和桥位现场负责。0号块安装测量主要依靠节段监控指令，对0号块特征点进行阶段性测量数据的采集。

平面位置测量采用短视线极坐标法，以高精度全站仪，在固定控制点设站，在0号块支架主梁上合理位置放样理论纵横轴线、梁底高程，供吊装初步定位使用。高程位置测量采用对向三角高程法，按规范进行高程传递，将绝对高程引至下横梁顶面合理位置，并清晰标记，供高程控制使用。

钢混组合桥梁建造

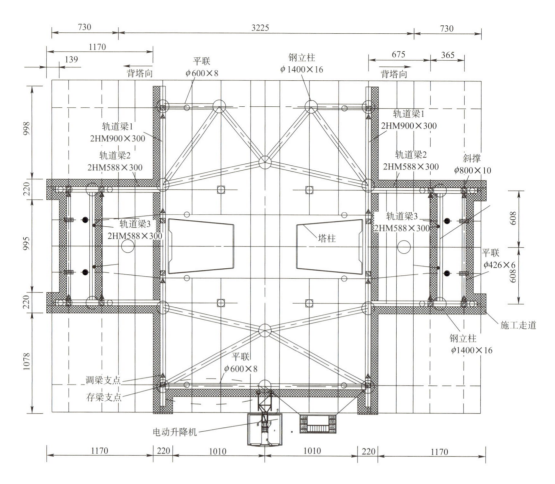

图 3-4-41 索塔区支架梁段支点及走道布置图（尺寸单位：cm）

待初定位后，同样采用短视线极坐标法对节段特征测点进行平面位置监控测量，用水准方法对节段高程进行监控测量。待当前梁段位置调整合格后，需要对所有已完成定位梁段上的测点进行通测，以保证梁段的整体空间位置处于允许误差范围内。

梁段调整时，每片梁段横隔板底部布置4个存梁钢垫墩，每个钢垫墩附近布置一台200t液压三向千斤顶顶升梁段，先粗略调整梁段平面位置，后精确调整高程，最后精确调整平面位置。调整完成后千斤顶卸压，由4个钢垫墩承受组合梁荷载。

由于纵坡的存在，组合梁的横隔板与竖向基线存在一定夹角，梁段安装时，以组合梁钢梁底板处基准线进行摆放。

施工时，借鉴三向千斤顶工作原理，研制了可三向调节的调梁装置，见图3-4-43。该装置主要包

图 3-4-42 北主墩索塔区梁段吊装图

括调梁底座和调整驱动装置。调梁底座可移动地置于存梁轨道上，调整驱动装置与调梁底座铰接，实现水平调整时横向和纵向的连续调整；竖向调整驱动装置（千斤顶）实现梁段高程的调整。该装置可实现调整自动化，效率高。

1. 0号块梁段调整方法

（1）复测A梁段、A′梁段几何位置，确认A梁段、A′梁段满足要求。

（2）将B梁段近塔端中腹板高程误差调整至与相邻A梁段、A′梁段测点基本相同。

（3）调整B梁段远塔端中腹板测点与近塔端基本相同，同时确保边腹板上下游测点高程差与预拼时相比变化小于10mm。

（4）复测A梁段、A′梁段与B梁段轴线，确保A梁段、A′梁段中腹板轴线南北差小于2mm，B梁段南北差小于1mm。

（5）同步A-A梁段及AB梁段连接满足要求。

（6）调整到位后的连接要求：连接前首先确认栓孔间距及焊缝满足连接要求，随后用马板固定梁段间相对位置，除用马板调整面板错台外，不得改变梁段间相对位置。

图3-4-43 可三向调节调梁装置

2. 0号块梁段调整结果

通过上述调整方法，实现了0号块梁段的精确调整，各项指标均优于设计与规范要求。以中塔0号块梁段为例，其允许偏差与实测值见表3-4-18。

中塔0号块梁段调整结果　　　　　　表3-4-18

检测项目	允许偏差	实测值
轴线偏位（mm）	≤ 10	5
梁段的纵向位置（mm）	≤ 10	3
梁段高程（mm）	± 10	4

五、临时拉杆安装

为避免梁段接缝处混凝土出现拉应力，在梁段横向湿接缝顶面设置临时拉杆。临时拉杆拉力通过钢齿坎传递至混凝土接缝处，以保证在梁段安装的全过程，湿接缝处混凝土始终存在0.2MPa的压应力。临时拉杆布置见图3-4-44。

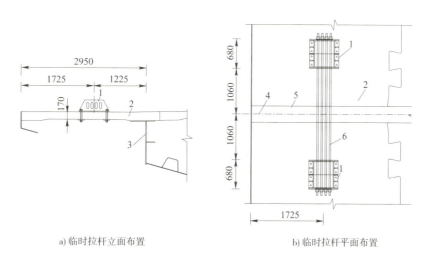

a) 临时拉杆立面布置　　　　b) 临时拉杆平面布置

图3-4-44 临时拉杆布置（尺寸单位：mm）

1-钢齿坎；2-主梁桥面板；3-主梁边腹板；4-梁段分界线；5-工地横向湿接缝；6-JL32精轧螺纹钢筋

钢齿坎与梁段锚固采用10.9级、M32高强度螺栓，预紧力使用扭矩扳手控制为450kN。临时拉杆采用JL32精轧螺纹钢筋，屈服强度930MPa，使用80t穿心千斤顶张拉，控制张拉力为543kN。

工地现浇湿接缝浇筑完成并达到养护要求后，张拉对应的拉杆。待第$N+5$号斜拉索张拉完成后，拆除第N、$N+1$号斜拉索对应梁段间的拉杆。

六、梁段临时锚固

组合梁对称悬臂安装期间，主梁与索塔临时固结，纵向、横向和竖向均提供约束。

1. 梁段竖向临时锚固构造

主墩索塔区梁段精调完成后，通过在梁底和索塔横隔板间张拉临时预应力束，将主梁与索塔横隔板进行临时固结。临时抗拔装置中预应力钢束采用ϕ15.2mm、标准强度1860MPa的钢绞线，锚具型号M15-4。单个梁段布置4处临时锚固点。中塔塔梁临时锚固布置见图3-4-45~图3-4-49。

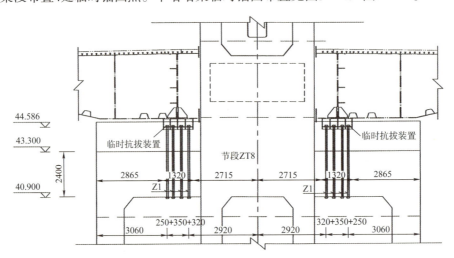

图3-4-45 中塔塔梁临时锚固横桥向布置1（尺寸单位：mm；高程单位：m）

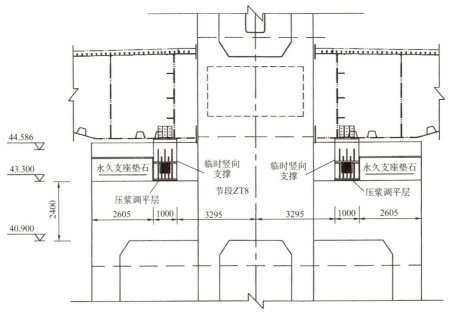

图3-4-46 中塔塔梁临时锚固横桥向布置2（尺寸单位：mm；高程单位：m）

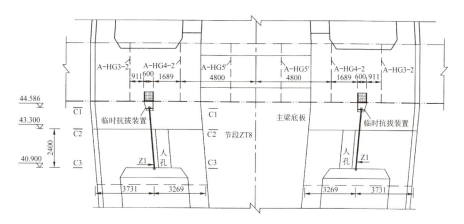

图 3-4-47 中塔塔梁临时锚固纵桥向布置 1（尺寸单位：mm；高程单位：m）

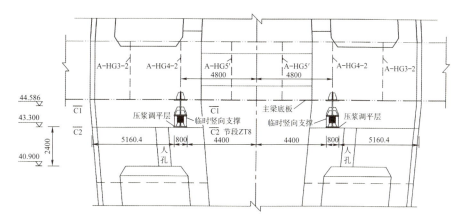

图 3-4-48 中塔塔梁临时锚固纵桥向布置 2（尺寸单位：mm；高程单位：m）

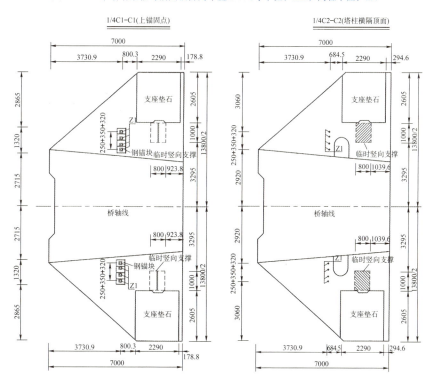

图 3-4-49 中塔塔梁临时锚固平面布置（尺寸单位：mm；高程单位：m）

图 3-4-50 塔梁临时构造

索塔区A梁段、A′梁段安装时，精确调整梁段姿态，满足要求后，对临时竖向支撑点进行压浆，梁段荷载由临时竖向支撑点承受。

采用25t穿心千斤顶在钢绞线底端逐根张拉预应力钢束。单处张拉控制力为500MPa×140mm²×4根=280kN。为确保组合梁安装期间，临时锚固装置始终有效，采用防松式锚具。塔梁临时构造见图3-4-50。

临时抗拔钢绞线张拉完成后，将0号块支架的钢支墩与梁段边腹板处缝隙支垫密实（图3-4-51），与中腹板处临时竖向支撑共同承受梁段荷载，同时可以增强主梁悬臂对称安装过程中整体稳定性。

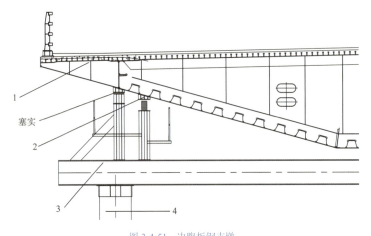

图 3-4-51 边腹板钢支墩
1- 组合梁；2- 钢支墩；3-0 号块支架；4- 钢立柱

2. 梁段水平临时固结

悬臂施工时，中塔梁段的水平位移直接依靠永久横向支座、纵向限位支座进行约束，边塔塔梁之间安装永久横向支座与2个临时纵向限位支座约束水平位移。临时纵向限位支座承载力≥2000kN，单个支座弹性刚度为1330kN/cm±250kN/cm。边塔梁段水平固结布置如图3-4-52所示。

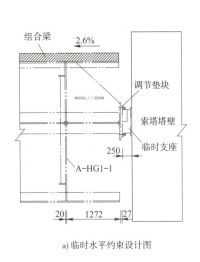

a) 临时水平约束设计图

b) 临时水平约束布置　　c) 永久抗风支座布置

图 3-4-52 边塔梁段水平固结布置（尺寸单位：mm）

安装支座时，根据实测的塔梁间隙确定调节垫块厚度，以确保支座与索塔塔壁间密贴受力。临时纵向限位支座与调节垫块采用M26螺栓进行连接，调节垫块与组合梁采用焊接连接。

梁段水平临时固结装置在索塔区梁段落架前安装到位，在中跨合龙后，同步拆除主墩水平临时固结设施。

临时支墩、竖向抗拔、纵向和横向支座形成约束体系，确保塔梁位置相对固定。

七、小结

斜拉桥0号块梁段安装的精度对整座桥上部结构施工线形控制起着关键作用。针对中央双索面斜拉桥纵向钻石形索塔区0号块梁段安装的特点和难点，在关键吊装设备的选型、A梁段和A′梁段的安装就位、梁段精确定位等方面采取相应措施，小结如下：

（1）选用大型浮式起重机吊装梁段，现场吊装作业安全、高效、可控。

（2）采用适应不同吊点的可调节框架式吊具，成功实施了索塔区0号块梁段、陆地辅助跨梁段、浅水区边跨梁段，共计31个梁段（9种吊点）的浮吊吊装。

（3）0号块A梁段横向分块吊装，通过理论计算分析，优化调整浮式起重机站位，浮式起重机吊钩调整梁段纵向坡度，有效规避了下横梁体外预应力束锚具保护罩对A梁段安装的影响。

（4）充分利用现有的穿心千斤顶设备和现场材料，采用三向可调节调梁装置，实现塔区0号块梁段的安全、高效、精确调整。

第五节　标准梁段安装

标准梁段长14.6m，横隔板间距3.65m，见图3-4-53。布置4组吊耳点，单组吊点间距1.0m，最大起吊质量424.7t，采用1台桥面起重机起吊。

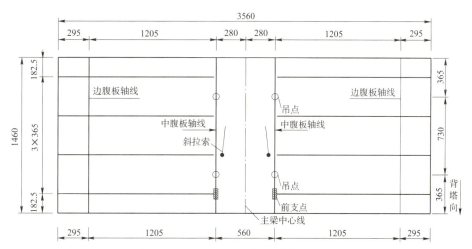

图3-4-53　标准梁段平面尺寸（尺寸单位：cm）

一、标准梁段吊装流程

标准梁段采用2台450t桥面起重机悬臂对称法吊装。

1. 吊装准备

（1）吊装前准备工作；

（2）海事部门进行航道组织后，运梁船抛锚定位；

（3）桥面起重机下放吊具至待吊梁段上方，见图3-4-54。

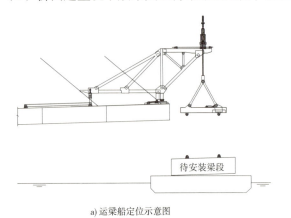
a) 运梁船定位示意图

b) 桥面起重机吊具下放

图 3-4-54　吊装准备

2. 桥面起重机与梁段连接

桥面起重机与梁段连接见图3-4-55，具体步骤为：

（1）将吊具与待吊梁段吊耳连接；

（2）调整吊点位置，确保梁段水平起吊；

（3）缓慢收紧起吊钢绞线，控制各吊点受力；

（4）检查起重机、吊耳情况；

（5）逐级加力，拆除梁段临时固定装置。

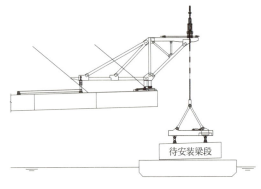
a) 桥面起重机与梁段连接示意图

b) 桥面起重机与梁段连接照片

图 3-4-55　桥面起重机与梁段连接

3. 梁段吊装

梁段吊装具体步骤为：

（1）两边同时连续对称起吊（图3-4-56）；

（2）梁段吊离运输船后，移走驳船；

（3）桥面起重机继续提升，并保持上下游方向水平。

4. 梁段连接及斜拉索施工

梁段连接（图3-4-57）及斜拉索施工具体步骤为：

（1）当梁段到达桥面附近停止；

（2）进行调梁；

(3)梁段调位匹配后,及时进行焊接;
(4)浇筑与上一梁段间横向湿接缝并养护;
(5)张拉接缝处临时拉杆;
(6)安装并第1次张拉该梁段斜拉索;
(7)第3次张拉上一对斜拉索;
(8)第2次张拉该梁段对应斜拉索,前移桥面起重机;
(9)驳船就位,进行下一标准梁段吊装。

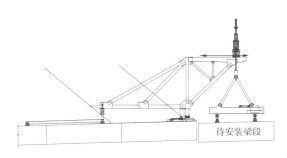 

a) 梁段起吊示意图　　　　　　　　　　　b) 梁段对称起吊

图 3-4-56　梁段起吊

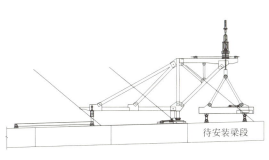 

a) 梁段连接示意图　　　　　　　　　　　b) 梁段连接照片

图 3-4-57　梁段连接

二、航道组织

运梁船定位时,需配合海事部门对长江航道进行临时航道交通管制。航道组织方案根据施工梁段平面位置,分阶段调整原有航道宽度。

三、标准梁段吊装

桥面起重机安装调试完成后,在桥塔两侧对称、同步进行标准梁段的悬拼施工。

1. 运梁船定位与梁段连接

运梁船运送梁段在桥面起重机下方监测区内。梁段须平放到位,两端高程误差不超过0.5m,以避免梁段吊离运梁船时发生剧烈摆动。

当运梁船初步定位完成后,将桥面起重机的吊具继续落至运梁船上梁段正上方,距梁段顶50cm左右,再次移动运梁船的平面位置,继续下放桥面起重机吊具,当吊具高度与梁段顶面吊耳高度相适应时,快速完成软连接。启动顶升油缸,使吊具的吊耳受力。此时检查钢丝绳是否垂直,若不垂直,则应再次调整船位,直到钢丝绳垂直为止;并检查梁段与吊具是否连接好,确认无问题后方可起吊。

运梁船配置高频对讲系统、全球定位系统（GPS）及雷达设施，能够即时了解天气变化情况。6级以上风力时必须停止所有施工作业，8级以上风力时应撤离施工现场。

2. 梁段起吊

起吊时应平稳，充分利用电子秤分级加载使上下游荷载均衡。当梁段离开运输船时，起吊缓慢加速，使梁段迅速离开船体，以避免由于荷载减小船只随水流相对位移导致检查小车轨道梁与船上支墩相撞。

梁段起吊过程中，通过监测仪表确保2台千斤顶同步。如果2台千斤顶荷载差值超过300kN，则说明梁段已倾斜，需要单动其中1台千斤顶，使梁段水平。

四、检查小车安装

首对标准梁段起吊时，需安装梁底检查小车。检查小车应满足斜拉桥钢箱梁外侧全方位、全立体的检测与维护要求，具有以下特点和功能：

（1）采用悬挂式起重机方案，即驱动机构通过钢轮倒置于工字钢轨道上，桁架梁与驱动机构通过龙门架连接在一起，在电机的驱动下运行。

（2）采用锂电池供电，并配有电池管理系统（BMS）、充电机和逆变器；采用可编程逻辑控制器（PLC）控制，变频器调速，具有直线同步行走及风速检测报警功能；检查车安装无线遥控发射器，检修人员可以在桥面遥控操作。

（3）在桥面变宽处，轨道有极小的角度，为确保平稳顺利行驶，行走机构设置了回转轴承。桥底中间部位设置伸缩走道，确保桥底可全面检修。

检查小车结构见图3-4-58，相关参数见表3-4-19。

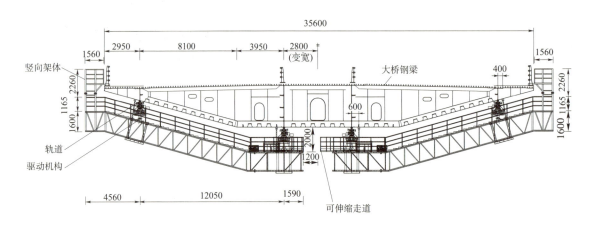

图3-4-58 检查小车结构图（尺寸单位：mm）

检查小车相关参数　　　　　　　　　　　　　　　表3-4-19

项　目	规　格	备　注
检查车自重	5939.5kg	
检查车尺寸（宽×高×长）	2270mm×7910mm×18200mm	
平台最大载质量	1500kg	分散荷载
直线行走速度	0~15m/min	无级调速
最大行走风速	12m/s	6级风

续上表

项　目		规　格	备　注
工作平台距钢箱梁底部距离		2000mm	工作净空
驱动结构	驱动小车	2 套	
	驱动轮直径	150mm	
轨道	轨道型号	工 28b	
	轨道中心距	12050mm	水平距离
电气	动力源	锂电池 240A·h	
结构材质	桁架和栏杆	6061-T6 铝合金	
	龙门架及驱动箱	Q345B 45 40Cr 等	

中塔梁外检查小车共4台，每台检查车重约为6t；4台检查小车沿主梁中心线对称布置。为了方便安装，行走小车先在厂内拼装，现场安装走道架体。走道架体提前放置在运梁船上，内侧选用手拉葫芦与小车轨道联结，外侧用桥面汽车起重机吊装。将检查小车向上提升，当达到预定高度后，将车架与驱动机构销接，完成检查小车安装。

检查小车的走道架体、轨道安装后与梁段同步由桥面起重机吊装到位。待梁段起吊到位后，再由桥面汽车起重机协助安装检查小车竖向架体。检查小车安装如图3-4-59所示。

五、梁段测量与调位

标准梁段的测量控制主要是对梁段平面位置及纵断面高程的控制。

平面位置主要通过高精度全站仪在固定控制点设站，采用三维极坐标法对梁段测点进行平面测量确定。

纵断面高程测量采用对向三角高程法，将高程传

图 3-4-59　检查小车安装

递到梁段稳定、合适、不易被扰动的位置，并清晰标记。采用水准测量方法控制梁段高程，检查实测数据与设计及监控指令是否吻合，若差异在规范允许范围内，则将数据反馈给监控，根据监控指令进行下道工序；否则，对梁段进行调整，直至满足设计及监控要求。标准梁段测点布置见图3-4-60。

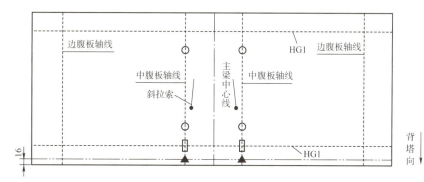

图 3-4-60　标准梁段测点布置（测点为黑色小三角）（尺寸单位：cm）

梁段调位分为初调和精调，初调在梁段吊至桥面时进行，精调则选择在日落4h后且顶、底板温差小于2℃时进行。为了使待吊梁段能够顺利吊至桥面高度，设计桥面起重机时，可在被吊梁段与已安装

好梁段之间留有30cm以上的间隙。梁段调整主要步骤如下：

（1）待吊梁段吊装至对接位齐平前，分别单动桥面起重机两吊点，粗调梁段的横坡。

（2）待吊装梁段与已安装梁段横坡基本一致后，同步启动变幅油缸，使待吊梁段靠近已安装组合梁，快靠近时，分别单动两变幅油缸，调节控制梁段平面扭转，待还有少许间隙时停止。

（3）启动横调梁油缸，将梁段向已装主梁靠拢，使其连接断面横向对齐，调整梁段轴线。由于梁段对接位伸出湿接缝钢筋，梁段轴线需预偏少许，待高程调整到位后恢复。

（4）继续提升桥面起重机两吊点，调整梁段高程，待与已拼组合梁高程接近一致后，进行测量与微调。

组合梁的定位应在环境温度变化较小时进行，并在此时测定和控制梁段的平面位置（轴线、里程）及高程（绝对高程、相对高差）。

六、临时拉杆安装

工地现浇湿接缝浇筑完成并达到养护要求后，安装并张拉对应的拉杆，施工方法与索塔区相同。

七、桥面起重机行走流程

斜拉索第1次张拉后，对桥面起重机进行卸荷：下放吊具，解除吊具与梁段间的连接，再提升吊具至分配梁保持足够旋转半径即可。当完成梁段拼缝焊接、湿接缝浇筑并对该梁段上的斜拉索进行第2次张拉后，桥面起重机即可前移，见图3-4-61~图3-4-67。前移的程序如下：

1. 第1次前移

（1）顶升桥面起重机：通过前支点处顶升油缸将前端架体顶升约5cm，使桥面起重机架体与轨道脱开。

（2）前移行走轨道：操作行走油缸将行走轨道前移7.3m，将轨道使用压梁进行压紧，使用螺纹钢穿过预埋孔将压梁锚固到梁段，采用双螺母防松。

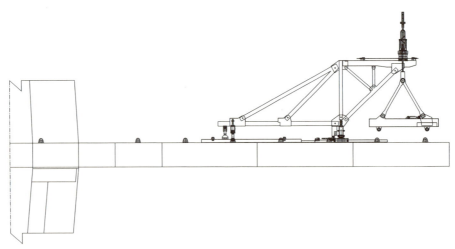

图3-4-61　桥面起重机前移1

（3）体系转换：顶升油缸卸载，安装中部架体临时锚固，然后启动顶升油缸，使桥面吊机架体后倾，便于拆除后锚固装置。

（4）分配梁旋转：拆除前后分配梁与架体的连接，将分配梁先平移至一侧，再旋转至顺桥向，以避免桥面起重机前移时与斜拉索碰撞。

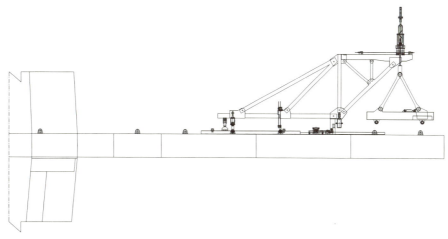

图 3-4-62　桥面起重机前移 2

（5）落放桥面起重机：卸载顶升油缸，使桥面起重机架体落在行走轨道上，同时拆除中部架体临时锚固，此时后行走小车车轮卡在行走轨道内，代替后锚固装置临时承受拉力。

（6）桥面起重机前移：使用行走油缸将桥面起重机前移7.3m。

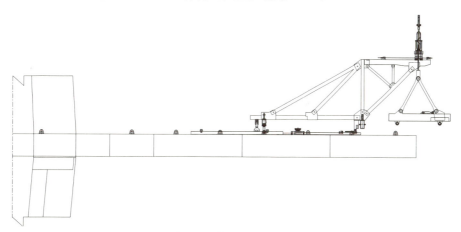

图 3-4-63　桥面起重机前移 3

2. 第 2 次前移

（1）启动顶升油缸，安装中部架体临时锚固，解除轨道压梁与梁段的锚固，桥面起重机轨道继续前移7.3m。

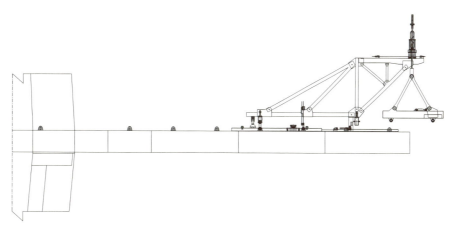

图 3-4-64　桥面起重机前移 4

（2）重复1中步骤（2）、（3）、（4）、（5），完成桥面起重机前移。

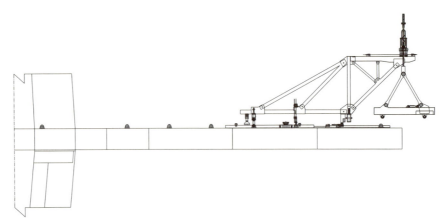

图 3-4-65　桥面起重机前移 5

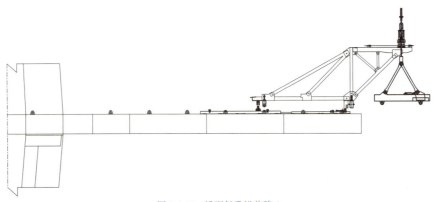

图 3-4-66　桥面起重机前移 6

（3）桥面起重机前移过索后，将前后分配梁旋转横移回原位。启动顶升油缸，精确控制后锚固装置与梁段吊耳间距，以便进行销轴连接。

（4）卸载顶升油缸，拆除中部架体临时锚固，再启动顶升油缸，安装前支点，完成桥面起重机前移后的全部锚固工作。

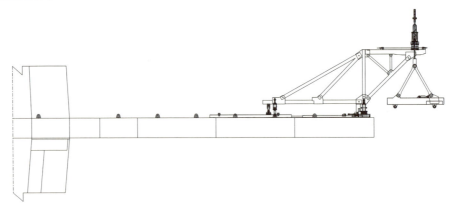

图 3-4-67　桥面起重机前移 7

轨道的摆放决定了桥面起重机的驻位，影响梁段调位的精确性。前移轨道时，保持两侧同步前移，同时测量轨道与基线间距，保证轨道与梁段轴线重合。

吊梁前，需确保后分配梁装置螺纹钢施拧到位、无松动。提前拆除轨道压梁，防止吊梁期间压梁承受应力导致结构损坏。

第六节 北岸支架区梁段安装

一、支架结构设计

1. 辅助跨高支架设计

辅助跨高支架采用墩旁钢管支架与水中钢管支架结合形式,由钢管桩、平联、附墙、斜撑、横梁、纵梁、纵向轨道梁等构件组成。

钢管支架立柱采用 $\phi 1200mm \times 14mm$、$\phi 1400mm \times 16mm$ 钢管,平联、附墙、斜撑采用 $\phi 600mm \times 8mm$、$\phi 426mm \times 6mm$ 钢管,横梁、纵梁、纵向轨道梁采用 $2HN900mm \times 300mm$ 型钢。北辅助跨高支架布置见图3-4-68~图3-4-71。

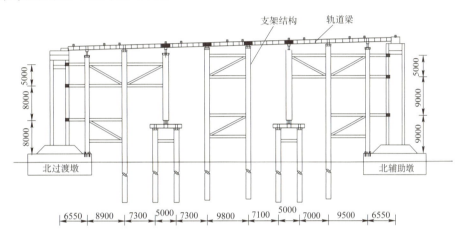

图 3-4-68 北辅助跨高支架正立面设计(尺寸单位:mm)

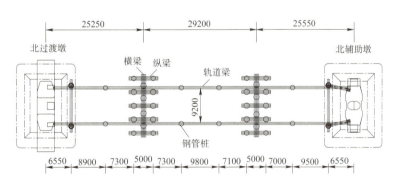

图 3-4-69 北辅助跨高支架平面设计(尺寸单位:mm)

2. 边跨浅水区低支架设计

因北辅助墩、北塔墩位处泥面高程较高,且受北岸主施工栈桥的影响,为实现边跨浅水区梁段桥面起重机吊梁时的正常喂梁,搭设低支架进行存梁。低支架共包括纵向滑移支架和横向滑移支架两部分。梁段首先通过在横移支架上滑移至纵移支架上,然后再在纵移支架轨道上纵向滑移至设计位置,采用450t桥面起重机直接起吊的方法进行安装。

辅助跨低支架采用水中钢管支架结构形式。支架由钢管桩、平联、纵向轨道梁等组成。钢管支架立柱采用 $\phi 1000mm \times 12mm$ 钢管,平联采用 $\phi 426mm \times 6mm$ 钢管,纵向轨道梁采用 $2HN900mm \times 300mm$ 型钢，北边跨梁段滑移支架布置见图3-4-72~图3-4-74。滑移支架设计时梁底距施工平台预留5.7m高度，以保障施工车辆通行。

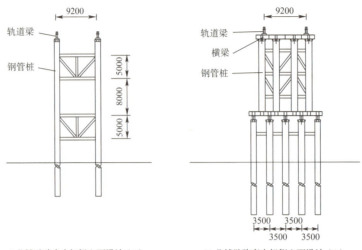

a) 北辅助跨高支架侧立面设计（1）　　　b) 北辅助跨高支架侧立面设计（2）

图 3-4-70　北辅助跨高支架侧立面设计（尺寸单位：mm）

图 3-4-71　北辅助跨高支架立面布置

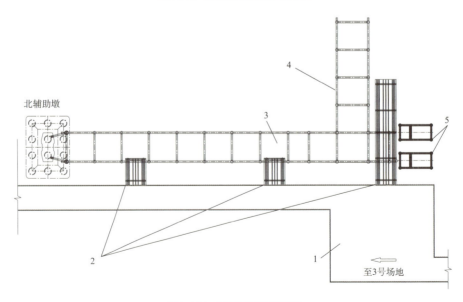

图 3-4-72　北边跨滑移支架设计

1- 转弯平台；2- 支栈桥；3- 纵移支架；4- 横移支架；5- 临时墩

图 3-4-73 北边跨滑移支架布置

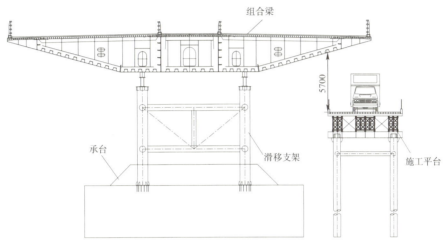

图 3-4-74 北边跨滑移支架车辆净空示意图（尺寸单位：mm）

二、水域清淤

北边跨位于浅水区，梁段可以通过浮式起重机吊装到位。高支架梁段存梁施工时，对整个河床面高程进行扫测，根据施工工期预估水位，发现水深不满足运梁船及浮式起重机进入条件，需要对周边水域进行清淤。清淤工作采用1艘挖泥船与2艘运泥船进行。边跨高支架清淤总体布置详见图3-4-75。

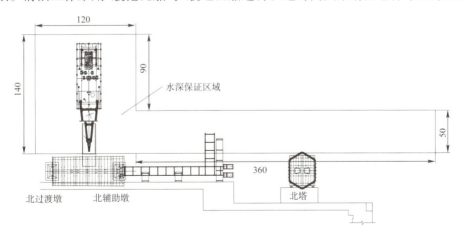

图 3-4-75 边跨高支架清淤总体布置（尺寸单位：m）

北边跨低支架梁段施工时，水位有所下降，对水域再次清淤，见图3-4-76。梁段使用浮式起重机吊装至横移平台，通过横向滑移与纵向滑移到达设计起吊点。

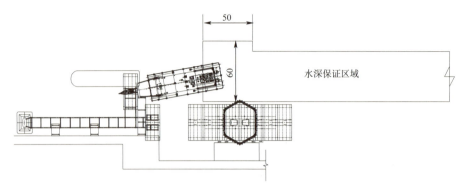

图 3-4-76 北边跨低支架清淤总体布置(尺寸单位:m)

三、梁段滑移

边跨低支架区NB7~NB14共8个梁段采用滑块滑移就位。将梁段放置在滑块上,滑块底面设置聚四氟乙烯滑板与轨道梁上的聚四氟乙烯滑板相接,滑块间设置型钢或钢丝绳相连;利用穿心千斤顶张拉钢绞线实现滑块的前行,从而带动梁段前移;梁段滑移到位后,利用4台200t千斤顶将梁段顶起,此时抽出滑块结构,放入型钢支墩代替原滑块。辅助跨低支架布置见图3-4-77、图3-4-78,梁段滑移滑块结构见图3-4-79。

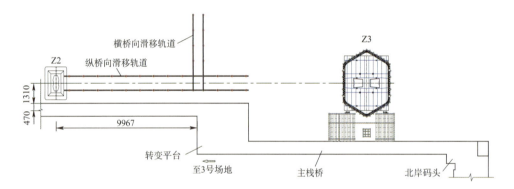

图 3-4-77 辅助跨低支架平面布置(尺寸单位:cm)

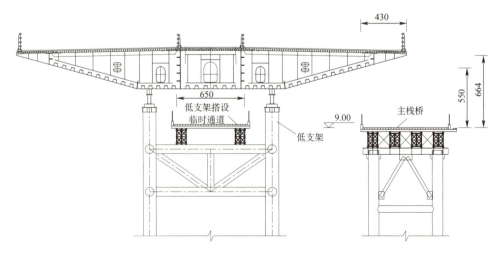

图 3-4-78 辅助跨低支架立面布置(尺寸单位:cm;高程单位:m)

图 3-4-79 梁段滑移滑块结构

四、梁段吊装

北辅助跨梁段吊装时，浮式起重机在待安装节段下游侧抛锚驻位，直接将梁段吊放至待安装位置，按照从中间向两侧的方向逐块安装，依次为NB18梁段→NB17梁段→NB16梁段→NB15梁段→N02梁段→NB20梁段，见图3-4-80。除北辅助跨高支架区梁段采用浮式起重机直接吊装到位外，其余梁段通过滑移就位。

a) 辅助跨高支架区梁段吊装示意图　　b) 辅助跨高支架区梁段吊装实景照片

图 3-4-80　北辅助跨高支架区梁段下游侧吊装

低支架区梁段滑移就位后直接由桥面起重机起吊安装，流程与标准梁段相同。

五、梁段调整与连接

边跨低支架区梁段起吊后调整流程与标准梁段相同。

辅助跨高支架区梁段调整方式如下：

（1）先从辅助墩墩顶梁段与过渡墩墩顶梁段开始调整，调整时保证支座轴线与主梁轴线平行，支座轴线误差±1.5mm；位置确定后，对辅助墩、过渡墩的竖向支座进行灌浆。

（2）调节其余梁段平面位置和高程，进行梁段的临时固定。

（3）进行梁段间接缝连接作业，首先进行所有梁段间接缝中腹板的焊接作业，完成后再依次沿纵向对称边腹板接缝焊接作业。

（4）安装顶板拼接板，进行顶板钢筋焊接连接。

（5）进行辅助跨横向湿接缝的浇筑并养护，养护方式与悬臂吊装梁段横向湿接缝的要求相同，但各梁段临时支撑的接触转换在横向湿接缝混凝土终凝7d（168h）后进行。

（6）横向湿接缝终凝90h后进行梁段间钢底板缝隙的焊接作业。

（7）辅助跨梁段间钢底板焊缝焊接及其加劲肋嵌补段焊接完成后，进行辅助跨梁段内底板钢筋的绑扎，开始底板混凝土的浇筑。在绑扎梁段内底板钢筋的同时，安装辅助墩、过渡墩顶的主梁横向抗风支座，确保支座安装完成后与墩顶横向限位挡块间顶紧无间隙。辅助跨横向湿接缝养护龄期满足要求后进行落架，使梁段支撑在辅助墩、过渡墩及两个临时支墩上。落架时应由辅助跨跨中向两侧对称逐组解除临时支撑。中跨完成解除后，两边跨解除二分之一跨度和全部解除后应分别进行辅助跨线形测量。上述测量以梁顶高程和NB15（SB15）江侧梁端转角为主，临时支撑全部拆除后还应测量辅助跨轴线，测量结果均与相应理论值比较，为边跨合龙做好数据准备。

（8）所有梁段调整完成后测量其整体线形，满足要求后进行焊接。

第七节　南岸支架区梁段安装

一、支架设计

南辅助跨设计为高支架区，南岸边跨浅水区需提前搭设支架存梁。南辅助跨及浅水区支架长275m（按常水位+4.43m，水深4.5m控制），其中辅助跨支架长80m，边跨浅水区支架长160m，横移支架长35m（受主墩影响，为满足浮式起重机停泊吊装，需搭设35m长横移支架）。

为保证支架移梁、存梁安全，提出高低支架结合方案。高低支架包括3部分：辅助存梁高支架、提梁平台、边跨浅水区存梁低支架（包括横移、纵移支架）。

高低支架结构采用φ820mm×10mm钢管桩立柱基础，桩顶设置纵向2HN900mm×300mm型钢轨道梁，钢管桩之间设置φ426mm×6mm钢管平联；提梁平台采用φ630mm×8mm钢管立柱，混凝土扩大基础，提梁平台主桁采用260t架桥机主梁，吊装系统采用液压提升千斤顶。边跨支架总体设计见图3-4-81，立面布置见图3-4-82。

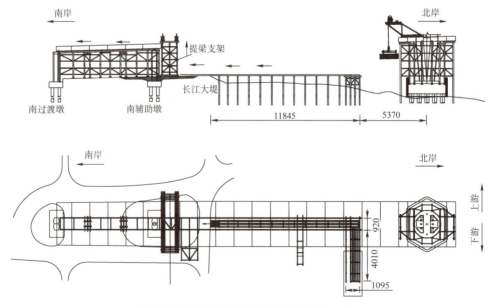

图3-4-81　边跨支架总体设计图（尺寸单位：cm）

图 3-4-82　边跨支架立面布置图

二、移梁技术

1. 移梁方式比选

以往工程施工中，常采用千斤顶通过钢绞线拽拉滑块或者卷扬机拽拉移梁小车的方式进行钢梁滑移就位。千斤顶通过钢绞线拽拉滑块的方式中，千斤顶每拖拽一个行程需要给油和回油，平均速度为 6~8m/h，每个循环用时较长且需要不断倒换千斤顶的位置，距离过长时同步性差（容易使钢梁脱离轨道），施工效率低，且存在安全隐患。通过卷扬机拽拉移梁小车的方式中，卷扬机的同步性差，施工效率低，容易把钢梁拉偏，存在侧翻的安全隐患。

为解决上述问题，采用步履式液压水平移梁装置。该装置由滑块、液压千斤顶及顶推盒组成，滑块与液压千斤顶、液压千斤顶与顶推盒两两之间通过销轴依次连接。通过液压千斤顶顶推滑块来带动钢梁的移动，预先在轨道梁开孔，移梁装置完成一个行程的行走后，顶推盒卡板在轨道梁开孔位置自动伸出，进行下一行程的梁段滑移。此移梁装置实现钢梁的自动步履式滑移，节省人工，达到提高施工工效的目的。

移梁装置设计中，滑块顶部垫橡胶板、底部垫橡胶板以及两层聚四氟乙烯滑板。滑块及顶推盒设计分别见图3-4-83、图3-4-84。

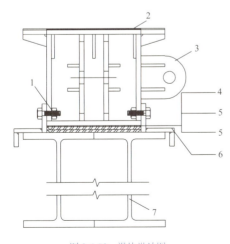

图 3-4-83　滑块设计图

1-M24 螺栓；2- 橡胶垫板；3- 连接板；4- 橡胶板；
5- 聚四氟乙烯滑板；6- 限位板；7- 轨道梁

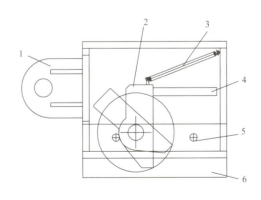

图 3-4-84　顶推盒大样图

1- 连接板；2- 卡板；3- 弹簧；4- 挡板；5-M24 螺栓；
6- 限位板

2. 移梁装置理论计算分析

（1）相对滑移面计算

聚四氟乙烯滑板与钢板的摩擦系数为0.08~0.10；聚四氟乙烯滑板与橡胶板摩擦系数分别为0.50，聚四氟乙烯滑板之间的摩擦系数为0.025。

可见，聚四氟乙烯滑板与聚四氟乙烯滑板之间的摩擦系数远小于其他接触面，所以移梁时聚四氟乙烯滑板与聚四氟乙烯滑板相接触的面可发生相对滑动，进而实现梁段的移动。

（2）液压千斤顶选择

边跨梁段最重为486t。移梁时每个千斤顶所需提供的顶推力为：

$$F=486 \times 0.025 \div 2=60.8（kN）$$

本装置选用HSG 140/70-1600液压千斤顶，单台千斤顶顶推力为380kN，满足施工要求。

3. 移梁方案

边跨梁段通过运梁船水运至横移支架处，借助500t浮式起重机吊装放置于浅水区横移支架上，利用步履式移梁装置横移至纵向低支架轨道上，然后纵向滑移至辅助墩提梁平台处。梁段滑移见图3-4-85。

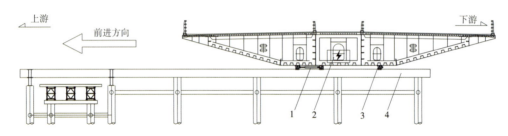

图3-4-85　梁段滑移示意图
1-行走装置；2-油泵；3-滑块；4-轨道梁

步履式移梁装置中，千斤顶采用38t双作用单杆活塞式，型号为HSG140/70-1600，油压为25MPa，行程为1.6m。千斤顶与滑块、千斤顶与顶推盒之间均采用ϕ50mm的销轴进行连接。移梁装置见图3-4-86。

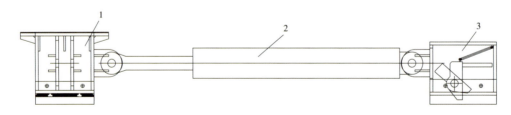

图3-4-86　移梁装置示意图
1-滑块；2-液压千斤顶；3-顶推盒

滑块和顶推盒两侧均设置限位装置，在行走时起导向限位作用，防止梁段脱离滑移轨道。梁段滑移过程中，两端滑移行程保持同步，每行程梁段两端位移差不大于10cm，移梁速率18~21m/h，以保证移梁过程的高效、稳定。

4. 实施效果

采用步履式移梁装置顶推滑块移梁的方式，每个行程1.4m，约需4min，每小时可滑移约20m，移梁效率较高，保证了移梁的同步性，增加了移梁的安全性。借鉴索塔施工所用的液压爬模设计的顶推盒卡板，此卡板可根据移梁工序自动收放，千斤顶顶推时卡板自动伸入轨道梁上的孔内，千斤顶收顶时卡板自动收进顶推盒内。滑块和顶推盒两侧均设置限位板，行走时起导向作用，并防止钢梁滑移时脱离轨道,保证了移梁过程中的安全性。

步履式移梁装置在南岸辅助跨6个梁段及边跨11个标准梁段成功移梁,提高了移梁工效,减少了人工投入,降低了施工成本,大大降低了安全风险。

三、提梁平台吊梁

因南辅助跨位于长江大堤背水面陆地上,辅助跨6个梁段采用搭设支架,通过在轨道上纵向滑移至辅助墩位置提梁平台处,采用提梁平台提升到滑移平台上,再纵向滑移至辅助墩高支架设计位置,见图3-4-87。

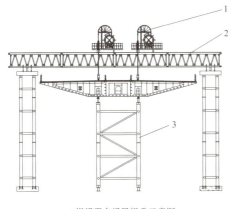

a) 提梁平台梁段提升示意图　　　　b) 提梁平台梁段提升实景照片

图 3-4-87　提梁平台梁段提升
1-吊装系统;2-主桁架;3-滑移平台

提升平台设计横桥向跨度为41.60m、纵桥向为10.95m,高度约31.50m,采用两组主桁四点起吊钢混组合梁段,起吊能力为500t。钢混组合梁采用4台连续千斤顶同步提升,提升钢绞线吊耳与钢混组合梁吊耳铰接连接。

对提梁平台结构受力进行计算,设置横纵向平联及斜撑,确保受力稳定;采用整体式钢筋混凝土扩大基础,增强基础整体受力水平。

滑移平台初始位置处于提梁平台外侧横移轨道上,当提梁平台将梁段提升后,滑移平台通过轨道横纵移至提梁平台正下方。

滑移平台桩底与轨道之间布置橡胶板以及聚四氟乙烯滑板,在滑移平台钢管立柱底部设置锚固板,在滑移平台轨道上设置反力座,通过千斤顶拽拉固定在滑移平台锚固板上的钢绞线牵引滑移平台至设计位置,实现梁段辅助跨高支架存梁。

四、梁段吊装、调整与连接

南辅助跨梁段按照从过渡墩到辅助墩的顺序进行吊装与滑移。起吊、调整与连接流程与北岸辅助跨高支架区梁段相同。

第八节　中塔北侧刚性墩梁段安装

为了保证中塔上部结构安装的抗风安全性,在中塔北侧中心线189.5m位置设置刚性墩。刚性墩只约束主梁竖向、横向位移和扭转,其他方向可自由移动。

一、刚性墩设计与搭设

刚性墩由基础平台、中间连接杆及顶部连接杆3部分组成。其中基础平台采用 ϕ 1400mm×16mm 钢管作基础，顶部采用双拼2HM588mm×300mm型钢做下纵横向联系梁，作为NC13梁段临时搁置平台。中间连接杆采用4节900t·m塔式起重机标准节进行组拼，标准节顶部采用双拼2HM588mm×300mm型钢作上纵横向联系梁。顶部连接杆采用尺寸（长×高×壁厚）为400mm×400mm×12mm方管和挂板的方式，方管两个端头设置耳板，挂板板厚为25mm，材质为Q345B。中间连接杆与基础平台采用焊接连接，与顶部连接杆采用销轴连接，顶部连接杆与组合梁梁底上吊耳座采用销轴连接。刚性墩连接杆结构见图3-4-88，总体布置见图3-4-89、图3-4-90。

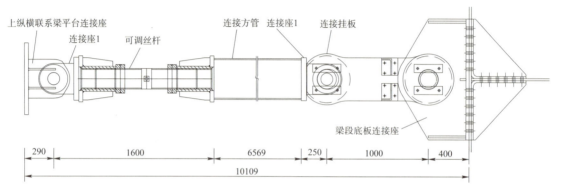

图3-4-88　刚性墩连接杆结构图（尺寸单位：mm）

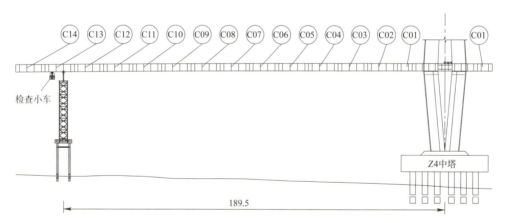

图3-4-89　刚性墩总体布置示意图（尺寸单位：m）

图3-4-90　刚性墩总体布置图

为了增加刚性墩横向刚度，更好地控制梁段偏转与扭转，在梁段与刚性墩之间增设斜向钢丝绳，钢丝绳在刚性墩连接时同时拉紧。刚性墩塔式起重机标准节布置见图3-4-91。

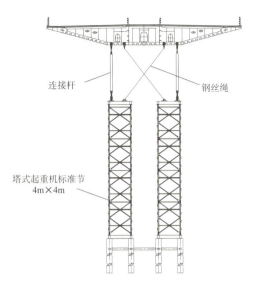
a) 刚性墩塔式起重机标准节布置示意图

b) 刚性墩塔式起重机标准节布置实景照片

图 3-4-91　刚性墩塔式起重机标准节布置

刚性墩设计竖向最大压力标准值2500kN，最大拔力标准值1000kN。根据斜拉桥不同工况特点，在斜拉索张拉、桥面起重机行走、梁段吊装时，均会引起梁段高程变化。经过分析改进，刚性墩改为软连接，使主梁可在竖向一定范围内移动，但仍限制横向位移与扭转。

二、刚性墩墩顶梁段安装

刚性墩支架施工完成后，利用500t浮式起重机吊装NC13梁段，置于刚性墩墩顶，待桥面起重机施工至此梁段时，直接从刚性墩上起吊梁段进行安装，见图3-4-92。

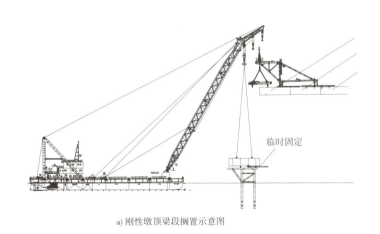
a) 刚性墩顶梁段搁置示意图

b) 刚性墩顶梁段搁置实景照片

图 3-4-92　刚性墩顶梁段搁置

在完成梁段短暂搁置、悬臂吊装完刚性墩顶梁段后，用塔式起重机标准节接高刚性墩，搭设刚性墩上部结构。刚性墩与主梁之间除了在梁段起吊、斜拉索第1~3次张拉、检查小车回退时不连接外，其余工况下均需连接到位。

第九节　主梁顶推合龙施工

一、边跨顶推合龙

1. 合龙梁段吊装

首先复核合龙口梁段间净距，当净距大于4cm时，合龙梁段可以正常起吊；当净距小于4cm时，应将边跨高支架区梁段整体向背塔侧顶推滑移，以保证合龙梁段顺利吊装到位。

精确调整NB14梁段，满足要求后按照标准梁段安装工序，完成NB14梁段的施工，施工内容包括梁段间栓焊连接、横向湿接缝混凝土浇筑、斜拉索张拉等。

在梁段安装过程中，连续观测已安装梁段空间位置，分析梁段随温度变化规律，以便为边跨高支架区梁段顶推合龙提供参考依据。

2. 主梁落架

辅助跨横向湿接缝养护龄期满足要求后进行落架。使梁段支撑在过渡墩、辅助墩及两个临时支墩上，落架由跨中向两侧进行，共分5个批次完成。中跨完成解除后、两边跨解除二分之一跨度和两边跨全部解除后分别进行辅助跨线形测量。上述测量以梁顶高程和NB15（SB15）江侧梁端转角为主，临时支撑全部拆除后还应测量辅助跨轴线，测量结果与相应理论值比较，为边跨合龙做好数据准备。

边跨高支架区梁段在支架上连接成整体，张拉完一定数量纵向预应力钢束后，落架支撑在过渡墩支座、辅助墩支座及两个临时支墩上。体系转换过程支点布置及拆除顺序见图3-4-93~图3-4-95。

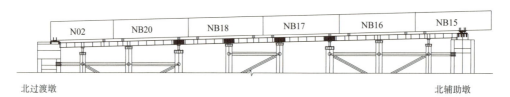

图 3-4-93　体系转换前各梁段支点立面布置

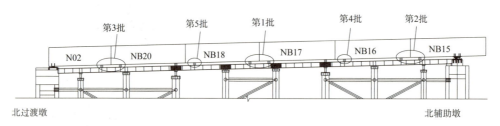

图 3-4-94　体系转换中各梁段支点拆除顺序

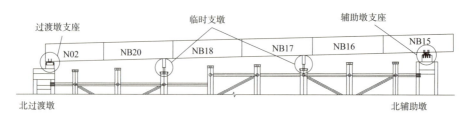

图 3-4-95　体系转换后边跨梁段各支点布置

过渡墩支座为竖向球型支座，规格为QZ7000SX，竖向承载力为7000kN，设计位移量顺桥向允许值为±500mm，横桥向允许值为±50mm，支座转角允许值≤0.02rad。

辅助墩支座为竖向拉压支座，规格为LYQZ16000/3000SX，竖向压力为16000kN，竖向拉力为3000kN，设计位移量顺桥向允许值为±400mm，横桥向允许值为±50mm，支座转角允许值≤0.02rad。

两个支座在梁段调整到位后进行灌浆，可沿顺桥向方向滑移。

3. 边跨顶推合龙施工

（1）顶推力计算。

边跨支架区共6片主梁，总长约85.175m，总质量为2591.9t。施工荷载主要为检修小车，2台×6.0t/台=12t，其他施工荷载按照5t考虑。边跨梁段顶推滑移时总质量为2608.9t。梁段落架后置于聚四氟乙烯滑板支座上面，聚四氟乙烯滑板支座摩擦系数取0.03进行计算。边跨高支架区梁段顶柱计算参数及结果见表3-4-20。

边跨高支架区梁段顶推计算　　　　　　　　　　　　表3-4-20

参　　数	数　　值	参　　数	数　　值
体系转换总荷载（kN）	26089	摩擦系数	0.03
坡度（%）	2.60	摩擦力（kN）	2082
水平分力（kN）	1845	移梁顶推力（kN）	3927
竖向分力（kN）	26024		

（2）顶推布置。

根据边跨高支架的结构形式、梁段支点布置方式以及与已安装梁段的相对关系，高支架区梁段采用千斤顶顶推方式向塔侧偏移。在高支架轨道梁上设置2排顶推点，均在2HN900mm×300mm轨道梁上焊接反力座，通过200t千斤顶顶推垫墩施加推力。梁段顶推拖拉装置立面布置见图3-4-96。

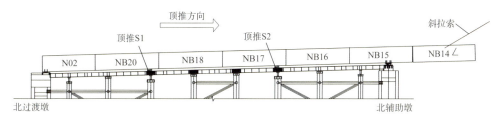

图3-4-96　梁段顶推拖拉装置立面布置

S1位置、S2位置上下游各布置2台200t千斤顶，考虑65%的利用系数，则总顶推力$F=200×0.65×2×2=5200$（kN）>3927kN。其中，S1断面千斤顶同步对称施加顶推力约1300kN，共1300kN×2=2600kN。S2断面同S1断面。

当梁段滑移到位后，及时将高支架区梁段下的垫墩与轨道梁进行临时焊接，以防止梁段回退。

（3）梁段顶推。

梁段顶推步骤如下：

①安装顶推反力架，进行试顶推。试顶推先由江侧向岸侧顶推13cm并测量辅助跨的空间线形［梁段高程、NB15（SB15）江侧梁端转角、轴线］；然后再由岸侧向江侧顶推8cm，测量辅助跨的空间线形，并以此线形预测NB15（SB15）江侧梁端合龙时的空间位置，以此空间位置控制14号斜拉索第1次张拉（一张）时NB14（SB14）梁段岸侧梁端的空间位置，以便顺利合龙。

②将辅助跨向江侧顶推约5cm，同时监测合龙口两梁段主腹板的空间关系，合龙口缝宽调整到位

后，开始调整合龙口扭转，通过在梁段顶部设置对向交叉的5t手拉葫芦进行调整，还可以在梁段靠近腹板的底板上焊接临时工装，通过10t千斤顶进行调整。因辅助墩墩顶竖向支座对边跨NB15梁段高程的约束作用，NB14与NB15节段间合龙口高程错台通过放张NB14节段斜拉索和移动桥面25t汽车起重机进行调整。

③满足要求后即刻锁定主腹板，并完成主腹板间的永久连接。

④完成合龙口梁段间边腹板的码平调整和焊接作业，按正常梁段间接缝施工工艺完成合龙口接缝的连接。

⑤合龙口组合梁底板缝隙焊接完成后，迅速进行NB14（SB14）梁段内底板钢筋的铺设和绑扎。在合龙口顶板横向湿接缝混凝土浇筑前完成NB14（SB14）和NB15（SB15）箱梁底板混凝土的浇筑作业。

⑥完成合龙口横向湿接缝的浇筑并按要求进行养护，湿接缝龄期满足要求后，张拉边跨合龙段预应力束。

⑦再次张拉第14对斜拉索。

⑧在NZ15（SZ15）梁段吊装离船后，开始进行辅助跨箱梁内剩余底板混凝土的浇筑作业，并一次性完成全部底板混凝土的浇筑施工。15号斜拉索一张前需同时满足横向湿接缝以及边跨底板混凝土的龄期要求。

另外，施工过程中需密切注意索塔纵向偏位情况。

二、中跨顶推合龙施工

1. 边塔梁段体系转换

NZ20梁段按照标准流程起吊安装完成后，开始准备边塔梁段的体系转换，体系转换工作主要包括：边塔竖向支座的安装、纵向临时限位支座的拆除、塔梁竖向临时构造的解除，以及边塔梁段的顶推移位等。

（1）边塔竖向支座的安装。

边塔双向活动弹性拉压支座规格为LYQZ8500/5000SX，竖向压力为8500kN，竖向拉力为5000kN，设计位移量顺桥向允许值为±300mm，横桥向允许值为±10mm，支座转角≥0.015rad。边塔永久纵向限位支座规格为ZXBZ3500，承载力3500kN。

在完成NZ20梁段吊装并张拉与之相对应的斜拉索，放张第19对斜拉索后，开始竖向支座的安装。竖向支座与垫石预埋连接板焊接完成后开始支座灌浆。

（2）纵向临时限位支座的拆除。

竖向支座灌浆48h后，开始拆除北塔江侧、岸侧纵向临时限位支座。

（3）塔梁竖向临时构造的解除。

纵向限位支座拆除完成后，开始解除塔梁竖向临时构造装置。

（4）边塔梁段的顶推移位。

主桥中跨采用顶推合龙的施工方案，边塔A梁段吊装定位时预先向江侧偏移18cm。为了满足中跨合龙N/SC20梁段顺利吊装进入合龙口，需要将边塔梁段向岸侧进行回顶。

①顶推力计算。

根据《混凝土结构设计规范》（GB 50010—2010），混凝土结构线膨胀系数为1.0×10^{-5}/℃；根据《钢结构设计标准》（GB 50017—2017），钢结构线膨胀系数为$1.2×10^{-5}/℃$。主梁为钢-混组合结构，考虑温度变化对梁长影响时，钢-混结构线膨胀系数按$1.1×10^{-5}/℃$计。中跨合龙时间为6月中旬，环境温度在30℃，则温度变化对组合梁梁长的影响为$300m×1000×1.1×10^{-5}/℃×(30-20)℃=33mm$。

边塔梁段向岸侧回顶距离：18cm+3.3cm+3.5cm=24.8cm，其中3.5cm为富余距离。

需要顶推的梁段共有41个，梁段总质量为17409.2t；斜拉索竖向分力为86340.3kN；梁段自重向岸侧水平分力为3998.9kN；斜拉索岸侧总索力向江侧水平分力为63056.5kN；斜拉索江侧总索力向岸侧水平分力为57957.7kN。

边塔、过渡墩、辅助墩支座摩擦力为（174092-86340.3）×0.03=2632.5（kN）。

向岸侧水平分力-向江侧水平分力为（3998.9+57957.7-63056.5）=-1100.0（kN），这说明边塔梁段临时抗拔及临时纵向限位支座解除后，梁段有向江侧移动的趋势。但由于1100.0kN＜2632.5kN，因此梁段不会向江侧滑动。

当梁段整体向岸侧顶推时，顶推力为2632.5+1100.0=3732.5（kN）；当梁段整体向江侧顶推时，顶推力为2632.5-1100.0=1532.5（kN）。

②向岸侧顶推千斤顶布置。

边塔梁段向岸侧顶推前，依次对称拆除临时纵向限位支座。在边塔塔柱岸侧临时纵向限位支座位置对称安装4台200t千斤顶，至支顶有足够间隙，在同样位置对称安装2台600t千斤顶向岸侧顶推。

③向江侧顶推千斤顶布置。

边塔梁段向江侧顶推时，在边塔塔柱江侧对称安装2台200t千斤顶。2×2000kN/153.25kN=2.6，满足使用要求。梁段顶推装置布置见图3-4-97。

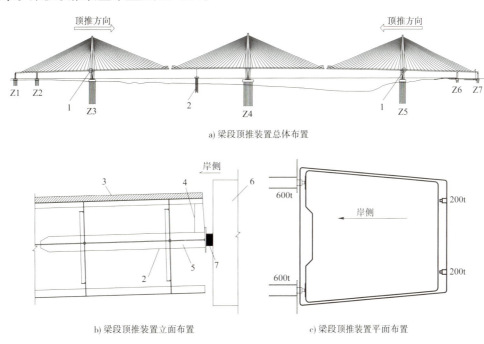

图 3-4-97　梁段顶推装置布置

1-顶推点；2-刚性墩；3-A梁段主梁；4-临时加劲；5-A梁段纵向限位支座加劲；6-索塔；7-千斤顶

2. 合龙梁段吊装

与边跨合龙梁段吊装相同，起吊前复核合龙口梁段间距，如净距小于3.5cm，将启动边塔塔柱岸侧千斤顶将边塔梁段整体向岸侧顶推滑移，以保证NC20、SC20梁段顺利吊装到位。

在梁段安装过程中,连续观测已安装梁段空间姿态,分析梁段随温度变化规律,为中跨梁段顶推合龙提供参考依据。

3. 中跨顶推合龙施工

(1)在合龙口两侧设置2组10t手拉葫芦、2组5t手拉葫芦,调整合龙口两侧悬臂端轴线,消除合龙口中腹板横向错台。

(2)拆除边塔纵向临时支垫,调节顶推千斤顶顶力,使边塔主梁向中塔纵向移动,直到合龙口两侧止推板互相接触。

(3)张拉中塔第20对斜拉索,根据实测合龙口两侧梁端高程及倾角确定张拉索力,使中塔侧梁端高程低于边塔侧梁端高程10~20mm。

(4)在合龙口中腹板上安装拼接板及牛腿。

(5)通过在梁端边腹板处设置反力装置,采用千斤顶在上下游边腹板处分别施加相反的顶力调整梁端上下游高差。

(6)用千斤顶支顶合龙口牛腿,调节合龙口两侧高程和倾角(图3-4-98)。

(7)调整到位后打入冲钉。

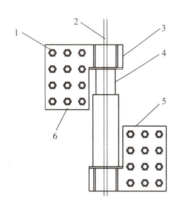 

a) 支顶牛腿调节高差示意图　　b) 支顶牛腿调节高差实景照片

图3-4-98　支顶牛腿调节高差

1-高强度螺栓;2-梁段间缝隙;3-牛腿;4-千斤顶;5-中塔合龙梁段中腹板;6-边塔合龙梁段中腹板

4. 中塔梁段体系转换

(1)竖向支座安装。

完成合龙梁段连接、横向湿接缝浇筑和养护,达到设计强度后,开始竖向支座与支座垫石间的压浆。

(2)塔梁临时构造解除。

竖向支座灌浆48h后开始拆除临时抗拔装置和临时支撑装置,解除方式、方法与边塔相同。

三、合龙节段测量定位

合龙段测量控制是一项动态控制过程。为保证顺利合龙,需要留有足够的调整空间。南北各剩余5~6个主梁节段时,对梁段轴线及对称梁段高差进行测量控制。根据监控指令逐步调整到位,并对塔偏进行连续观测,以掌握塔身在各种工况下的姿态,为后续梁段及合龙段安装提供数据支撑。合龙段测量控制见图3-4-99。

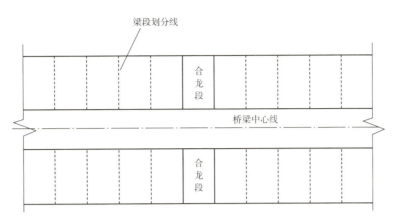

图3-4-99 合龙段测量控制示意图

合龙时，由边跨梁段向塔侧顶推，当合龙口空隙还剩2~3cm时停止顶推。此时，通过高精度全站仪，采用三维极坐标法测量合龙口梁段附近的轴线，并用水准仪测量合龙口梁段附近高差，如果不满足要求，立即进行调整，直至符合设计及监控要求。继续顶推，当合龙口的缝宽满足要求后，立即用临时连接构件将合龙口梁段连接，实现主梁合龙。

四、顶推合龙小结

南京五桥边跨、中跨顶推合龙方式采用创新的设计理念，即主动控制合龙方法，施工现场不受自然天气影响，关键的作业环节只需要3~4h就能完成，可以大大缩短合龙时间，既安全又高效。这样实现了边跨、中跨高精度合龙，合龙精度达到2mm，工厂预制拼接板实现全部栓接。

第十节 组合梁桥位连接

钢混组合梁桥位连接施工包括中腹板板的栓接、底板环缝焊接、边腹板和中腹板翼缘板的焊接、湿接缝的浇筑及环缝涂装。梁段吊装定位完成后，安装中腹板拼接板并初拧，焊接边腹板对接焊缝（边跨区梁段中腹板采用对接，与边腹板一并焊接），焊接横向湿接缝纵向钢筋搭接焊缝，安装湿接缝底部拼接板，浇筑横向湿接缝混凝土，待养护32h后，焊接底板对接焊缝及U肋或板肋嵌补段，焊接及栓接施工满足8d吊装一个新节段的进度要求。桥位环缝施工工艺流程见图3-4-100。

桥位环缝施工重点包括利用冲钉及拼接板定位中腹板，控制环缝底板及腹板翼缘板焊缝的焊接质量和湿接缝浇筑的施工质量。中腹板和湿接缝底部连接拼接板要求100%通孔率，钢梁底板、斜底板、腹板翼缘板和挑臂处翼缘板对接缝错台≤2.0mm，湿接缝嵌补钢筋连接精度≤3.0mm。

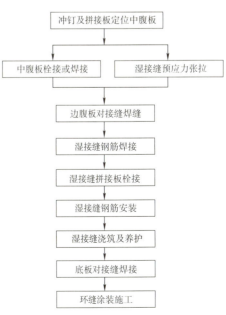

图3-4-100 桥位环缝施工工艺流程

一、冲钉及拼接板定位中腹板

梁段吊装至匹配高度后，连接顶部及底部拼接板，原架设梁段顶部拼接板打入不少于2个定位冲钉，新架设梁段顶部拼接板接缝角点处打入1个冲钉。保证新架设梁段可沿着冲钉旋转，通过桥面起重机微调梁段高程，待梁段间孔群间距与底部拼接板孔群间距吻合后，及时打入上下拼接板其余定位冲钉，完成中腹板拼接板定位。由监控单位测量新架设梁段高程线形，保证与工厂预拼时一致，完成梁段安装定位。中腹板拼接板定位见图3-4-101。

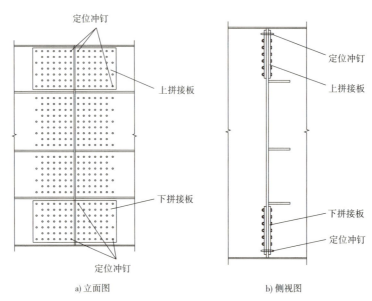

图3-4-101 中腹板拼接板定位

二、桥位环缝焊接及栓接施工

1. 环缝焊接要求

先焊接边腹板对接焊缝，再进行中腹板和边腹板翼缘板对接焊接，焊接横向湿接缝嵌补钢筋搭接焊缝，待湿接缝养护32h后，焊接底板对接焊缝，探伤合格后焊接U肋、板肋嵌补段，焊接顺序见图3-4-102。

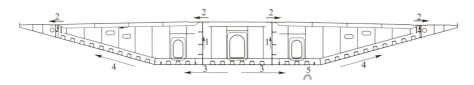

图3-4-102 钢混组合梁焊接方向及焊接顺序示意图

2. 组合梁桥位焊接控制要点

（1）腹板对接焊缝焊接

采用CO_2气体保护焊自下而上对称焊接。焊接前焊缝两侧利用码板码固，控制错台在公差范围内；打底焊道完成后，焰切码板并盖面焊接。

（2）钢筋焊接

采用实心焊丝气体保护焊进行单面焊。焊接前将钢筋焊接部位周围油污、铁锈清理干净，并在四点定位焊固定。定位焊缝与搭接端部距离50mm焊接时，在搭接焊形成焊缝中引弧；在端头收弧前填满弧坑，并使主焊缝与定位焊缝的始端和终端熔合。钢筋焊接后，安装湿接缝底部栓接拼接板。横向湿接缝纵向钢筋焊接见图3-4-103。

a) 钢筋点焊接固定

b) 钢筋焊接

图 3-4-103　横向湿接缝纵向钢筋焊接

（3）底板及腹板翼缘板对接焊缝的焊接

底板采用单面焊双面成型工艺，背面贴陶质衬垫，用CO_2保护焊打底填充及盖面；焊缝两侧采用码板保证底板错台在公差范围内。打底焊道完成后，焰切码板，再进行填充及盖面。焊接完成后打磨对接焊缝的余高。U肋嵌补段对接焊缝采用背面贴钢衬垫，外侧采用CO_2气体保护半自动焊焊接。

三、标准梁段湿接缝连接

标准梁段后浇湿接缝是组合梁结构受力的薄弱部位，接缝处混凝土浇筑质量、新老混凝土面结合能力都需严格控制。桥位工地连接施工设备主要有微型立轴行星式搅拌机、微型排式振捣机、微型整平机、自行式布料斗、3t叉车。所用设备及材料均布置在已装桥面上。桥位湿接缝连接施工按照组合梁架设进度安排调整，横向短钢筋连接及底板拼接板安装完成后，开始组织横向湿接缝浇筑。

标准梁段湿接缝桥位连接施工工艺及所用设备功能参数与工厂横向湿接缝基本一致。施工工序主要包括原材料准备、混凝土搅拌、混凝土插入式振捣、混凝土平板振捣整平、混凝土养护等，工艺流程及设备参数在此不赘述。桥位湿接缝连接施工质量控制内容如下。

1. 横缝平整度控制

受桥面纵向坡度影响，横缝混凝土浇筑完成后向低处自流造成错台。为控制横缝平整度，浇筑完成覆膜后立即压盖竹胶板，并在低侧施加重物，混凝土初凝后去除重物。

2. 布料质量控制

工地湿接缝在桥位露天环境施工。施工环境恶劣，混凝土运输线路较长，人工运输布料无法满足施工需求。因而设计自行式布料斗，减少人工作业强度，实现连续布料，保证湿接缝布料质量。自行式布料斗见图3-4-104。

3. 精准振捣

与桥面板阵列式排式振捣机不同，微型排振机的行走机构不具备精准定位功能。为了实现振捣步距的精准控制，不出现钢筋与振捣棒冲突的问题，微型排

图 3-4-104　自行式布料斗

振机设置激光定位笔作为定位参考点。振捣时通过观察两侧激光点位置，确保每一步振捣与轨道等距标线重合，实现横缝精准振捣。

浇筑前依据横向短钢筋位置在桥面板上标记振捣位置，预先定位铺设振捣设备行走轨道，轨道上的等距刻度线与钢筋网振捣位标记相对应（图3-4-105）。振捣初始位置距桥面边缘预留1.5m空间，保证安全操作距离。钢筋间距发生变化时，通过调节激光定位笔调整后续振捣点位。

图3-4-105　微型设备及振捣位标记

4. 布料厚度控制

微型排振机从零位开始振捣，机架前部装有可调节刮料板，行进时刮料板将混凝土刮平。

微型整平机的整平梁底座在极限低位时，其底面位置与桥面板重合。整平梁高低位置通过底座垫片调节，控制布料厚度。横向接缝整平后，满足上表面厚度精度允许偏差−2~+5mm，平整度2.5mm/1000mm的设计要求。

微型整平机车轮横跨接缝两边，整平梁将湿接缝区域全覆盖。启动整平机匀速沿横向接缝方向行进对混凝土上表面进行复振和整平，及时清除整平机下底面粘连的混凝土，防止破坏已整平的接缝上表面。

四、A/A′类组合梁活性粉末混凝土（RPC）区域施工

考虑结构的整体性及现场施工环境的复杂性，塔区桥面板采用现浇活性粉末混凝土（Reactive Powder Concrete，PRC）。目前，RPC在大型桥梁的桥面结构中多有应用，但现浇厚度通常在3~5cm，而且需采用高温蒸汽养护。南京五桥设计采用20cm的现浇厚度、31.87m×8.05m平面尺寸，此类型RPC施工尚无经验可供借鉴。

1. 活性粉末混凝土（RPC）

RPC是一种超高性能混凝土，主要组分包括水泥、水、石英砂、硅粉、粉煤灰、纤维、掺合料。采用细颗粒填充粗颗粒间隙，使材料更加致密，大幅提高抗压强度。PRC紧密堆积模型如图3-4-106所示。在水泥基材料中增加高强微细纤维组分，大幅提高抗拉强度，超高的抗压强度和抗拉强度可完全取代铸铁，韧性可与金属铝相媲美。同时，高强、致密的材料获得良好的耐磨性能。RPC与其他混凝土技术指标对比见表3-4-21。

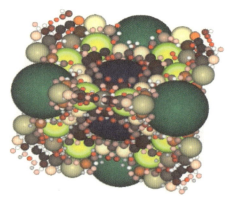

图3-4-106　RPC紧密堆积模型

RPC与其他混凝土技术指标对比　　　　表3-4-21

技术指标	RPC	高性能混凝土	普通混凝土
抗压强度（MPa）	120~200	60~100	20~50
抗折强度（MPa）	30~60	6~10	2~5
弹性模量（GPa）	40~60	30~40	30~40
断裂韧性（kJ/m²）	20~40	0.14	0.12
氯离子扩散系数（m²/s）	0.02×（10~12）	0.6×（10~12）	1.1×（10~12）
表面剥落质量（g/cm²）	7	900	>1000
吸水特征（kg/m³）	0.2	0.4	2.7
磨耗系数	1.3	2.8	4

RPC超高的抗拉强度、高强纤维的约束，配以合理的钢筋构造，使得组合梁桥面板具有良好的裂缝约束性能，即使开裂，裂缝也呈短、细、密的形态，有效减小了裂缝宽度和延伸高度，大大降低了混凝土桥面板开裂的风险和裂缝控制的难度。组合梁RPC主要技术指标见表3-4-22。

组合梁RPC主要技术指标　　　　表3-4-22

项目	指标	项目	指标
扩展度（mm）	≥550	断裂韧性（kJ/m²）	≥20.0
抗压强度（MPa）	≥170.0	360d总收缩应变	≤60×10⁻⁶
弹性模量（GPa）	≥51.0	密度（kg/m³）	≤2600
初裂抗弯拉强度（MPa）	≥15.0	抗氯离子渗透性（C）	≤100
抗弯拉强度（MPa）	≥24.0		

2. RPC现浇区域

索塔区A/A'梁段在工厂内横向拆分成两部分制作，在桥位现场完成拼接。梁段中箱顶部环塔柱位置桥面板设计采用现浇活性粉末混凝土，具体位置见图3-4-107。

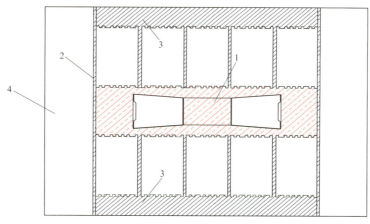

图3-4-107　RPC现浇区域示意图
1-工地现浇RPC区域；2-工地横向湿接缝；3-工厂纵向湿接缝；4-B型梁段

3. 养护方法

该部分构件处于钢混组合结构的顶板处，构件厚度较厚（20cm），常规养护方式无法满足施工需求。南京五桥确立了RPC大面积现浇的专用养护方法，提出活性粉末混凝土构件的电热毯高温养护工艺。

试验阶段对电热毯温度、补水时间等因素对养护效果的影响做了充分比对研究，设计了7个组合板板式试件进行四点弯曲试验，重点研究电热毯温度、补水时间对构件抗裂性能的影响，确定了加热养护过程的3个阶段。

（1）静停阶段。

浇筑完成后静停24h以上，此段时间内应保证10℃以上环境温度、60%以上相对湿度。

（2）热养护阶段。

静停完成后开始加热养护。先将湿润的土工布覆盖于构件上，然后在土工布上布设铝塑管补水管路，再将工业电热毯覆盖于土工布和补水管上，完成覆盖后开始加热。设置升温速度为10~15℃/h，直至达到养护需要的温度，并控制其偏差在预设值±5℃范围内。保持恒温48h，再以不大于10℃/h的速度降温，降至构件表面温度与环境温度之差不大于20℃，养护过程构件表面相对湿度保持在95%以上。

（3）自然养护阶段。

热养护结束后即进行自然养护，保湿养护不少于15d。当环境平均气温低于10℃或最低气温低于5℃时，按冬期施工采取保温措施。

4. RPC浇筑工艺

A/A′梁段RPC现浇面积近200m²，厚度20cm，一次浇筑方量可达38.6m³。浇筑完成后要求采用顶、底板同时热养护，养护温度不低于90℃，热养护时间不小于48h。

（1）总体流程

①混凝土采用立轴行星式搅拌机搅拌，由汽车起重机向搅拌机喂料，料斗接料后移动至指定区域，另一台汽车起重机将吊装料斗向钢筋网内布料；

②采用分条带浇筑，将搅拌完成的混凝土卸料至绑扎的钢筋网内（梳齿板分隔条带），人工辅助摊铺、振捣，并按养护方法做好养护工作；

③对养护完成后的混凝土进行模板拆除。

（2）施工部署

主桥桥面距栈桥高度不小于30m。若混凝土在栈桥上搅拌，采用履带式起重机吊运料斗至桥面，而后转为叉车叉运浇筑，则运输过程复杂、耗时过长、混凝土状态无法保证，因此将所有材料设备移至桥面。经综合考虑，科学合理规划施工场地。RPC施工设备见图3-4-108，施工现场布置见图3-4-109。

图3-4-108　RPC施工设备

①混凝土搅拌区域位于桥面下游半幅，主要包括喂料起重机、搅拌机、原材料吨袋、料斗。其中喂料起重机、搅拌机均固定位置；原材料吨袋在喂料起重机可吊装范围内两层堆放；料斗设置滚轮，可人工移动。

②区域1、4、7浇筑时使用移动作业平台，平台长10m、宽1m，由工字钢和花纹钢板焊接而成，具有足够刚度，并在下方设置4个滚轮。平台横跨整个RPC区域（宽8.65m），振捣人员与振捣设备借助平台浇筑时沿纵桥向移动。

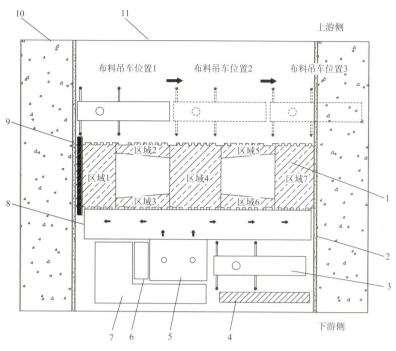

图 3-4-109　施工现场布置图

1-RPC 施工区；2- 工地横向湿接缝；3- 喂料起重机；4- 机具材料存放区；5- 混凝土拌和设备；6- 水和外加剂存放区；7- 原材料存放区；8- 布料斗转运区；9- 移动作业平台；10-B 型梁段；11-A 型梁段

③布料起重机位于桥面上游半幅，其主要吊装料斗浇筑区域1、2、4、5、7，过程中需停靠3个位置。由于桥面空间有限，为缩短浇筑时间，布料起重机在上游侧仅需直线行驶，在位置1时浇筑区域1、2，在位置2时浇筑区域4、5，在位置3时可浇筑区域7。

（3）具体施工方法

①RPC原材料准备及物料拌和。

原材料提前混合成干混料采用防潮吨袋包装，运至施工桥面作业区后利用木方支垫30cm以上，并采用防水材料全覆盖，以防水、防潮。外加剂按每盘用量桶装。原材料配备见表3-4-23。

原材料配备汇总表　　　　　表3-4-23

施工部位 / 方量（m³）	干混料用量（包）	外加剂用量（桶）	备　注
中塔 A′ 梁段 /38.6	38.6/0.6=64	38.6/0.6=64	准备 5 组应急共 69 组
南塔 A 梁段 /37	37/0.6=62	37/0.6=62	准备 5 组应急共 67 组
北塔 A 梁段 /37	37/0.6=62	37/0.6=62	准备 5 组应急共 67 组

采用2台小型立轴行星式搅拌机连续搅拌。干混料采用汽车起重机吊装、人工拆包投料，将吨袋下降至与投料口紧贴，减少投料过程中扬尘；干混料预拌1min后，投入已计量的液料搅拌3min，待混凝土流化后继续搅拌1min。

②模板安装。

索塔区0号梁段在其RPC浇筑区域有4个位置未设计钢顶板，需安装模板和支撑。现浇桥面板多采用竹胶板作为底模板加钢管支撑，但RPC浇筑后底板也需加热养护，竹胶板传热效果差，不能满足工艺要求；若采用大块钢模板，浇筑RPC后组合梁内仓无法使用起重设备辅助拆除，且梁内空间狭小，作业人员只能通过人洞穿行，大块钢模板也无法使用。综合考虑模板重量、尺寸和人工操作安全，比选采用定制组合式高强轻质铝合金模板加丝杠支撑方式，实现了狭小空间的人工安全安拆模板，同时底板可加热养护，浇筑完成后人工拆除模板，并通过人洞搬运出组合梁内仓。

③钢筋网绑扎。

现浇RPC钢筋网由纵向φ18mm钢筋和横向φ16mm钢筋组成，塔柱位置横向钢筋一端设计成弯钩，另一端套丝与两侧预制板横向钢筋预埋套筒连接；非塔柱位置横向钢筋设计成通长，两端套丝与两侧预制板横向钢筋预埋套筒连接。RPC现浇区域钢筋网绑扎见图3-4-110。

图3-4-110　RPC现浇区域钢筋网绑扎

④大体积RPC浇筑工艺。

三塔浇筑时间在8~9月份。夏季白天温度较高，选择在夜间浇筑。浇筑前检查模板支撑与拼缝，利用喷壶对钢筋网进行喷雾降温，增大环境湿度。对原混凝土表面至少提前2h喷雾充分润湿，防止吸收新浇筑混凝土内水分。RPC浇筑完成后对区域四周进行围挡封闭，非作业人员不得进入桥面。

a.沿塔柱位置用加工的梳齿板作临时挡板，起重机挂料斗布料。混凝土浇筑区域面积大，且受到现场施工作业条件限制，设置专门用于振捣整平的作业平台。浇筑过程中根据位置移动作业平台，人工辅助控制摊铺范围与厚度，振捣后人工收面。

b.RPC浇筑区域受施工场地限制，采用起重机吊运料斗的方式布料，固定喂料起重机位置，采用可移动式料斗，区域1、4、7由布料起重机吊运料斗布料，根据浇筑区域不同，移动布料起重机，固定位置后通过控制大臂幅度调整布料斗位置向前移动，尽可能达到均匀布料。

c.主桥桥面横向坡度2%，纵向坡度达2.6%。为限制RPC的流动，采用分条带方式控制RPC平整度。采取RPC沿纵桥向分条带布料，单个条带分3次布料，各条带之间利用梳齿板作临时挡料板，条带接缝设置在桥面板横向预应力束之间。条带宽度设置为0.8~1.0m不等，渐变处根据单盘混凝土搅拌方量划分宽度。RPC区域布料条带划分见图3-4-111。

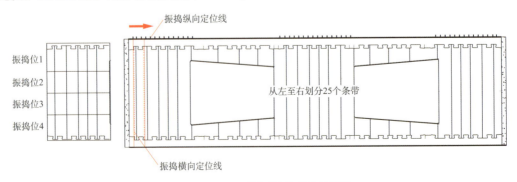

图3-4-111　RPC区域布料条带及振捣位划分

d.应用移动作业平台,建立平台与振捣点联系。单个条带混凝土布料完成后即进行插入式振捣。移动作业平台横跨施工区域,纵向宽1m,设置滚轮可移动。对作业平台进行纵、横向画线定位,使得平台与振捣点位建立联系。振捣工可站立平台上,通过平台上的标识进行精准振捣,振捣间距200mm×200mm,拔振8s不留振,各条带之间交界面复振。

e.平板振捣与插入式振捣间隔1个条带,平板振捣器宽度与布料条带宽度相近。人工拖动振捣器沿横桥向来回行走,整平后的混凝土面利用刮尺检查平整度,局部不足位置人工收面。插入式振捣和整平可形成流水作业。为保持RPC状态,在布料、振捣各工序完成以及汽车起重机移位过程中,立即用塑料薄膜覆盖,减少水分流失。RPC现浇施工整体布置见图3-4-112。

图3-4-112 RPC现浇施工整体布置

(4)养护

桥面作业环境特殊,风力大,混凝土受环境影响大。根据现场实际情况,布料后很短时间内会起皮,布料后应立即振捣、整平、喷洒水雾、覆盖养护膜,进行保湿养护。

①RPC保湿养护。

RPC保湿养护方式为喷洒水雾、覆盖养护膜。养护过程保证混凝土表面充分湿润但不积水,水雾喷射方向不能朝向混凝土面,养护膜之间搭接20cm,不留空隙,保证全覆盖。在养护膜的周边压载一定重量的物体对其进行固定,压重物时不损坏已整平的混凝土表面。夏季RPC在浇筑后10h可终凝,确保混凝土面不会留下印迹后,去除覆盖的养护膜,人工覆盖优质保水土工布并充分洒水保湿养护。保湿养护总时间为24h。

②RPC热养护。

RPC热养护即采用热水持续保湿,工业电热毯全包裹加热的方式进行养护。工业电热毯铺设见图3-4-113和图3-4-114。

a.保湿养护24h后,布设铝塑管,用于热养护过程中及时补水(内径12.5mm)。铝塑管间距为50cm,两侧间隔10cm开设小孔并紧贴土工布,覆盖整个RPC区域。选用耐高温水桶,在水桶中安装电加热器与耐高温潜水泵,潜水泵与布置的铝塑管对应连接。

b.铝塑管铺设完成后,铺设定制的工业电热毯(分块定制)。工业电热毯设有温控仪,升降温过程通过温控开关调节。工业电热毯各块之间搭接严实,确保顶板RPC全覆盖热养护;同时,覆盖两侧现有桥面板各50cm，防止热养护时RPC与现有桥面板混凝土温差过大。

c. RPC区域底板与顶板电热毯同时升温加热，进行混凝土热养护。

梯度升温阶段：升温6~8h，以10~15℃/h的升温速度升温至90℃。

恒温阶段：保持90℃的温度48h。

梯度降温阶段：以不大于10℃/h的降温速度降至常温。

图 3-4-113　底板工业电热毯铺设

图 3-4-114　顶板工业电热毯铺设

（5）RPC施工质量控制

热养过程中每隔4h定时开启水泵进行补水，确保土工布及混凝土表面保持湿润。安排专人负责养护作业，热养护过程中非养护人员不得进入养护区域。热养护完成后，继续对顶板混凝土洒水保湿养护，混凝土浇筑完成后总养护时间为30d。

RPC中含有钢纤维会破坏电热毯隔水层，从而使电热毯短路，需采取措施，避免因部分电热毯短路而导致混凝土受热不均。因此，铝塑管之上先铺放保水棉胎，再覆盖一层防水布，然后铺电热毯，最后铺一层防水布（避免因下雨导致电热毯被浸泡）。热养护保湿、防水分层覆盖见图3-4-115。电热毯分块设置并联电路，防止集体性短路，安排电工24h值班。

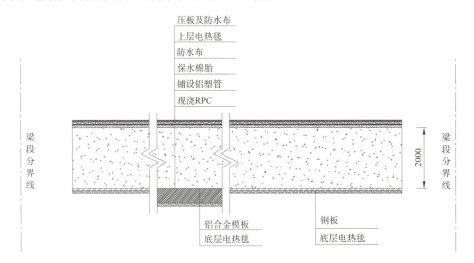
图 3-4-115　热养护保湿、防水分层覆盖图（尺寸单位：mm）

5. 实施效果及验收要求

A/A′类组合梁活性粉末混凝土（RPC）现浇施工的试件检测结果均满足设计技术指标要求，现浇RPC现场实体质量检验结果均满足设计规定值，见表3-4-24、表3-4-25。

活性粉末混凝土（RPC）主要技术指标　　　　　　　　表3-4-24

项　目	指　标	检测平均值
扩展度（mm）	≥ 550	580
抗压强度（MPa）	≥ 170.0	178.3
弹性模量（GPa）	≥ 51.0	52.1
初裂抗弯拉强度（MPa）	≥ 15.0	15.4
抗弯拉强度（MPa）	≥ 24.0	24.3
断裂韧性（kJ/m²）	≥ 20.0	21
360d 总收缩应变	≤ 60 × 10^{-6}	—
密度（kg/m³）	≤ 2600	2590
抗氯离子渗透性（C）	≤ 100	—

A/A′类组合梁现浇RPC实体质量检验结果　　　　　　　　表3-4-25

检测项目	规定值或允许偏差	检测结果平均值
混凝土强度	在合格标准内	满足要求
与相邻梁段间错台（mm）	≤ 8	4.4
高程（mm）	+8，0	5.2

第十一节　组合梁安装控制标准

索塔区梁段与边跨高支架区梁段安放到支架后用三向千斤顶调位，使用桥面起重机控制标准梁段高程，最终由监控单位验收，组合梁安装控制标准及实测检查结果分别如表3-4-26和3-4-27所示。

组合梁安装检查项目　　　　　　　　表3-4-26

项次	检查项目		规定值或允许偏差	检查方法和频率
1	轴线偏位（mm）		≤ L/20000；合龙跨符合设计要求	全站仪：每段测 2 处
2 △	索力（kN）	允许	符合设计和施工控制要求	测力仪：测每索
		极值	符合设计和施工控制要求；最大偏差 ≤ 10% 设计值	
3 △	梁锚固点高程或梁顶高程（mm）	梁段	符合施工控制要求	水准仪：测每个锚固点或梁段顶面 2 处
		合龙后	± L/10000	
4	梁锚固点高程或梁顶高程（mm）		符合施工控制要求	水准仪：测每个锚固点或梁段两端中点
5 △	相邻节段对接错边（mm）		≤ 2	钢尺量：测每段接缝最大处
6 △	焊缝尺寸（mm）		符合设计要求	量规：检查全部，每条焊缝检查 3 处
7 △	焊缝探伤首次合格率（%）		超声波、磁粉 ≥ 90；射线 ≥ 75	按设计要求检查
8 △	高强度螺栓扭矩（N·m）		± 10%	扭矩扳手：检查 5%，且不少于 2 个
9 △	栓接面抗滑移系数		≥ 0.45	每 2000t 做 1 批
10	塔顶偏位（mm）（合龙段）		符合设计和施工控制要求	全站仪：测塔顶各边中点

注："△"表示该检查项目为关键指标；L 为桥梁总长。

组合梁安装实测检查结果（单位：mm） 表3-4-27

北塔梁段			中塔梁段			南塔梁段		
梁段号	轴线偏位	梁顶高程偏差	梁段号	轴线偏位	梁顶高程偏差	梁段号	轴线偏位	梁顶高程偏差
边跨梁段 NB20	−2	4				边跨梁段 SB20	2	1
边跨梁段 NB18	−2	3				边跨梁段 SB18	4	2
边跨梁段 NB17	−5	3				边跨梁段 SB17	3	2
边跨梁段 NB16	−2	3				边跨梁段 SB16	−4	3
边跨梁段 NB15	−4	4	悬臂尾节段 NC20	−4	4	边跨梁段 SB15	3	2
边跨合龙段 NB14	−5	4	刚性墩梁段 NC13	−5	5	边跨合龙段 SB14	5	3
悬臂首节段 NB02	4	5	悬臂首节段 NC02	2	−7	悬臂首节段 SB02	4	2
索塔区梁段 NB01	−2	2	索塔区梁段 NC01	−2	3	索塔区梁段 SB01	3	4
索塔区梁段 N01	−2	2	索塔区梁段 C01	−3	4	索塔区梁段 S01	5	5
索塔区梁段 NZ01	−2	4	索塔区梁段 SC01	−1	4	索塔区梁段 SZ01	−4	3
悬臂首节段 N02	−4	3	悬臂首节段 SC02	5	−9	悬臂首节段 S02	2	1
悬臂尾节段 NZ20	−6	5	悬臂尾节段 SC20	−4	5	悬臂尾节段 SZ20	3	2

第十二节 组合梁安装工效分析

组合梁标准梁段共20对，索塔区梁段0号块施工技术难度大、精度要求高。0号块吊装、调位、连接，首对斜拉索施工，桥面起重机吊装及调试，首对标准梁段施工，以及桥面起重机首节段转换至标准节段等施工时间为2019年5—9月，共用时5个月。进入标准节段后，经过2对梁段的施工总结和工艺优化，固化施工流程，单节段施工时间由15d优化到8d。4号~20号梁段施工时间为2019年11月、12月和2020年3—5月，共5个月。组合梁标准节段施工流程及工序时间见表3-4-28。

组合梁标准节段施工流程及工序时间 表3-4-28

日 期	计划时间	时间（h）	工 序
第1天	4:00—9:00	5	桥面吊机行走到位
	9:00—11:00	2	运梁船抛锚定位、挂钩、起吊到24m，解除警戒维护
	14:00—17:00	3	吊装到位、粗定位。安装梁段中腹部拼接板，顶板钢筋初调完成
	19:00—24:00	5	高强度螺栓初拧完成后利用桥机精调梁段至调整合格，下监控指令
第2天	0:00—8:00	8	中腹板高强度螺栓初拧完成，顶板拼接板安装及高强度螺栓初拧、终拧，中腹板顶部焊接，顶板湿接缝钢筋焊接完成
	9:00—12:00	3	横向湿接缝浇筑
	12:00—20:00	8	横向湿接缝混凝土终凝，中腹板高强度螺栓终拧完成
	20:00—24:00	4	混凝土养护4h
第3天	0:00—24:00	24	混凝土养护28h
第4天	0:00—24:00	24	混凝土养护32h，底板和斜底板焊接
第5天	0:00—24:00	24	混凝土养护56h
第6天	0:00—24:00	24	混凝土养护80h，中午开始一张，张拉接缝处临时拉杆

续上表

日　　期	计划时间	时间（h）	工　　序
第 7 天	0：00—8：00	8	一张结束
	8：00—24：00	16	三张结束，桥机卸载完成
第 8 天	0：00—12：00	12	控制性二张结束
	12：00—24：00	12	二张结束

工序时间控制要点：

（1）组合梁起吊对航道影响时间控制在4h内。

（2）组合梁定位测量、斜拉索第2次张拉（二张）和第3次张拉（三张）等梁段线形测量在夜间进行。

（3）组合梁湿接缝混凝土终凝90h后方可进行斜拉索一张。

第五章 斜拉索施工

第一节 概　　述

南京五桥主桥斜拉索采用平行钢绞线拉索体系。索体由多股无黏结高强度镀锌钢绞线组成，外层为带螺旋线的高密度聚乙烯（HDPE）索套管；钢绞线始终处于平行独立的无黏结状态，以保证斜拉索可以单根穿索、单根张拉，在运营期间能实现单根钢绞线监测和更换。斜拉索在主梁上采用钢锚箱构造锚固，在索塔上采用钢锚梁构造锚固，张拉端设置在梁端。

本桥安装斜拉索期间没有塔式起重机，张拉端操作空间相对于其他类似桥梁偏小，为了减少桥面板在吊梁期间的拉应力，斜拉索安装阶段有二张（超张）和三张（退张）过程。

主要工程量：斜拉索240束，斜拉索有6-31、6-37、6-43、6-55、6-61、6-73共6种规格，最长索为321m，锚具480套。

斜拉索主要由钢绞线、锚具和HDPE外套管3部分组成，见图3-5-1和图3-5-2。

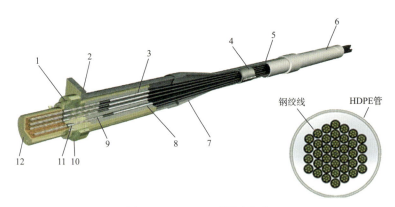

图3-5-1　VSLSSI2000斜拉索体系
1-张拉端；2-垫板；3-密封处理；4-定位器；5-热胀延伸管；6-HDPE管；7-防护罩；8-单根保护和纠偏；9-钢绞线；10-螺母；11-夹片；12-锚具盖帽

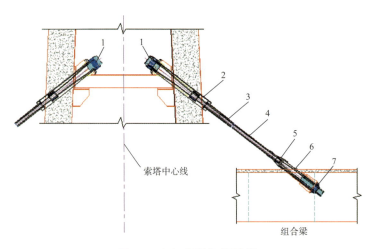

图3-5-2　南京五桥斜拉索示意图
1-固定锚头；2-预埋导管；3-HDPE外套管；4-聚乙烯（PE）护套钢绞线；5-钢锥管；6-预埋导管；7-张拉锚具

为了保护斜拉索成品，从斜拉索施工开始，塔内进行严格的动火作业管控。为了不污染塔柱，拉索塔外作业平台（提升机）专门采取防污染措施。

第二节　斜拉索安装

一、斜拉索安装主要内容

1. 工作内容

南京长江五桥斜拉索安装工作内容主要包括锚具安装、HDPE管焊接、HDPE管挂设、一张（单根钢绞线安装和张拉）、二张（超张）、三张（退张）、调索、减震器安装、防腐油脂的灌注、盖帽安装等。本节主要介绍HDPE管焊接及斜拉索的一张、二张和三张。

2. 斜拉索施工程序

斜拉索施工前应做好准备工作，如操作塔内、塔外平台的搭设和布置，塔顶起吊设备的安装；在斜拉索安装阶段，要与梁段吊装作业和监控单位密切配合。斜拉索施工流程如图3-5-3所示。

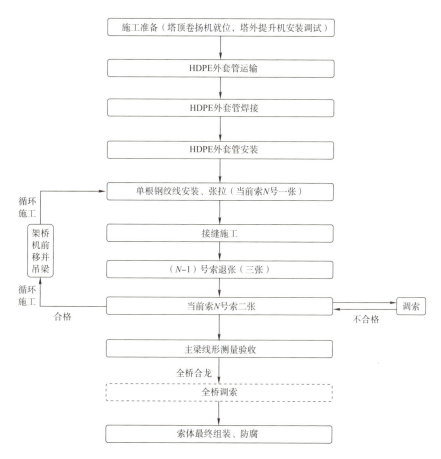

图 3-5-3　斜拉索施工流程

二、施工设备

相对于平行钢丝成品索施工，钢绞线斜拉索施工所需设备轻巧并易安装和拆除，无需大型起重设备。主要施工设备如表3-5-1所示。

主要施工设备　　　　　　　　　　　　　　　表3-5-1

设备名称及规格	单位	数量	备注
ZPE23T 千斤顶	台	13	安装张拉、索力检查
VZB4 升油泵车	台	13	进口配件组装
SCJ5700 千斤顶	台	12	调索张拉
SCJ9500 千斤顶	台	12	调索张拉
YDZ2×2-80 型油泵	台	12	配套镦头机
YJ1.5 型变速卷扬机	套	12	配件组装
0.8t 卷扬机	台	12	组装
提升吊篮	套	6	塔外操作用

三、斜拉索施工

1. HDPE 外套管的焊接

斜拉索HDPE外套管是斜拉索的主要防腐构件。外套管焊缝质量和焊接长度的控制，是HDPE管焊接的主要控制点。HDPE管焊接工艺见图3-5-4。

第1步：
将HDPE管端面刨平

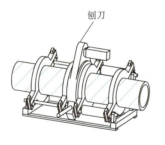

第2步：
移开刨刀并夹紧设备，检查HDPE管端面是否吻合

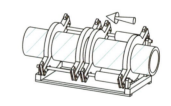

第3步：
将加热板放到HDPE管中间，并夹紧设备

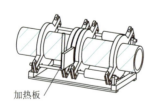

第4步：
焊接完成并松开哈呋块

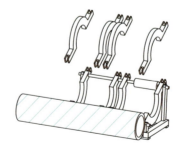

图 3-5-4　HDPE 管焊接工艺示意图

（1）HDPE外套管焊缝质量控制

采用专用的HDPE外套管热熔焊接机进行焊接。焊接前，提前设置好温度、压力、时间等焊接参数。焊接温度控制在200~230℃，其他参数见表3-5-2。

HDPE外套管焊接参数 表3-5-2

直径（mm）	加热压力（MPa）	加热时间（s）	熔解压力（MPa）	熔解时间（min）	温度变形系数
φ140	1.1	35~50	1.1	10~20	0.0002
φ160	1.1	35~50	1.1	10~20	0.0002
φ180	1.1	40~60	1.1	10~20	0.0002
φ200	1.1	50~70	1.1	10~20	0.0002
φ225	1.1	60~70	1.1	10~20	0.0002
φ250	1.1	70~80	1.1	10~20	0.0002

焊接前，需对焊接设备进行固定，确保焊管支架、焊接机台架保持水平。严格按要求执行焊接的压力和加热冷却时间是保证焊缝质量的主要措施。

（2）HDPE外套管焊接长度的控制

根据锚点坐标计算出HDPE外套管长度。由于HDPE管随温度变化而热胀或冷缩，因此在计算预制长度时，应考虑施工时温度的影响。在待焊管的最后一节焊接时，根据当前的大气温度计算实际的焊接长度，同步测量。为了保证测量的准确性，测量工具采用钢卷尺。

2. 斜拉索单根钢绞线安装张拉（一张）

斜拉索挂索施工采用单根钢绞线安装，每安装一根钢绞线立即对其张拉。保证钢绞线之间平行不打绞以及钢绞线之间的索力均匀，是斜拉索挂索施工的主要控制点。

（1）拉索钢绞线单根安装

斜拉索挂索（图3-5-5）采用往返式穿索工艺，在桥面塔根部布置往返式卷扬机，卷扬机钢丝绳一端通过桥面、HDPE外套管、塔外导向滑车回到卷扬机处，形成封闭式结构，穿索板和防转设备将钢绞线牵引至塔外，塔内卷扬机通过塔端锚具孔将钢绞线牵引至塔内锚固。

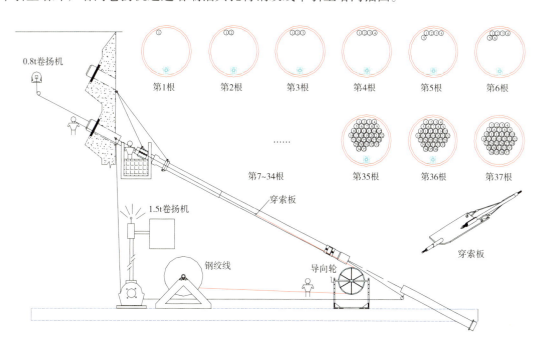

图3-5-5 斜拉索挂索

为防止穿索时钢绞线在HDPE里自转而形成打绞，采用专用的穿索板和防转T形架（图3-5-6）。

施工过程中，为了提高吊梁过程中桥梁的安全系数，在全桥第三节段施工时，在已安装好的第二索上临时增加了24根钢绞线，作为临时索，全桥合龙后拆除。临时索可及时快捷地安装和拆除。

（2）索力均匀性控制

斜拉索安装时采用单根挂索单根张拉。为保证钢绞线间索力的均匀性，利用专业计算软件STRAN分配索力到每根钢绞线上，并配套高精度的张拉设备和熟练的操作工人。

由于受到HDPE外套管重量、梁体位移、塔柱位移等诸多因素的影响，每根钢绞线的安装张拉索力均不同。安装索力随着钢绞线根数的增加逐渐减小。

斜拉索一张张拉力以应力为控制目标。监控给出每对拉索张拉的总索力，再对此索力分析处理得出每一根钢绞线的张拉力。每根钢绞线的张拉会引起桥面高程变化和塔柱位移，缩短两端锚具之间的距离，从而减小之前已安装的所有钢绞线的张拉力。STRAN软件将该过程转换为数学模式，并计算出每根钢绞线张拉力的张拉索力，如表3-5-3所示。

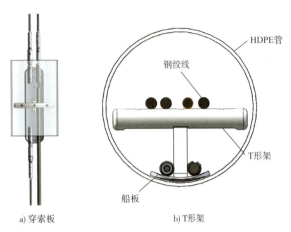

图 3-5-6 穿索板、防转T形架

边塔4号索力计算结果　　　　表3-5-3

钢绞线编号	操作索力（kN）	索力合计（kN）	梁端位移（mm）	索体挠度（m）
1	78.7	78.7	0.006	0.730
2	77.3	154.7	0.012	0.491
3	76.1	228.4	0.017	0.413
4	74.9	299.6	0.023	0.376
5	73.7	368.6	0.028	0.355
6	72.6	435.4	0.033	0.342
7	71.5	500.2	0.038	0.334
8	70.4	562.9	0.043	0.329
9	69.3	623.8	0.048	0.326
10	68.3	682.8	0.052	0.325
11	67.3	740.2	0.057	0.324
12	66.3	795.8	0.061	0.324
13	65.4	849.9	0.065	0.325
14	64.5	902.5	0.069	0.326
15	63.6	953.6	0.073	0.328
16	62.7	1003.3	0.077	0.330
17	61.9	1051.7	0.080	0.332
18	61.0	1098.8	0.084	0.334
19	60.2	1144.7	0.087	0.336
20	59.5	1189.4	0.091	0.339
21	58.7	1233.0	0.094	0.342

续上表

钢绞线编号	操作索力（kN）	索力合计（kN）	梁端位移（mm）	索体挠度（m）
22	58.0	1275.4	0.097	0.345
23	57.3	1316.9	0.101	0.347
24	56.6	1357.3	0.104	0.350
25	55.9	1396.7	0.107	0.353
26	55.2	1435.2	0.110	0.357
27	54.5	1472.8	0.112	0.360
28	53.9	1509.5	0.115	0.363
29	53.3	1545.4	0.118	0.366
30	52.7	1580.4	0.121	0.370
31	52.1	1614.7	0.123	0.373
32	51.5	1648.2	0.126	0.376
33	50.9	1681.0	0.128	0.380

  监控提供初张拉的整索索力，但实际操作可能存在误差。为了保证索力的均匀性，安装完成后需对整索进行索力平均，所以计算时，输入软件里的总索力小于监控索力100~200kN，留出补张拉的余地。平均索力是对钢绞线有选择地进行操作：低于最终理论平均索力的钢绞线首先进行二次补偿张拉。在对部分低于平均索力的钢绞线补偿张拉后，初次张拉时出现的索力较大正偏差的钢绞线的索力会减小，大多数的索力将会控制在规定范围的±2%之内，只有极少数的情况下需要再次补偿张拉，直至满足要求。钢绞线斜拉索单根安装记录见表3-5-4。

钢绞线斜拉索单根安装记录表　　　　表3-5-4

工程名称		南京五桥		桩号及部位		Z3	拉索编号	NB04-X
千斤顶编号		190706		千斤顶型号		ZPE23-200	施工日期	2019.11.11
千斤顶回归方程		$P=2.1741F+0.8500$		油压表编号		X180881	钢绞线规格	ϕ15.7mm
锚夹具型号规格		VSL6-37/W6S		张拉工序		一张	锚头防腐厚度（μm）	—
理论拉索索力（kN）		1681			理论单根钢绞线平均索力（kN）			50.94
实测钢绞线直径（mm）		15.78			实测钢绞线PE层厚度（mm）			1.72
钢绞线编号	理论索力（kN）	安装压力（bar）	理论操作压力（bar）	实际操作压力（bar）	检测压力（bar）	检测张拉力（kN）	检测张拉力误差（%）	
1	78.7	172	175	175	112	51.1	0.4	
2	77.3	169	172	173	112	51.1	0.4	
3	76.1	166	169	170	112	51.1	0.4	
4	74.9	164	167	169	110	50.2	−1.4	
5	73.7	161	164	164	113	51.6	1.3	
6	72.6	159	162	161	112	51.1	0.4	
7	71.5	156	159	160	112	51.1	0.4	
8	70.4	154	157	158	112	51.1	0.4	
9	69.3	152	155	155	112	51.1	0.4	
10	68.3	149	152	152	110	50.2	−1.4	

续上表

钢绞线编号	理论索力（kN）	安装压力（bar）	理论操作压力（bar）	实际操作压力（bar）	检测压力（bar）	检测张拉力（kN）	检测张拉力误差（%）
11	67.3	147	150	150	110	50.2	-1.4
12	66.3	145	148	146	113	51.6	1.3
13	65.4	143	146	146	110	50.2	-1.4
14	64.5	141	144	144	113	51.6	1.3
15	63.6	139	142	142	112	51.1	0.4
16	62.7	137	140	140	112	51.1	0.4
17	61.9	135	138	138	112	51.1	0.4
18	61.0	133	137	138	112	51.1	0.4
19	60.2	132	135	136	110	50.2	-1.4
20	59.5	130	133	133	110	50.2	-1.4
21	58.7	128	132	132	110	50.2	-1.4
22	58.0	127	130	130	112	51.1	0.4
23	57.3	125	128	128	110	50.2	-1.4
24	56.6	124	127	127	112	51.1	0.4
25	55.9	122	125	125	110	50.2	-1.4
26	55.2	121	124	124	112	51.1	0.4
27	54.5	119	122	122	110	50.2	-1.4
28	53.9	118	121	120	110	50.2	-1.4
29	53.3	117	120	120	112	51.1	0.4
30	52.7	115	118	119	113	51.6	1.3
31	52.1	114	117	116	110	50.2	-1.4
32	51.5	113	116	115	110	50.2	-1.4
33	50.9	112	115	115	110	50.2	-1.4
实测拉索索力（kN）		1676.1			索力误差（%）		-0.3

经第三方检测机构检测，南京五桥斜拉索的索力100%满足要求。

3. 斜拉索整体张拉（二张）

南京五桥斜拉索二张，其作用为减少下节段梁吊装时桥面起重机所处梁段桥面板承担的拉应力，采用群锚张拉方式。梁端箱室里锚箱位置设计较为紧凑，拉索张拉空间相对于同类桥梁偏小，不能采用普通的YCT型千斤顶，特制了SCJ型千斤顶进行二张和三张。SCJ型千斤顶最大张拉达9500kN。两种千斤顶比选情况如下。

（1）SCJ型千斤顶和YCT型千斤顶结构特点比较

SCJ型千斤顶活塞内部是分丝式结构，且与张拉工具锚制成一体，便于钢绞线张拉而不打绞，工具锚和活塞制成一体，结构紧凑。张拉相同规格斜拉索，SCJ型千斤顶外径更小、长度更短，需要的轴向工作空间较短（图3-5-7），但SCJ型千斤顶制造费用高于YCT型千斤顶。

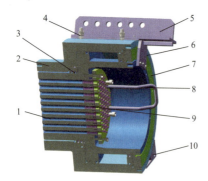

图3-5-7　SCJ型千斤顶结构示意图
1-活塞；2-缸体；3-密封圈座；4-快换接头；5-吊装板；6-限位板；7-端盖；8-把手；9-工具夹片；10-支脚

YCT型千斤顶活塞内部为套筒式结构（图3-5-8），使用时需另配较大的张拉工具锚，整束钢绞线在心部易打绞。

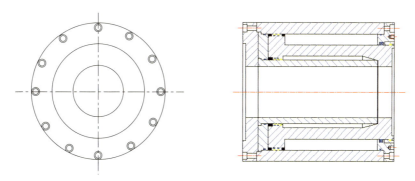

图3-5-8　YCT型千斤顶结构示意图

千斤顶内部活塞由套筒加工而成，料耗少、易组装；但因张拉工具锚另配安装在端部，结构松散，径向和轴向外形尺寸均较大，不适合在空间较小的环境中使用。

（2）相同（相近）张拉吨位时千斤顶穿心孔直径比较

将YCT6000型千斤顶（张拉吨位6000kN）和SCJ5700型千斤顶（张拉吨位5700kN）比较：

YCT6000型千斤顶一般用在张拉体内预应力，最大张拉不超过27根钢绞线拉索（每根钢绞线约200kN），即保证27根平行钢绞线能从千斤顶心部穿过即可（穿心孔ϕ190mm）。

SCJ5700型千斤顶可张拉43根钢绞线斜拉索（每根钢绞线约100kN），同时要保证43根平行钢绞线能从千斤顶心部穿过（相当于穿心孔ϕ255mm）。

因此，同等（相近）吨位的两种千斤顶，SCJ5700型千斤顶具有较大心部空间。

（3）相同张拉规格（张拉钢绞线根数相同）时千斤顶外径比较

取YCT9500型千斤顶（张拉吨位9500kN）和SCJ9500（张拉吨位9500kN）型千斤顶进行比较。

从张拉力和顶穿心孔直径两方面来看，两种类型千斤顶均符合南京五桥15-73（锚具型号）斜拉索的施工要求（穿心孔ϕ315mm）。

从外形尺寸来看：YCT9500型千斤顶外径为ϕ780mm，SCJ9500型千斤顶外径为ϕ670mm。南京五桥箱梁设计比较紧凑，YCT9500型千斤顶因外径较大不满足操作空间的要求。

经过比选，南京五桥二张、三张采用了特制SCJ5700型千斤顶。现场实际操作时，先将拉索索力张拉至设计值97%，在夜间根据测量组对梁面高程及塔柱偏移的测量结果，由监控现场复核后提供最终控制张拉索力，再利用SCJ9500型千斤顶配套精密的数控油表张拉至监控指令值。南京五桥二张索力与监控提供的理论值误差在±1%以内。

4. 斜拉索整体放张（三张）

斜拉索三张的目的是将二张时预超拉部分斜拉索索力卸除。为了不使钢绞线夹片咬痕留在拉索自由段内，采用整束放张。保证放张量的精度是斜拉索放张的主要控制点。

为了放张精确可控，采用装配式整体放张工艺。根据放张量预先制作特殊双半垫块，在斜拉索挂索之前放置于张拉端锚具后方，三张时通过去除双半垫块来达到放张效果。双半垫块采用机加工，加工精度控制在±1mm以内。

南京五桥斜拉索的三张退张量最大达560mm，单索的预加垫块质量近1t。为便于施工，需将垫块分层安装和取出。在取出任一层垫块时，为了防止垫块的坍塌和掉落，采用内置错位螺栓形式，这种连接方式简单、可靠，且不占用张拉操作空间。三张相关工艺见图3-5-9。

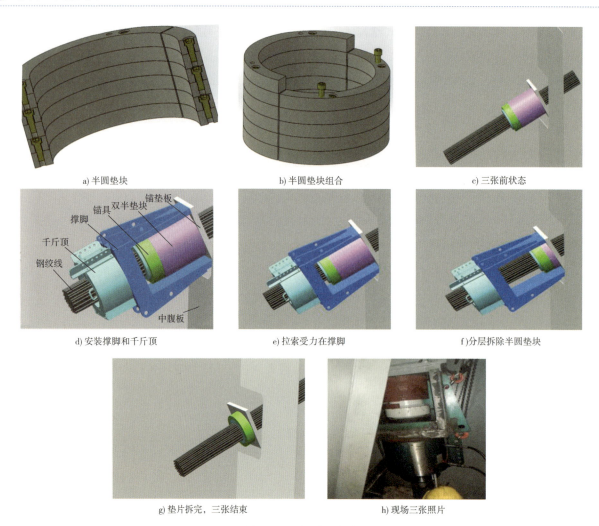

图 3-5-9 三张工艺示意图

南京五桥三张装配式工艺的优点在于：

（1）精度更高，双半垫圈采用车床精加工，比传统的旋转螺母工艺采用钢尺测量方式放张量更准确。

（2）采用装配式工艺，放张时只要取出垫块即可达到三张效果，与传统的旋转螺母工艺相比，操作上更方便安全。

（3）三张装配式的双半垫圈可以重复利用，与传统的三张（退张）工艺相比，锚具长度缩短，成本降低可达20%。

（4）因装配式的预垫半圆垫块厚度明确，三张只是退预加的垫块，无需像其他同类桥进行夜间施工，从而节省施工工期。南京五桥共计节省约20d。

由于采用了装配式工艺，南京五桥的三张基本比较顺利。三张后索力和桥面线形满足设计和监控要求，全桥合龙后，未出现设计图纸外的调索，为全桥建造的顺利推进和按时合龙创造了非常有利的条件。

第六章 施工监控与测量

第一节 概　　述

南京五桥主梁采用钢-粗集料活性粉末混凝土组合梁，施工监控存在以下难点和特点：

（1）桥面板混凝土收缩徐变会导致制造线形误差，在监控时需考虑。主梁安装施工中需控制现场湿接缝的应力水平，以防开裂。

（2）该桥为纵向钻石形索塔、中央双索面斜拉桥。拉索对主梁抗扭作用不大，需在塔梁连接处设置抗扭支撑。

（3）主梁大悬臂施工中风险较大，需实时监测塔梁变形及相关环境。除在北主跨NC13梁段增加临时刚性墩，对主梁进行约束外，应在后续梁段施工过程中加密对索塔偏位及主梁变形的测量。

第二节 监控原则

南京五桥主梁监控采用几何和索力双控原则，以确保主梁安装线形、索塔偏位和施工过程各阶段索力及成桥索力满足设计及规范要求。

监控内容主要包括以下几个方面：①进行边界条件控制，确保支座安装状况与设计要求一致；②进行合龙控制，确保边中跨合龙精度满足主梁连接及规范要求；③进行安全控制，确保主梁施工过程中结构的应力指标始终处于安全的水平，且成桥后结构应力水平与设计一致。

在以上原则的指导下，南京五桥主梁施工监控过程中误差分析及处理流程为：

1. 结构施工过程状态预测

施工控制的开展首先要确定监控的主要原则及精度要求。施工控制的预测计算采用设计计算参数对施工过程进行分析，计算出控制目标的理论真值。理论值由主梁理论挠度、主梁理论轴线、主梁截面理论应力、斜拉索理论索力等系列数据组成，在计算过程中与设计计算值进行相互校核，以确保控制目标与设计要求一致。

设计计算和施工控制计算的区别和联系见图3-6-1。

2. 信息反馈及误差分析

实测数据与结构状态目标预测值的差异即为施工中的采样误差。目前，各类施工控制理论的实质，都是基于对采样误差的分析来确定调整方法，从而控制误差状态。施工误差不可避免，但各类误差会呈现出不同的分布形态。常见的误差形态分布见图3-6-2。

图3-6-2a）中的误差分布，由于其单个误差峰值较小，且正负误差分布均匀，类似于白噪声干扰，它对结构的影响很小，是施工控制所追求的理想状态。

图3-6-2b）中的误差分布，虽然其单个误差的峰值较小，但整体误差出现连续的正向或负向分布，特殊时会呈现累积放大现象。累积的连续分布误差会对结构线形及内力产生不利影响，应分析具体情况加以控制和调整。

图3-6-2c)中的误差分布,虽然其整体误差均值较小,但出现单个误差峰值较大的情况,会对结构的局部内力和线形产生不利影响,亦应分析情况加以控制和调整。

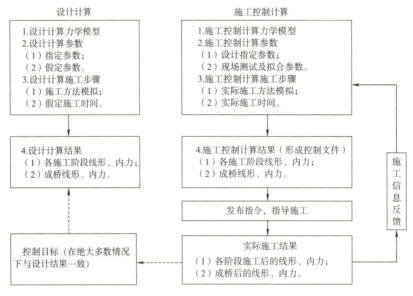

图 3-6-1 设计计算与施工控制计算的区别和联系

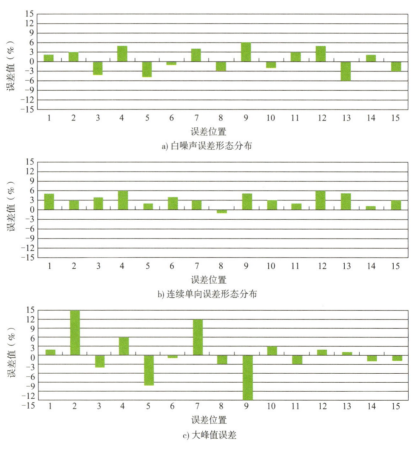

图 3-6-2 常见的误差形态分布

施工控制中,应根据施工反馈的数据,与施工控制的预测计算的理论目标值及施工控制的实时计算结果的修正目标值进行比较,确定误差的实际分布状态和误差幅度。对连续分布误差和大峰值误差必须分析其产生原因及对结构的影响，从而确定处理办法。

3. 参数识别与计算模型修正

施工中如出现有发散趋势的连续分布误差状态，必须进行参数识别、修正或拟合，以提供合理的目标值。此类误差多源于计算参数失真引起的目标值失真，对于产生参数失真的原因必须进行认真分析，以便在施工中加以控制。在悬臂施工的桥梁中产生误差发散的主要参数是体系刚度和主梁自重。

对于局部的大峰值误差情况，应引起足够的重视，这类误差的产生原因主要是施工的临时荷载、局部焊接残余变形等。由于误差值较大，往往要分析其对结构安全、主梁线形局部平顺性等的影响。

4. 施工阶段控制目标值的调整

在进行参数调整拟合后，利用实际的施工参数进行施工控制实时计算，产生施工控制实际目标值，用于下一阶段的安装高程、张拉索力的确定和误差分析。

各施工阶段完成后，根据施工控制实时计算结果，在下一施工工序前提交主梁安装高程、轴线偏位、张拉索力等数据以及容许误差。

第三节　监控内容

一、控制标准

南京五桥主梁控制标准主要有成桥控制标准（即对桥梁最终结构状态的精度指标）和过程控制标准（为控制工况对控制目标的精度要求）。

1. 成桥控制标准

根据设计文件和施工规范对主梁监控相关规定的要求，制定监控实施控制标准，见表3-6-1。

监控实施控制标准　　　　表3-6-1

项　目		规范要求	监控实施
高程误差	普通节段	60mm	60mm
	0号块	3mm	3mm
相邻梁段立面夹角		—	1/2000
相邻梁段平面夹角		—	1/3000
上下游高程差		—	20mm
轴线偏位	普通节段	30mm	30mm
	0号块	5mm	5mm
合龙错台		2mm	2mm
索力误差		10%	7%
上下游索力差		—	5%
塔顶偏位	纵向	30mm	30mm
	横向	20mm	20mm

从表3-6-1可知，监控实施控制标准均满足规范的要求，并补充了：①相邻梁段夹角标准，以控制梁段的平顺性；②上下游高程差标准，以控制梁段的扭转；③上下游索力差标准，以控制索力的均匀程度。

2. 过程控制标准

过程控制标准是为了达到最终的成桥控制精度而设置的指标。

（1）预制过程控制标准

本桥采用钢绞线斜拉索，主梁及斜拉索施工的预制控制仅涉及主梁的预制过程，其控制标准见表3-6-2。

预制过程控制标准　　　　表3-6-2

项　　目		精度要求
一轮预拼误差	单侧误差	$L/3000$
	平均误差	$L/5000$
节段预拼误差	单侧误差	$B/3000$
	平均误差	$B/5000$

注：L-一轮预拼总长度；B-单个梁段长度。

该控制标准通过成桥控制标准推算而来，可确保最终梁段满足成桥控制的精度要求。

（2）安装过程控制标准

安装过程中控制标准如下：

①索力误差：±2.5%。

②上、下游索力偏差：2.0%。

③主梁节段高程误差：±20mm。

主梁节段安装过程控制标准见表3-6-3。

主梁节段安装过程控制标准　　　　表3-6-3

项　　目		设计要求	监控实施
高程误差	普通节段	20mm	20mm
	0号块	—	3mm
相邻梁段立面夹角		—	1/2000
上、下游高程差		—	15mm
轴线偏位	普通节段	—	20mm
	0号块	—	5mm
索力误差		2.5%	2.5%
上、下游索力差		2.0%	2.0%
塔顶偏位	纵向	—	30mm
	横向	—	20mm

注：本表仅为施工过程中正在安装节段的误差。

从表3-6-3可以看出，安装过程控制标准优于成桥标准。

二、测量方法

南京五桥主梁监控的主要测量内容为斜拉索索力测量和结构几何测量。

1. 斜拉索索力监测

斜拉桥的索力监测是斜拉桥施工控制的主要环节。施工阶段斜拉索的索力状况及索力误差分布状况是评价、判断施工阶段结构内力状况及施工质量的重要依据。

索力监测主要采用弦振式索力仪及张拉千斤顶油表测量。弦振式索力仪通过测定斜拉索的振动频率，按修正公式计算斜拉索拉力，具有方便灵活、可以测量绝对索力的特点。张拉千斤顶油表精确标定后，具有测量精度高、数据采集方便的特点。

张拉阶段斜拉索索力值由张拉设备及弦振式索力传感器同时测试。两者提供的索力数据相互校核，以避免出现测试错误，在差别不大的情况下，以张拉千斤顶油表数据为主。斜拉索非张拉阶段的索力测试以弦振式索力仪为主。

起吊梁段及斜拉索二张阶段分别进行索力测量。由于悬臂端加载对斜拉索索力的影响依次减小，5对索后影响已经可以忽略。因此，测量范围为悬臂前端5个梁段上的拉索索力，另外每隔5个节段进行一次全桥索力通测，以便掌握索力变化情况。索力测点布置见图3-6-3。

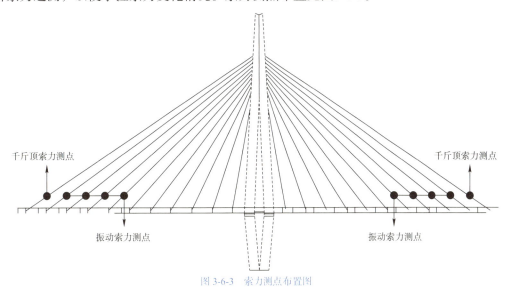

图3-6-3　索力测点布置图

2. 结构几何监测

结构几何监测是施工监控中重要内容之一，主要包括主梁高程、主梁轴线、索塔偏位等。几何测点布置见图3-6-4。

（1）索塔几何监测

索塔偏位测量，采用在索塔顶部设置靶标（反射棱镜）、在江岸上设置基站的方式进行，利用全站仪进行测点观测。

索塔偏位与主梁高程的测量同步进行。在主梁双悬臂施工到主梁与刚性墩连接前，每4节梁段施工完成和斜拉索二张后进行索塔偏位测量。当索塔偏位出现较大误差时，对测量进行加密。主梁与刚性墩连接后，在后续梁段施工过程中，对梁段的精匹配阶段和斜拉索二张后进行索塔偏位测量。

（2）主梁高程测量

主梁高程测量，可以反映各施工阶段完成后各梁段高程，得到各施工阶段后的主梁线形。通过前后施工阶段的梁段高程变化可以算出主梁的竖向变形。高程测点沿梁端横向两点布置（轴线测点同时测高程）。高程测点在钢箱梁厂内制造时设置完成，测点预留在钢箱梁中腹板顶面，在现场湿接缝浇筑前，将测点转移至桥面板顶面。高程引测点见图3-6-5。

线形测量以线形通测和局部测量相结合。在斜拉桥主梁施工过程中，每一梁段施工时均进行高程测量。在每个梁段的精匹配阶段和该梁段斜拉索二张后进行主梁高程测量；测量范围为施工梁段及该梁段前已施工完成的4节梁段。全桥施工过程中每施工5个梁段对主梁高程进行通测，对已安装梁段的高程进行全面测量。在边跨及跨中合龙前进行合龙口两侧主梁高程联测,以便校核测量基点。线形测量在夜间温度稳定时段进行。

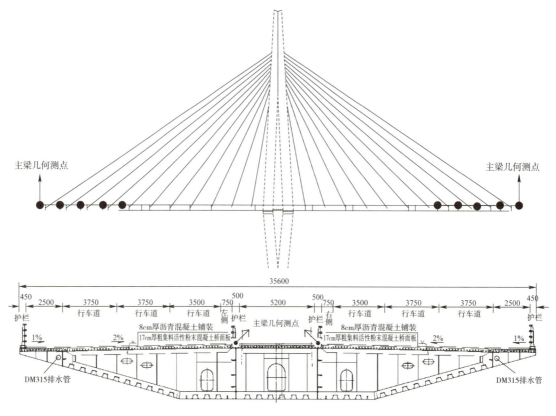

图 3-6-4　几何测点布置图（尺寸单位：mm）

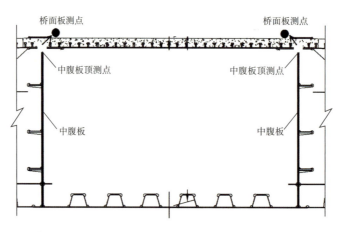

图 3-6-5　高程引测点示意图

高程测量采用全站仪进行。在主梁施工梁段高程测量中,首先转两个水准点到各索塔塔柱基准点上,作为主梁无索区0号块件定位控制点;在有索区梁段施工时,以塔柱基准点作后视点对其他各梁段进行测量。

（3）主梁轴线测量

主梁轴线偏位测量,可反映施工中梁段的实际轴线位置与设计轴线的偏差,避免在主梁安装过程中出现较大的梁段轴线偏移,以确保后续梁段的安装质量。

主梁梁段的轴线测点在钢箱梁厂内制造时设置完成,测点与高程测点一致。

同主梁线形测量类似，主梁轴线偏位测量以施工梁段轴线测量为主。在主梁的安装过程中，每一梁段均作轴线偏位测量。主梁轴线偏位测量的时间要求同高程测量。

轴线测量采用全站仪进行。主梁施工中先从控制点用平面三角网转到已安装并固定的塔区梁段作为测量的控制点。

3. 塔梁变形及气象情况实时在线监测

南京五桥索塔横桥向面外约束较弱，横向变形较大对结构受力不利，存在一定风险。主梁架设期间对索塔的横向变形进行连续监测，以有效提供风险预警，确保索塔安全。中塔主梁施工过程双悬臂长度大，在大风下存在安全风险，主梁架设期间对中塔南侧14号梁段竖向变形、扭转变形及桥面风况进行连续监测，以有效提供风险预警，并对刚性墩的约束情况进行评估，确保主梁安全。其中塔梁变形采用全球卫星导航系统（Global Navigation Satellite System，GNSS）监测，气象情况采用气象站监测。

（1）索塔GNSS监测

针对索塔变形，在3个索塔的塔顶布设GNSS监测点3个，在江岸布设GNSS基站1个。索塔GNSS测点布置见图3-6-6。

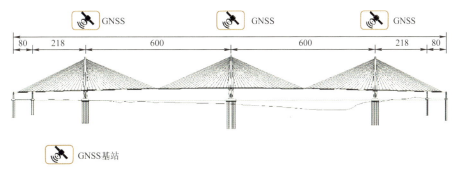

图3-6-6　索塔GNSS测点布置图（尺寸单位：m）

索塔变形监测包括高程Z方向、横桥向X方向、纵桥向Y方向。监测系统将数据结果换算为结构现场坐标体系。

现场布设基站与索塔一对多的无线网络设备，实现索塔与基站之间无线网络传输。现场无线网络搭建见图3-6-7。

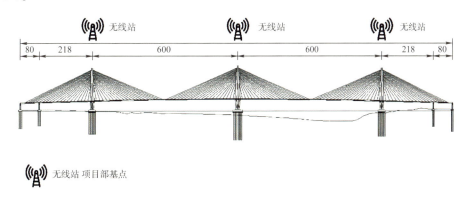

图3-6-7　现场无线网络搭建示意图（尺寸单位：m）

（2）主梁GNSS监测

针对主梁变形，在中跨SC14梁段上下游各布设GNSS监测点2个，同时共用在江岸布设的GNSS索塔基站。主梁GNSS测点布置见图3-6-8。

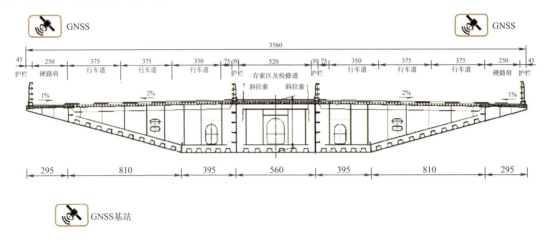

图3-6-8　主梁GNSS测点布置图（尺寸单位：cm）

（3）主梁气象站

针对主梁环境，在中跨SC14梁段上下游布设气象站2个。主梁气象站测点布置见图3-6-9。

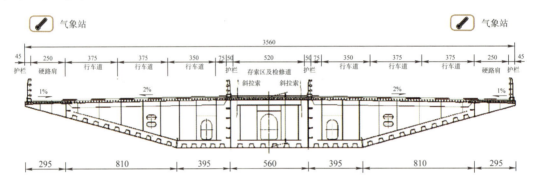

图3-6-9　主梁气象站测点布置图（尺寸单位：cm）

三、控制方法

南京五桥主梁施工监控，按照各施工阶段主要控制内容的不同，采用针对性的控制方法和流程。

1. 主梁制造过程控制

主梁制造过程控制的工作流程见图3-6-10。

（1）主梁制造线形

悬拼桥梁主梁制造时，梁段预拼所需要达到的无应力线形即为制造线形。成桥线形是桥梁有应力状态下达到的线形。显然，对于悬拼桥梁，制造线形与安装线形不一致；但对于一次性形成结构的桥梁制造线形将与安装线形一致，典型的如满堂支架施工的桥梁。

只有正确制造线形，才能确保节段在安装时既达到安装线形的要求，又满足节段间连接的要求。错误制造线形，一是导致安装困难，不得不将焊缝间隙加宽或者对拼接板进行配钻调整；二是有可能无法达到预定的安装位置，从而带来成桥线形的误差。

主梁制造的无应力线形采用切线初始位移法来实现。

（2）组合梁桥面板混凝土收缩徐变对制造线形的影响

由于混凝土桥面板的收缩，钢混组合结构节段在预拼后将产生制造线形的误差。图3-6-11为南京五桥组合梁混凝土桥面板典型布置，其中阴影部分为工厂预制阶段的后浇带。浇筑后浇带时预拼混凝土板已经存梁6个月以上，节段已经按照制造线形完成预拼。仅考虑后浇带的收缩，模拟计算其在浇筑后3个月组合梁端面夹角的变化，得出变化量为0.2mrad。如果完全按照切线法进行安装，则将在合龙前产生60mm左右的高程误差（共20个节段）。为避免误差累积，采用逐段消除，即控制每节段顶底板间隙差0.7mm予以抵消。

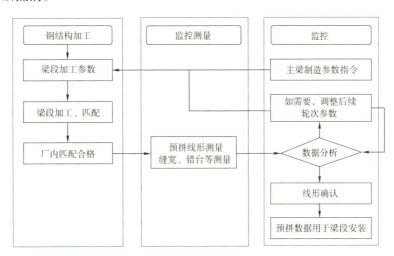

图 3-6-10　主梁制造过程控制的工作流程

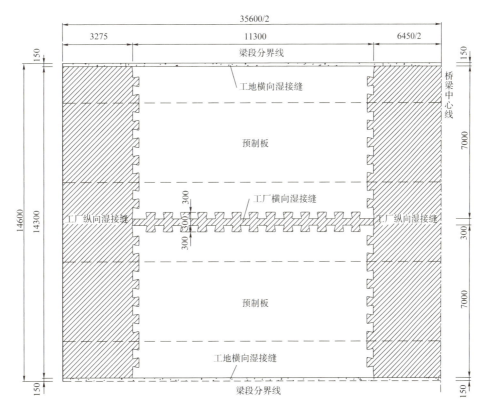

图 3-6-11　混凝土桥面板典型布置（尺寸单位：mm）

（3）组合梁预拼

在钢梁制造完成后，进行组合梁多梁段预拼（1+5~1+8梁段）。预拼后通过主腹板拼接板的配钻进行预拼锁定，并在混凝土桥面板安装后对钢梁的几何指标进行复测，以确保预拼效果。

2. 主梁安装过程施工控制

主梁安装包括支架区梁段安装和悬臂段主梁安装。

1）支架区梁段安装

支架区梁段安装包括边跨支架梁段（辅助跨）及塔区支架梁段（0号块）安装，其流程见图3-6-12。

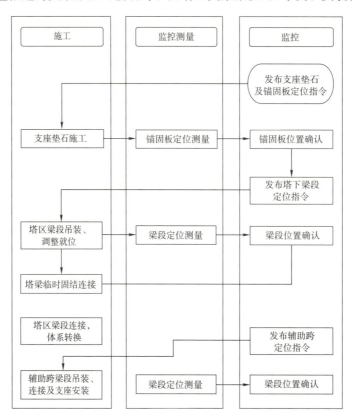

图3-6-12 支架段主梁安装控制流程

塔区支架段（A、A′梁段）定位完成，轴线高程误差均满足监控要求。各塔定位数据见表3-6-4~表3-6-6，定位基线及梁面测点位置见图3-6-13。

南京五桥北塔 A 梁段定位数据　　　　　表3-6-4

梁段	测点	指令坐标		实测坐标		轴线误差（mm）		高程误差（mm）	
		Y(m)	Z(m)	Y(m)	Z(m)	ΔY	限值	ΔZ	限值
N01	N01-1	4997.038	41.067	4997.034	41.064	−4	±5	−3	±5
	N01-2	4985.148	40.838	4985.149	40.838	—		0	
	N01-3	4997.033	40.223	4997.028	40.218	−5		−5	
	N01-4	4985.145	39.997	4985.140	39.995	—		−2	
	N01-5	5002.966	41.068	5002.962	41.070	−4		−2	
	N01-6	5014.854	40.836	5014.850	40.837	—		1	
	N01-7	5002.966	40.223	5002.961	40.224	−5		1	
	N01-8	5014.854	39.991	5014.847	39.994	—		3	

南京五桥中塔A′梁段定位数据　　　　表3-6-5

梁段	测点	指令坐标		实测坐标		轴线误差（mm）		高程误差（mm）	
		Y（m）	Z（m）	Y（m）	Z（m）	ΔY	限值	ΔZ	限值
C01	C01-1	4997.046	48.442	4997.045	48.446	−1	±5	4	±5
	C01-2	4985.159	48.205	4985.159	48.209	—		4	
	C01-3	4997.037	48.442	4997.035	48.446	−2		4	
	C01-4	4985.150	48.209	4985.148	48.212	—		3	
	C01-5	5002.985	48.441	5002.982	48.446	−3		5	
	C01-6	5014.872	48.217	5014.867	48.222	—		5	
	C01-7	5002.968	48.446	5002.964	48.449	−4		3	
	C01-8	5014.855	48.205	5014.852	48.207	—		2	

南京五桥南塔A梁段定位数据　　　　表3-6-6

梁段	测点	指令坐标		实测坐标		轴线误差（mm）		高程误差（mm）	
		Y（m）	Z（m）	Y（m）	Z（m）	ΔY	限值	ΔZ	限值
S01	S01-1	4997.055	40.232	4997.055	40.236	1	±5	4	±5
	S01-2	4985.158	39.989	4985.157	39.992	—		3	
	S01-3	4997.048	41.069	4997.047	41.074	−1		5	
	S01-4	4985.148	40.841	4985.149	40.846	—		5	
	S01-5	5002.957	40.226	5002.958	40.230	0		4	
	S01-6	5014.850	39.989	5014.851	39.991	—		2	
	S01-7	5002.952	41.067	5002.951	41.072	−1		5	
	S01-8	5014.852	40.837	5014.853	40.842	—		5	

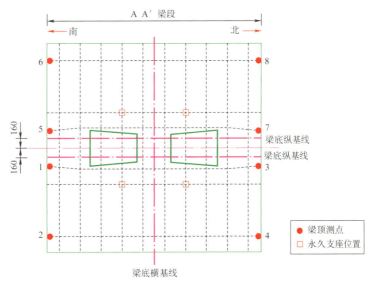

图3-6-13　A（A′）梁段定位基线及梁面测点位置图（尺寸单位：cm）

2）悬臂段主梁安装

悬臂段主梁安装包括梁段起吊就位及斜拉索二张两个控制工况，悬拼标准段安装控制基本流程见图3-6-14。

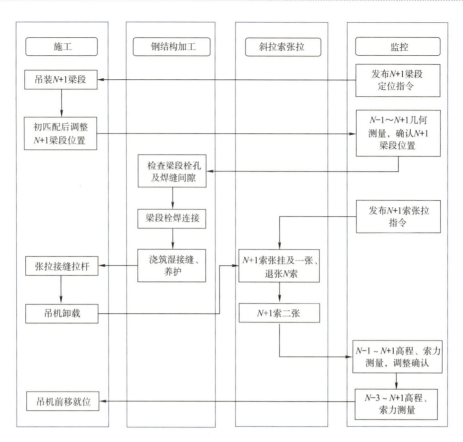

图 3-6-14 悬拼标准段安装控制基本流程图

（1）梁段吊装定位施工控制

梁段安装定位控制是悬拼标准段安装的两个主控工况之一，其定位控制流程见图3-6-15。

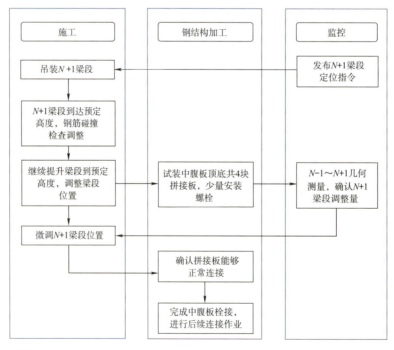

图 3-6-15 梁段定位控制流程图

主梁采用栓焊连接，中腹板采用栓接，在组合梁现场架设过程中可以利用栓孔的公差对梁段几何位置进行微调，微调幅度可达$L/1000$（L为梁段长度）。

梁段几何位置定位要素为三维空间直角坐标系中6个自由度方向。在梁段定位时，对于梁段的里程、轴线、扭转（上下游高差）的调整手段很少且调整余地有限；而对主梁中跨合龙时可能出现的间距偏差、轴线偏差及梁端错台，可以采取顶推、对拉及反力调节的方式予以纠正。所以，在主梁定位过程中主要进行主梁高程偏差的调整。主梁定位流程如下：

①梁段初定位。采用手拉葫芦配合桥面起重机将待安装梁段进行初步定位，定位后满足以下要求视为初定位成功：

a.边腹板匹配件基本贴紧且上下游间隙差小于2mm。

b.腹板顶翼缘板纵基线错台小于2mm。

c.在已安装梁段一侧的中腹板拼接板四角打入冲钉，并在待安装梁段一侧中腹板拼接板四角穿入螺栓。

②拼接板初步锁定。在待安装梁段侧中腹板靠近顶、底接缝处的每块拼接板分别打入一个冲钉。

③几何测量。对悬臂端已安装梁段及待安装梁段进行几何测量。

④梁段微调。

a.根据测量结果确定是否需要调整，若需要给出高程或轴线调整量。

b.根据梁段顶底口间隙确定采用顶部铰接或底部铰接间隙调整，拆掉不作为铰接连接的冲钉；通过桥面起重机进行高程调整，调整过程起重机起吊力数值与梁段悬吊状态（与已安装梁段无连接）之差不得超过50kN，否则需要检查是否存在额外约束。

c.通过边腹板匹配件间隙差调整轴线。

d.继续几何测量及调整直到满足要求。

e.用马板锁定中腹板两侧的顶板及底板，此后桥面起重机可以转入锁定模式。

⑤梁段连接。开始拼接板高强度螺栓初拧及后续连接作业。

主梁节段定位的过程中，待安装梁段为桥面起重机所支撑，并通过上下游中腹板唯一的铰接点与已安装梁段连接；铰接点设置在顶部或底部，上下游一致。调整过程中及调整结束后不得在中腹板拼接板打入其他冲钉。

主梁定位是在桥位处恢复钢结构加工厂预拼时的无应力线形的过程。主梁定位时待安装梁段的高程偏差是由与其连接的已安装梁段高程偏差造成的。如已安装梁段的高程偏差与其在斜拉索二张时的高程偏差发生较大的变化，则表明现场的结构状态与监控计算参数发生偏差。在排除温度和临时施工荷载的影响后，分析高程偏差产生的原因，并采取相应调整措施，确保主桥线形控制精度。

已安装梁段对应的斜拉索，由于梁段起吊索力增加造成拉索锚固方式发生一定的变化（如夹片回缩、螺母旋转等），导致索力产生较大偏差。这种情况下可通过调整已安装梁段斜拉索索力，减小高程偏差。调整时机设置在斜拉索三张施工期间，通过调整放张量来实现。同时，应考虑调索对已安装梁段高程偏差的影响，在定位施工时控制待安装梁段高程偏差。

待安装梁段的重量和计算值有较大偏差时，可通过调整待安装梁段斜拉索二张索力来减小高程偏差。在待安装梁段定位时，高程偏差按照已安装梁段高程偏差的变化趋势进行控制，在斜拉索二张施工时进行调整。

（2）斜拉索二张施工监控

斜拉索一张为钢绞线单根张拉，二张为整体张拉。考虑钢绞线单根张拉塔梁变形及单根钢绞线垂度非线性的影响，最终钢绞线单根张拉不均匀度控制在2%左右。

二张索力按湿接缝混凝土施工期间容许最大拉应力控制，因此二张施工期斜拉索索力较大。在施工梁段拉索二张后，放张（三张）已安装梁段斜拉索，恢复已安装梁段斜拉索到预期状态。

根据无应力控制法，斜拉索的无应力索长决定斜拉桥最终的成桥索力，只有张拉施工可以改变斜拉索无应力索长，所以通常将最后一个斜拉索张拉工况作为张拉控制工况。南京五桥的三张工况为放张施工，其放张量在拉索二张已经确定，所以斜拉索二张为张拉控制工况。斜拉索张拉控制流程见图3-6-16。

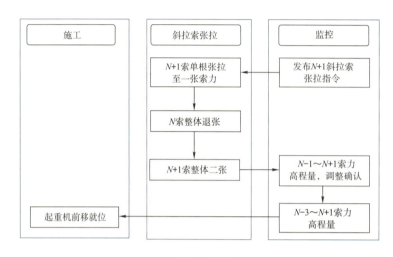

图3-6-16 斜拉索张拉控制流程图

斜拉索二张的控制结果决定主梁成桥内力和线形控制精度，其控制流程为：

①结构状态测量。结构状态测量分为索力测量和线形测量，测量范围至少为悬臂端部3个梁段以及对应的斜拉索，可根据现场实际情况增加。索力测量可在白天完成，线形测量应在晚间温度稳定后进行。

②确定二张索力调整量。分析以上索力测量相关结果，提出斜拉索二张索力调整量。

③斜拉索张拉作业。根据索力调整量进行张拉施工，完成后再次测量斜拉索索力。

④测量二张施工后梁段线形。

⑤张拉结果确认。对二张完成后的测量数据进行分析，如满足控制精度要求，则进行下一步；如不满足应重新提出二张索力调整量，重复步骤2~5，直至满足控制精度要求。

⑥线形测量复核。测量范围至少为悬臂端部5个梁段，并在特定工况进行主梁线形通测。

斜拉索索力主要用于承载主梁及其附着物的重量，因此索力偏差产生的主要原因是重量偏差。主梁节段自重应在梁段起吊前确认，在斜拉索二张前应仔细检查施工荷载，及时发现并清理未在计算中考虑的荷载，如因现场条件无法清理，则应根据梁段重量重新计算。

各塔主梁在5号梁段和10号梁段定位后高程及索力结果见图3-6-17~图3-6-28。

（3）边塔辅助跨及塔梁体系转换控制

在边塔辅助跨及塔梁体系转换过程中，对支座反力进行过程监测及控制，反力值控制精度达到5%，确保了全桥支撑体系边界条件的准确及顶推的顺利进行。其施工控制流程为：

①边塔辅助跨梁段支承体系转换：拆除辅助跨临时支撑，应在第20对斜拉索二张后进行。

②边塔塔梁支承体系转换。

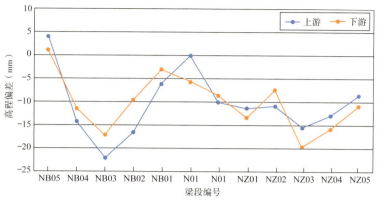

图 3-6-17　北塔 5 号梁段定位后主梁高程偏差

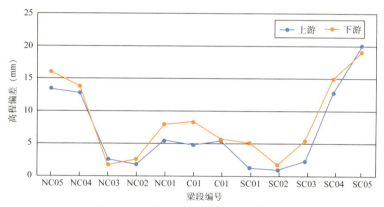

图 3-6-18　中塔 5 号梁段定位后主梁高程偏差

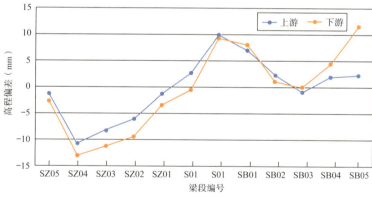

图 3-6-19　南塔 5 号梁段定位后主梁高程偏差

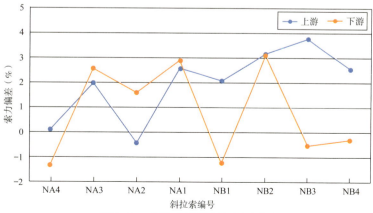

图 3-6-20　北塔 5 号梁段定位后索力偏差

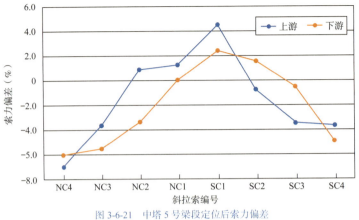

图 3-6-21 中塔 5 号梁段定位后索力偏差

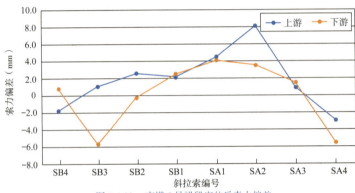

图 3-6-22 南塔 5 号梁段定位后索力偏差

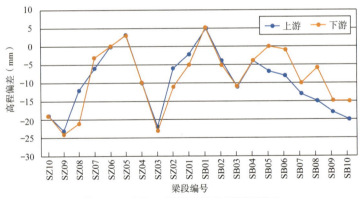

图 3-6-23 北塔 10 号梁段定位后主梁高程偏差

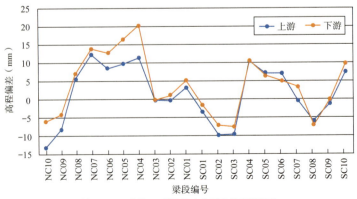

图 3-6-24 中塔 10 号梁段定位后主梁高程偏差

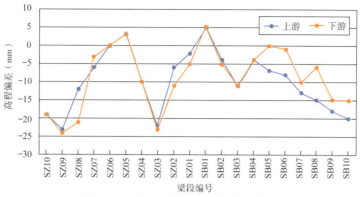

图 3-6-25　南塔 10 号梁段定位后主梁高程偏差

图 3-7-26　北塔 10 号梁段定位后索力偏差

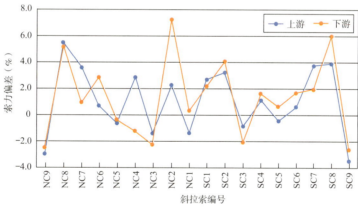

图 3-6-27　中塔 10 号梁段定位后索力偏差

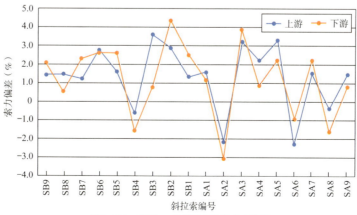

图 3-6-28　南塔 10 号梁段定位后索力偏差

a. N（S）B17梁段吊装后，解除塔梁竖向临时约束钢绞线。

b. 使用千斤顶支顶，测量塔梁竖向支撑反力（至少要保证同侧临时支撑上下游同时支顶）。

c. 岸侧千斤顶单点支顶力增加约500kN，相应梁底高程抬高6mm。待边跨侧竖向临时支承支垫密实后卸载千斤顶，恢复塔梁竖向临时约束。

d. 边塔4个支座垫石灌浆（边跨侧垫石增高6mm，中跨侧垫石高程不变）。

e. N（S）B17、B18号梁段吊装后，解除边塔竖向临时支撑，完成竖向支撑体系转换。

（4）中跨合龙施工监控

主梁采用无合龙段的直接对接合龙方式。合龙口两侧主梁通过预制拼接板高强度螺栓连接，合龙方便快捷、质量高。但由于没有可以冗余误差的合龙段，且预制拼接板冗余误差量极小，对接合龙方式对全桥精度控制提出更高要求。工厂制造时，对接梁段采用1mm高差及1/5000的角度控制精度。现场安装时充分考虑温度影响，并进行精度管理等，最终达到合龙缝两侧高差小于1mm、角度差小于1/3000的目标，在未预设工艺拼接板的情况下，直接使用永久拼接板一次性合龙成功。中跨合龙施工监控流程见图3-6-29。

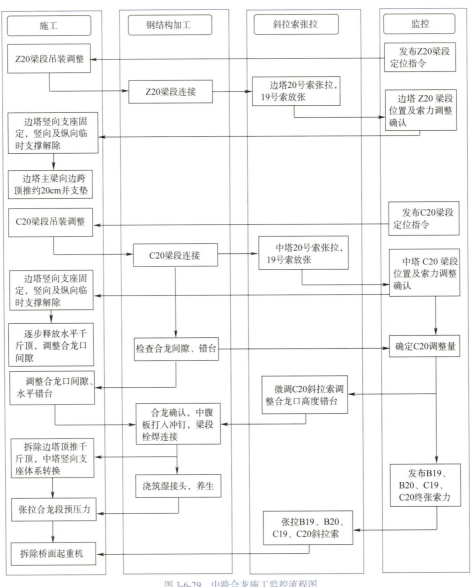

图3-6-29　中跨合龙施工监控流程图

为保证合龙拼接板顺利安装，对合龙口进行一系列调整：

①N（S）C20斜拉索第一次控制性张拉。

张拉中塔N（S）C20斜拉索，使中塔悬臂端高程低于二张完成理论高程40~50mm，并锚固斜拉索。张拉索力根据实测悬臂端高程确定。每张拉100kN索力对梁端的影响及斜拉索伸长量见表3-6-7。调整示意见图3-6-30。

调索对梁端线形影响及斜拉索伸长量　　　　　　　　　　　表3-6-7

索　号	张拉力（kN）	梁端影响		斜拉索伸长量（mm）
		高程（mm）	倾角（mm/mm）	
C20	100	19	3/14000	23

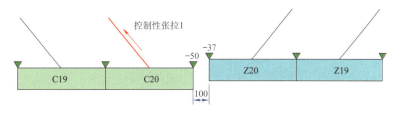

图 3-6-30　N（S）C20斜拉索第一次控制性张拉示意图（尺寸单位：mm）

②轴线调整。

在合龙口两侧设置对拉装置，调整合龙口两侧悬臂端轴线，消除合龙口中腹板横向错台。单边悬臂端每施加100kN横向力产生的悬臂端横向位移及合龙口上下游中腹板里程变化差值见表3-6-8。调整示意见图3-6-31。

对拉对悬臂端部影响　　　　　　　　　　　表3-6-8

中塔悬臂端横向力（kN）	端头位移（mm）	中腹板里程差（mm）	边塔悬臂端横向力（kN）	端头位移（mm）	中腹板里程差（mm）
100	50	1	100	50	1

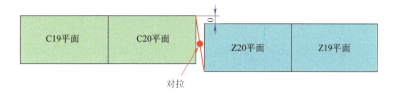

图 3-6-31　悬臂对拉示意图（尺寸单位：mm）

③边塔主梁纵向移动。

拆除边塔临时纵向限位支座，调节顶推千斤顶顶力使边塔侧主梁向中塔方向纵向移动，直到合龙口两侧止推板互相接触为止。边塔侧主梁每向中塔移动100mm，对边塔侧悬臂端高程及倾角的影响见表3-6-9（未计支座摩阻力）。调整示意见图3-6-32。

顶推对主梁的影响　　　　　　　　　　　表3-6-9

主梁移动（mm）	对悬臂端影响		千斤顶顶力变化（kN）
	高程（mm）	倾角（mm/mm）	
100	37	−1/14000	2610

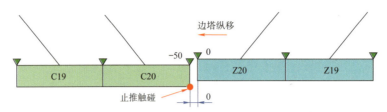

图 3-6-32　边塔主梁顶推示意图（尺寸单位：mm）

④N（S）C20斜拉索第二次控制性张拉。

张拉中塔N（S）C20斜拉索，根据实测合龙口两侧梁端高程及倾角确定张拉索力，使中塔侧梁端高程低于边塔侧梁端高程10~20mm。调整示意如图3-6-33所示。

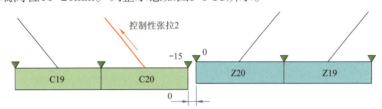

图 3-6-33　N（S）C20斜拉索第二次控制性张拉示意图（尺寸单位：mm）

⑤安装牛腿和拼接板。

在合龙口中腹板上安装牛腿，牛腿安装应对中腹板形成横向约束，随后拆除轴线调整的横向对拉装置，最后挂上拼接板。安装示意图如图3-6-34所示。

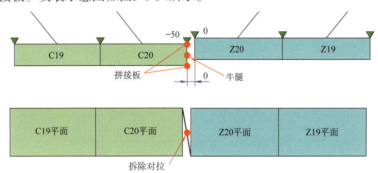

图 3-6-34　牛腿及拼接板安装示意图（尺寸单位：mm）

步骤⑤和④可以同步进行。

⑥主梁扭转（梁端上下游高差）调整。

通过在梁端边腹板处设置反力装置，千斤顶在上下游边腹板处分别施加相反的顶力调整梁端上下游高差。在单侧梁端上下游边腹板分别施加方向相反的100kN顶力对梁端上下游高差的影响见表3-6-10。主梁扭转控制较好，在合龙施工过程中并未进行扭转调整。调整示意见图3-6-35。

扭转调整影响　　　　　　　　　　表3-6-10

中塔施加顶力（kN）	梁端上下游高差（mm）		边塔施加顶力（kN）	梁端上下游高差（mm）	
	边腹板	中腹板		边腹板	中腹板
100	32	6	100	32	6

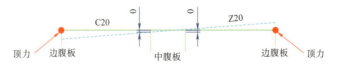

图 3-6-35　扭转调整示意图（尺寸单位：mm）

⑦合龙微调。

通过用千斤顶支顶合龙口牛腿，调节合龙口两侧高程和倾角。在单侧梁端施加100kN顶力对梁端高程及倾角影响见表3-6-11。调整示意见图3-6-36。

合龙口高程调整影响　　　　　　　　　　　　表3-6-11

中塔单侧顶力（kN）	梁端影响		边塔单侧顶力（kN）	梁端影响	
	高程（mm）	倾角（mm/mm）		高程（mm）	倾角（mm/mm）
100	33	5/14000	100	25	5/14000

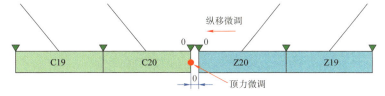

图3-6-36　合龙口高程调整示意图（尺寸单位：mm）

⑧拼接板锁定。

调整到位后打入冲钉。每个合龙口至少应打入40个45号钢的冲钉，随后完全卸载塔梁纵向支顶千斤顶，继续后续连接工作。连接示意见图3-6-37。

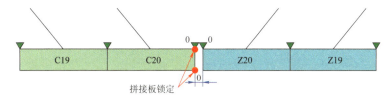

图3-6-37　拼接板连接示意图（尺寸单位：mm）

经过以上调整后，两个中跨合龙段拼接板均顺利打入冲钉，正常合龙，未使用工艺拼接板。

第四节　监控结果

合龙后达到50mm的高程控制精度（1/12000）及5%的索力控制精度（部分拉索7%），其各项指标均满足监控精度要求。各塔主梁高程偏差及斜拉索索力误差见图3-6-38~图3-6-43。

图3-6-38　北塔主梁高程偏差

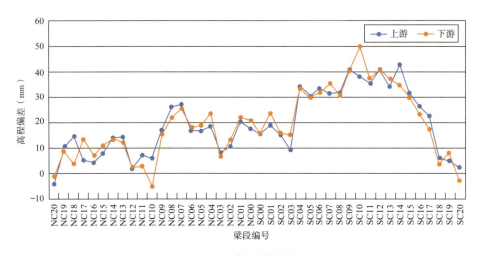

图 3-6-39　中塔主梁高程偏差

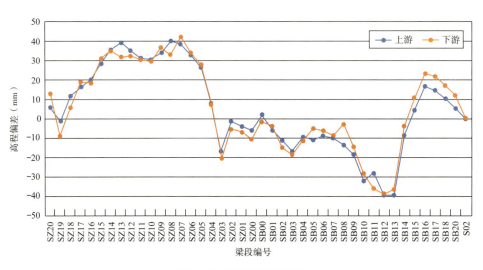

图 3-6-40　南塔主梁高程偏差

图 3-6-41　北塔索力偏差

图 3-6-42　中塔索力偏差

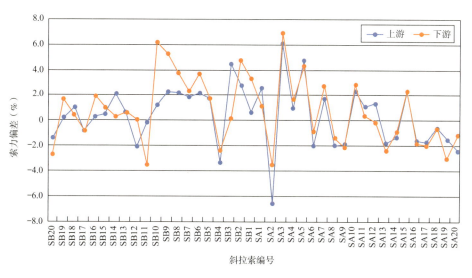

图 3-6-43　南塔索力偏差

第四篇 波形钢腹板节段梁预制和安装

第一章　节段预制拼装波形钢腹板组合箱梁特点及应用概况

第一节　节段预制拼装波形钢腹板组合箱梁特点

节段预制拼装波形钢腹板组合箱梁（简称"波形钢腹板节段梁"）是由顶、底板混凝土与呈波形形状的钢腹板通过抗剪连接件组合而成，并配有预应力体系的组合箱梁结构。由于混凝土腹板被波形钢腹板代替后，纵向预应力钢束无法在腹板内布置，因此在顶、底板混凝土内布置预应力钢束的基础上，还需布置体外预应力束，并通过设置转向块构造实现预应力的转向。腹板为波纹形状且钢板较薄，导致波形钢腹板组合箱梁的整体刚度低于传统混凝土腹板箱梁，为防止箱梁截面的横向扭转和翘曲变形，工程实际中通常会设置一定数量的横隔板。

节段预制拼装波形钢腹板组合箱梁，其顶底板为预应力混凝土结构，腹板为波形钢板，预应力采用体外或体内与体外相结合的布置方式。节段预制拼装波形钢腹板组合箱梁与传统箱梁相比，主要具有以下特点：

（1）采用较轻的波形钢板作为腹板，降低结构自重，提高结构的抗震性能。与传统箱梁相比，波形钢腹板组合箱梁自重一般减轻25%~30%，使得包括基础工程在内的下部结构工程量减少，因而减少材料用量，降低造价。所以，当在软土地基或地震区修建桥梁时，采用该种桥型，经济效益非常可观。

（2）波形钢腹板的纵向刚度几乎为零，使得其与上下混凝土翼缘板之间不受约束，徐变、干燥收缩的影响减少，从而减少了顶、底板混凝土产生的裂缝，最为重要的是，解决了混凝土腹板的开裂问题。

（3）波形钢腹板在受压时能自由收缩，基本不抵抗轴向力，从而避免吸收施加在顶、底板的纵向预应力，大幅度提高预应力的施加效率。

（4）波形钢腹板在工厂制作完成，采用体外预应力筋，可免除在混凝土腹板内预埋管道的繁杂工序，减少预应力筋用量以及腹板模板的拼装、拆除作业，施工更加方便，缩短工期。

（5）波形钢腹板节段梁在预制厂内完成波形钢腹板定位、钢筋制作与安装、混凝土浇筑工作，在施工现场装配化安装，混凝土用量少，工业化程度高，与工厂化、装配化桥梁制造和基础设施绿色建造的发展理念及国家产业政策相契合。

第二节　国外应用现状

自1975年法国CB（Campenon Bernard）公司提出用波形钢板代替平面钢板的设想，将原来的平钢腹板改为沿桥轴方向可伸缩的波形钢腹板形成波形钢腹板组合箱梁以来，世界上很多国家对波形钢腹板组合箱梁的抗弯、抗扭、抗剪和结构稳定性等方面进行了研究，并于20世纪80年代末期由法国率先建造了世界上第一座波形钢腹板组合箱梁桥——科尼亚克（Cognac）桥，不久后又建成了莫普雷（Maup're）桥等（表4-1-1）。其他国家也相继建造了此类型桥梁，如挪威的特龙科（Tronko）桥、德国的阿尔特维普弗格伦德（Altwipfergrund）桥、委内瑞拉的加拉加斯（Caracas）桥等。日本对波形钢腹板进行了较为系统的研究，着重在钢腹板波折的形状、间距、高度、腹板倾斜角度、板厚、横隔板间距、腹板稳定性等，以及箱梁的抗弯、抗扭和抗剪连接件的设计等方面提出一些基本概念和计算公式，于1993年建造了日本第一座波形钢腹板简支箱梁桥——新开桥。近年来这种桥型在日本得到了广泛的应用，目前已建成和在建的波形钢腹板组合箱梁桥已近200座。综上所述，波形钢腹板箱梁桥在国外的大量建造表明，该类桥的设计是切实可行的，设计思路可参照混凝土箱梁桥，结合本身特点引入组合梁桥的概念，参考国外已有的相关规范，施工参照常规施工方法稍做改进来实现。

表4-1-1列出了国外已建代表性波形钢腹板组合箱梁桥部分实例。

国外已建代表性波形钢腹板组合箱梁桥　　　　　　　表4-1-1

桥　名	施工方法	构造形式	跨径布置（m）	竣工年份（年）
法国科尼亚克（Cognac）桥	顶推施工	连续梁	31.0+42.0+31.0	1986
法国莫普雷（Maupre）桥	顶推施工	连续梁	41.0+47.3+52.6+50.4+47.3+44.1+41.0	1987
法国都乐（Dole）桥	悬臂施工	连续梁	48.0+5×80.0+48.0	1994
德国阿尔特维普弗格伦德（Altwipfergrund）桥	悬臂施工	连续梁	南线 84.6+115.0+80.5 北线 81.5+115.0+81.4	2001
日本日见梦大桥	悬臂施工	矮塔斜拉桥	91.8+180+91.8	2003
日本矢作川桥（东）	悬臂施工	斜拉桥	172.4+2×235.0+172.4	2005
日本池山高架桥	悬臂施工	连续刚构	46.5+104.0+114.0+99.0+4×106.5+98.0+50.5	2006
日本中一色川桥（上）	悬臂施工	连续梁	71.3+3×130.0+71.3	2007
日本中一色川桥（下）	悬臂施工	连续梁	62.8+3×112.0+110.5+61.3	2007
日本宫家岛高架桥	悬臂施工	连续梁	51.2+7×52.0+54.0+85.0+52.0+3×52.0+58.5+60.0+101.5	2007
日本入野高架桥	支架施工	连续梁	56.7+3×58.0+80.0+124.0+80.0+2×58.0+45.7	2007
日本栗东桥	悬臂施工	矮塔斜拉桥	137.6+170.0+115.0+67.6	2008
日本朝比奈川桥	悬臂施工	7跨连续刚构	81.2+150.4+91.2+72.2+94.7+104.8+72.2	2008
日本上伊佐布高架桥	悬臂施工	5跨连续刚构	52.0+105.0+136.0+99.0+52.0	2008
日本前川桥	悬臂施工	5跨连续梁	76.8+120.0+104.0+120.0+76.8	2008
日本谷津川桥	悬臂施工	5跨连续梁	42.8+91.0+135.0+74.0+37.3	2008
日本菱田川桥	悬臂施工	8跨连续刚构	64.9+3×105.0+124.0+75.0+54.0+52.9	2008

第三节　国内应用现状

自2000年以来，我国开展了波形钢腹板组合箱梁力学特性研究和桥梁设计与制造工作。河南省交通规划勘察设计院有限责任公司、深圳市市政设计研究院有限公司、东南大学、重庆交通大学、浙江中隧桥波形钢腹板有限公司、河南大建建筑设计有限公司等单位对这种结构的抗弯、抗剪、结构动力特性、连接件、波形腹板制造与安装等进行了大量研究，并初步形成科研咨询、桥梁设计及施工、钢结构制造一体化格局，为我国波形钢腹板桥的建设奠定了基础。2005年，我国在江苏淮安建成首座波形钢腹板组合箱梁人行桥——长征桥，该桥采用体外预应力配束，支架法施工。随后，在河南信阳建成首座公路桥——浉河桥。2007年开始建设的山东鄄城黄河大桥是一座跨越黄河的特大桥梁，该桥跨径布置为70m+11×120m+70m，为变截面箱梁桥，采用悬臂施工工艺。首座无背索波形钢腹板组合斜拉桥——新密溱水路桥于2009年开始建设，该桥跨径布置为30m+70m+30m，采用墩塔梁固结体系，独

钢混组合桥梁建造

塔双索面结构与分离式单箱双室整体箱梁，桥宽50m，满堂支架施工。表4-1-2列出我国代表性波形钢腹板组合箱梁桥，图4-1-1是我国建造的部分波形钢腹板桥梁实景图。

我国代表性波形钢腹板组合箱梁桥　　　　表4-1-2

桥　　名	施工方法	截面形式	桥宽（m）	跨径布置（m）	竣工年份（年）
淮安长征人行桥	支架现浇	单箱单室	7	18.5+30+18.5	2005
信阳泼河公路桥	吊装施工	小箱梁	16	4×30	2005
大堰河桥	支架现浇	单箱单室	9	1×25	2005
邢台郭守敬桥	支架现浇	单箱七室	30	17+35+17	2009
上海高架桥	支架现浇	单箱单室	8.2	45+45	2010
湖南李家河桥	支架现浇	单箱单室	16	20+30+20	2010
大广高速公路6号桥	吊装施工	工字钢腹板梁	8	20+4×25+20	2010
卫河大桥	支架现浇	单箱三室	2×15.25	47+52+47	2010
鄄城黄河大桥	悬臂施工	单箱单室	2×12.5	70+11×120+70	2011
溱水河大桥	支架现浇	双箱双室	50	30+70+30	2011
桃花峪黄河大桥	悬臂施工	单箱单室	2×16.55	75+135+72	2013
邢台紫金大桥	支架现浇	单箱单室	13	88+156+88	在建
深圳平铁大桥	悬臂施工	双箱单室	2×27	80+130+80	在建

a）淮安长征人行桥

b）信阳泼河公路桥

c）鄄城黄河大桥

d）邢台郭守敬桥

e）上海浦东中环线济阳路桥

f）桃花峪黄河大桥

图4-1-1　我国建造的部分波形钢腹板桥梁实景图

南京五桥跨大堤及滨江大道桥（简称"跨堤桥"）、丰子河路桥、立新路桥，在国内首次采用波形钢腹板节段梁连接设计、预制拼装关键技术，实现箱梁节段预制拼装法施工，见图4-1-2，解决了设计、施工、精度控制等难题。

 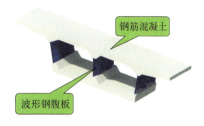

a) 南京五桥跨堤桥　　　　　　　　　　b) 标准节段结构

图 4-1-2　南京五桥节段预制拼装波形钢腹板组合箱梁桥

根据工程特点，建设中采用变截面波形钢腹板节段梁预制模板系统，波形钢腹板安装定位控制技术，顶底板钢混结合部位混凝土浇筑技术及吊装、运输阶段变形控制技术。箱梁节段由混凝土顶底板和波形钢腹板构成，二者由钢筋混凝土榫剪力连接件连接为整体，实现钢腹板与混凝土协同受力、共同工作。该结构结合节段梁工厂化制造和装配化安装的优势，并具有波形钢腹板抗剪能力强、自重轻的优点，为我国桥梁的装配化和工业化建造提供了一种新的箱梁节段形式。

第二章　节段预制拼装波形钢腹板梁桥结构及设计

第一节　节段预制拼装波形钢腹板箱梁结构

一、节段预制拼装波形钢腹板组合箱梁构造及选型

与现浇波形钢腹板箱梁相比，节段预制拼装波形钢腹板箱梁实现桥型的工业化、装配化建造，显著提高桥梁的施工工效，工程质量更易保证。南京五桥引桥首次在波形钢腹板箱梁桥上采用节段预制拼装工艺，实现了桥位的快速准确拼装。与常规的现浇波形钢腹板箱梁桥相比，预制拼装箱梁的理念是节段化设计，有效实现化整为零，再进行可靠的吊装组拼。设计中需重点考虑节段划分，节段间连接构造，节段预制、吊运、拼装的受力和变形控制等关键问题。

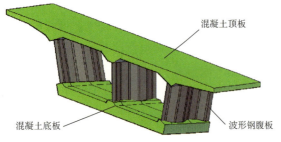

图 4-2-1　节段预制拼装波形钢腹板组合箱梁构造示意图

1. 节段预制拼装波形钢腹板组合箱梁构造

主要由混凝土顶底板、波形钢腹板（图4-2-1）、横隔梁、体内和体外预应力钢索构成。

2. 结构选型

（1）为了提高施工质量，缩短建设工期，满足环保建设要求，采用预制拼装法进行桥梁施工。结合现场吊装设备及栈桥等运输条件，宜采用预制拼装波形钢腹板节段梁，可有效减少节段安装数量，降低基础规模，减少现场作业，加快施工进度，保证桥梁建设经济性及快捷性。

（2）波形钢腹板连续梁应综合考虑伸缩缝选型、行车舒适性及抗震设计，合理确定联长。

（3）对跨径小于60m的连续梁桥，节段预制拼装波形钢腹板组合梁桥宜采用等高、等跨布置形式，以减少预制节段类型，保证工厂预制效率。对跨径大于60m的连续梁桥，应结合桥下净空、节段吊装重量等要求，采用变截面形式。

二、节段预制拼装波形钢腹板组合箱梁桥构造设计

节段预制拼装波形钢腹板组合箱梁桥构造设计主要考虑节段划分原则、转向块设置原则、接缝设计以及钢混连接件选型等。

1. 节段划分

（1）预制拼装波形钢腹板节段梁可分为标准节段、转向块节段、横梁节段。

（2）预制节段划分应综合考虑跨径布设、节段吊装重量、转向块位置等因素，节段长度宜为波形钢腹板半个标准波长的整数倍，以使各节段钢板拼接缝均位于波形钢腹板直板段，便于加工及匹配。

（3）为便于波形钢腹板的纵向连接，节段长度宜取为波形钢腹板波长的整数倍，以使接缝设在波形钢腹板的平板段上。对于1600型波形钢腹板，钢腹板的预制节段标准长度取1.6m、2.4m、3.2m三种。

（4）转向块节段长度宜与标准节段保持一致，转向块与节段整体预制。

（5）横梁节段长度应满足体外束锚固尺寸要求，中墩顶横梁节段采用现浇结构，端横梁节段由

预制部分及现浇部分组成，预制部分构造按吊装重量控制，同时兼作现浇部分模板。端横梁节段如图4-2-2所示。

2. 转向块设计

（1）转向块宜采用横隔板式，由横隔板及转向基座组成。

（2）转向块基座长度需完全包住转弯曲线段长度，并设置预应力转向器的加强内环钢筋，其沿转向器长度方向的间距不宜小于100mm。

（3）横隔板纵向厚度不小于50cm，中间设置人孔。

3. 接缝设计

（1）波形钢腹板节段间连接

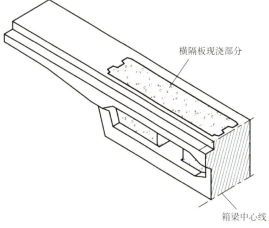

图4-2-2 端横梁节段示意图

波形钢腹板节段间连接可以分为对接焊缝连接、贴角焊缝连接、高强度螺栓单面摩擦连接、高强度螺栓拼接板连接、高强度螺栓双面摩擦连接等。推荐采用对接焊，对接焊具有施工便捷、节约钢材、焊材及螺栓用量，减少工厂内制造及工地连接的用工量，工效快等诸多优点，整体经济效益最优。

（2）混凝土顶底板连接

节段预制拼装波形钢腹板混凝土顶底板推荐采用齿键胶拼，齿键同时具备现场安装定位功能。考虑顶板剪力滞效应，预制节段在顶板翼缘配置一抗剪齿键，其位置避开纵向预应力束布置。齿键应采用梯形截面，倾角45°，高度应大于混凝土最大集料粒径的1.5倍且不小于4cm。其高度与底面宽度比取为1:3。

4. 钢混连接件选型

波形钢腹板与混凝土顶、底板的连接是关系波形钢腹板预应力混凝土组合箱梁整体性的关键构造。波形钢腹板与顶底板一般采用抗剪连接件，其连接方式有图4-2-3所示几种方式，如波形钢腹板直接埋入到混凝土板中的埋入式［图4-2-3a)］，波形钢腹板端部焊接钢翼缘板并配置连接件的翼缘式［图4-2-3b)~e)］。

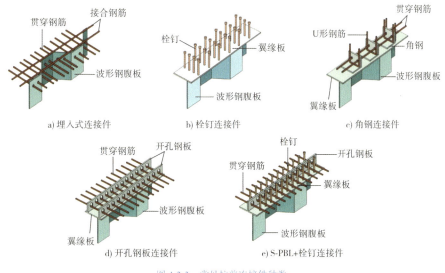

图4-2-3 常见抗剪连接件种类

对于混凝土顶板连接，因为是车辆荷载直接作用的部位，考虑到耐久性和维护修补，其连接件采用带翼缘板的连接形式更为适宜，其钢翼缘亦可作为加腋处混凝土顶板浇筑的外模。

对于混凝土底板连接，埋入式连接件构造简单，施工方便，其桥轴方向刚度远小于混凝土底板刚度，混凝土收缩、徐变等引起的剪应力影响可忽略不计，且其连接传力部分全部埋入混凝土中，结合部位的防腐更易处理。

混凝土与波形钢腹板之间的抗剪连接件，顶板处采用开孔钢板翼缘式，底板处推荐采用埋入式，如图4-2-4所示。

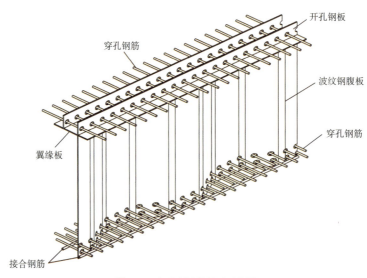

图 4-2-4　钢腹板连接构造示意图

第二节　节段预制拼装波形钢腹板箱梁桥设计

一、材料

节段预制拼装波形钢腹板组合箱梁桥主要使用材料如下：

1. 混凝土

波形钢腹板节段梁预制部分混凝土强度等级不宜低于C50，波形钢腹板节段梁现浇部分、预应力张拉槽口及施工预留孔封填的混凝土宜采用补偿收缩混凝土。

混凝土技术标准应符合《混凝土结构设计规范》（GB 50010—2010）、《公路钢筋混凝土及预应力混凝土桥涵设计规范》（JTG 3362—2018）、《公路桥涵施工技术规范》（JTG/T F50—2011）、《混凝土膨胀剂》（GB/T 23439—2017）的规定。

2. 钢筋

普通钢筋应采用HRB400级钢筋，技术标准符合《钢筋混凝土用钢　第2部分：热轧带肋钢筋》（GB/T 1499.2—2018）的规定。

直径大于或等于20mm的钢筋接头应采用机械连接，其技术标准应符合《钢筋机械连接技术规程》（JGJ 107—2016）中Ⅱ级接头以上性能要求，连接器可按照12m定长计算数量。

3. 预应力材料

体内预应力钢绞线技术标准应符合《预应力混凝土用钢绞线》（GB/T 5224—2014）的规定。

锚具宜采用预应力钢绞线群锚锚具，质量应符合国际预应力混凝土协会FIP-1993、《预应力筋用锚具、夹具和连接器》（GB/T 14370—2015）的要求。波纹管宜采用塑料波纹管，环刚度应不小于6kN/m²，质量应达到《预应力混凝土桥梁用塑料波纹管》（JT/T 529—2016）、《聚乙烯（PE）树脂》（GB/T 11115—2009）的规定。体内预应力管道压浆材料应符合《公路桥涵施工技术规范》（JTG/T F50—2011）的规定。

体外预应力材料：体外预应力宜采用无黏结PE高强低松弛镀锌钢绞线，主要技术标准应符合《无黏结预应力钢绞线》（JG/T 161—2016）、《预应力混凝土用钢绞线》（GB/T 5224—2014）的规定。钢绞线之间的防腐油脂应符合《无黏结预应力筋用防腐润滑脂》（JG/T 430—2014）的要求。体外预应力锚固系统宜采用无黏结镀锌钢绞线斜拉索锚固体系，其技术要求应符合FIP-1993、《无黏结钢绞线斜拉索技术条件》（JT/T 771—2009）的规定。体外束外套宜采用硬聚氯乙烯（UPVC）哈弗套管。体外预应力与结构相交处采用预埋无缝钢管成孔，无缝钢管应符合《结构用无缝钢管》（GB/T 8162—2018）的规定。

4. 结构钢材

（1）波形钢腹板及其与箱梁混凝土顶底板、转向块的连接钢板宜采用不低于Q355C的钢材。

（2）非主体结构所用钢材不宜低于Q235B。

（3）钢材技术指标应符合《桥梁用结构钢》（GB/T 714—2015）、《低合金高强度结构钢》（GB/T 1591—2018）、《碳素结构钢》（GB/T 700—2006）的规定。

5. 焊钉

焊钉宜采用圆柱头焊钉，其技术标准应符合《电弧螺柱焊用圆柱头焊钉》（GB/T 10433—2002）的规定。

6. 焊接材料

焊接所用焊条应符合《热强钢焊条》（GB/T 5118—2012）、《气体保护电弧焊用碳钢、低合金钢焊丝》（GB/T 8110—2008）的规定，并与采用的钢材相适应。

7. 混凝土接缝连接材料

混凝土顶底板拼缝用胶宜采用高品质双酚A型环氧树脂，适宜的施工温度范围为5～40℃，其主要技术指标应符合表4-2-1规定，并符合FIP标准和美国国家公路和运输协会（AASHTO）标准的规定。

环氧树脂胶主要技术指标　　　　　　表4-2-1

技术指标	技术要求
触变性（抗流挂性能）	厚度最薄为3mm时无流挂
抗压强度	12h抗压强度≥40MPa，1d抗压强度≥70MPa，7d抗压强度≥80MPa
抗剪强度（倾斜柱面测试）	≥15MPa
拉伸强度	≥12MPa
压缩弹性模量	≥8000MPa
湿热老化测试	《混凝土结构加固设计规范》（GB 50367—2013），A级胶

环氧树脂黏结剂应方便施工，立面和顶面施工无流淌。应具备高强度、高弹性模量的特点，胶结强度不应低于梁体混凝土强度。胶体固化后无收缩，应具备较强的防水和防化学腐蚀能力。

二、设计规定

节段预制拼装波形钢腹板组合箱梁计算分析，可采用以下一般规定：

（1）波形钢腹板预应力混凝土箱梁作为杆系结构分析时，主梁仅考虑混凝土顶底板的有效截面进行截面特性计算。即波纹钢腹板截面的 EA 和 EI 只考虑混凝土顶、底板作用，忽略波纹钢板对 EA 和 EI 的贡献。

（2）截面的剪切面积只考虑波纹钢腹板的抗剪作用，忽略混凝土顶、底板的作用。

（3）波纹钢腹板相比于混凝土腹板，其抗扭刚度较小，在偏载作用下，其扭转、畸变变形比混凝土腹板箱梁要大。偏载剪应力放大系数取1.25，即在波纹钢腹板的计算中，取总体计算中对称加载的计算剪力乘以放大系数1.25，得到波纹钢腹板验算用剪力。

三、主要计算内容

节段预制拼装波形钢腹板组合箱梁桥需进行计算的内容包括以下几个方面：

（1）运营期纵向总体计算及验算，包括承载能力极限状态抗弯承载力验算、抗剪承载力验算，正常使用极限状态结构刚度验算、抗裂验算、混凝土应力验算等。

（2）运营期横向受力分析及验算，包括桥面板验算、顶板连接件横向抗角隅弯矩承载力验算等。

（3）运营期连接件验算，包括顶板连接件验算、底板连接件验算、钢腹板与端横梁混凝土连接件验算等。

（4）施工期变形控制验算，包括节段匹配过程变形控制验算、箱梁吊装变形控制验算、箱梁扭转和畸变控制验算等。

1. 预制节段匹配过程变形控制

在节段匹配、浇筑顶板混凝土时，新浇混凝土会给匹配节段顶板一个纵向压力，该纵向压力可能导致匹配节段变形，影响新浇节段的几何形状。侧压力 F 可按现行《建筑施工模板安全技术规范》（JGJ 162—2008）进行计算，确保纵向变形≤1mm。匹配节段变形示意图如图4-2-5所示。

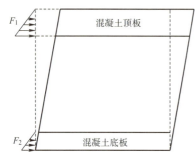

图 4-2-5　匹配节段变形示意图

2. 节段吊装过程变形控制

建立实体板壳模型进行吊装工况分析。吊装时，考虑节段自重荷载，动力系数取1.2。吊装工况下混凝土结构要求满足现行《公路钢筋混凝土及预应力混凝土桥涵设计规范》（JTG 3362）短暂工况下应力验算要求；波形钢腹板在根部处变形控制在1.5mm以内。

3. 箱梁扭转和畸变变形控制

为了提高运输及吊装等施工过程中端口抗扭转性能，在节段两侧端口设置临时拉索或刚性支撑。节段在运输和吊装过程临时支撑，水平力作用可按下式验算：

$$F_h = \max\{1.2 \times G_t \times \sin i,\ 0.2 \times G_b\} \quad (4\text{-}2\text{-}1)$$

式中：F_h——箱口临时支撑验算水平力；

　　　G_t——混凝土顶板重；

　　　G_b——混凝土底板重；

　　　i——运输道路不利纵坡，可取9°。

在水平力作用下，波形钢腹板根部处变形需控制在1.5mm以内。

四、应用实例

南京五桥跨堤桥为主跨78m的三跨波形钢腹板预应力混凝土连续梁桥,左右幅错墩布置,左幅桥跨布置为41m+78m+45m、右幅桥跨布置为45m+78m+41m,总长164m,见图4-2-6。主梁均采用上下行分幅布置。全部桥跨均位于半径4000m的曲线段上,跨堤桥全线路线宽度均为加宽后38.0m的标准宽度。

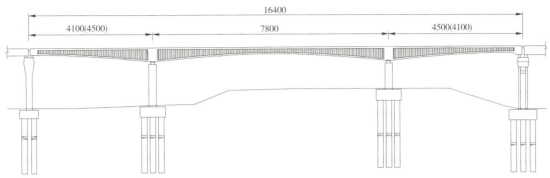

图4-2-6 跨堤桥桥型布置(尺寸单位:cm)

根据构造及施工架设需要,全桥共划分为19种预制节段。41m边跨划分为16个预制节段,单个中跨划分为29个预制节段,45m边跨划分为18个预制节段,全桥共126个预制节段。

其中,0号为现浇节段,长度3m。1~14号节段为变高节段,长度分别为1.5m、2.4m及3.2m。15号为跨中合龙节段,长度为3.2m。16~19号均为边跨端部节段,长度分别为2.4m、1.6m、1.4m及2.06m,见图4-2-7。各类节段理论长度均为投影至路线中心线长度。悬臂预制节段最大吊重约为99.4t。

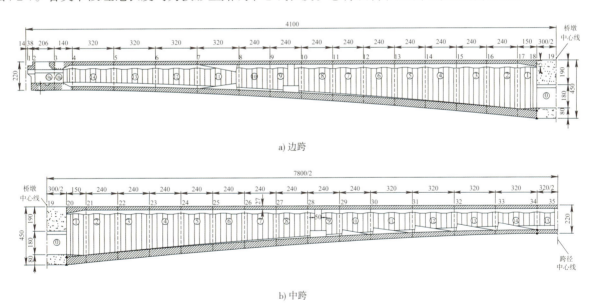

图4-2-7 主跨78m跨径节段划分示意图(尺寸单位:cm)

跨堤桥主梁采用单箱双室斜钢腹板预应力混凝土箱梁,标准断面如图4-2-8所示。标准箱梁顶板宽18.65m,梁高和底板厚度均以抛物线的形式由跨中向根部变化。跨中梁高2.2m,底板厚28cm;根部梁高4.5m,底板厚60cm。斜腹板斜率与北引桥相同,为1:3.125,底板宽由跨中9.858m渐变至根部8.386m。翼缘悬臂长均为3.9m。顶板标准厚度为27cm,在墩顶横隔板附近加厚至51cm。

在箱梁内设置两对型钢剪刀支撑,型钢采用[14a槽钢,通过支撑系统,见图4-2-9,在验算水平力作用下使混凝土顶底板横向变形差控制在1.5mm以内。

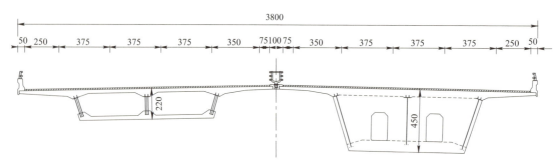

图 4-2-8 跨堤桥钢腹板箱梁标准断面（尺寸单位：cm）

a) 吊具安装　　　　　　　　　b) 起吊转运

图 4-2-9 波形钢腹板节段梁吊运

第三节 节段预制拼装波形钢腹板箱梁桥受力性能

为了解节段预制拼装波形钢腹板箱梁桥的受力性能，以实际工程为背景，分别进行桥面板横向受力性能和箱梁整体受力性能研究。

一、桥面板横向受力性能研究

为研究节段波形钢腹板组合箱梁桥面板在施工全过程及运营期的横向变形规律，了解波形钢腹板组合梁节段在极限阶段下的承载性能，进行横向受力性能足尺模型试验，如图4-2-10、图4-2-11所示。试验分析波形钢腹板组合箱梁在对称荷载、偏心荷载作用下顶板的横向受力性能及破坏形态，研究波形钢腹板节段箱梁施工期变形及控制措施，桥面板内力计算等内容。

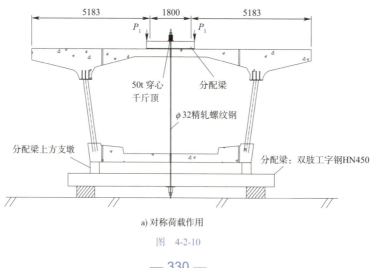

a) 对称荷载作用

图 4-2-10

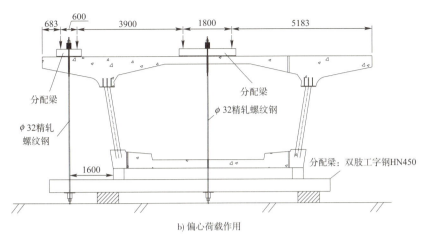

b) 偏心荷载作用

图 4-2-10　试验梁横向加载布置（尺寸单位：mm）

图 4-2-11　试验梁横向加载现场

通过试验研究，得出如下研究结论：

（1）波形钢腹板节段箱梁能满足施工及运营期横向受力要求。与常规混凝土腹板节段梁相比，在节段预制拼装施工期，波形钢腹板箱梁节段横向变形较大，实施过程中需尤为关注。

（2）在进行波形钢腹板箱梁桥面板变形分析时，宜采用钢混连接形式的实体单元模型；而在进行桥面板内力及应力分析时，简化平面框架模型、考虑连接形式及不考虑连接形式的实体单元模型等三种模式均可采用。

（3）在节段梁匹配预制与悬臂拼装过程中，为了减小节段匹配口存在的变形差，降低现场匹配连接难度，需在设计及施工过程中采取措施，减少箱梁的横向变形，如增设顶板横向加劲肋、在波形钢腹板间设置易于拆装的斜撑等。

（4）为了便于设计应用，当板厚与梁肋高度比小于1/4时，建议取计算跨径相同的简支板跨中弯矩的60%作为横向跨中弯矩的计算值，实现波形钢腹板箱梁桥的横向安全设计。

二、箱梁整体受力性能研究

为了深入了解节段预制拼装波形钢腹板组合梁桥的受力性能，针对现有研究的不足之处进行整体受力试验分析，并结合空间有限元模型对50m跨径节段预制拼装波形钢腹板组合梁桥受力性能进行研究，为该桥型的设计计算提供理论依据。

整体性能模型试验梁加载如图4-2-12所示。对比分析了整跨现浇和节段预制拼装波形钢腹板组合箱梁两种成型工艺的破坏形态和极限承载能力，得到钢混连接形式、体内外配束比例、剪跨比等参数对波形钢腹板组合箱梁整体和拼装接缝受力性能的影响规律。

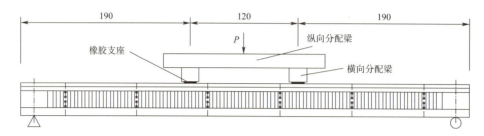

图 4-2-12　整体性能模型试验梁加载（尺寸单位：cm）

试验主要结论如下：

1. 抗弯性能

（1）从节段模型试验的应力分布来看，开始加载至底板开裂前，波形钢腹板纵向应力较小，接缝两侧混凝土顶底板纵向应力沿截面高度方向呈直线变化，均满足"拟平截面假定"，故抗弯设计可简化为梁模型进行计算。

（2）对整体现浇和节段拼装模型试验分析可知，节段拼装梁的抗弯折减系数为0.85左右，50m实桥抗弯折减系数为0.92左右；针对实桥节段数量、转向块及配束比等参数分析，结果表明其对结构抗弯承载力影响不是很大。

（3）试验表明，无论是整浇梁还是节段拼装梁，波形钢腹板上下缘在加载全过程都不同程度参与抗弯，开裂阶段尤为明显；在极限阶段，整浇梁波形钢腹板参与抗弯程度随着加载等级增大而减小，节段拼装梁波形钢腹板参与抗弯程度则随着加载等级增大而有所增加。

（4）试验过程中，随着荷载的增加，整浇梁裂缝出现在跨中且分布较均匀，节段拼装梁的裂缝集中在节段接缝处，开裂后加载点附近接缝随即张开，且张开量随荷载增加快速增大。

2. 抗剪性能

（1）节段间波形钢腹板采用栓接和焊接对剪力分布没有明显影响，两种连接方式均能有效传递剪力。

（2）对于节段式梁，可以认为接缝并不影响波形钢腹板剪应力值及其分布规律。

（3）波形钢腹板承剪比一般为65%~80%，与荷载基本呈线性变化，其中整体式梁和节段式梁没有明显差异。在实际工程设计中，为安全起见，可按波形钢腹板承担所有剪力值进行计算。

（4）随着剪跨比的增加，不同剪跨比梁，抗剪承载力以及波形钢腹板承剪比例均有所减小。

3. 抗扭性能

（1）与整体式梁相比，节段式梁因接缝的存在导致偏载作用下应力和挠度增大系数均有所增加，其中挠度增大系数随着接缝数量的增加而增加，一般为整体式梁挠度增大系数的10%~15%；节段式梁接缝数量对偏载作用下应力增大系数影响较小；钢腹板波纹形状对偏载作用下挠度及应力增大系数影响均很小，可忽略不计。

（2）随着中横隔板数量的增加，箱梁竖向挠度及顶底板正应力增大系数显著减小（尤其对于跨中截面），而波形钢腹板剪应力放大效应则基本不受影响。

（3）建议节段预制拼装波形钢腹板组合箱梁抗扭刚度修正系数取值范围为0.85~0.90，接缝数量多且横隔板布置较少可取较小值，反之则可取较大值。

通过开展波形钢腹板节段梁桥面板横向受力性能研究和箱梁整体受力性能研究，掌握了波形钢腹板节段梁基于施工过程和成桥状态的受力特性，根据研究成果提出相应的计算方法和建议，为桥梁的设计与施工提供参考。

第三章　波形钢腹板节段梁预制

第一节　概　述

南京五桥波形钢腹板节段梁，是国内首次采用节段预制拼装工艺施工的新型桥梁结构。其最大特点是工厂化制作波形钢腹板及短线法预制波形钢腹板节段梁，最后在桥位处采用大型吊装设备装配拼装成桥。波形钢腹板节段梁箱梁结构主要由顶底板的钢筋混凝土结构和腹板的波形钢腹板组成。

波形钢腹板板单元在工厂内下料、压型，按照成桥后组合箱梁波形钢腹板的空间线形，采用长线法预拼，同时采集线形数据，作为波形钢腹板节段梁预制与安装的基础数据。在预制厂将波形钢腹板与钢筋混凝土顶底板通过短线匹配法预制成波形钢腹板组合箱梁节段。

波形钢腹板组合梁桥采用节段预制拼装施工工艺并无实施先例，该桥型的节段梁预制施工有如下难点：

（1）钢筋安装工序多、质量精度要求高

节段预制拼装波形钢腹板组合箱梁钢筋包括顶底板钢筋笼及波形钢腹板，其构造为钢筋穿过波形钢腹板上设置的圆孔。两者采用钢筋混凝土榫的形式与顶板连接。波形钢腹板上设置直径70mm的圆孔，横向设置ϕ20mm穿孔钢筋，与混凝土顶底板形成剪力键。为了保证钢筋混凝土榫的有效受力，对剪力钢筋的定位精度要求较高。由于波形钢腹板将钢筋笼分为顶底板两个部分，因此钢筋笼的安装采取分别绑扎、入模措施。

（2）波形钢腹板安装定位要求高

桥位现场预制拼装节段之间波形钢腹板采用对接焊的方式连接，波形钢腹板的拼缝质量要求高，应严格控制拼缝宽度及错台量。在预制厂预制时，波形钢腹板在固定端模及匹配梁均已定位的情况下，入模安装与定位难度较大，须在模板内布置波形钢腹板调位装置和混凝土浇筑波形钢腹板定位装置。最终波形钢腹板及顶底板预制精度要求达到2mm以内。

（3）钢混结合部位混凝土质量要求高

顶底板钢混结合区普通钢筋、预应力管道、连接件之间相互干扰，给钢筋笼的安装造成困难。同时，因钢混结合区构造复杂、振捣困难，如何确保钢混结合区混凝土浇筑质量是整体质量控制的关键。

第二节　施工流程

变截面波形钢腹板节段梁施工工艺流程如图4-3-1所示。

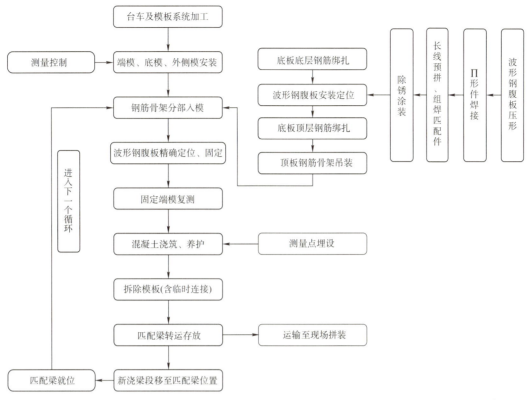

图 4-3-1 变截面波形钢腹板节段梁施工工艺流程

第三节 主要施工工艺

一、波形钢腹板压型

波形钢腹板顺桥向采用1.5倍和2倍波长两种形式，与节段预制箱梁长度一致，腹板高度与箱梁截面变化一致，最大高度3824mm，底部设两行直径70mm的圆孔，并焊接有ϕ20mm的接合钢筋，腹板顶部设倒"Π"形翼缘板，倒"Π"形翼缘板板厚16mm，宽500mm，上面开孔钢板板厚18mm，设置直径70mm的圆孔，结构如图4-3-2所示。

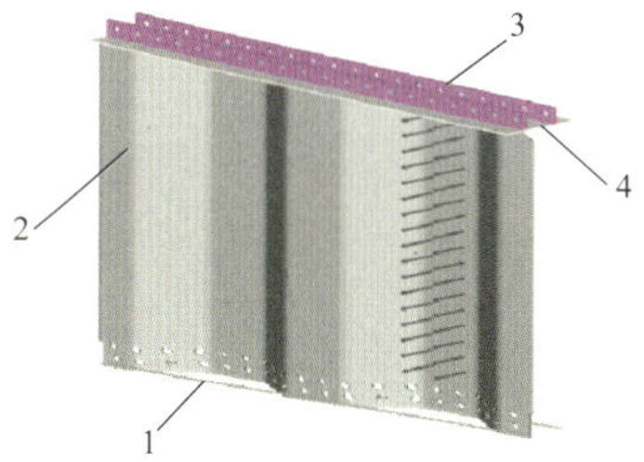

波形钢腹板在工厂内制造，其成型尺寸是控制的重点，采取的制作工艺措施如下：

（1）波形钢腹板下料及划线。

波形钢腹板为异形件，全部采用数控下料以保证下料尺寸。一侧预留配切加量。为控制压模成形的外形尺寸，采用激光自动划线设备在钢板料件正反面划出基线及折弯线，基线标注如图4-3-3所示。

图 4-3-2 波形钢腹板节段示意图
1- 接合钢筋；2- 波形钢腹板；3- 开孔钢板；4- 倒"Π"形翼缘板

（2）波形腹板压型。

波形腹板采用大型压力机模压法成型，压型前根据波形腹板一个波长的外形尺寸并考虑不同板厚压型时回弹量δ，制作了专用的精加工模具。压正式产品时，根据南京五桥5种板厚（t=14mm、16mm、18mm、20mm和22mm）进行了压型试验，根据试验数据修整模具，压型试验如图4-3-4所示。

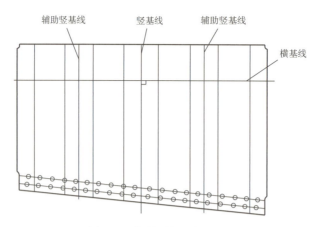

图 4-3-3 波形钢腹板划线示意图

a) 波形钢腹板压型示意图

b) 波形钢腹板压型试验

图 4-3-4 波形钢腹板压型试验

正式压型时,以基线为基准对正模具后压型,1.5倍波形长度的腹板需要翻转后对另外半个波长压型,2倍波长的腹板不翻转连续压型,如图4-3-5所示。

a) 波形钢腹板压型

b) 波形钢腹板转运

图 4-3-5 波形钢腹板连续压型、转运

二、波形钢腹板预拼

为了提升波形钢腹板预制箱梁的制造精度,采用水平长线法预拼,每次预拼长度为1/2跨径,如图4-3-6所示。

竖向拱度通过"Π"形间翼缘板监控测量点距基准线的距离控制,水平方向曲线线形通过胎架支撑板的顶面高程控制,监控测点如图4-3-7所示。预拼完成并验收合格后,在波形腹板之间组装成对的匹配件，标记件号信息，保证后续箱梁预制时的快速复位。

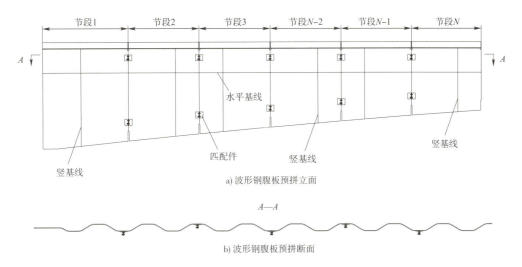

图4-3-6 波形钢腹板预拼示意图

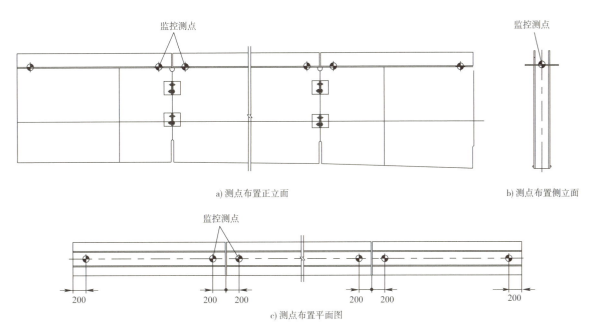

图4-3-7 波形钢腹板节段测点布置示意图（尺寸单位：mm）

三、钢筋工程

波形钢腹板节段梁预制钢筋工程主要为顶底板钢筋分别绑扎入模。

1. 钢筋半成品加工

钢筋半成品加工制作依据设计图纸中钢筋大样图精确下料单，采用智能化钢筋数控弯曲中心进行加工制作。批量加工制作时随机对精度进行校核，钢筋半成品加工尺寸误差≤2mm，见图4-3-8。

2. 绑扎胎架设计

波形钢腹板箱梁钢筋笼采取顶底板分别吊装入模工艺施工，顶板钢筋笼绑扎在胎架上进行，见图4-3-9。

a) 钢筋加工厂房

b) 精度校核

图 4-3-8　钢筋加工半成品及精度校核

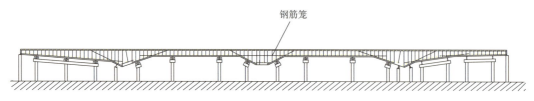

图 4-3-9　波形钢腹板钢筋绑扎胎架

3. 钢筋安装

（1）底板钢筋安装

底板钢筋笼在预制台座内进行绑扎成型。底模安装完成并验收合格后进行钢筋底板底层网片钢筋安装，待波形钢腹板吊装入模精确定位后进行剪力键穿孔钢筋及底板架立钢筋安装。剪力键穿孔钢筋安装时，钢筋应定位准确，均处于剪力键孔洞的中心位置，并固定牢靠，确保混凝土浇筑时混凝土集料能顺利通过穿孔，形成有效包裹。

（2）顶板钢筋制作安装

顶板钢筋制作安装时，提前在绑扎胎架上放样波形钢腹板预留孔位置，避开穿孔钢筋，并利用架立钢筋点焊固定，见图4-3-10；在波形钢腹板上端两侧的钢筋笼处增加辅助连接钢筋，提高钢筋笼吊装时的整体稳定性，减少吊装过程中变形。

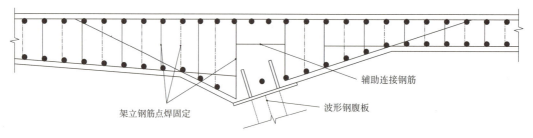

图 4-3-10　顶板混凝土加腋处钢筋安装示意图

（3）钢筋笼吊装

①起吊前调整吊具上各吊点钢丝绳长度，使其松紧程度基本一致，在钢筋笼吊离胎架约10cm时再次检查并调整，使各点受力均匀，如图4-3-11a)所示；筋笼转运如图4-3-11b)所示。

②顶板钢筋笼入模与已定位固定的波形钢腹板缓慢对接，避免扰动已定位的波形钢腹板。

③顶板钢筋笼入模就位后，在固定端模与匹配梁（活动端）之间搭设4条工12号作为挑梁，利用手拉葫芦（或花篮螺丝等）将钢筋笼顶板与挑梁固定完成后，解除吊具。

a) 钢筋笼起吊　　　　　　　　　　　　b) 钢筋笼转运

图 4-3-11　顶板钢筋绑扎胎架及钢筋笼吊装

四、波形钢腹板定位

短线法预制波形钢腹板节段梁在波形钢腹板定位时主要考虑吊装入模、精确定位调节方法及控制措施。

1. 波形钢腹板吊装

波形钢腹板吊装利用腹板顶部倒"Π"形开孔钢板的预留孔，并在其下口尾部拴带缆风绳，使波形钢腹板按照设计腹板斜率倾斜入模。具体操作步骤如下：

①波形钢腹板吊装前，模板、匹配梁、固定端模均已安装调整到位，底板底层钢筋网片安装完成，注意在底板钢筋顶层网片和顶板钢筋笼安装完成前吊入波形钢板腹板；

②调整侧模波形钢腹板处止浆装置高度，使止浆聚丙烯胶条顶面超过波形钢腹板顶部钢板2~3mm；

③利用固定端模安装波形钢腹板双向调节定位工装；

④将波形钢腹板吊装入模，安装底部穿孔钢筋及底板上层钢筋网片，利用端模增设的定位支架完成波形钢腹板吊装入模，如图4-3-12所示。

a) 波形钢腹板吊装　　　　　　　　　　b) 穿孔钢筋安装

图 4-3-12　波形钢腹板吊装及底部穿孔钢筋安装

2. 波形钢腹板定位

（1）波形钢腹板匹配梁侧定位

波形钢腹板加工制造时已完成线形预拼，并在相邻波形钢腹板间设置了临时匹配连接件。匹配梁通过测量调整定位后，可通过波形钢腹板间临时匹配连接件完成匹配梁侧波形钢腹板定位安装，见图4-3-13、图4-3-14。

a) 波形钢腹板定位测量

b) 波形钢腹板调整定位

图 4-3-13 波形钢腹板调整定位

a) 定位销安装　　　　　　　　　　　　b) 大样图

图 4-3-14 波形钢腹板匹配梁侧定位

（2）波形钢腹板固定端侧定位

固定端模侧波形钢腹板高度方向定位利用增设的双向调节工装进行调节（支持上下及横桥向调节）。通过测量监控波形钢腹板安装位置，辅助工装、千斤顶及手拉葫芦等进行波形钢腹板高度及底部精准定位。波形钢腹板顶钢板下缘处侧模支架位置增设横向调节、限位装置，限制其顶部偏位，如图4-3-15所示。

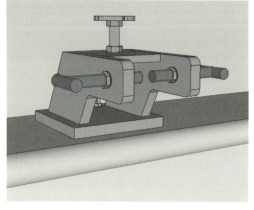
a) 上下调节装置

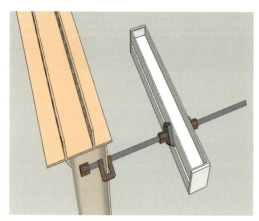
b) 横向调节装置

图 4-3-15 波形钢腹板调节装置

3. 波形钢腹板安装定位精度

波形钢腹板定位精度主要从轴线偏位、内外侧间距偏差、腹板高差及横桥向垂直度加以控制，见表4-3-1。

波形钢腹板定位精度要求　　　　　表4-3-1

检测项目	规定值或允许偏差	检验方法和频率	实测最大值
波形钢腹板轴线偏位 (mm)	±10	全站仪：内外侧波形钢腹板分别测量	+2
内外侧波形钢腹板间距偏差 (mm)	±5	钢尺检查：间隔2m量3处	−2
内外侧波形钢腹板高差 (mm)	±10	水准仪：间隔2m量3处	−2
波形钢腹板横桥向垂直度	1/500	吊线锤：间隔2m量3处	1/600

五、模板工程

节段预制波形钢腹板模板工程主要从模板的构造特点、安装使用及模板止浆措施等方面进行阐述。

1. 模板构造特点

（1）端模

端模分为固定块、活动块（调节不同腹板高度时使用）。固定端模系统调节如图4-3-16所示。固定块与端模支架焊接固定，确保浇筑节段施工时固定端模顶高程不变，其他预制节段以调整、更换端模底部活动段的形式，拟合箱梁断面腹板高度的变化。

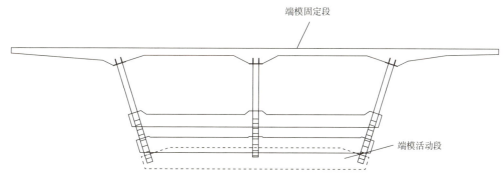

图4-3-16　固定端模系统调节示意图

（2）底模

根据波形钢腹板箱梁结构特点，将底模设置为可调节高度的结构形式，以满足梁高变化需求。

底模高度调整时先使用增高架叠加的方法进行粗调，再通过2个垂直调节螺杆进行微调，底模系统调节见图4-3-17。

（3）侧模及内模

因节段梁腹板采用波形钢腹板代替钢筋混凝土，腹板段内、外模均不设置面板与次梁，仅设主梁，保证模板体系刚度及整体稳定性。

波形钢腹板箱梁侧模和内模主框架上设置波形钢腹板调位及定位装置，用于波形钢腹板横/顺桥方向精准调节、混凝土浇筑过程中的波形钢腹板定位；且在波形钢腹板与模板交界处设置止浆耳座，同时作为波形钢腹板竖向定位装置。

2. 模板安装及使用

已浇节段梁移出模板后，进行模板处理及安装，施工顺序：匹配箱梁及固定端模就位→模板清理→外侧模安装→内模进入安装→模板加固。

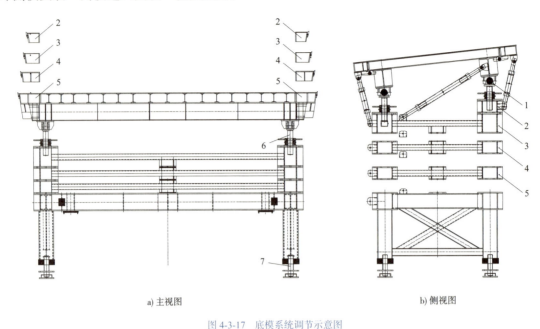

图 4-3-17 底模系统调节示意图
1- 丝杆铰接座；2~5- 底模宽度调节块；6- 顶部调节耳座；7- 底部调节耳座

（1）模板打磨清理

匹配梁分离后，移出模板内已浇箱梁，匹配箱梁及固定端模就位，并对模板进行打磨清理，涂刷隔离剂及脱模剂。

（2）模板安装

模板清理完成并验收后，对模板系统进行安装，依次安装外侧模、内模板、波形钢腹板加固装置等，其施工顺序如下：

①匹配箱梁及固定端模和底模活动块，并安装就位；

②箱梁匹配调位后，安装外侧模，使外侧模紧贴匹配梁下缘；

③安装内模及下角模；

④安装波形钢腹板固定支撑系统。

（3）模板拆除

当浇筑混凝土达到拆模强度后，对模板进行拆除，拆模顺序与安装相反。

3. 模板止浆控制

（1）模板拼缝处止浆

考虑钢模拼装时可能出现拼接不密贴现象，固定端模、活动端模在加工制作时沿内外边缘侧均预留宽度为1cm的止浆条卡槽，安装定制挤塑胶条，使之超过端模边侧1~2mm，在模板拼装严密的情况下，能有效解决拼缝处漏浆问题。其他模板拼缝处，则采用粘贴双面胶措施进行止浆。

（2）波形钢腹板顶部钢板处止浆

①沿梁长方向（纵向）止浆。

波形钢腹板调节安装至设计位置后，其顶部钢板上缘与固定端模、内模齐平，确保组合箱梁顶板钢混结合段混凝土浇筑质量，控制波形钢腹板顶部钢板处漏浆，在侧模、内模与波形钢腹板顶部钢板接触面安装可调节式止浆装置，见图4-3-18，有效保证了波形钢腹板上缘内外侧与钢模板之间的连接，以及钢混结合处混凝土的密实。

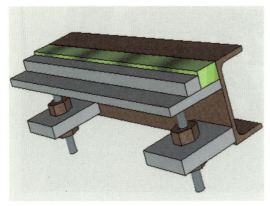

a) 可调节式止浆装置

b) 可调节式止浆装置现场安装

图 4-3-18 可调节式止浆装置

②波形钢腹板端头处止浆。

设计时考虑到施工过程波形钢腹板的疲劳性能，为了确保组合箱梁结构的整体耐久性，在波形钢腹板顶板（底板）距梁端侧均缩进10mm（20mm），利用固定端模安装端头小底模进行止浆封堵，见图4-3-19。

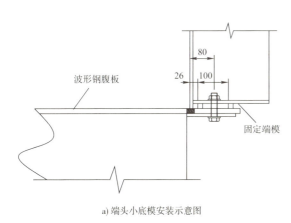

a) 端头小底模安装示意图

b) 端头小底模现场安装

图 4-3-19 端头小底模安装（尺寸单位：mm）

六、混凝土工程

波形钢腹板节段梁混凝土施工主要从混凝土浇筑、匹配梁位移控制等方面把握工程质量。

1. 混凝土浇筑

混凝土由拌和站集中供应，通过运输车运送至浇筑点，采用门式起重机+集料斗的吊罐法浇筑。

（1）浇筑顺序：先浇筑底板的中间区域，再浇筑被波形钢腹板隔开的外侧角模处，最后浇筑顶板。

（2）底部钢混结合段混凝土应按被波形钢腹板隔开区域（①、②、③区域）分层次均匀布料，如图4-3-20所示，且混凝土粗集料最大粒径不宜大于20mm。

（3）钢混结合段混凝土振捣。

波形钢腹板底部采用埋入式连接形式，底板布料顺序：底板中央→被波形钢腹板隔开的箱室内侧区域（②区域）→被波形钢腹板隔开的箱室外侧区域（③区域），两侧对称进行浇筑。为确保底板混凝土浇筑质量的均匀性，浇筑时采用在固定端模顶面挂设串筒并经溜槽输送至底板上进行布料，局部波形钢腹板承托不易处利用铁锹、灰斗人工布料,严禁出现用振捣棒直接"赶料"现象。

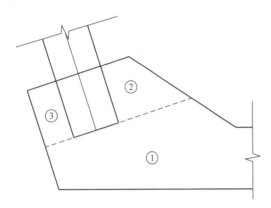
a) 钢混结合段分区域布料示意图

b) 钢混结合段现场分区域布料现场振捣

图 4-3-20　波形钢腹板底部钢混结合段布料振捣

底板混凝土振捣采用插入式振捣器为主（50型振捣棒为主，波形钢腹板结合段如钢筋过于密集不易振捣时则采用30型振捣棒），辅助附着式高频振捣器振捣方式。

波形钢腹板嵌入混凝土部分的剪力键在混凝土的有效包裹下形成整体结构，应力分布均匀。

2. 匹配梁位移控制

为确保混凝土浇筑过程中匹配节段不发生位移，在混凝土浇筑前需要对匹配节段进行临时加固定位，具体措施如下：

（1）匹配梁顶板位移控制

利用顶板处临时吊孔、临时预应力孔与固定端模安装精轧螺纹钢，通过施加精轧螺纹钢预紧力，限制匹配梁顶板在混凝土浇筑过程中的位移。

（2）匹配梁底部位移控制

匹配定位后安装底模支腿间对拉拉杆，使匹配梁与现浇梁底模连接成为整体。

七、波形钢腹板节段梁吊装与堆存

波形钢腹板节段梁横向刚度较小，对吊装、吊点布置及堆存方式引起的结构变形进行建模分析。

1. 吊装变形控制

波形钢腹板节段梁的抗扭及横向抗弯刚度与同等结构的混凝土节段梁相比均有不同程度的降低。模板拆除后、节段梁吊装前在内仓增加支撑，以改善其受力状态，控制后续施工中会出现的变形或整体位移情况，保证预制节段梁线形精度。

为增大波形钢腹板节段梁在吊装过程中的抗扭刚度，对张拉柔性交叉拉索或安装刚性支撑两种加固方案进行比选。交叉拉索或刚性支撑布置在节段端口截面处，共计两道。交叉拉索预张力为10~20kN，刚性支撑采用[10号型钢，见图4-3-21。

采用LINK10单元模拟柔性拉索，BEAM44单元模拟刚性支撑，计算结果分别如图4-3-22、图4-3-23所示。对比支撑前后节段的横向变形情况（在顶板横向施加100kN水平力），取墩顶附近抗扭刚度较小的2号节段进行计算。

由图4-3-23可见，当波形钢腹板节段梁不采取任何措施时，在100kN水平力作用下，节段最大横向变形为4mm；采用张拉柔性拉索后横向变形显著减小为1.5mm；采用刚性支撑后横向变形减少至0.8mm。

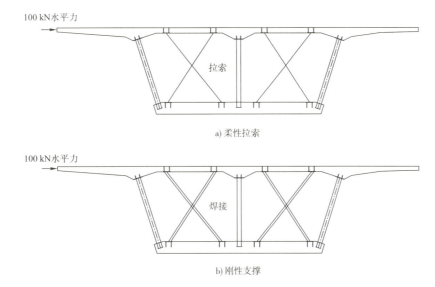

图 4-3-21 水平推力及抗扭措施

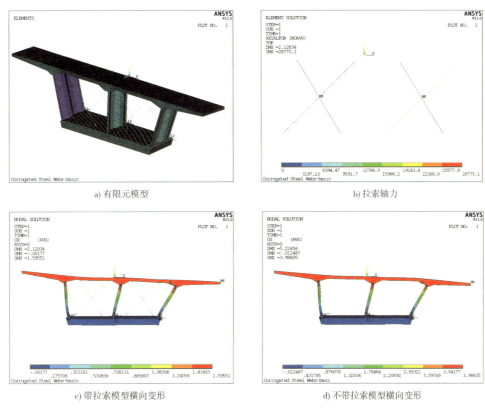

图 4-3-22 柔性拉索计算结果分析（轴力单位：kN；变形单位：mm）

因此，柔性拉索及刚性支撑梁两种方案都能显著增大节段的侧向刚度，刚性支撑效果更好。

2. 波形钢腹板节段梁吊点布置

与通常的节段梁吊点布置于边腹板两侧加腋处相比，波形钢腹板节段梁竖向刚度小，在边腹板设置吊点起吊，容易在顶底板混凝土表面产生较大拉应力，可采取在中腹板增加吊点的措施，减小拉应力及竖向变形，见图4-3-24。

仅在边腹板布置吊点计算结果见图4-3-25。节段竖向最大变形为中腹板处的3mm；混凝土顶板上表面在边腹板内侧吊点位置区域拉应力均超过3MPa，下表面在中腹板加腋处拉应力也超过3MPa；混凝土底板下表面最大拉应力为2.8MPa，出现在中腹板加腋处。仅在边腹板布置吊点进行起吊，节段混凝土大面积拉应力超限，因此需要对吊点进行重新布置。

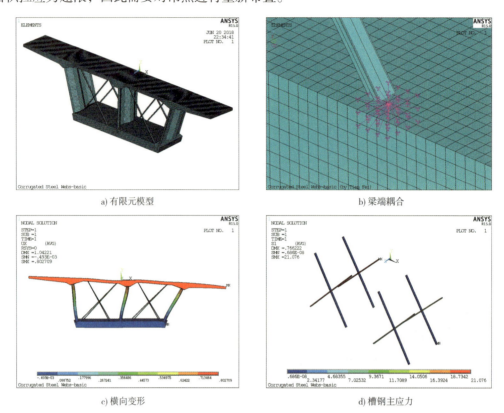

a) 有限元模型　　　　　　　　　　　b) 梁端耦合

c) 横向变形　　　　　　　　　　　　d) 槽钢主应力

图 4-3-23　刚性支撑计算结果分析（应力单位：MPa；变形单位：mm）

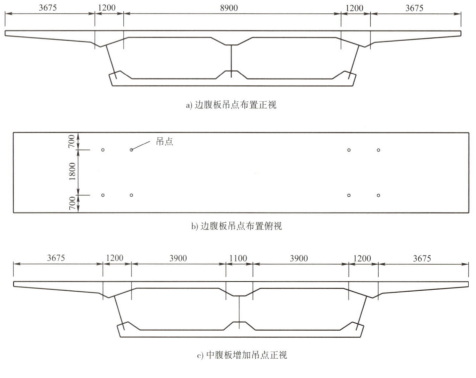

a) 边腹板吊点布置正视

b) 边腹板吊点布置俯视

c) 中腹板增加吊点正视

图 4-3-24

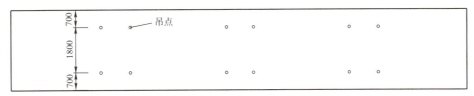

d) 中腹板增加吊点俯视

图 4-3-24 吊点布置对比（尺寸单位：mm）

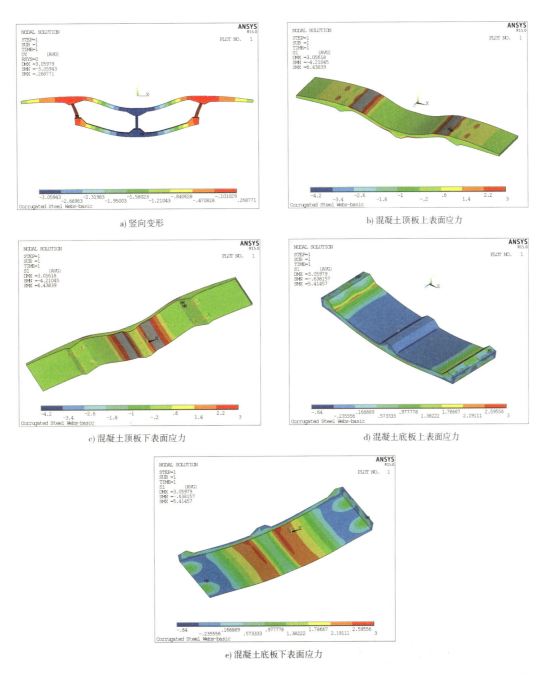

a) 竖向变形　　　　　　　　　　　　　b) 混凝土顶板上表面应力

c) 混凝土顶板下表面应力　　　　　　　　d) 混凝土底板上表面应力

e) 混凝土底板下表面应力

图 4-3-25 仅在边腹板布置吊点计算结果（应力单位：MPa；变形单位：mm）

图4-3-26为中腹板增加吊点的计算结果。吊点增加后，仅在混凝土顶板出现较大拉应力，且均不超过1.7MPa，结构受力安全；翼缘板悬臂端最大变形为1.5mm，可忽略不计。

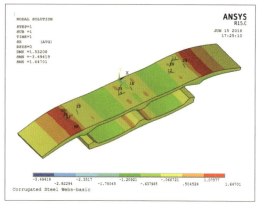
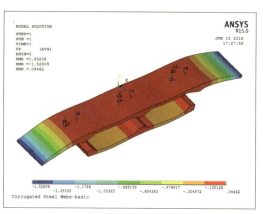

a) 顶板横向应力（60%E_c）　　　　　b) 顶板竖向变形（60%E_c）

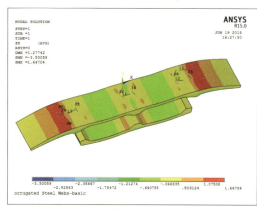
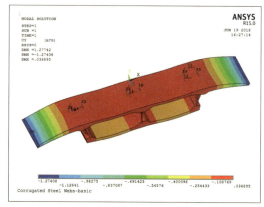

c) 顶板横向应力（75%E_c）　　　　　d) 顶板竖向变形（75%E_c）

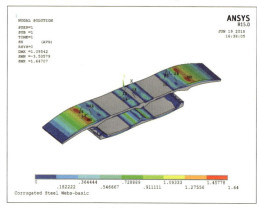
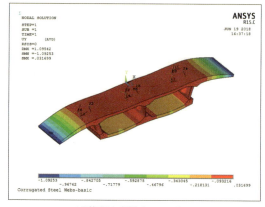

e) 顶板横向应力（100%E_c）　　　　f) 顶板竖向变形（100%E_c）

图 4-3-26　中腹板增加吊点的计算结果（应力单位：MPa；变形单位：mm）

图 4-3-27　波形钢腹板组合箱梁吊运

根据分析结果，对于波形钢腹板节段梁采用在中腹板增加吊点方案进行起吊，可有效控制箱梁竖向变形以及拉应力水平，采用12点吊装变形控制较好，未出现拉应力裂纹。

波形钢腹板组合箱梁吊运见图4-3-27。

3. 波形钢腹板节段梁堆存应力分析

波形钢腹板节段梁因其重心偏高，堆存时考虑地基加固处理的经济性及抗倾覆稳定性，不宜超过两层；当梁高≥3m时选择单层堆放。双层堆放时遵循由下至上节段重量递减原则。双层存梁下层波形钢腹板节段梁各部位的应力计算结果，如图4-3-28所示。

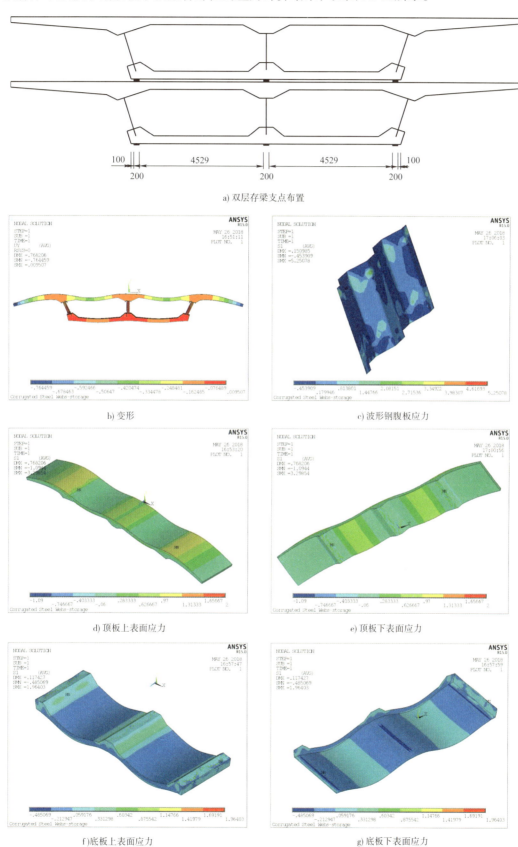

图 4-3-28　双层存梁下层波形钢腹板节段梁各部件的应力计算结果（应力单位：MPa；变形单位：mm）

由图4-3-28可见,双层存放时,混凝土板应力水平较小。顶板最大拉应力为1.8MPa,底板最大拉应力为1.96MPa<2.64MPa,双层存梁能满足应力要求。

波形钢腹板节段梁堆存如图4-3-29所示。

图 4-3-29　波形钢腹板节段梁堆存

第四节　预制工效分析

南京五桥波形钢腹板节段梁预制类型有1号节段、标准节段、转向块节段、边跨节段,预制节段数量主要以标准节段为主,故选择标准节段梁预制进行工效分析。以标准节段梁预制的各工序为例,完整的匹配预制节段工效见表4-3-2。波形钢腹板标准节段梁预制节段施工工效见表4-3-3。

标准节段梁预制节段施工工效（单位：h）　　　表4-3-2

序号	工　序	工序耗时（h）	序号	工　序	工序耗时（h）
1	拆模	4	10	螺栓及连接板安装	1
2	波形钢腹板临时连接拆分	1	11	底板及内腔埋件、预留孔及预应力管道安装及检查	2
3	节段脱离,移位,底模板安装	3	12	内模检查及安装	4
4	匹配梁调位	1	13	钢混结合部防漏浆处理	1
5	模板清理及检查	1	14	顶部埋件、预留孔及预应力管道安装及检查	2
6	内模及端模板活动组件安装	2	15	模板复测及垃圾清理	1
7	外侧模板安装及检查	6	16	底板混凝土浇筑	2
8	钢筋笼吊装入模	2	17	顶板混凝土浇筑	2
9	波形钢腹板精确定位	2	18	混凝土养护	36
合计：73h（约3d）					

波形钢腹板组合梁施工工效（单位：h） 表4-3-3

节段类型	数量（节段）	预制台座数量（个）	预制工效（d/节段）
1号节段	24	1	5
标准节段	228	2	3
转向块节段	24	1	6
边跨节段	12	1	4

南京五桥波形钢腹板节段梁预制于2018年10月开始，1号节段于2019年6月完成，标准节段、横隔板节段和边跨段于2019年12月完成。

第四章 波形钢腹板节段梁安装

第一节 概　述

南京五桥跨堤桥、丰子河路桥及立新路桥这三座波形钢腹板节段梁桥中，跨堤桥设计跨度最大，中跨达到78m，波形钢腹板节段梁安装施工以跨堤桥为例进行分析总结。跨堤桥上部结构波形钢腹板梁桥位处安装主要工序包括1号节段安装、0号节段现浇、悬拼节段施工、边跨节段施工、合龙段施工、体内及体外预应力张拉施工等。

总体施工方案：墩顶1号节段安装、0号节段现浇采用少支架法施工；2~14号节段采用悬臂拼装法施工；边跨16~19号节段采用全悬挂法施工；15号合龙段采用合龙吊架法施工。波形钢腹板节段梁在预制厂预制完成，运至桥位经架桥机安装。施工监控控制成桥线形。

第二节 安装设备

对波形钢腹板节段梁安装可采用的桥面起重机悬臂吊装、架桥机悬臂吊装及滑移支架吊装三种设备进行比选，结果如表4-4-1所示。

波形钢腹板节段梁安装设备比选　　　　　表4-4-1

主要内容	安装设备		
	桥面起重机	架桥机	滑移支架
工艺流程	1号节段安装→0号节段现浇→桥面起重机拼装→T构悬臂拼装→边跨节段支架拼装→合龙段施工	1号节段安装→0号节段现浇→架桥机过孔就位→T构悬臂拼装→边跨悬挂拼装→合龙段施工	支架搭设→节段吊装滑移→节段调位拼接→0号节段现浇→边跨节段吊装拼接→合龙段施工
施工设备	桥面起重机4台	架桥机1台	履带式起重机1台
临时工程	1号节段支架、边跨支架	1号节段支架、架桥机中支腿支架	拼装滑移整体支架
施工控制	桥面起重机自重60t，待拼节段80t，单个悬臂端施工荷载约140t，施工荷载对桥梁结构影响较大，拼装过程中轴线偏位难以控制	施工荷载为吊具及工器具重量，单个悬臂端总施工荷载约10t，施工荷载对桥梁结构影响较小，拼装控制难度小	施工荷载较小，可忽略；变截面箱梁滑移难度大，调位工艺复杂
安全保障	设备机械化程度高，安全风险低	设备机械化程度高，安全风险低	支架搭拆、节段调位作业量大，人员投入多，安全风险高
质量控制	胶接缝、焊接缝质量均可控	胶接缝、焊接缝质量均可控	胶接缝、焊接缝质量均可控
环境影响	占用场地少，跨路施工影响小	占用场地少，跨路施工影响小	占用场地大，跨路施工影响大
施工工效	平均2d/对节段	平均1d/对节段	平均1d/对节段
经济效益	一次性投入设备费较高，周转次数增加后成本降低	一次性投入设备费较高，周转次数增加后成本降低	一次性投入支架钢材数量大，同时需配备大型履带式起重机，成本较高。

综上所述，考虑施工安全可靠、工艺流程简单、外部环境影响小、经济效益优良等因素，建议通常波形钢腹板节段梁安装采用桥面起重机进行对称悬拼。由于本项目波形钢腹板节段梁桥与全桥混凝

土节段梁桥顺接，直接利用混凝土节段梁安装设备架桥机进行安装，能有效降低安装成本，避免多种设备重复安装拆除的安全风险，提高工程整体效率，最终选用节段拼装架桥机进行悬臂法安装。

第三节　安装施工流程

悬臂拼装施工工艺流程见图4-4-1。

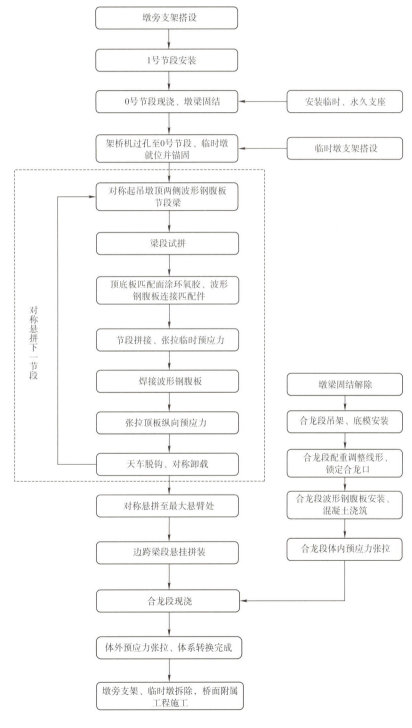

图4-4-1　悬臂拼装施工工艺流程

第四节 主要施工工艺

一、施工步骤

采用架桥机进行波形钢腹板节段梁安装工艺的主要施工步骤如下。

步骤一：

（1）下部结构施工完成，场地整平，修建桥下喂梁便道；

（2）搭设N02、N03主墩墩旁支架、架桥机临时墩支架，如图4-4-2所示。

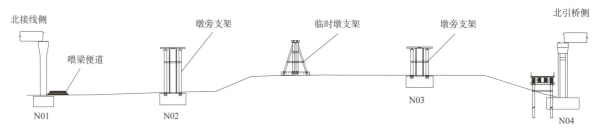

图4-4-2　步骤一

步骤二：

（1）吊装N02、N03主墩1号节段，调位并临时固定。

（2）安装永久支座、临时支座，并利用1号节段作端模，安装内外模，绑扎钢筋，浇筑0号节段混凝土，如图4-4-3所示。混凝土养护，强度达到设计要求后，完成墩梁临时锚固，张拉1号节段顶板纵向体内预应力并灌浆锚固。

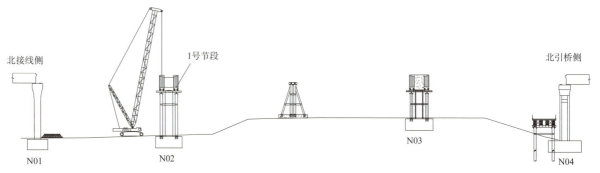

图4-4-3　步骤二

步骤三：

（1）架桥机过孔至N02墩~N04墩就位。

（2）启动天车吊装2号节段，利用精轧螺纹吊杆吊挂架桥机主梁，天车吊装2号节段，见图4-4-4。

（3）试拼2号节段并检查，涂胶拼装2号节段并张拉临时预应力。

（4）焊接平台就位，打磨焊接节段间波形钢腹板。

（5）张拉平台就位，纵向体内预应力穿束、张拉、压浆。

（6）对称同步卸载2号节段。

（7）按上述（2）~（6）步骤完成3~14号节段对称悬拼，见图4-4-5。

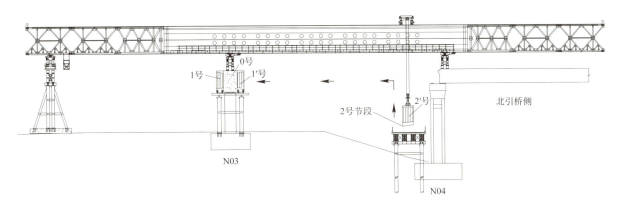

图4-4-4 步骤三（1）

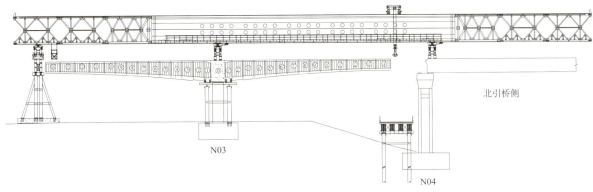

图4-4-5 步骤三（2）

步骤四：

（1）按照19b、18b、17、16的顺序依次吊挂，使边跨节段吊挂于架桥机上。

（2）按照16、17、18b、19b的顺序依次匹配拼装，张拉临时预应力。

（3）打磨焊接14~18b间波形钢腹板。

（4）浇筑19b横隔梁混凝土。

（5）边跨纵向体内预应力张拉、压浆。

（6）边墩永久支座灌浆，架桥机整体卸载，边跨节段施工完成，见图4-4-6。

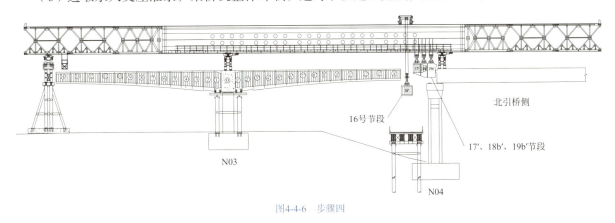

图4-4-6 步骤四

步骤五：

（1）架桥机过孔至N01墩~N03墩就位。

（2）重复步骤三、步骤四，完成N02主墩T构对称悬拼及N01墩~N02墩节段拼装，如图4-4-7所示。

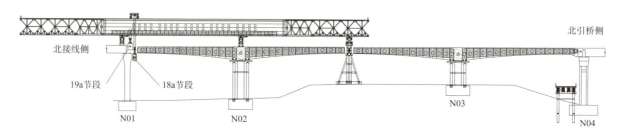

图4-4-7 步骤五

步骤六：

（1）架桥机过孔移除，拆除跨中临时墩支架。

（2）安装合龙段吊架。

（3）解除N02、N03墩墩梁临时固结。

（4）合龙口加载配重，调整高程并临时锁定。

（5）配切、吊装、焊接合龙口波形钢腹板。

（6）绑扎合龙段钢筋、安装模板、浇筑混凝土。

（7）合龙段纵向体内预应力张拉、压浆，解除临时锁定。

（8）拆除中跨合龙段吊架，张拉横向预应力，如图4-4-8所示。

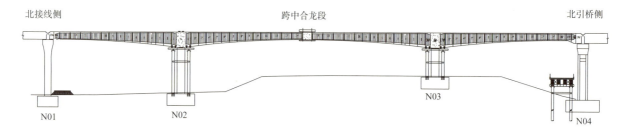

图4-4-8 步骤六

步骤七：

（1）张拉全桥预应力，完成体系转换。

（2）拆除墩旁支架等临时结构，如图4-4-9所示。

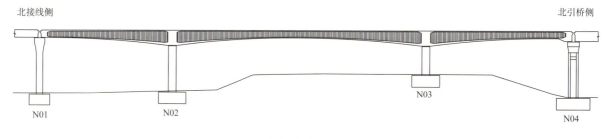

图4-4-9 步骤七

二、1号节段安装

1号节段安装采用地面起重设备配合，设备技术参数应满足1号节段吊重（含吊具）、吊幅要求，选择200t履带式起重机作为起吊设备进行安装，吊装前应对吊装区域N02、N03墩旁进行地基处理及承载力复核验算，满足起重吊装地基承载力不低于150kPa要求，吊装作业区域封闭维护。

1. 施工准备

（1）墩旁支架作为1号节段临时支撑架在施工前搭设，利用承台作为支架基础进行设计。

（2）在墩旁支架上放样1号节段底板边线，并焊接限位挡板，限位挡板与箱梁之间预留1cm间隙。

（3）安装调梁三向千斤顶、临时支撑垫块。

（4）1号节段安装钢齿坎及吊具，两侧系挂牵引绳，如图4-4-10~图4-4-12所示。

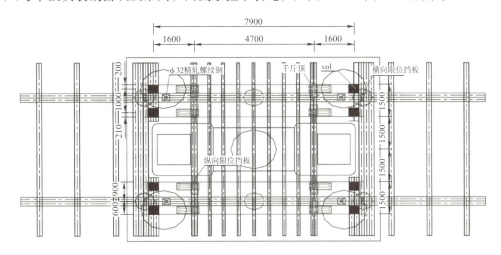

图4-4-10　三向千斤顶、楔形垫块、限位挡块、临时锚固精轧螺纹钢平面布置（尺寸单位：mm）

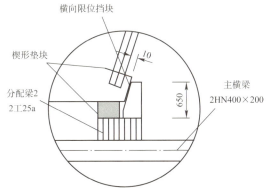

图4-4-11　横桥向限位挡块示意图（尺寸单位：mm）

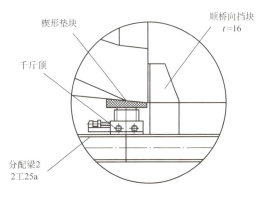

图4-4-12　顺桥向限位挡块示意图（尺寸单位：mm）

2. 安装定位

（1）起重机将1号节段吊离地面，经试吊后吊移至设计位置，见图4-4-13。

a）1号节段吊装

b）调位装置

图4-4-13　1号节段吊装与调位

（2）测量初始位置，并通过梁底4台三向千斤顶完成竖向、纵向、横向位置调节。千斤顶、临时支撑垫块、限位挡块、临时钢筋锚固布置见图4-4-14。

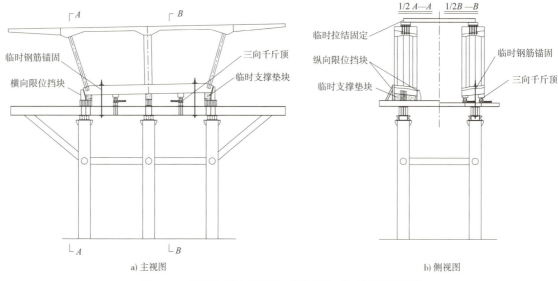

图4-4-14 千斤顶、临时支撑垫块、限位挡块、临时钢筋锚固布置

（3）1号节段位置满足监控指令要求后，立即对限位挡块与梁体之间的间隙填塞薄钢板固定，临时支撑垫块与梁底之间灌浆处理，利用型钢将两侧1号节段顶板的钢齿坎相互拉结固定，如图4-4-15所示。

a) 纵横向限位

b) 临时拉结固定

图4-4-15 纵横向限位与临时拉结固定

（4）由于1号节段是悬臂拼装的基准节段，该节段的位置和高程确定后，其余节段依次匹配拼装，如果对其三维坐标不进行严格控制导致较大误差，则其他节段的拼装误差将呈级数放大。现场通过千斤顶调位及各类限位等措施，达到较高的定位精度效果，各节段纵向位置、中心偏位、立面高程误差范围均在允许偏差之内，见表4-4-2。

1号节段定位控制效果　　　　　表4-4-2

节段编号	允许偏差		
	纵向位置（ΔX） ±5mm	中心偏位（ΔY） ±2mm	立面高程（ΔZ） ±2mm
N01~N02 KZ-02-1X	−1 mm	−1 mm	1 mm
N02~N03 KZ-02-1D	−3 mm	−1 mm	2 mm

续上表

节段编号	允许偏差		
	纵向位置（ΔX）	中心偏位（ΔY）	立面高程（ΔZ）
	±5mm	±2mm	±2mm
N01~N02 KY-02-1X	−3 mm	2 mm	2 mm
N02~N03 KY-02-1D	2 mm	−2 mm	1 mm
N02~N03 KZ-03-1X	−1 mm	1mm	−2 mm
N03~N04 KZ-03-1D	−3 mm	0 mm	1 mm
N02~N03 KY-03-1X	−3 mm	−2 mm	0 mm
N03~N04 KY-03-1D	2 mm	1 mm	0 mm

三、0号节段现浇

波形钢腹板节段梁0号节段施工是整个悬臂拼装的基础，也是架桥机施工时的主要支撑受力部位，0号节段现浇施工主要内容如下：

1. 模板设计和安装

（1）0号节段模板设计

0号节段为实心段，长度3m，1号节段波形钢腹板嵌入0号节段混凝土50cm锚固，0号节段外侧模采用大块钢模板组合拼接而成。为防止翼缘板底模吊架变形，单独设置型钢支架支撑于墩旁托架上，0号节段内模、端模、底模采用木模，模板间采用ϕ20mm的对拉螺杆预紧。

（2）模板安装

钢筋绑扎前先铺设底模，底板和腹板钢筋绑扎完成后，再安装人孔内模、外侧模，外侧模在地面拼接后采用起重机整体提升；翼缘板底模及支架在腹板外侧模安装完成后进行，如图4-4-16所示。

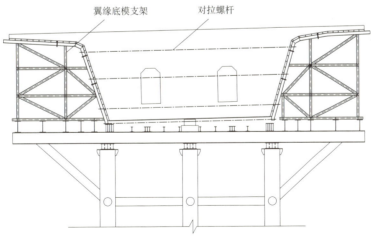

图4-4-16　0号节段外侧模及支架横断面

2. 钢筋施工

（1）波形钢腹板嵌入段钢筋安装

波形钢腹板穿孔钢筋同时贯穿边腹板及中腹板，安装时先逐根预穿孔，然后逐层绑扎底板、腹板钢筋，钢筋骨架成型固定后，采用角钢骨架精确定位穿孔钢筋，见图4-4-17；穿孔钢筋定位要求与波形钢腹板节段梁预制穿孔钢筋定位要求相同。

a) 0号节段钢筋安装　　　　　　　　　b) 钢筋居中安装

图4-4-17　波形钢腹板穿孔钢筋居中安装

（2）预埋波纹管防堵管处理

0号节段各类纵向、横向体内预应力孔道较多，波纹管最小中心间距18cm，施工过程中因振捣、磕碰等原因易造成波纹管破损堵管，通过在波纹管内增加同等直径的塑料软管内衬可有效解决堵管问题。穿管前将内衬管端部切削成锥形头，以利于穿管。0号节段混凝土浇筑过程中，间断性转动内衬管，防止预应力管道漏浆而无法抽出，0号节段钢筋安装、内衬管安装见图4-4-18。

a) 0号节段钢筋安装　　　　　　　　　b) 内衬管安装

图4-4-18　0号节段钢筋安装及预应力管道加内衬管保护

3. 混凝土浇筑

0号节段混凝土采用补偿收缩混凝土，泵送入模、对称浇筑，一次性完成，混凝土强度满足要求后张拉预应力，拆除模板并养护。

混凝土浇筑布料时，控制波形钢腹板两侧混凝土面高差在15cm以内，将混凝土均匀布料嵌入，分层厚度小于30cm，两侧均振捣至泛浆不冒气泡为止，确保混凝土粗集料均匀分布嵌入在波形钢腹板周围。

四、标准节段对称悬臂拼装

标准节段对称悬臂拼装是波形钢腹板节段梁安装的主要施工内容，其拼装质量与控制重点关系到波形钢腹板节段梁桥的成桥线形质量。

（1）2号节段拼装流程。

①复测1号节段控制点数据，对下一个节段安装进行调整。

②节段经喂梁通道运梁车运输至跨下，架桥机下放吊钩并安装提梁吊具，起升2号节段并移位至安装位置，启动调位系统，在纵、横向液压千斤顶的共同配合下，将待安节段向已安装的1号节段缓慢靠

近，并在距1号节段5~10cm位置处停止。

③启动吊具纵坡调位系统和垂直提升系统，调整2号节段纵、横坡至符合1号节段匹配状态；并在纵、横向液压调位系统的配合下，将待安节段与已安节段准确拼接，完成试拼。

④在锁定节段纵、横坡不变的情况下，启动作用于提升系统的纵向调位千斤顶，将待安节段后移40cm。

⑤按要求在规定的时间内完成待安装节段涂胶作业，并在锁定节段纵、横坡不变的情况下，再次启动作用于提升系统的纵向调位千斤顶，将待安节段向已安节段靠拢，并完全拼接。

⑥安装拼装节段顶、底板的临时预应力拉杆，按设计值和规定的顺序张拉临时预应力，安装箱梁吊挂精轧螺纹钢筋，使其位于架桥机主梁吊挂孔道上。

（2）按照上述方法，起吊2号节段，完成2号节段与1号节段的拼接；环氧胶固化后，焊接2号节段与1号节段之间的钢腹板；张拉2号节段的顶板体内纵向预应力束，并及时进行预应力管道压浆，完成一对标准节段的拼接。

2号节段拼接完成后，测量顶板上的控制测点，计算实际安装数据与目标几何数据的差异，根据监控方案采取相应的误差纠正措施，以避免后续节段误差累积。

（3）按照上述方法继续完成后续标准节段的拼接。

（4）波形钢腹板节段梁安装控制重点。

①由于架桥机仅有一台天车，且架桥机在进行对称悬拼作业时其站位与通常桥面起重机悬臂拼装施工不同，大部分节段只有一侧节段可吊挂在主梁吊挂孔道上，另一侧导梁上无法进行吊挂。因此在拼装时，先吊装主梁侧节段并与上一节段拼接后吊挂于架桥机主梁上，另一侧节段与上一节段拼装后天车不摘钩，待完成纵向束张拉后方可摘钩，见图4-4-19。

图4-4-19 对称悬臂拼装

②边墩侧的节段其起升位置靠近边墩固定位置，当对称悬拼节段安装后其余边跨节段无法提升时，应事先吊装边跨节段并吊挂在架桥机主梁上，然后再完成剩余的对称节段拼装。

③对称悬拼时，拼接面涂胶前必须进行预拼装。预拼装的目的是使拼装后的波形钢腹板节段梁拼缝及线形满足设计及规范要求。预拼装时检查混凝土接触面是否有异物，如有应及时清理，使涂胶拼接后缝宽满足要求；另外，预拼装时检查波形钢腹板对接的缝宽及波形钢腹板错台量，见图4-4-20，最大缝宽控制在10mm以内，最大错台量控制在2mm以内，否则应检查接触面上是否有异物，或临时预应力张拉是否存在不均匀状况，并及时清理或调整。

④标准节段悬拼时待拼节段始终吊挂在架桥机主梁上，因此悬拼过程是个无应力拼装的过程，单边节

图4-4-20 波形钢腹板拼缝测量

段涂胶、张拉临时预应力时需保持吊杆受力，纵向预应力施加完成后同步卸载。

五、边跨节段安装

边跨节段采用全悬挂拼装的工艺，先将边跨所有节段吊挂于架桥机主梁，然后从主墩悬臂端向边墩方向逐节段拼装，涂胶张拉临时预应力，焊接波形钢腹板，浇筑横隔梁，张拉边跨纵向体内预应力束，架桥机主梁整体卸载。

1. 边跨节段吊挂

（1）N03墩~N04墩

右幅：14号节段对称悬拼完成后，按照19b→18b→17→16的顺序依次起吊并吊挂在架桥机上；吊挂时，19b节段应提高并紧贴引桥侧已安装节段，其余节段之间预留5cm间隙，为16号节段起吊预留空间，如图4-4-21所示。

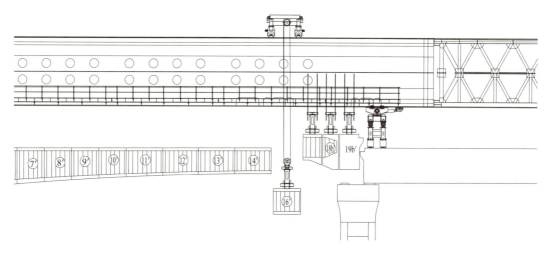

图4-4-21 N03墩~N04墩右幅吊挂示意图

左幅：12号节段对称悬拼完成后，按照19a→18a的顺序依次起吊并吊挂在架桥机上，如图4-4-22所示。

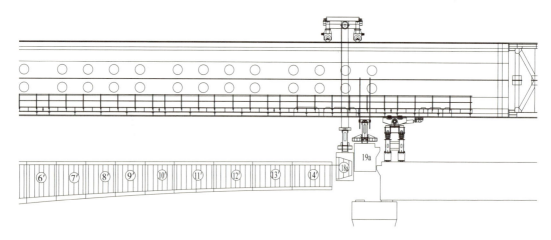

图4-4-22 N03墩~N04墩左幅吊挂示意图

（2）N01墩~N02墩

吊挂工艺同N03墩~N04墩。

2. 边跨节段安装

（1）安装顺序

按照18a→19a或16→17→18b→19b的顺序进行匹配安装，即先安装悬臂最后一节段的相邻节段，最后安装墩顶节段，将累积安装误差调整至墩顶节段处。

（2）边跨节段安装

16号节段起吊后，调整横坡、纵坡，与前一节段进行试拼，试拼完成后平移约30cm，涂抹环氧胶，再与前一节段匹配对位；张拉相邻节段的临时预应力，拼装完成后调整吊挂精轧螺纹钢筋，使其吊挂在架桥机上。按照上述方法依次完成17、18b、19b节段；进行边跨节段的波形钢腹板对接焊，进行边墩永久支座安装，进行边跨横隔梁浇筑、纵向体内预应力穿束、张拉、压浆。

N03墩~N04墩节段安装见图4-4-23。

（3）边墩永久支座安装

①在边跨节段吊装前，将边墩永久支座安装于支座垫石上。

②下地脚螺栓孔暂不灌浆；19b节段安装前，测量放样18b节段的轴线、里程偏位情况，推算19b节段安装后的支座位置，并调整支座位置至推算位置处，调平后进行支垫固定。

图4-4-23　N03墩~N04墩节段安装

③19b节段安装时，先调整好横坡、纵坡，将接触面涂胶处理，缓慢下落，使梁底预留孔与支座上地脚螺栓对位；然后调整19b（墩顶节段）里程位置，使其与18b节段对位。

④19b与18b对位完成后，张拉临时预应力；再次调整支座，利用水平尺检测支座水平度，微调完成后，支垫固定；完成支座上、下地脚螺栓的灌浆处理。

由于最后安装墩顶节段，累计误差均调整至墩顶节段处，因此，为了便于支座的安装，支座垫石施工时，箱梁底预留孔、支座垫石预留孔均应比地脚螺栓直径略大，增大支座安装时的可调空间。

六、中跨合龙段现浇

中跨合龙段采用吊架法施工，在完成边跨合龙及架桥机拆除后，根据合龙前监控结果进行高程调整及合龙段锁定。

1. 中跨合龙段施工工艺流程

在边跨预应力施工完成后，架桥机过孔，移除临时墩顶支腿，拆除临时墩，进行中跨合龙段现浇施工，施工流程如图4-4-24所示。

2. 合龙段模板

（1）吊架施工

中跨合龙段采用吊架法施工。在第一次体系转换（即由T构转换为静定单悬臂状态）完毕并移除架桥机后进行。合龙段吊架利用相邻14号节段底板预留孔洞，采用JL32精轧螺纹钢筋为吊杆，主纵梁采用2工25型钢，横向分配梁采用工12.6型钢，其上铺设底模和侧模，合龙段吊架结构布置见图4-4-25，吊架安装见图4-4-26。

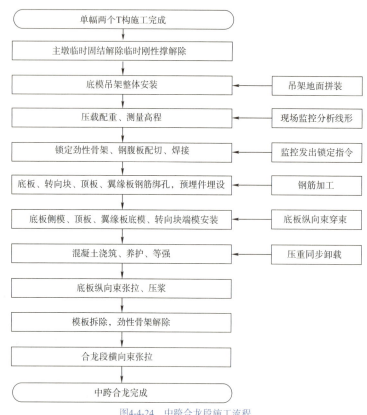

图4-4-24 中跨合龙段施工流程

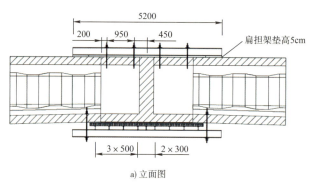

a) 立面图

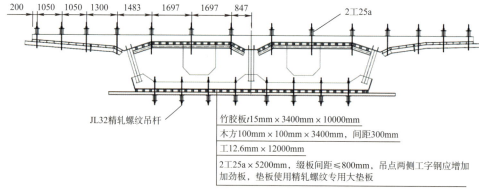

b) 断面图

图4-4-25 合龙段吊架结构布置（尺寸单位：mm）

吊架主梁及分配梁采用25t汽车起重机先将主梁逐根吊至合龙口，与14号节段底板预留孔对好孔位后穿精轧螺纹吊杆，安装螺母垫片。所有主梁安装完成后将分配梁吊至主梁上方铺设，然后分块吊装底模方木及竹胶板，最后再次拧紧吊杆。

（2）模板安装

中跨合龙段底模、内顶模、翼缘板底模均采用竹胶板加工而成。模板安装顺序按照底板底模→内顶模→翼缘板底模→侧模进行，初次安装时吊杆暂不完全施拧到位，以模板与混凝土底面预留2~3mm间隙为准，待压载配重完成后再完全紧固，接头处粘贴双面胶条，避免浇筑混凝土漏浆。

内顶模、翼缘底模与钢腹板上倒角剪力键钢板接缝处安装时应紧密，缝隙使用玻璃胶填充。

图4-4-26　合龙段吊架安装

3. 高程调整

合龙段配重采用水箱配重法施工，在14号节段上对称设置，配重布置在靠近悬臂端部的位置。为防止梁体横向偏移或扭转，在横桥向对称布置。

合龙段混凝土共37m³，总质量98.7t，基本配重为合龙段质量的一半（49.35t）。在合龙施工前测量人员对高程和平面线形复测。为保证施工时的纵立面曲线线形，当合龙段两侧的现浇节段高程与设计值有较大偏差时，增加附加配重，布置在T构梁体的一端，以便调整梁体高程，然后进行劲性骨架焊接工作。由于连续梁在经过合龙和体系转换后，实际高程和设计推算高程存在一定偏差，因此，在第一次体系转换后，对中跨两悬臂端预压配重的确定，需综合考虑混凝土浇筑质量、施工荷载、高程、结构内力、徐变等影响。

根据监控结果，跨堤桥左幅中跨合龙段大里程侧配重增加至52.85t，小里程侧保持49.35t不变；跨堤桥右幅中跨合龙段大里程侧配重增加至51.35t，小里程侧保持48.00t。

基本配重在合龙段浇筑混凝土时同步卸载，使合龙段在荷载变化较小的情况下完成混凝土浇筑。在合龙段混凝土浇筑过程中，安排专人按照混凝土的浇筑速度适时卸载，两个14号节段处水箱中的水同步等效卸载，卸载水通过出水管流出梁体以外，保证混凝土浇筑的质量与同步卸载质量保持一致。

4. 合龙段锁定

配重加载后锁定前48h连续观测，找出合龙口节段空间姿态（主要包括轴偏、高差、缝宽等数据）随温度变化的规律，确定合龙时间及时长。跨堤桥合龙时间在夏季5月份，经过连续测量，合龙前两天0:00—6:00间气温相对恒定且温度最低，故合龙段锁定在此时间段内完成。

合龙采用体外劲性骨架临时锁定的方式，锁定梁使用HN400mm×200mm型钢，见图4-4-27，焊接于顶底板钢齿坎顶面。合龙锁定梁焊接前，先将钢齿坎张拉预紧（单根精轧螺纹钢筋张拉不小于300kN）锚固到位，并剔除焊接表面浮锈，以保证焊接质量。

焊接时，先统一在合龙口一端进行钢齿坎和锁定梁的焊接，待配重和温度达到要求后，迅速进行另一端的焊接（该端的焊接在一天中最低气温时进行，焊接时配备多台电焊机同时工作）。上述工作在0:00—6:00全部完成，整个焊接过程均衡快速，并避风避雨，各锁定梁受力均等，焊接完毕及时敲去焊渣，见图4-4-28。

5. 钢腹板定位安装

合龙段提前准备尺寸（长×高×厚）为2400mm×1584.9mm×14mm的波形钢腹板配切件。配切完成后采用汽车起重机起吊安装波形钢腹板，手拉葫芦精确定位。

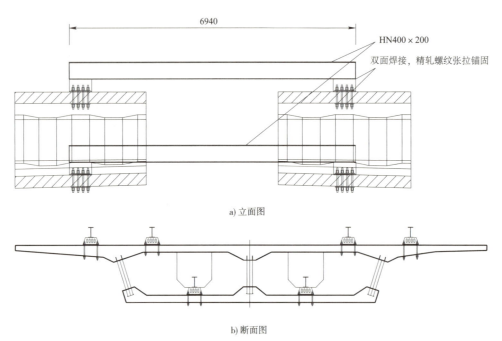

a) 立面图

b) 断面图

图4-4-27 锁定梁布置图（尺寸单位：mm）

图4-4-28 锁定梁施工

（1）波形钢腹板现场配切。根据监控计算确定实际的钢腹板配切尺寸及焊接时间。波形钢腹板实际焊接时间与合龙段锁定时间相同，均在凌晨0:00—6:00时间段完成，配切后实际尺寸为1992mm×1584.9mm×14mm，满足波形钢腹板对接缝宽要求。

（2）波形钢腹板起吊安装定位。波形钢腹板采用汽车起重机起吊，从合龙口吊入。波形钢腹板运输至汽车起重机吊钩正下方，起吊移动至设计位置，将钢腹板上下2个临时匹配件对孔，打入冲钉先固定一端，另一端转换吊点到手拉葫芦上完成安装，通过松、紧手拉葫芦精确定位，焊接码板码齐，见图4-4-29。

（3）波形钢腹板现场焊接。波形钢腹板焊接在锁定后进行，先焊接匹配件一侧（内外侧同时焊），再焊接配切侧波形钢腹板对接焊缝。

（4）波形钢腹板与顶底板的连接。波形钢腹板与混凝土顶、底板的连接是关系波形钢腹板预应力混凝土箱梁整体性的关键构造，控制要求同预制阶段。

a) 打入冲钉

b) 焊接码板

图4-4-29 钢腹板匹配连接

6. 钢筋绑扎、预应力管道安装

（1）钢筋安装按照先底层后顶层的顺序进行，同时安装顶底板中的预应力孔道，最后进行预留孔和预埋筋的安装。

（2）孔道接长。采用较波纹管直径大5mm的接头管进行连接，接头管长度为200mm，接长后用胶带纸包裹，以防漏浆。

（3）防堵孔措施。在纵向预应力孔道内穿入内衬管，方法同0号节段施工。

7. 混凝土施工

中跨合龙段混凝土方量为37m³，采用吊罐法，在一天中温度最低时段进行，经过连续48h的监测，确定合龙段混凝土浇筑时间为2:00—4:30。

混凝土灌注时按照从中间向两边的顺序对称灌注，下料口设置在转向块隔墙，在隔墙内设置PVC管作为串筒，钢腹板外侧倒角处，进行人工补料。转向块及顶板的灌注遵循由中间向两侧的顺序。顶底板一次性布料到位，转向块按照30cm分层布料振捣。混凝土浇筑结束后，混凝土表面初凝时合龙段顶、底板覆盖洒水，以防止混凝土早期干缩裂纹。

8. 箱梁内刚性支撑拆除

因考虑到波形钢腹板节段梁整体刚度小，在预制时每个节段设置两道刚性支撑，以增加梁体在施工阶段的整体刚度。在节段安装过程中，合龙段未锁定，波形钢腹板未焊接前，梁桥整体较柔，为了更好控制波形钢腹板安装后的成桥线形，箱梁内刚性支撑必须在合龙段锁定且合龙段波形钢腹板焊接完成后方可拆除，拆除顺序由跨中向两端对称拆除。拆除后对刚性支撑预埋件做好防腐处理。

七、体内预应力施工

体内预应力钢束全桥对称布置，分为顶板束及底板束，采用智能张拉设备，保证张拉对称同步，压浆采用真空辅助智能压浆系统，对孔道预抽真空，保证压浆饱满度，施工按照各节段拼装的顺序分部进行。

八、体外预应力施工

体外预应力钢束为15~19孔，沿中腹板对称布置共12束，在全桥合龙后穿束张拉，按照由内向外、对称同步张拉的原则，第一批张拉E1-3、E1-4，第二批张拉E2-3、E2-4，第三批张拉E2-2、

E2-5，第四批张拉E1-2、E1-5，第五批张拉E1-1、E1-6，第六批张拉E2-1、E2-6，如图4-4-30所示。

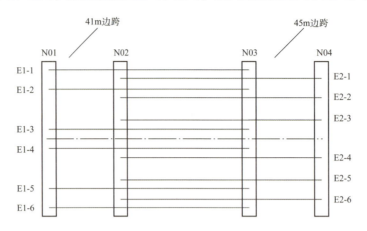

图4-4-30 体外束张拉顺序

第五节 安装施工工效

南京五桥跨堤桥波形钢腹板节段梁采用两台架桥机左右幅同时安装，全桥左右幅共计4个0号节段，124个波形钢腹板节段（含边跨节段），2个现浇合龙段，单个悬拼14个节段，45m边跨4个节段，41m边跨2个节段。除波形钢腹板节段梁在工厂预制外，其他工艺与通常悬臂浇筑施工基本相同，所以波形钢腹板节段梁安装速度对工期起到决定性作用。南京五桥波形钢腹板节段梁安装工效基本上达到1对/d。按照以往普通混凝土箱梁悬臂浇筑施工经验，完成对称两节约需10d，波形钢腹板节段梁拼装施工工效是通常悬臂浇筑施工工效的8倍以上，见表4-4-3。

跨堤桥波形钢腹板节段梁安装施工工效分析　　　　表4-4-3

节段类型	数量（个）	安装工效（d/节段）
1号节段	8	2
标准节段	96	0.5
转向块节段	8	0.5
边跨节段	12	1
中跨合龙段	2	10

南京五桥共计3座波形钢腹板节段梁桥，安装工期分别为：立新路桥于2019年10月份开始，2019年12月份结束；跨堤桥于2020年2月开始，2020年5月结束；丰子河路桥于2020年3月份开始，2020年6月份结束。整个安装工期达到预期效果。

第五章 施工监控与测量

第一节 概　　述

波形钢腹板节段梁短线法施工，即把箱梁纵向分成若干较短的节段，把各个节段依次在台座上预制，用前一个已经预制好的节段匹配预制下一个节段，通过两两节段间的预制线形控制，保证整体主梁的成桥线形。由于短线法施工的这一特点，使得节段间的线形误差具有累积性和扩大性，即前面节段间较小的线形误差累积到后面的节段被扩大成较大的线形误差。又因节段拼装时多使用胶拼，一般不设湿接缝，节段一经预制完成，主梁线形就基本已经形成，很难再次调整。所以节段预制时，对两两节段间预制线形的控制精度要求很高，如不对其加以控制和调整，势必会对主梁的成桥线形产生较大影响。

当前国内外对现场浇筑施工方式的研究相对较多，对波形钢腹板节段预制拼装短线法技术的研究较少，尚无相应的施工监控系统。

第二节 监控原则

南京五桥波形钢腹板节段梁采用几何控制为主要原则。从梁的预制阶段开始，通过预制与安装阶段几何线形的测量，对每个施工阶段的结构几何构形和内力状态进行预测和控制，计算分析并跟踪成桥状态预测结果，对桥梁的施工误差进行识别，对施工全过程的误差进行预测、分析和消除，得出合理的反馈控制和调整措施，实现桥梁全过程施工控制，保障施工过程中结构的安全，降低施工风险，确保施工成桥状态线形，且内力与设计文件相符。同时，采用滞后控制方式，在保证控制精度的同时，避免监控调整措施对施工工期产生不利影响。

第三节 监控内容

一、控制标准

波形钢腹板节段梁预制、安装过程中针对节段各几何控制点坐标采用以下误差控制标准。

1. 节段预制控制标准

节段预制完毕后，按表4-5-1进行箱梁的外形验收，以确保箱梁预制的质量。

2. 节段安装控制标准

波形钢腹板节段梁在预制过程中达到足够的精度，拼装起来可以满足设计的线形要求。

南京五桥波形钢腹板节段梁拼装过程中，针对各设定节段的几何控制测点，采用表4-5-2中允许误差的控制标准。

若在箱梁拼装过程中发现几何数据超过上述控制数值，做进一步调查，根据实测数据以及桥梁的变形特征，通过计算得出是否需要在桥梁的下一步拼装时提供及时纠偏措施，以确保最终至合龙端的误差控制在表4-5-3的成桥控制标准范围内。

预制控制标准　　　　　　　　　　　　　　　　　　　　　　　　　　　表4-5-1

项　目	允许误差(mm)	项　目	允许误差(mm)
顶板厚度	+5，0	节段底板横向宽度	±5
底板厚度	+5，0	节段纵向长度	0，−10
节段整体高度	±5	预埋件位置	5
节段顶板横向宽度	±10	预应力孔道位置	3

安装过程控制标准　　　　　　　　　　　　　　　　　　　　　　　　　表4-5-2

项　目	允许误差	项　目	允许误差
立面高程	±10mm	两段节段间横向坡度相差	±0.001 rad
中线偏位	10mm	两段节段纵向坡度相差	±0.003 rad
纵向梁长	±10mm	拼缝错台	2mm

成桥控制标准　　　　　　　　　　　　　　　　　　　　　　　　　　　表4-5-3

项　目	允许误差（mm）
立面高程	±20
中线偏位	20
纵向长度	±20

二、测量方法

1. 预制阶段测量

几何控制网如图4-5-1所示。每一预制节段设置六个控制测点，其沿节段中心线的两个测点（Fi，Bi）用来控制平面位置，而沿腹板设置的四个测点（FL，FR，BL，BR）用以控制高程。

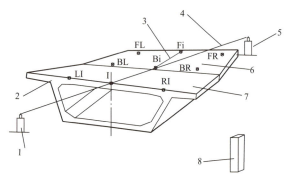

图 4-5-1　几何控制网示意图

1- 测量塔；2- 固定端模；3- 箱梁中心线；4 台座中心线；5 目标塔；
6- 匹配梁；7- 现浇梁；8- 国家基准点

在固定端模上缘也设置三个控制测点（LI，RI，I）。单元中心线由设置在测量塔上全站仪和目标塔反光镜确定。在预制单元附近也要设置一固定水准点，以对测量塔和目标塔进行校准。如果观测到测量中目标塔有偏移，应及时纠正。

控制预埋件由镀锌十字头螺栓和U形圆钢组成，混凝土凝结前安放在节段顶板上。测量控制点布置见图4-5-2。

预制单元的参照高程位于预制梁顶面，其单元参照的局部坐标系见图4-5-3。

2. 安装阶段测量

在节段拼装过程中，拼装控制测点与其在预制时所用的几何控制测点相同，如图4-5-4所示。lfb1、rfb1、lfb2、rfb2用于控制节段的立面位置；fhp1、fhp2用于控制节段的平面位置。

节段梁预制完成后，获得几何数据，与以下的因素一并考虑，得出波形钢腹板节段梁拼装时的目标几何数据：

（1）墩柱结构及基础预拱值（墩身结构及基础的弹性压缩预拱值应在形成永久支座的垫石时予以

考虑）；

（2）墩柱结构及基础按施工阶段的变形值，特别是安装作业时偏心荷载作用下的变形；

（3）上部桥梁结构的分阶段变形值。

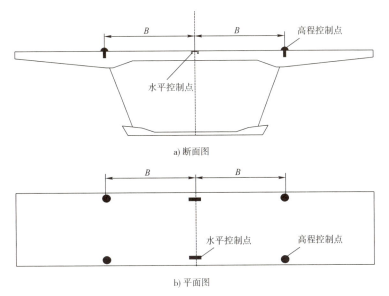

图4-5-2 测量控制点埋设示意图

注：B为高程控制点与水平控制点间的水平距离

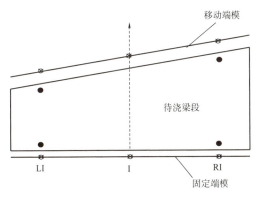

图4-5-3 预制单元局部坐标系示意图

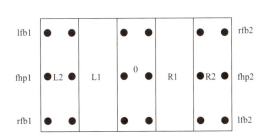

图4-5-4 安装节段控制点

三、监控方法

1. 预制监控原理

节段预制过程中主要利用节段几何尺寸的改变所产生的转角效应，以达到竖向或水平线形调整的目的。当节段顶板纵向长度大于底板长度，在节段拼装完成后，梁体线形将向下弯曲，反之向上；同理，当节段左侧长度大于右侧时，在节段拼装完成后，桥梁水平线形将向右弯曲，反之向左。短线法节段预制利用这一原理对浇筑节段与匹配节段的相对几何形状进行控制，在节段啮合预制初始，施工人员在浇筑节段上设置观测点，在节段预制及吊装前，定期量测、记录并统计节段顶、底板监控点位的断面尺寸，控制顶、底板长度，测量左右两断面监控点间的腹板纵向长度，并通过短线法施工预测拼装线形的发展趋势，然后再将此数据反馈到安装施工过程，以使成桥几何线形达到设计要求。短线法节段预制测量除建立绝对坐标系外，还需建立台座坐标系和节段坐标系，与长线法相比，测量精度要求高、工作量大、控制相对困难。

曲线桥梁用梁上的一条参考线及该参考线上的横坡来描述其三维空间内的线形与姿态。通常，参考线取梁顶的中心线，而横坡为对应于参考线之上截面顶缘的横坡。

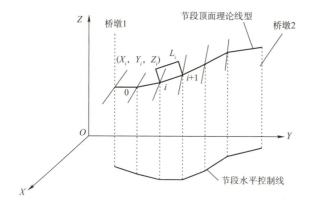

图4-5-5 空间整体坐标系内节段式曲线梁桥的线形与姿态

虽然参考线的真实线形应为空间连续曲线，但对于节段式桥梁，为了便于节段预制，每个节段通常以直线近似代替曲线，故桥梁的线形无法用光滑曲线来表示，而是采用一种近似组合折线来表示，见图4-5-5。

（1）平曲线节段预制

将图4-5-5中所述的折线段投影至平面内，投影产生的折线段用来拟合平曲线，平曲线节段预制时，根据拟合的平曲线中各线段间夹角，将节段从浇筑位置移动到匹配位置上，在相应水平面内转动角度α，以形成需要的折角。新浇节段的端模位置不动并使其与节段轴线垂直，而新浇节段的匹配端面采用斜面，以便于钢筋笼制作、剪力键设置和节段外形调整。通过埋在腹板顶面上的四个高程控制螺栓和埋于顶板中线上的两个倒U形水平定位钢筋，进行节段线形测量和定位检验。

平曲线预制如图4-5-6所示。

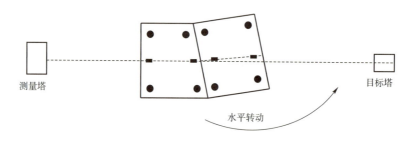

图4-5-6 平曲线预制

（2）竖曲线节段预制

将图4-5-5中所述的折线段投影至立面内，投影产生的折线段用来拟合竖曲线。竖曲线节段预制时，根据拟合的竖曲线中各线段间夹角，将匹配节段在相应位置先做高程调整，在立面内竖向转动角度β，以形成需要的折角。

竖曲线预制如图4-5-7所示。

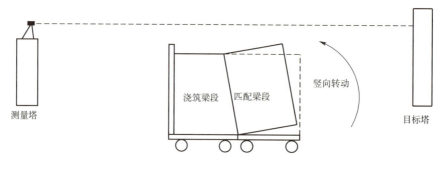

图4-5-7 竖曲线预制

短线法预制几何控制流程见图4-5-8，在每块节段的预制过程中，该节段施工误差将在移至匹配节段的位置时，由控制系统自动比较匹配节段各测点的实测值与理论目标值的差别，并提出各测点目标值。

2. 预制监控方法

波形钢腹板节段梁短线匹配法预制是将连续梁按悬臂拼装或逐跨形式划分成若干节段，考虑混凝土收缩、徐变、预拱度等因素，将成桥整体坐标转换为预制工厂局部坐标系后，在预制台座上以固定端模为基准，调整已生产相邻梁段（匹配梁段）的平面位置及高程，在预制台座的固定模板系统内逐根匹配、预制的一种施工工艺，见图4-5-9。浇筑时，待浇梁段两侧设相对固定的侧模（只侧向开合而不移动），前端设固定端模，后端则为已浇好的前一梁段（匹配梁）的前端面，通过调整匹配梁的相对位置来控制待浇梁段的线形，并以两者之间形成的匹配接缝来确保相邻节段的拼接精度。

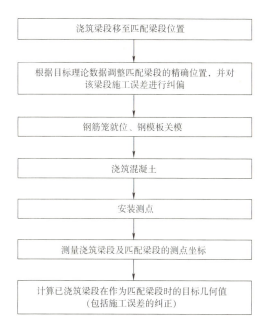

图4-5-8 短线法预制几何控制流程

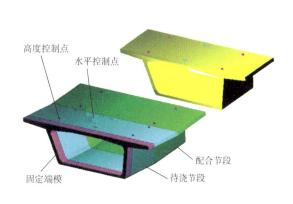

图4-5-9 波形钢腹板节段梁短线匹配法预制示意图

（1）预制模板精度要求

预制时，一套标准的预制单元应包含以下主要部件：

模板系统：固定端模，底模，外侧模板，内模。

测量塔：测量塔建在预制单元的两端，它们位于预制单元的中线上并且垂直于固定端模。

由于几何控制的有效性取决于预制单元定位的精确度，因此开始浇筑前须验证它的几何关系。检测内容包括：

固定端模——在固定端模安装时，固定端模模面须保持竖向垂直并与预制单元中线成90°，端模上缘须保持水平，端模高程应以靠近腹板处的两测量点进行，高程误差及中线误差必须控制在2mm之内。

底模——底模须水平安置并与固定端模下缘良好闭合，底模沿中心线的立面必须在水平与固定端模模面成90°，而底模模面与固定端模的闭合接触处应保持90°。

外侧模——要求它和固定端模、匹配梁段及底模的闭合空隙不超过2mm。

模板安装完毕后，应按表4-5-4要求进行验收，达到标准后方可开始箱梁的预制。

预制模板精度要求　　　　　　表4-5-4

检验项目		允许偏差（mm）
模板高程	固定端模	±2
模板轴线偏位	固定端模	2
模板内部尺寸	腹板厚	+5，0
	顶板厚	+5，0
	底板厚	+5，0
	长度（端模之间或端模与匹配梁之间长度）	0，-10
相邻板面高低差		1
模板表面平整度		2
预埋件中心位置		3
预留孔洞中心位置		5

模板加工与安装应严格按其加工精度进行控制，做好预制单元的定位控制工作，以保证各预制梁段的外形几何尺寸。

（2）测量控制系统及测量精度

测量控制系统是短线法预制施工的关键设施，它的合理设置和施工精度直接影响波形钢腹板节段预制线形控制精度。

测量塔两个一组，横向分布于两生产线预制台座两侧。两测量塔控制点间连线与其所控制的预制台座待浇梁段的中轴线相重合。测量时，一个塔作测量塔，另一塔作目标塔。

测量塔沉降及变形要求满足测量精度要求，并远离交通道路，与人员上、下走道和平台应相互间隔开。

箱梁预制测量应能满足以下精度要求：

长度测量精确度在0.5mm以内；

水准测量精确度在0.5mm以内；

匹配段沿中线的测点的偏差小于2mm；

匹配段沿腹板的测点的偏差小于1mm。

（3）预制节段各测点的允许误差

箱梁从浇筑位置移至匹配位置前，测量工程师应将此梁段几何测点的测量结果输入至短线法施工控制系统软件中，以确定已浇筑梁段在作为配合梁段时的目标位置（包括施工误差的纠正）。在匹配位置调整时，几何测点的定位与其目标位置的误差范围控制如下：

沿中线的测点（U形圆钢）偏差应小于2mm；

沿腹板的测点（十字头螺栓）偏差应小于1mm。

3. 安装监控方法

节段拼装采用滞后控制方式，短线法安装几何控制流程见图4-5-10。

（1）实施调整措施的基本条件

在拼装阶段节段的几何误差同时发生以下两种情况时，相应的误差纠正措施将会在随后的节段拼装过程中加以实施：

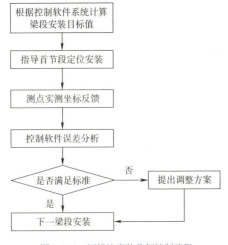

图4-5-10　短线法安装几何控制流程

①节段的几何误差超过允许误差范围；

②对成型桥梁在已发生误差的情况下，依据桥梁的变形特征，计算与估算合龙段的预测误差值，而该预测误差值超过允许误差范围。

（2）拼装线形调整方法

①加垫环氧树脂垫片。

如安装时高程控制点误差超出允许范围，则采取在梁端上缘或下缘设置环氧垫片的方法进行调整；如安装时平面控制点误差超出允许范围，则采取在节段左侧或右侧设置环氧垫片的方法进行调整。

平面调整仿照立面调整，分别计算出不同厚度的垫块在平面上和立面上可以调整的误差，进行适当调整，以保证安装的精确性。

②控制临时预应力张拉。

在节段不需要调整的情况下，对称张拉临时预应力，以保证节段的位置；当需要调整线形误差时，先张拉调整方向一侧的临时拉杆，以利于校正误差。

临时预应力施加顺序对节段线形控制影响如图4-5-11所示。

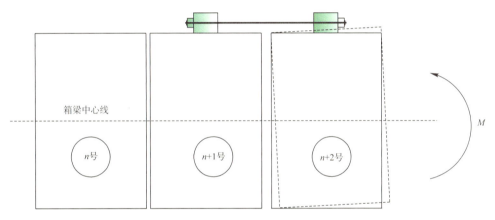

图4-5-11　临时预应力施加顺序对节段线形控制影响

第四节　监控结果

一、跨堤桥施工监控结果

跨堤桥波形钢腹板节段箱梁全部安装完成后，根据现场测量采集的数据，线形控制结果分析如下：

对跨堤桥N02主墩左幅节段安装高程轴线偏差进行统计，该悬臂拼装高程测点30个，±10mm以内点数为21个，±20mm以内点数为9个，合格点数30个，合格率为100%，分析结果见图4-5-12。

对跨堤桥N02主墩右幅节段安装高程轴线偏差进行统计，该悬臂拼装测点32个，±10mm以内点数24个，±20mm以内点数8个，合格点数32个，合格率为100%，分析结果见图4-5-13。

对跨堤桥N03主墩左幅节段安装高程轴线偏差进行统计，该悬臂拼装测点32个，±10mm以内点数26个，±20mm以内点数6个，合格点数32个，合格率为100%，分析结果见图4-5-14。

对跨堤桥N03主墩右幅节段安装高程轴线偏差进行统计，该悬臂拼装测点30个，±10mm以内点数21个，±20mm以内点数9个，合格点数30个，合格率为100%，分析结果见图4-5-15。

对所有采集数据进行分析总结，结果列于表4-5-5。

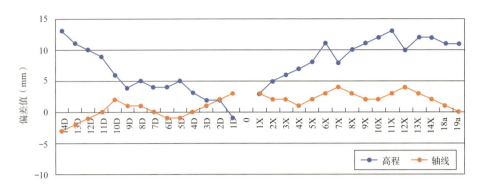

图4-5-12 跨堤桥N02主墩左幅高程轴线偏差

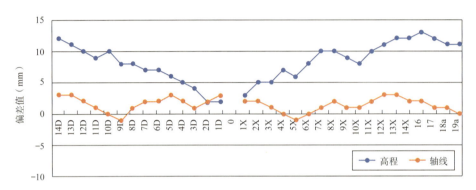

图4-5-13 跨堤桥N02主墩右幅高程轴线偏差

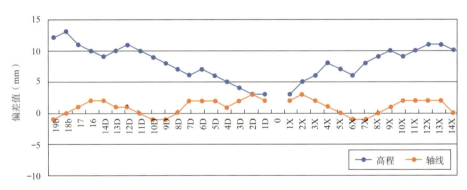

图4-5-14 跨堤桥N03主墩左幅高程轴线偏差

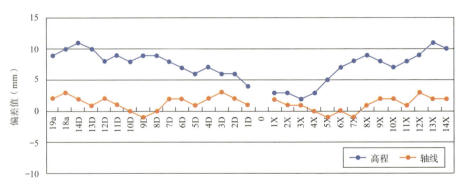

图4-5-15 跨堤桥N03主墩右幅高程轴线偏差

波形钢腹板节段梁线形高程偏差数据（单位：mm） 表4-5-5

桥　名	位　　置	最　大　值	最　小　值	平　均　值
跨堤桥	N02 主墩左幅	13	−3	7.56
	N02 主墩右幅	13	−1	8.25
	N03 主墩左幅	13	−1	8.03
	N03 主墩右幅	12	−1	7.33

二、监控数据的分析与总结

（1）通过现场实测数据分析与安装控制，南京五桥波形钢腹板节段梁线形满足设计要求。安装后轴线偏差均在（−10，+10）mm范围内，高程误差均在（−5，+15）mm范围内，均优于预期控制数值。

（2）随着节段安装数量的增加，各节段高程误差逐渐增大，与节段拼装过程中顶板预应力张拉存在一定的关系。

（3）波形钢腹板节段拼装轴线偏差较为理想，主要原因在于，N02主墩、N03主墩为分离式墩，节段安装时作用在墩顶的竖向荷载不存在横向偏心受力状况；需考虑下部结构在施工荷载作用下对节段拼装线形的影响。

第五篇 PART 5

桥梁成桥荷载试验

第一章　桥梁荷载试验目的及内容

桥梁荷载试验是指通过施加荷载的方式对桥梁结构或构件的静、动力特性进行的现场试验测试，包括静力荷载试验和动力荷载试验。通过测试桥梁结构在外界荷载作用下的结构响应，检验桥梁结构的正常使用状态和承载能力是否满足设计要求。

桥梁荷载试验最早为1850年英国对跨径140m的不列颠铁路桥进行的静力试验，我国对于桥梁荷载试验的研究始于20世纪末。随着我国桥梁建设的不断发展，桥梁建造技术全面提升，检测技术也逐渐完善，形成一套系统的荷载试验规范和桥梁承载能力评定方法。

第一节　桥梁荷载试验目的

现代斜拉桥为组合桥梁体系，是由主缆、索塔、斜拉索等主要构件组合的超静定结构，桥梁结构形式较为复杂。由于新材料、新工艺的使用，成桥斜拉索索力与施工方法的差异可能使桥梁结构的最终成桥状态与设计理想状态有所不同，因此在桥梁建成初期进行荷载试验是十分必要的，其主要目的如下：

（1）直接掌握南京五桥桥梁的实际结构受力状况，验证设计计算结果，对实际结构作出总体评价，为交工验收提供技术依据。

（2）通过测定桥跨结构在试验荷载作用下的控制截面应力和挠度，并与理论计算值比较，检验实际结构控制截面应力与挠度值是否满足设计要求。

（3）通过测定桥跨结构的自振特性以及在试验动荷载作用下桥跨结构的动力响应，评定实际结构的动力性能。

（4）获得成桥空间几何状态等桥梁特征参数，为交工验收提供重要的技术数据；作为桥梁的初始信息档案，为桥梁运营和养护管理提供基本信息及参考依据。

（5）通过桥梁动静载试验，直接获取理论分析与计算的相关参数，分析桥梁结构受力的一般规律，为充实和发展桥梁设计计算理论提供实践资料。

（6）将试验成果与相关设计、科研成果相结合，为后期同类型桥梁建设积累技术资料。

第二节　桥梁荷载试验内容

针对南京五桥主桥、跨堤桥分别进行静载试验和动载试验。试验对象主桥为（80+218+600+600+218+80）m纵向钻石形索塔中央双索面三塔组合梁斜拉桥，跨堤桥为三跨波形钢腹板主跨78m变截面预应力混凝土连续梁桥。静力荷载试验测定与最不利设计（静力）荷载相当的试验荷载作用下，桥梁结构各控制部位的应力、内力和变形。动力荷载试验通过桥梁自振特性试验、行车试验，测试桥梁结构无规则振动源激振引起的动力响应及桥跨结构在运行车辆荷载作用下的动力响应。桥梁静载试验主要测试内容见表5-1-1。

桥梁静载试验主要测试内容　　　　　表5-1-1

序号	桥梁名称	结构部位	测试内容
1	主桥	斜拉索	斜拉索索力增量测试
2	主桥	主梁	南辅助墩墩顶处主梁最不利活载作用下最大负弯矩
3	主桥	主梁	北边塔支点处主梁最不利活载作用下最大负弯矩
4	主桥	主梁	中塔支点处主梁最不利活载作用下最大负弯矩
5	主桥	主梁	南次边跨 $L/2$ 附近位置处最不利活载作用下最大弯矩及挠度
6	主桥	主梁	北中跨 $L/2$ 附近位置处最不利活载作用下最大弯矩及挠度
7	主桥	主梁	北中跨 $L/4$ 附近位置处最不利活载作用下最大弯矩及挠度
8	主桥	主梁	南中跨 $3L/4$ 附近位置处最不利活载作用下最大弯矩及挠度
9	主桥	主梁	主梁最不利活载作用下北中跨 $L/4$、$L/2$ 断面挠度测试工况，该工况下的全桥挠曲线测量
10	主桥	支座	弹性支座竖向刚度测试
11	主桥	支座	偏载工况下的支反力测试
12	主桥	索塔	北边塔下塔柱底及中塔柱底弯矩断面最不利活载作用下最大弯矩
13	主桥	索塔	中塔下塔柱底及中塔柱底弯矩断面最不利活载作用下最大弯矩
14	主桥	索塔	北边塔塔顶最不利活载作用下最大纵向位移
15	主桥	索塔	中塔塔顶最不利活载作用下最大纵向位移
16	跨堤桥	主梁	中跨 $L/2$ 截面最大正弯矩截面应力及挠度
17	跨堤桥	主梁	北引桥侧边跨 $L/2$ 截面最大正弯矩截面应力及挠度
18	跨堤桥	主梁	主跨墩顶截面最不利活载作用下最大负弯矩
19	跨堤桥	主梁	主跨墩顶截面最不利活载作用下波形钢腹板最大剪力

动力荷载试验包括桥梁自振特性试验、行车试验（无障碍行车试验、有障碍行车试验）等，具体如下：

（1）桥梁自振特性试验（脉动法）。在桥面无任何交通荷载以及桥址附近无规则振源的情况下，测定桥跨结构由于桥址处风荷载、地脉动、水流等随机荷载激振而引起的桥跨结构微小振动响应。

（2）无障碍行车试验。在桥面无任何障碍的情况下采用载重汽车，以20km/h、40km/h、60km/h、80km/h的车速驶过桥跨结构，测定桥跨结构在运行车辆荷载作用下的动力响应，并计算冲击系数。

（3）有障碍行车试验。在桥梁跨中截面处设置障碍物（图5-1-1）情况下，采用载重汽车，以20km/h、40km/h的速度驶过桥梁结构，测定桥跨结构在桥面不良状态时运行车辆荷载作用下的动力响应。

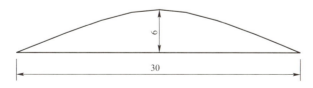

图 5-1-1　障碍物图（尺寸单位：cm）

第二章 方案设计及理论计算

第一节 计算参数选取

正确的模型参数是结构内力计算的前提。通常情况下，结构的几何参数和材料参数是计算中的重要依据，这部分参数按照设计图纸或者实际测量结果进行输入。桥梁荷载试验的加载效率和载位则依据移动荷载计算参数确定。

（1）设计荷载按照规范和设计图纸确定：主桥（K5+736~K7+532），公路—I级，车道均布荷载标准值10.5kN/m，集中荷载标准值360kN；跨堤桥左幅（K4+325~K4+489），公路—I级，车道均布荷载标准值10.5kN/m，集中荷载标准值360kN；剪力计算集中荷载标准值432kN。

（2）汽车荷载系数：主桥，双向8车道（中载），单向2车道（偏载）；跨堤桥，单向5车道。

（3）纵向折减系数：按照现行《公路桥涵设计通用规范》（JTG D60）第4.3.1条规定，8车道横向折减系数为0.50，5车道横向折减系数为0.60，计算跨径在600~800m时纵向折减系数取0.95，计算跨径小于150m时不考虑纵向折减。

（4）设计车道荷载系数：主桥，8（车道数）×0.50（8车道折减）×0.95（纵向折减）=3.8（中载），2（车道数）×1（2车道无折减）×0.95（纵向折减）=1.9（偏载）；跨堤桥，5（车道数）×0.60（5车道折减）=3.0。

静力试验荷载加载方式是采用单辆总重约400kN的四轴载重汽车作为等效荷载，以此来模拟试验过程中设计活载所产生的内力值。试验车前轴、中轴、后2轴承重的分配比例为1：1：1.6：1.8，即轴重分别为74.1kN、74.1kN、118.5kN、133.3kN。后轴间距1.35m，后轴与中轴间距2.6m，中轴与前轴1.85m，横向轮距1.8m。加载车参数如图5-2-1所示。

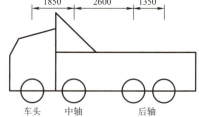

图5-2-1　加载车参数示意图（尺寸单位：mm）

第二节 结构有限元分析

南京五桥桥梁理论分析采用空间有限元软件Midas Civil。有限元建模时主要考虑结构的刚度、质量和边界条件，使有限元模型模拟的桥梁结构受力状态与实际桥梁结构接近。该桥模型分为主塔、钢箱梁、桥面板、斜拉索等子结构，斜拉索采用桁架单元模拟，钢箱梁、桥面板、索塔采用梁单元模拟。三维有限元模型见图5-2-2。

南京五桥的跨江大桥主桥属于高次超静定结构。在荷载作用下，桥梁结构将会产生较大的位移，结构几何形状发生显著变化。整个结构由于有限变形而表现出明显的几何非线性行为。桥梁几何非线性的影响因素主要包括以下几个方面：

1. 斜拉索的垂度效应

由于主桥斜拉索长度较长，如采用线性杆单元模拟斜拉索，不考虑恒载作用下的刚度修正，计算模型中拉索刚度将不能准确拟合实际构件的刚度,从而导致拉索实际刚度与计算刚度的差异,影响结构计算的准确性。

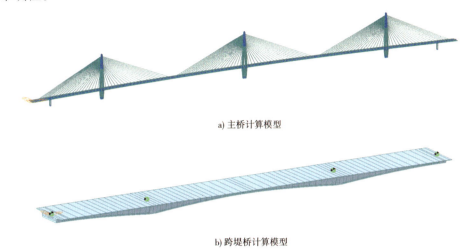

a) 主桥计算模型

b) 跨堤桥计算模型

图5-2-2 三维有限元模型

2. 结构大位移效应

在荷载试验的计算分析中,结构会产生比较大的位移,因此有必要在计算中考虑结构变形对刚度矩阵的影响。此时,结构切线刚度由恒量转变为以结构几何参数为自变量的函数,平衡方程也由线性关系转变为非线性关系,叠加原理不再适用。基于结构变形以后的节点坐标、单元长度和倾角等几何参数建立新的平衡方程($[K_0+K_\sigma]\mathrm{d}\{\sigma\}=\mathrm{d}\{f\}$)。

3. 梁柱效应或P-delta效应

斜拉桥在荷载试验过程中,索塔和主梁承受较大的轴力,同时由于大位移的产生,P-delta效应将使梁、塔弯矩放大。

在进行荷载试验计算时,如果忽略结构几何非线性对桥梁受力的影响,将会带来不可忽视的误差,影响荷载试验效果,甚至可能对结构造成不必要的损伤,影响试验安全。

桥梁静载试验主桥主要测试工况荷载效率为0.85~0.94,满足规范要求。同时根据评审会专家意见,对中载作用下主梁负弯矩、索塔偏位,以及塔底弯矩和偏载作用下主梁挠度、弯矩等试验的荷载效率进行调整,试验荷载所产生的效应可反映设计基本可变荷载效应的特征。主桥主要静力荷载试验加载工况见表5-2-1,工况1载位布置见图5-2-3。

主桥主要静力荷载试验加载工况　　　　表5-2-1

工况	试验项目	布载位置	试验荷载效应	设计荷载效应	荷载效率	车辆数
1	北边塔塔底弯矩	对称布载	201822	246728	0.82	36
	北边塔塔顶最大位移	对称布载	128	154	0.83	
	北中跨 1/4 最大挠度	对称布载	−355	−404	0.88	
2	中塔塔底弯矩	对称布载	442232	552302	0.80	36
	中塔塔顶最大位移	对称布载	313	380	0.82	
	南中跨 3/4 最大挠度	对称布载	−494	−561	0.88	
3	南辅助墩顶处主梁最大负弯矩	对称布载	−80359	−117853	0.68	24
	南次边跨 1/2 最大弯矩	对称布载	54973	65037	0.85	
	南次边跨 1/2 最大挠度	对称布载	−183	−211	0.87	

续上表

工况	试验项目	布载位置	试验荷载效应	设计荷载效应	荷载效率	车辆数
4	南辅助墩墩顶处主梁最大负弯矩	偏载	-37771	-59015	0.64	12
	南次边跨1/2最大弯矩	偏载	22370	32550	0.69	
	南次边跨1/2最大挠度	偏载	-71	-106	0.67	
5	北边塔处主梁支点最大负弯矩	对称布载	-51895	-66757	0.78	28
6	中塔处主梁支点最大负弯矩	对称布载	-40889	-55642	0.73	24
7	北中跨1/2最大弯矩	对称布载	86050	101788	0.85	36
	北中跨1/2最大挠度	对称布载	-862	-921	0.94	
8	北中跨1/2最大弯矩	偏载	34989	51156	0.68	12
	北中跨1/2最大挠度	偏载	-292	-464	0.63	
9	北中跨1/4最大弯矩	对称布载	44890	52360	0.86	12
10	南中跨3/4最大弯矩	对称布载	42264	48909	0.86	12

注：1. 挠度、位移，单位mm；弯矩，单位kN·m。
2. 挠度以向下为负，向上为正；索塔偏位以向梅子洲方向为正，向浦口方向为负。

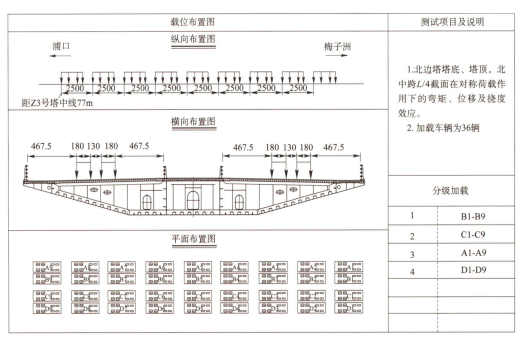

图5-2-3 主桥工况1载位布置示意图（尺寸单位：cm）

跨堤桥在各工况作用下弯矩及挠度加载效率0.98~1.04，满足规范要求；荷载所产生的效应可反映设计基本可变荷载效应的特征。跨堤桥主要静力荷载试验加载工况见表5-2-2，工况1载位布置见图5-2-4。

跨堤桥主要静力荷载试验加载工况　　表5-2-2

工况	试验项目	试验荷载效应	设计荷载效应	荷载效率	车辆数
1	中跨1/2最大正弯矩效应（偏载）	18747.8	19197.2	0.98	9
	中跨1/2最大挠度效应（偏载）	-28.7	-27.6	1.04	
	中跨墩顶最大负弯矩工况（偏载）	-27695.9	-27835.1	0.99	

续上表

工况	试验项目	试验荷载效应	设计荷载效应	荷载效率	车辆数
2	中跨 1/2 最大正弯矩效应（中载）	18747.8	19197.2	0.98	9
	中跨 1/2 最大挠度效应（中载）	−28.7	−27.6	1.04	
	中跨墩顶最大负弯矩工况（中载）	−27695.9	−27835.1	0.99	
3	边跨 1/2 最大正弯矩效应（偏载）	16939.7	16992.2	1.00	6
	边跨 1/2 最大挠度效应（偏载）	−9.3	−8.9	1.04	
	中墩顶支点剪力附加工况（观测）	—	—	—	
4	边跨 1/2 最大正弯矩效应（中载）	16939.7	16992.2	1.00	6
	边跨 1/2 最大挠度效应（中载）	−9.3	−8.9	1.04	
	中墩顶支点剪力附加工况（观测）	—	—	—	

注：1. 弯矩，单位kN·m；挠度，单位mm。
2. 挠度以向下为负，向上为正。

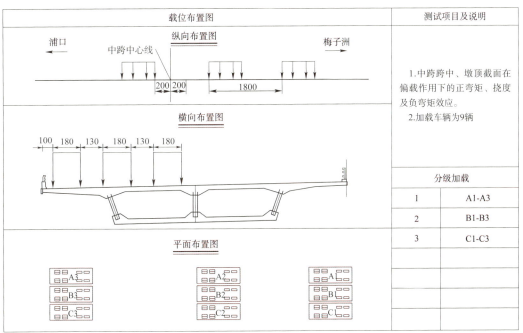

图5-2-4 跨堤桥工况1载位布置示意图（尺寸单位：cm）

第三节 静载试验测试方法

1. 主桥静载试验测试断面及测点布置

主梁挠度测点布置在主桥北中跨（Z3~Z4塔间）$L/2$、$L/4$附近断面，南中跨（Z4~Z5塔间）$3L/4$附近断面，南次边跨（Z5墩~Z6塔）间$L/2$附近断面。支座竖向刚度位移测试点布置在Z3塔（北边塔）、Z4塔（中塔）及Z5墩（南边塔）支座处。塔顶最不利活载作用下三维变位测点布置在Z3塔（北边塔）、Z4号塔（中塔）的塔顶处。主梁应变测点布置在北中跨（Z3~Z4塔间）$L/2$、$L/4$附近断面，南中跨（Z4~Z5塔间）$3L/4$附近断面，南次边跨（Z5墩~Z6塔）间$L/2$附近断面，以及Z3塔、Z4塔、Z6墩顶主梁附近截面。索塔应变测点断面位于北边塔（Z3塔）、中塔（Z4塔）的中塔柱底部、下塔柱底部。斜拉索力增量测试选取中塔北侧B10~12号索、C17~19号索，中塔南侧C10~12号索、南边塔南侧

A07~09号索位置。主桥测点布置见图5-2-5。

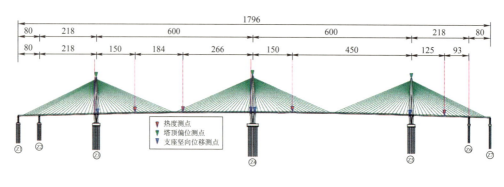

a) 主桥挠度及变位测试断面、测点布置示意图(尺寸单位：m)

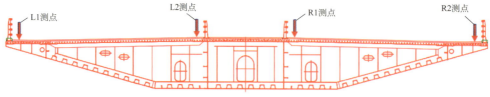

b) 主桥应变及索力测试断面(尺寸单位：m)

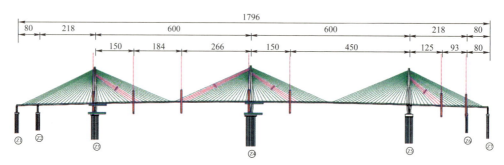

c) 主梁应变测点布置(尺寸单位：cm)

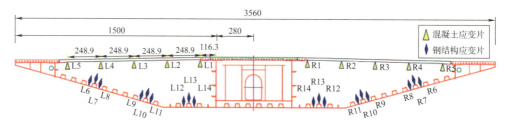

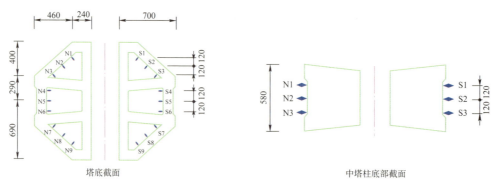

d) 索塔应变测试断面及测点布置(尺寸单位：cm)

图5-2-5 主桥测点布置示意图

2. 跨堤桥静载试验测试断面及测点布置

跨堤桥挠度测点布置在中跨（A—A断面）、边跨L/2截面附近（B—B断面）及边墩墩顶附近（C—C断面）；挠度测点布置在中跨、边跨L/2截面附近。跨堤桥测试断面和测点布置见图5-2-6。

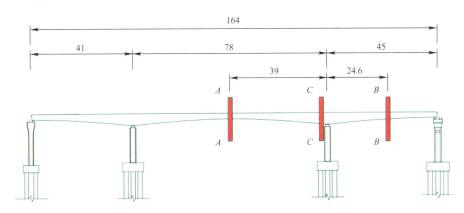

a) 跨堤引桥测试断面纵向示意图（尺寸单位：m）

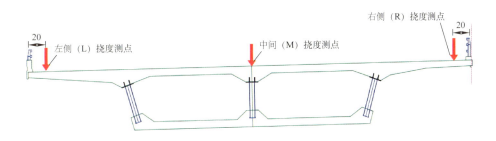

b) 跨堤引桥挠度测点横向布置示意图（尺寸单位：m）

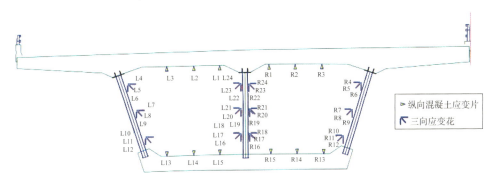

c) 跨堤引桥应变测点布置示意图

图5-2-6　跨堤桥测点布置示意图

3. 测试方法

主梁挠度测量：在测试断面布置水准测点，采用电子水准仪及3m钢瓦条形码水准标尺按三等水准施测纲要进行测量。主梁挠度曲线采用全站仪对相应工况测试断面进行测量。

静态应力（应变）测试：采用粘贴标距3×100mm（钢结构为3×20mm）、阻值为120Ω的应变片，匹配DH3819无线静态应变测试分析系统进行测量，见图5-2-7。

斜拉索索力采用基于频率法的INV9828加速度传感器匹配INV3062 T0云智慧数据采集分析仪进行测量。

支座竖向压缩量（弹性支座）采用在支座位置处设置百分表，在试验过程中连续测读变形的方式获取。通过弹性支座压缩量推算试验荷载作用下的支座刚度。

采用全站仪对主索塔顶和塔身进行三维坐标测量，通过计算加载前后三维坐标的变化量，确定索塔塔顶纵向位移量。

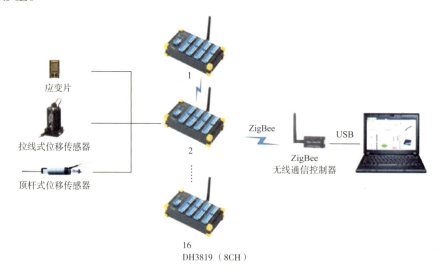

图5-2-7　DH3819无线静态应变测试分析系统

第四节　动载试验测试方法

一、测试断面及测点布置

桥梁自振特性试验的主梁测试断面布置在中跨六等分点、次边跨四等分点、辅助跨二等分点，分上下游两条测线布置测点，主塔测试断面布置在塔顶上。行车试验动应变测试截面布置在北中跨$L/2$截面、南次边跨$L/2$截面上。动载试验测点布置见图5-2-8。

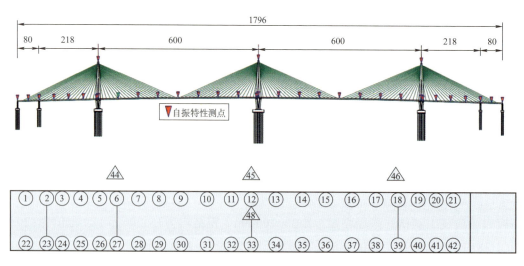

a) 主桥振动特性测试测点布置示意图(尺寸单位：m)

图　5-2-8

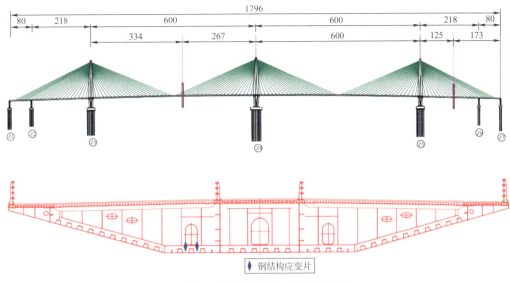

b) 主桥行车试验测试动应变测点示意图(尺寸单位：m)

图5-2-8　动载试验测点布置示意图

二、测试方法

桥梁结构的振动特性参数（振动频率、振型及阻尼比）是桥梁动力学性能的决定因素之一，也是结构总体状态的一种表征。在桥梁诸多关键技术问题中，有相当一部分与桥梁结构的动力特性密切相关，如主桥结构体系问题、抗风性能、抗震性能等。

固有振动参数测试采用天然脉动试验法（环境随机激振法）进行。天然脉动试验法即在桥面无任何交通荷载和桥址附近无规则振源的情况下，测定桥跨结构由于桥址处风荷载、地脉动、水流等随机荷载激振而引起的桥跨结构微小振动响应。

INV9580无线桥梁模态测试分析系统见图5-2-9。

图5-2-9　INV9580无线桥梁模态测试分析系统

动态应力（应变）测试采用粘贴标距为$2\times3mm$、$3\times100mm$，阻值为120Ω的应变片，匹配DH3823分布式信号测试分析系统进行（图5-2-10）。

测记时，桥跨结构振动响应信号完整，信号测记长度充足，覆盖各测记通道的动态范围，动响应信号质量良好。

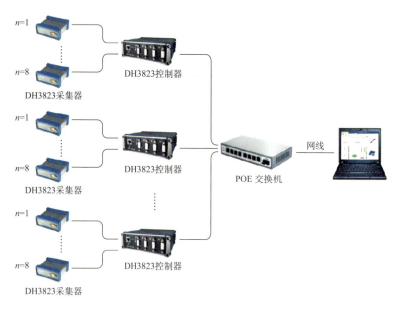

图5-2-10　DH3823分布式信号测试分析系统

第三章　桥梁荷载试验结果

第一节　主桥静载试验主要测试结果

一、挠度测试结果

北中跨$L/2$主梁截面在对称布载满载最大挠度作用下，控制截面实测挠度值校验系数为0.95~0.96，实测挠度平均值为–822.62mm，实测挠度值均小于理论计算值，表明北中跨$L/2$主梁截面竖向刚度满足设计要求；卸载后，北中跨$L/2$主梁截面各测点的最大相对残余挠度为1.49%，表明该截面在试验过程中处于较好的弹性工作状态。北中跨$L/2$主梁截面，在对称布载满载最大挠度作用下，各级加载实测主梁各测点竖向挠度在横断面的变化增量符合理论规律。对称布载时各级加载主梁挠度横向对比见图5-3-1。

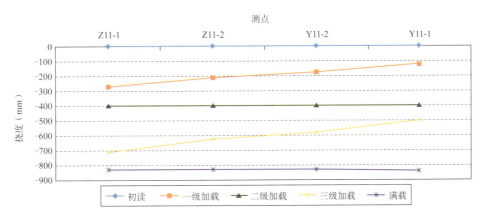

图5-3-1　对称布载时各级加载主梁挠度横向对比图

北中跨$L/2$主梁截面在对称布载满载最大挠度作用下，主梁加载挠度曲线平顺，实测变形规律符合结构受力特征。工况7满载作用下全桥挠曲变形情况见图5-3-2。

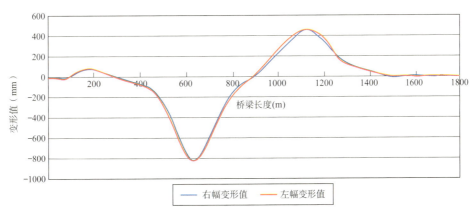

图5-3-2　工况7满载作用下全桥挠曲变形图

北中跨$L/2$主梁截面在偏载满载最大挠度作用下，实测挠度值校验系数为0.95~0.97，各测点实测挠度均小于理论计算值，实测挠度平均值为–277.49mm，表明北中跨$L/2$主梁截面竖向刚度及抗扭满足设计要求；卸载后，北中跨L/2主梁截面各测点的最大相对残余挠度为4.02%，表明该截面在试验过程中处于较好的弹性工作状态。北中跨L/2主梁截面，在偏载满载最大挠度作用下，各级加载实测主梁各测点竖向挠度在横断面的变化增量符合理论规律。偏载时各级加载主梁挠度横向对比见图5-3-3。

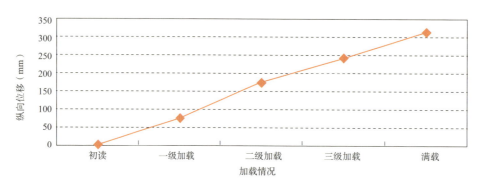

图5-3-3　偏载时各级加载主梁挠度横向对比图

二、主梁应变测试结果

在工况7对称布载满载作用下，北中跨L/2主梁截面实测应变校验系数为0.77~0.98，实测值均小于计算值，说明该控制截面强度满足设计要求；卸载后，测试截面测点的最大相对残余应变为4.55%，表明北中跨L/2主梁截面在试验过程中处于较好的弹性工作状态。

三、塔顶位移测试结果

工况2中塔塔顶在对称布载满载最大纵向位移作用下，实测塔顶纵向位移校验系数为0.97，纵向位移值为303.10mm，小于理论计算值，表明中塔纵向刚度满足设计要求；卸载后，中塔塔顶纵向位移的相对残余变形为3.44%，表明中塔在试验过程中处于较好的弹性工作状态。工况2对称布载满载作用下中塔塔顶位移历程见图5-3-4。

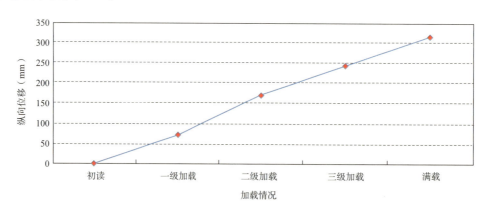

图5-3-4　工况2对称布载满载作用下中塔塔顶位移历程图

四、主塔应变测试结果

在工况2对称布载满载作用下，中塔控制截面实测应变校验系数为0.68~0.91，实测值均小于计算值，说明该塔底及中塔柱截面强度满足设计要求；卸载后，测试截面测点的最大相对残余应变为11.46%，表明中塔控制截面在试验过程中处于较好的弹性工作状态。

五、斜拉索索力增量测试结果

工况1对称布载满载作用下,实测斜拉索索力增量均小于计算值(表5-3-1),表明斜拉索工作性能满足设计要求。

工况1对称布载满载作用下部分斜拉索索力增量测试结果　　　　表5-3-1

拉索编号	位置	初读(kN)	满载(kN)	卸载(kN)	弹性值(kN)	残余(kN)	相对残余(%)	计算值(kN)	校验系数
NB-10号拉索	右侧R	4815	5616	4841	776	26	3.21	884.00	0.88
	左侧L	4815	5742	4892	849	77	8.35	884.00	0.96
NB-11号拉索	右侧R	5339	6230	5382	848	44	4.90	893.00	0.95
	左侧L	5281	6167	5309	858	29	3.26	893.00	0.96
NB-12号拉索	右侧R	4736	5607	4767	840	31	3.55	981.00	0.86
	左侧L	4923	5742	4907	835	−16	−1.92	981.00	0.85

第二节　跨堤桥静载试验主要测试结果

一、主梁挠度测试结果

主梁中跨$L/2$截面最大挠度对称布载满载作用下,控制截面实测挠度值校验系数0.58~0.62,实测挠度平均值为−17.1mm,实测挠度值均小于理论计算值,表明中跨$L/2$截面主梁竖向刚度满足设计要求;卸载后,中跨$L/2$截面主梁各测点的相对残余挠度介于0.52%~0.73%,表明中跨跨中截面在试验过程中处于较好的弹性工作状态。各级加载实测主梁各测点竖向挠度在横断面的变化增量符合理论规律。对称布载各级加载主梁挠度横向对比见图5-3-5。

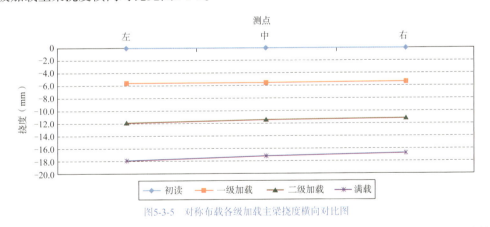

图5-3-5　对称布载各级加载主梁挠度横向对比图

中跨$L/2$主梁截面在对称布载满载最大挠度作用下,加载挠度曲线平顺,实测变形规律符合结构受力特征(图5-3-6)。

主梁中跨$L/2$截面最大挠度偏载满载作用下,控制截面实测挠度值校验系数为0.61~0.77,实测挠度平均值为−19.7mm,实测挠度值均小于理论计算值,表明中跨$L/2$截面主梁竖向刚度满足设计要求;卸载后,中跨$L/2$截面主梁各测点的相对残余挠度介于0~1.31%,表明中跨跨中截面在试验过程中处于较好的弹性工作状态。各级加载实测主梁各测点竖向挠度在横断面的变化增量符合理论规律(图5-3-7)。

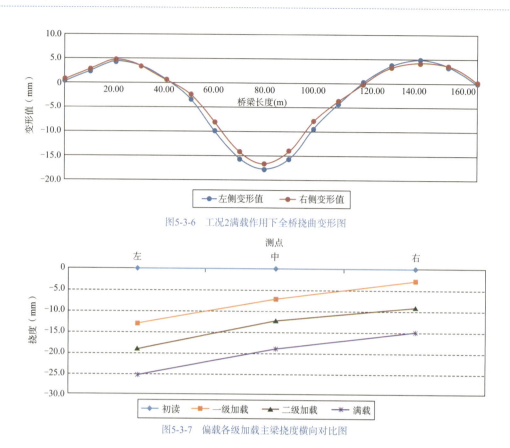

图5-3-6 工况2满载作用下全桥挠曲变形图

图5-3-7 偏载各级加载主梁挠度横向对比图

二、主梁应变测试结果

在最大正弯矩偏载满载作用下,主梁中跨$L/2$截面各测点实测应变校验系数为0.48~0.83,实测值均小于计算值,说明该控制截面强度满足设计要求。卸载后,测试截面测点的最大相对残余应变为8.11%,表明中跨跨中截面在试验过程中处于较好的弹性工作状态。

在最大正弯矩对称布载满载作用下,主梁中跨$L/2$截面各测点实测应变校验系数为0.49~0.83,实测值均小于计算值,说明该控制截面强度满足设计要求。卸载后,测试截面测点的最大相对残余应变为4.76%,表明中跨跨中截面在试验过程中处于较好的弹性工作状态。

第三节 主桥动载试验主要测试结果

一、桥梁自振特性试验结果

桥梁自振特性试验结果如表5-3-2和图5-3-8~图5-3-10所示。主桥结构各阶实测频率均大于理论计算值,这表明主桥实际刚度大于理论刚度。

桥梁自振特性试验结果 表5-3-2

阶次	振型描述	理论频率(Hz)	实测频率(Hz)	实测阻尼比(%)
1	主梁一阶反对称竖弯	0.159	0.191	0.845
2	主梁一阶反对称横弯	0.207	0.211	0.579
3	主塔一阶对称横弯	0.209	0.235	0.987
4	主塔一阶反对称横弯	0.210	0.246	0.377

续上表

阶次	振型描述	理论频率（Hz）	实测频率（Hz）	实测阻尼比（%）
5	主梁一阶对称竖弯	0.246	0.281	0.328
6	主梁一阶对称横弯	0.266	0.306	0.322
7	主梁二阶反对称竖弯	0.271	0.309	0.351
8	主梁一阶对称扭转	—	0.386	0.341
9	主梁二阶对称竖弯	0.359	0.397	0.455

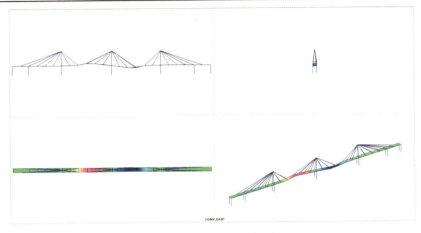

图5-3-8　主梁一阶反对称竖弯

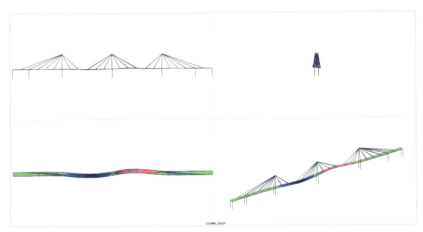

图5-3-9　主梁一阶反对称横弯

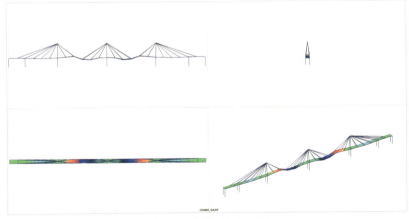

图5-3-10　主梁二阶对称竖弯

二、桥跨结构动应变测试结果

北中跨跨中截面60km/h无障碍行车动应变时程曲线如图5-3-11所示。主桥北中跨跨中截面实测冲击系数为1.011~1.033，满足设计规范限值要求。

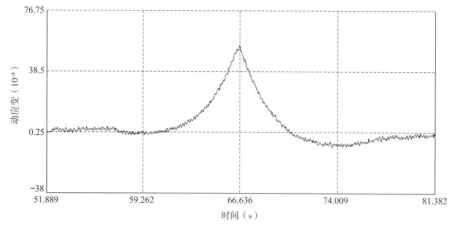

图5-3-11　北中跨跨中截面60km/h无障碍行车动应变时程曲线

第四节　跨堤桥动载试验主要测试结果

一、桥梁自振特性试验结果

跨堤桥自振特性试验测试结果如表5-3-3和图5-3-12~图5-3-14所示。可见，跨堤桥自振频率实测值大于理论计算值，表明结构实际刚度大于理论刚度。

跨堤桥自振特性试验测试结果　　　表5-3-3

阶　次	振型描述	理论频率（Hz）	实测频率（Hz）
1	主梁一阶对称竖弯	1.371	1.781
2	主梁二阶反对称竖弯	2.900	3.700
3	主梁三阶对称竖弯	3.438	4.545

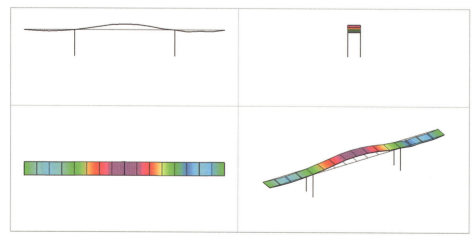

图5-3-12　主梁一阶对称竖弯振型图

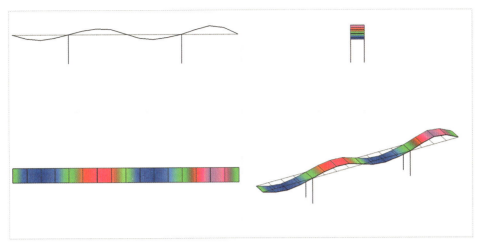

图5-3-13　主梁二阶反对称竖弯振型图

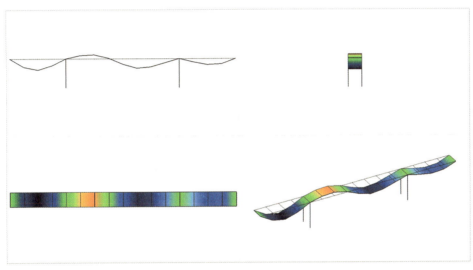

图5-3-14　主梁三阶对称竖弯振型图

二、桥跨结构动应变测试结果

跨堤桥中跨跨中截面实测最大动应变为 $6.72 \times 10^{-6} \sim 7.72 \times 10^{-6}$，实测冲击系数为1.031~1.046，满足设计规范的要求。跨堤桥中跨跨中截面80km/h无障碍行车动应变时程曲线见图5-3-15。

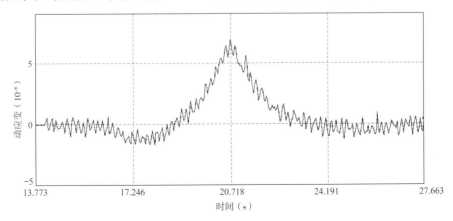

图5-3-15　跨堤桥中跨跨中截面80km/h无障碍行车动应变时程曲线

第五节　桥梁荷载试验结论

南京五桥主桥、跨堤桥荷载试验于2020年10月2日至10月11日期间完成。试验结果表明，南京五桥主桥及跨堤桥实际结构状态与设计吻合；结构的强度、刚度以及控制截面的承载能力均能满足设计及现行规范要求；结构动力特性与设计相符，桥梁结构总体受力特征与理论计算基本一致；各控制截面变形、应力实测值小于或接近计算值，各控制截面的相对残余应力、变形均小于15%，满足《公路桥梁荷载试验规程》（JTG/T J21-01—2015）及设计相关要求。

参 考 文 献

[1] 住房和城乡建设部. 钢结构设计标准：GB 50017—2017［S］. 北京：中国建筑工业出版社，2018.

[2] 住房和城乡建设部. 钢-混凝土组合桥梁设计规范：GB 50917—2013［S］. 北京：中国计划出版社，2013.

[3] 全国起重机械标准化技术委员会（SAC/TC 227）. 塔式起重机：GB/T 5031—2019［S］. 北京：中国标准出版社，2019.

[4] 交通运输部. 公路斜拉桥设计规范：JTG/T 3365-01—2020［S］. 北京：人民交通出版社股份有限公司，2020.

[5] 住房和城乡建设部. 混凝土结构工程施工规范：GB 50666—2011［S］. 北京：中国建筑工业出版社，2012.

[6] 交通运输部. 公路桥涵设计通用规范：JTG D60—2015［S］. 北京：人民交通出版社股份有限公司，2015.

[7] 交通部运输部. 公路钢混组合桥梁设计与施工规范：JTG/T D64-01—2015［S］. 北京：人民交通出版社股份有限公司，2016.

[8] 交通部运输部. 公路工程质量检验评定标准 第一册 土建工程：JTG F80/1—2017［S］. 北京：人民交通出版社股份有限公司，2018.

[9] 交通部运输部. 公路桥涵施工技术规范：JTG/T 3650—2020［S］. 北京：人民交通出版社股份有限公司，2020.

[10] 交通部运输部. 组合结构桥梁用波形钢腹板：JT/T 784—2010［S］. 北京：人民交通出版社，2010.

[11] 住房和城乡建设部. 波形钢腹板组合梁桥技术标准：CJJ/T 272—2017［S］. 北京：中国建筑工业出版社，2017.

[12] 交通运输部. 无粘结钢绞线斜拉索技术条件：JT/T 771—2009［S］. 北京：人民交通出版社，2010.

[13] 住房和城乡建设部. 桥梁缆索用高密度聚乙烯护套料：CJ/T 297—2016［S］. 北京：中国标准出版社，2017.

[14] 住房和城乡建设部. 无粘结预应力钢绞线：JG/T 161—2016［S］. 北京：中国标准出版社，2017.

[15] 朱尧于，聂鑫，樊健生，等. 薄开孔板连接件抗拔性能试验及理论研究［J］. 中国公路学报，2018，31（9）：65-74.

[16] 彭强. 南京长江第五大桥钢壳混凝土桥塔足尺模型工艺试验［J］. 桥梁建设，2018，49（3）：46-50.

[17] 陈平，华乐．南京长江第五大桥钢混组合塔钢壳制造关键技术［J］．世界桥梁，2019，47（3）:50-54．

[18] 马建勇，荆刚毅，申阳，等．南京长江第五大桥钢混组合索塔C50大体积混凝土配制技术研究及其温控防裂分析［J］．公路交通科技（应用技术版），2019，15（3）:248-250．

[19] 蒋能世，张毅君，李金余，等．南京长江第五大桥南边塔首节段钢壳安装定位技术［J］．公路交通科技（应用技术版），2019，15（12）:257-259．

[20] 荆刚毅，杜洪池，蒋能世，等．南京长江第五大桥钢壳-混凝土组合索塔桥位施工关键技术［J］．公路交通科技（应用技术版），2019，15（10）:211-214,222．

[21] 耿欣，杜洪池，荆刚毅，等．双层轿厢式施工升降机在钢-混组合索塔施工中的应用［J］．工程技术研究，2020，5（9）:132-133．

[22] 刘群德，雷钧，梁彬彬，等．南京长江第五大桥南主墩索塔安装定位测量控制技术［J］．珠江水运，2020（9）:54-55．

[23] 吕伟伟，孙明利，荆刚毅，等．大型塔吊在斜拉桥钢-混组合索塔安装施工中的应用［J］．工程技术研究，2020，5（11）:141-142．

[24] 荆刚毅，蒋能世，杜洪池，等．南京长江第五大桥上部结构钢混组合梁安装施工关键技术［J］．公路交通科技（应用技术版），2019，15（12）:260-264．

[25] 魏玉莲，王海海，李华清，等．南京长江第五大桥过索式桥面吊机整体安装技术及抗风安全性分析［J］．公路交通科技（应用技术版），2020，16（4）:243-247．

[26] 柳士伟，王海海，李华清，等．中央双索面斜拉桥索塔区梁段安装技术［J］．公路交通科技（应用技术版），2020，16（8）:199-202,224．

[27] 聂建国，崔玉萍，石中柱，等．部分剪力连接钢-混凝土组合梁受弯极限承载力计算［J］．工程力学，2000，17（3）:37-42．

[28] 聂建国．钢-混凝土组合梁长期变形的计算分析［J］．建筑结构，1997，24（1）:42-45．

[29] 聂建国，陈林，肖岩．钢-混凝土组合梁正弯矩区截面的组合抗剪性能［J］．清华大学学报(自然科学版)，2002，42（6）:835-838．

[30] 夏文敏，刘雪梅．钢-混组合梁的研究现状与展望［J］．工程结构，2010，2（3）:122-124．

[31] 陈宝春，牟廷敏，陈宜言，等．我国钢-混凝土组合结构桥梁研究进展及工程应用［J］．建筑结构学报，2013，34（S1）:1-10．

[32] 聂建国，陶慕轩，吴丽丽，等．钢-混凝土组合结构桥梁研究新进展［J］．土木工程学报，2012，45（6）:110-112．

[33] 刘亚茹，刘小洁．考虑徐变的钢-混凝土组合箱梁的变形计算［J］．铁道科学与工程学报，2015，2（12）:317-322．

[34] 侯建，罗扣．结合梁剪力钉布置形式研究［J］．世界桥梁，2014，42（2）:47-51．

[35] 荣学亮，黄侨．锈蚀栓钉连接件力学性能试验研究［J］．土木工程与建筑工程，2012，34（2）:15-20．

[36] 聂建国，秦凯．预应力钢-混凝土组合梁刚度［J］．工业建筑，2003，33（1）:6-8．

[37] 曾兴贵，姜邵飞．基于有限元的组合梁剪切连接件的优化设计［J］．应用基础与工程科学学报，2014，22（3）:512-524．

[38] 侯忠明，夏禾. 钢-混凝土简支结合梁基本动力特性的解析解[J]. 铁道学报，2014，6（3）:100-105.

[39] 汪维安，李乔. 大跨度体外预应力钢-混凝土组合结构桥梁的动力特性[J]. 公路交通科技，2013，30（3）:59-71.

[40] 陈玉骥，罗旗帜. 钢-混凝土组合梁考虑剪力滞和滑移的一阶自振频率[J]. 烟台大学学报，2015，28（1）:49-53.

[41] 杨建军. 钢-混凝土组合梁徐变应力分析[J]. 交通科技，2014（3）:1-3.

[42] 王宇航，聂建国. 罕遇地震下曲线钢-混凝土组合梁桥的墩柱扭转效应[J]. 工程力学，2014（3）:42-56.

[43] 卢志芳，刘沐宇，李倩. 考虑温度和湿度变化的钢-混组合连续梁桥徐变效应分析[J]. 中南大学学报(自然科学版)，2015，46（7）:2650-2657.

[44] 蔡建军，陶慕轩，聂建国. 体外预应力组合梁桥预应力损失计算[J]. 桥梁建设，2011(6):67-70.

[45] 聂建国，陶慕轩. 体外预应力钢-混凝土组合梁受力性能的研究现状与展望[J]. 工程力学，2011，28(S2):129-141，156.

[46] 刘建忠. 超高性能水泥基复合材料制备技术及静动态拉伸行为研究[D]. 南京：东南大学, 2013.

[47] Yahia A. Effect of solid concentration and shear rate on shear-thickening response of high-performance cement suspensions[J]. Construction and Building Materials, 2014, 53: 517-521.

[48] Svermova L, Sonebi M, Bartos P J M. Influence of mix proportions on rheology of cement grouts containing limestone powder[J]. Cement and Concrete Composites, 2003, 25（7）:737-749.

[49] Jiangzhong Liu, Wei Sun, Changwen Miao, et al. Influence of super plasticizers type and mineral admixtures on the workability of mortar with low water-cement ratio[C]// Second International Conference on Microstructure-related Durability of Cementitious Composites, Amsterdam, The Netherlands, 2012, 4:156.

[50] Vikan H, Justnes H. Rheology of cementitious paste with silica fume or limestone[J]. Cement and Concrete Research, 2007, 37(11): 1512-1517.

[51] Kujawa J, Cerneaux S, Kujawski W. Characterization of the surface modification process of Al_2O_3, TiO_2 and ZrO_2 powders by PFAS molecules[J]. Colloids and Surfaces A: Physicochemical and Engineering Aspects, 2014, 47(5):14-22.

[52] Richard P, Cheyrezy M. Composition of reactive powder concretes[J]. Cement and Concrete Research, 1995, 25(7): 1501-1511.

[53] Ghafari E, Costa H, Júlio E, et al. Optimization of UHPC by adding nanomaterials[C]//Proceedings of 3rd International Symposium on Ultra-high-performance Concrete and Nanotechnology for High Performance Construction Materials, Kassel (Germany), 2012: 71-78.

[54] Maalej M, Quek S T, Zhang J. Behavior of hybrid-fiber engineered cementitious composites subjected to dynamic tensile loading and projectile impact[J]. Journal of Materials in Civil Engineering, 2005, 17(2): 143-152.

[55] Wuest J, Denarié E, Brühwiler E. Model for predicting the UHPFRC tensile hardening response[C]//Second International Symposium on Ultra High Performance Concrete, University of Kassel, 2008 (MCS-CONF-2008-062): 153-160.

[56] Ferrara L, Park Y D, Shah S P. A method for mix-design of fiber-reinforced self-compacting concrete [J]. Cement and Concrete Research, 2007, 37(6): 957-971.

[57] Yu R, Spiesz P, Brouwers H J H. Mix design and properties assessment of Ultra-High Performance Fibre Reinforced Concrete (UHPFRC) [J]. Cement and Concrete Research, 2014, 56: 29-39.

[58] De Larrard F, Sedran T. Optimization of ultra-high-performance concrete by the use of a packing model [J]. Cement and Concrete Research, 1994, 24: 997-1009.

[59] Wille K, EI-Tawil S, Naaman A E. Properties of strain hardening ultra high performance fiber reinforced concrete (UHP-FRC) under direct tensile loading [J]. Cement and Concrete Composites, 2014, 48:53-66.

[60] Tran NT, Trana,TK, Kima DJ. High rate response of ultra-high-performance fiber-reinforced concretes under direct tension [J]. Cement and Concrete Research, 2015, 69:72-87.

[61] Nguyen D L, Ryu GS, Koh KT, et al. Size and geometry dependent tensile behavior of ultra-high-performance fiber-reinforced concrete [J]. Composites: Part B:Engineering, 2014, 58: 279-292.

[62] Wille K, Naaman A E. Bond stress-slip behavior of steel fibers embedded in ultra high performance concrete [C] // Proceedings of 18th European Conference on Fracture and Damage of Advanced Fiber-Reinforced Cement-based Materials, 2010: 99-111.

[63] Yoo D Y, Shin H O, Yang J M, et al. Material and bond properties of ultra high performance fiber reinforced concrete with micro steel fibers [J]. Composites Part B: Engineering, 2014, 58: 122-133.

[64] Aydin S, Baradan B. The effect of fiber properties on high performance alkaliactivated slag /silica fume mortars [J]. Compos Part B: Engineering, 2013, 45(1): 63-69.

[65] Yoo DY, Kang ST, Yoon YS. Enhancing the flexural performance of ultra-high-performance concrete using long steel fibers [J]. Compositer Structures, 2016,147(1): 220-230.

[66] Reinhardt,H-W, Jooss M. Permeability and self-healing of cracked concrete as a function of temperature and crack width [J]. Cement and Concrete Research, 2003(33): 981-985.

[67] Pimienta P, et al. Durability of UHPFRC specimens kept in various aggressive environments [C] //10DBMC International Conference On Durability of Building Materials and Components, Lyon, France, 2005.

[68] Graybeal, B. UHPC in the U.S. highway infrastructure [C] // Proceedings of Designing and Building with UHPFRC: State of the Art and Development, 2009, France.